卓克華

臺灣史研究名家論集

（初編）

蘭臺出版社

作者簡介（依姓氏筆劃排序）

王志宇 1965 年出生於臺灣彰化縣田中鎮，1988 年移居臺中。現為逢甲大學歷史與文物研究所專任教授，曾任逢甲大學歷史與文物研究所所長、臺灣古文書學會理事長、臺灣口述歷史學會理事等職。專攻臺灣史、臺灣宗教及民俗、方志學，並對近代中國史頗有涉略，著有《臺灣的恩主公信仰》、《苑裡慈和宮志》、《儒家思想的實踐者－廖英鳴先生口述歷史》、《寺廟與村落－臺灣漢人社會的歷史文化觀察》等書，編有《片雲天共遠》、《傳承與創新－逢甲大學近十年的發展，1998-2007》、《閩臺神靈與社會》、《大里市史》等書，並著有相關論文三十餘篇，也參與《集集鎮志》、《竹山鎮志》、《苑裡鎮志》、《外埔鄉志》、《臺中市志》、《南投縣志》、《新修彰化縣志》、《大村鄉志》、《續修南投縣志》等方志的寫作，論述豐碩。

汪毅夫 男，1950 年 3 月生，臺灣省臺南市人。曾任福建社會科學院研究員，現任中華全國臺灣同胞聯誼會會長，福建師範大學社會歷史學院兼職教授、博士生導師，享受國務院特殊津貼專家。撰有學術著作《中國文化與閩臺社會》、《閩臺區域社會研究》、《閩臺緣與閩南風》、《閩臺地方史研究》、《閩臺地方史論稿》、《閩臺婦女史研究》等 15 種，200 餘萬字。曾獲福建省社會科學優秀成果獎 7 項。

卓克華 文化大學史學碩士，廈門大學歷史博士。曾先後兼任過中山、空中、新竹師範、中原、中國醫藥、中國技術、文化等等大學教職，現在佛光大學歷史系所為專職教授。先後擔任過臺灣眾多縣市的古蹟審查委員，現為文化部古蹟勞務主持人之一。早年專攻臺灣經濟史，近二十年轉向古蹟史、宗教史、社會史，撰寫古蹟調查研究報告書超過八十本，已出版學術著作有《清代臺灣行郊研究》、《從寺廟發現歷史》、《寺廟與臺灣開發史》、《古蹟·歷史·金門人》、《竹塹媽祖與寺廟》、《民間文書與媽祖廟之研究》、《臺灣古道與交通研究—從古蹟發現歷史卷之二》，著作等身，為臺灣知名學者。

周宗賢 臺灣臺南市人，生於 1943 年。文化大學史學碩士。曾任淡江大學歷史系教授、系主任、主任、所長，內政部暨文建會古蹟評

鑑委員。現任淡江大學歷史系榮譽教授，臺北市、新北市文化資產審議委員。學術專長為臺灣史、臺灣民間組織、臺灣文化資產研究、淡水學等，著有《逆子孤軍——鄭成功》、《清代臺灣海防經營的研究》、《黃朝琴傳》、《臺南縣噍吧哖事件的調查研究》、《淡水輝煌的歲月》等。是臺灣知名的臺灣史、臺灣文化資產研究的學者。

林仁川　1941 年 10 月出生於龍岩市。1964 年復旦大學歷史系本科畢業，1967 年研究生畢業。教育部文科百所重點研究基地——廈門大學臺灣研究中心首任主任、教授、博士生導師，享受國務院特殊津貼專家。曾兼任福建省人大常委會常委、廈門市政協副主席。現任兩岸關係和平發展協同創新中心教授，廈門市炎黃文化研究會會長。主要著作有《大陸與臺灣歷史淵源》、《閩台文化交融史》、《臺灣社會經濟史研究》、《明末清初私人海上貿易》、《閩台緣》等多部專著。編寫十三集大型電視專題片《海峽兩岸歷史淵源》劇本和國家級博物館《中國閩台緣博物館》、《客家族譜博物館》展覽文本。在國內外各種刊物上發表學術論文近百篇。多次承擔國家文化出版重點工程、國家哲學社會科學重大項目、教育部文科重點項目，均任課題組長。主持編寫《現代臺灣研究叢書》、《圖文臺灣》、《中國地域文化通覽——臺灣卷》、《臺灣大百科全書——文化分冊》。曾多次榮獲全國及省部級哲學社會科學優秀成果獎。

林國平　歷史學博士，兩岸協創新中心福建師範大學文化研究中心首席專家，福建師範大學社會歷史學院教授、博士生導師，福建省高等院校教學名師，享受國務院特殊津貼的專家。主要從事閩臺民間宗教信仰研究，代表作有《林兆恩與三一教》、《福建民間信仰》、《閩臺民間信仰源流》、《籤占與中國社會文化》等。

韋煙灶　學歷：國立臺灣師範大學文學博士【地理學】（2003）
　　　　現職：國立臺灣師範大學地理學系教授
　　　　學術專長：鄉土地理、水文學（地下水學）、土壤地理學、地理教育
　　　　主要著作（專書）：《鄉土教學與教學資源調查》（2002）、《臺灣全志：卷二土地志（土壤篇）》【與郭鴻裕合著】（2010）、《與海相遇之地：新竹沿海的人地變遷》（2013）
　　　　研究領域：早期的研究偏向於自然地理學，奠定後來地理研究之厚實知能。2004 年以後的研究重心逐漸轉向鄉土地理、歷史

地理（閩客族群關係）與地名學研究，已發表相關學術期刊論文約 40 篇。

徐亞湘　臺北藝術大學戲劇系教授、中國文化大學戲劇系兼任教授、《戲劇學刊》主編、中華戲劇學會理事、華岡藝校董事。學術專長為臺灣戲劇史、中國話劇史、中國戲劇 及劇場史。著有戲劇專書《日治時期中國戲班在臺灣》、《日治時期臺灣戲曲史論──現代化作用下的劇種與劇場》、《Sounds From the Other Side》、《臺灣劇史沉思》等十餘冊。

陳支平　1952 年出生，歷史學博士。現任廈門大學人文與藝術學部主任委員、國學研究院院長，兩岸關係和平發展協同創新中心首席專家，兼任中國西南民族學會會長、中國明史學會常務副會長、中國朱子學會副會長、中國民族學與人類學研究會副會長等學術，職務。主要著作有《清代賦役制度演變新探》、《近 500 年來福建的家族社會與文化》、《明史新編》、《福建族譜》、《客家源流新論》、《民間文書與明清賦役史研究》、《歷史學的困惑》、《透視中國東南》、《民間文書與明清族商研究》、《臺灣文獻與史實鉤沉》、《史學水龍頭集》、《虛室止止集》等，編纂大型叢書《臺灣文獻彙刊》100 冊等。2006 年胡錦濤總書記訪問美國時，曾把《臺灣文獻彙刊》作為禮品之一贈送給耶魯大學。是書 2009 年入選「建國 60 周年教育成就展」。

陳哲三　1943 生，南投縣竹山鎮人，東海大學歷史系歷史研究所畢業，逢甲大學歷史與文物研究所教授，退休。先治中國現代史，著有：《中華民國大學院之研究》（臺北，商務印書館，1976）、《鄒魯研究初集》（臺北，華世出版社，1980）、《中國革命史論及史料》（臺北，商務印書館，1982）、《問學與師友》（臺中，大學圖書供應社，1985）等書。後治臺灣史，著有《竹山鹿谷發達史》（臺中，啟華出版社，1972）、《臺灣史論初集》（臺中，大學圖書供應社，1983）、《古文書與臺灣史研究》（臺北，文史哲出版社，2009）。教學研究之餘，又主修《逢甲大學校史》（未刊稿，1983）、《集集鎮志》（南投，集集鎮公所，1998）、《竹山鎮志》（南投，竹山鎮公所，2001）、《南投縣志》（南投縣政府，2010）、《南投農田水利會志》（南投，南投農田水利會，2008）等書。

陳進傳　1948 年生，台灣宜蘭人。淡江大學歷史系、歐洲研究所畢業，

曾任宜蘭大學副教授、教授，嶺東科技大學教授，現為佛光大
學文化資產與創意學系教授。早年先治明史，著有論文多篇，
其後研究轉向宜蘭史，並曾擔任宜蘭縣文化、文獻、古蹟、藝
術各種委員會委員及宜蘭縣政府顧問，撰述《清代噶瑪蘭古碑
之研究》、《宜蘭傳統漢人家族之研究》、《宜蘭擺厘陳家發展史》
（合著）、《宜蘭本地歌仔—陳旺欉生命紀實》（合著）、《宜蘭布
馬陣—林榮春生命紀實》（合著）、《宜蘭的傳統碗盤》（合著）
等及論文約 80 篇。

鄭喜夫　台南市籍澎湖人，民國三十一年生。財校財務科畢業、興大歷
史所碩士。高考會審人員考試及格。曾任臺灣省及北、高二市
文獻會委員，內政部民政司專門 委員。編著有臺灣史管窺初輯、
民國連雅堂先生橫年譜、民國邱倉海先生逢甲年譜、清鄭六亭
先生兼才年譜、重修臺灣省通志財稅、文職表、武職表、武職
表三篇、南投縣志商業篇、臺灣當代人瑞綜錄初稿等書十餘種。

鄧孔昭　1953 年生，福建省三明市人。1978 年廈門大學歷史系畢業。後
留系任教。1982 年轉入臺灣研究所。先後任助理研究員、副研
究員、研究員、教授。1996 年起，兼任臺灣研究所副所長，2004
年改為副院長。2012 年退休。現為兩岸關係和平發展協調創新
中心成員。
已經出版的著作有：《臺灣通史辨誤》、《鄭成功與明鄭在臺灣》
等。

戴文鋒　1961 年生，臺南人，國立臺灣大學歷史學學士、國立成功大學
歷史語言研究所碩士、國立中正大學歷史研究所博士，日本國
立一橋大學言語社會研究科客員研究員，國立臺南大學臺灣文
化研究所教授兼所長。學術領域為臺灣史、臺灣民俗、臺灣民
間信仰、臺灣文化資產，重要專著有《府城媽祖行腳》、《萬
年傳香火、世代沐法華——萬華寺廟》（以上 2002）、《萬華
觀光案內》（2004）、《走過‧歷史‧記憶——鏡頭下的永康》
（2008）、《萬年縣治所考辨》（2009）、《東山鄉志》、《在
地的瑰寶——永康民俗祭儀與文化資產》、《永康的歷史遺跡
與民間信仰文化》（以上 2010）、《九如王爺奶回娘家傳統民
俗活動之研究》（2013）、《重修屏東縣志‧民間信仰》（2014）、
《山谷長歌——噍吧哖事件在地繪影與歷史圖像》（2015）等
十餘冊。

目　錄

臺灣史研究名家論集——總序　卓克華...10

臺灣史研究名家論集——推薦序　陳支平...13

奮鬥的果實：代序　王見川...15

推薦序　黃美娥...16

一、清代澎湖臺廈郊考...1

二、澎湖臺廈郊補闕...52

三、南投「藍田書院」之史蹟研究...73

四、石頭營聖蹟亭與南部古道之歷史研究...101

五、清代澎湖海防經營與西嶼東砲臺的歷史研究...144

六、士林市場歷史沿革考略...186

七、鹿港金門館——一座清代班兵伙館的新發現...206

八、行郊、寺廟與古蹟史研究回顧...243

九、「漢影雲根」摩崖石刻新解...259

附錄：卓克華學術著作...285

臺灣史研究名家論集——總序

　　《臺灣史研究名家論集》（初編）即將印行，忝為這套叢刊的主編，依出書慣例不得不說幾句應景話兒。

　　這十幾年我個人習慣於每學期末，打完成績上網登錄後，抱著輕鬆心情前往探訪學長杜潔祥兄，一則敘敘舊，問問半年近況，二則聊聊兩岸出版情況，三則學界動態及學思心得。聊著聊著，不覺日沉西下，興盡而歸，期待半年後再見。大約三年前的見面閒聊，偶然談出了一個新企劃。潔祥兄自從離開佛光大學教職後，「我從江湖來，重回江湖去」（潔祥自況），創辦花木蘭出版社，專門將臺灣近六十年的博碩論文，有計畫的分類出版，洋洋灑灑已有數十套，近年出書量及速度，幾乎平均一日一本，全年高達三百本以上，煞是驚人。而其選書之嚴謹，校對之仔細，書刊之精美，更是博得學界、業界的稱讚，而海峽對岸也稱許他為「出版家」，而不是「出版商」。這一大套叢刊中有一套《臺灣歷史文化叢刊》，是我當初建議提出的構想，不料獲得彼首肯，出版以來，反映不惡。但是出書者均是時下的年輕一輩博、碩士生，而他們的老師，老一輩的名師呢？是否也該蒐集整理編輯出版？

　　看似偶然的想法，卻也是必然要去做的一件出版大事。臺灣史研究的發展過程，套句許雪姬教授的名言「由鮮學經顯學到險學」，她擔心的理由有三：一、大陸學界有關臺灣史的任務性研究，都有步步進逼本地臺灣史研究的趨勢，加上廈大培養一大批三年即可拿到博士學位的臺灣學生，人數眾多，會導致臺灣本土訓練的學生找工作更加雪上加霜；二、學門上歷史系有被社會科學、文學瓜分，入侵之虞；三、在研究上被跨界研究擠壓下，史家最重要的技藝——史料的考訂，最後受到影響，變成以理代証，被跨學科的專史研究壓迫的難以喘氣。中研院臺史所林玉茹也有同樣憂慮，提出五大問題：一、是臺灣史研究受到統獨思想的影響；二、學術成熟度仍不夠，一批缺乏專業性的人可以跨行教授臺灣史，或是隨時轉戰研究臺灣史；三、是研究人力不足，尤其地方文史工

作者，大多學術訓練不足，基礎條件有限，甚至有偽造史料或創造歷史的情形，他們研究成果未受到學術檢驗，卻廣爲流通；四、史料收集整理問題，文獻資料躍居成「市場商品」，竟成天價；五、方法問題，研究者對於田野訪查或口述歷史必需心存警覺和批判性。

　　十數年過去了，這些現象與憂慮仍然存在，臺灣史學界仍然充滿「焦慮與自信」，這些焦慮不是上文引用的表面問題，骨子裡頭真正怕的是生存危機、價值危機、信仰危機，除此外，還有一種「高平庸化」的危機。平心而論，臺灣史的研究，不論就主題、架構、觀點、書寫、理論、方法等等。整體而言，已達國際級高水準，整個研究已是爛熟，不免凝固形成一僵硬範式，很難創新突破而造成「高平庸化」的危機現象。而「高平庸化」的結果又導致格局小，瑣碎化、重複化的現象，君不見近十年博碩士論文題目多半類似，其中固然也有因不同學門有所創見者，也不乏有精闢的論述成果，但遺憾的是多數內容雷同，資料重複，學生作品如此；學者的著述也高明不到哪裡，調研案雖多，題材同，資料同，析論也大同小異。於是乎只有盡量挖掘更多史料，出版更多古文書，作爲研究創新之新材料，不過似新實舊，對臺灣史學研究的深入化反而轉成格局小，理論重複，結論重疊，只是堆砌層累的套語陳腔，好友臺師大潘朝陽教授，曾諷喻地說：「早晚會出現一本研究羅斯福路水溝蓋的博士論文」，誠哉斯言，其言雖苛，卻是一句對這現象極佳註腳。至於受統獨意識形態影響下的著作，更不值得一提。這種種現狀，實在令人沮喪、悲觀，此即焦慮之由來。

　　職是之故，面對臺灣史這一「高平庸化」的瓶頸，要如何掙脫困境呢？個人的想法有二：一是嚴守學術規範予以審查評價，不必考慮史學之外的政治立場、意識形態、身份認同等，二是返回原點，重尋典範。於是個人動了念頭，很想將老一輩的著作重新整理，出版成套書，此一構想，獲得潔祥兄的支持，兩人初步商談，訂下幾條原則，一、收入此套叢書者以五十歲（含）以上爲主；二、是史家、行家、專家，不必限制爲學者，或在大專院校，研究機構者；三、論文集由個人自選代表作，

求舊作不排除新作；四、此套書爲長期計畫，篩選四、五十位名家代表作，分成數輯分年出版，每輯以二十位爲原則；五、每本書字數以二十萬字爲原則，書刊排列起來，也整齊美觀。商談一有結論，我迅即初步擬定名單，一一聯絡邀稿，卻不料潔祥兄卻因某些原因而放棄出版，變成我極尷尬之局面，已向人約稿了，卻不出版了。之後拿著企劃書向兩家出版社商談，均被婉拒，在已絕望之下，幸得蘭臺出版社盧瑞琴女史遞出橄欖枝，願意出版，才解決困局。但又因財力、人力、市場的考慮，只能每輯以十人爲主，這下又出現新困擾，已約的二十幾位名家如何交待如何篩選？兩人多次商討之下，盧女史不計盈虧，終於同意擴大爲十五位，並不篩選，以來稿先後及編排作業爲原則，後來者編入續輯。

　　我個人深信史學畢竟是一門成果和經驗累積的學科，只有不斷累積掌握前賢的著作，溫故知新，才可以引發更新的問題意識，拓展更新的方法、理論，才能使歷史有更寬宏更深入的研究。面對已成書的樣稿，我內心實有感發，充滿欣喜、熟悉、親切、遺憾、失落種種複雜感想。本叢刊初編自有遺珠之憾，也並非臺灣史名家只有這十四位，此乃初編，將有續編，我個人只是斗膽出面邀請同道之師長友朋，共襄盛舉，任憑諸位自行選擇其可傳世、可存者，編輯成書，公諸同好。總之，這套叢書是十四位名家半生著述精華所在，精采可期，將是臺灣史研究的一座豐功碑及里程碑，可以藏諸名山，垂範後世，開啓門徑，臺灣史的未來新方向即孕育在這套叢書中。展視書稿，披卷流連，略綴數語以說明叢刊的成書經過，及對臺灣史的一些想法，期待與焦慮。

卓克華

2016.2.22 元宵　於三書樓

臺灣史研究名家論集——推薦序

臺灣史研究的興盛，主要是從二十世紀八十年代開始的。臺灣史研究的興起與興盛，一開始便與政治有著密切的聯繫。從大陸方面講，「文化大革命」的結束與「改革開放」政策的實行，使得大陸各界，當然包括政界和學界，把較多的注意力放置在臺灣問題之上。而從臺灣方面講，隨著「本土意識」的增強，以及之後的「臺獨」運動的推進，學界也把較多的精力轉移到對於臺灣歷史文化及其現狀的研究之上。經過二三十年的摸索與磨練，臺灣歷史文化的學術研究，逐漸蔚為大觀，成果喜人。以大陸的習慣性語言來定位，臺灣史研究，可以稱之為「臺灣史研究學科」了。

由於二十世紀八十年代以來臺灣史研究的興起于興盛，大體上是由此而來，這就造成現今的中國臺灣史研究的隊伍，存在著兩個明顯的特徵。其一，大部分的所謂臺灣史研究學者，特別是大陸的學者，都是「半路出家」，跨行或轉行而來，並沒有受過比較系統而嚴格的臺灣史學科的基礎訓練，各自的學術參差不齊，惡補應景和現買現賣的現象頗為不少。其二，無論是大陸的學者，還是臺灣的學者，對於臺灣史的研究，似乎都很難擺脫政治性的干擾。儘管眾多的研究者們，依然希望秉承嚴正客觀的歷史學之學原則，但是由於各自政治立場的不同，大家對於臺灣歷史文化的關注點和解讀意趣，還是存在著諸多的差異，有些差異甚至是南轅北轍的。

儘管如此，從學術發展的立場出發，臺灣史研究的這兩個特徵，也未嘗不是一件好事。不同的政治立場、學術立場；不同的學術行當、學術素養，必然形成多視野、多層次、多思維的學術成果。即使是學術立場、觀點迥異的學術成果，也可以引起人們的不同思考與討論。借用大陸的一句套話，就是「百花齊放」，或者「毒草齊放」了。百花也好，毒草也罷，正是有了這般林林總總的百花和毒草，薈兮蔚兮，百草豐茂，在兩岸學者的共同努力之下，形成了臺灣史研究的熱潮。

　　蘭臺出版社有鑑於此，聯絡大陸和臺灣的數十位臺灣史研究學者，出版了這套《臺灣史研究名家論集》。在這部洋洋大觀的名家論集中，既有較早拓荒性從事臺灣史研究的鄭喜夫、周宗賢、林仁川等老先生的論著，也有諸如王志宇、戴文鋒等年富力強的中生代的力作。在這眾多的研究者中，各自的政治社會立場姑且不論，僅以學術出生及其素養而言，既有歷史學、語言文學的，也有宗教學、戲劇學、地理學等等。研究者們從各自不同的學術行當和研究意趣出發，專研各自不同的研究專題，多有發見，多有創新。因此可以毫不誇張地說，這套《臺灣史研究名家論集》，在一定程度上體現了當今海峽兩岸臺灣史學術研究的基本現狀與學術水平。這套論集的出版，相信對於推動今後臺灣史研究的進一步開拓與深入，無疑將產生良好積極的作用。

陳支平

2016 年 3 月于廈門大學國學研究院

奮鬥的果實：代序

在我認識的朋友中，有二個人特別令我尊敬！一個是江燦騰，一個是卓克華，這二人個性相似，好批評，針貶學術不遺餘力，但也充滿熱情寫書編書，提攜後進，為學術添磚加瓦！尤其是二人遭遇重病（一罹癌，一中風）一度我以為二人大概快去世了，後來居然活了下來，還能孜孜矻矻，努力於學術，著書不斷。這樣的毅力與精神，我是自嘆不如，萬分佩服！

擺在讀者面前的這本書，是克華貢獻學界的最新成果！書中收錄作者踏入學界以來，自認較有價值而滿意的論文，共 9 篇，內容廣泛涉及行郊、古蹟與寺廟等面向，顯示出克華治學廣泛，又有所偏重！承蒙他好意，讓我先睹為快，說幾句話祝賀！我就直說了，若有不對，敬請見諒！

個人認為此書有幾個優缺點：一是總序最好，透露作者的學術胸懷。就這一點，已讓克華值得後世臺灣史研究者關注。雖然他的一些看法我未必同意，如太憂心未來臺灣史前途。我們不是預言家，很難逆料未來，所以不要操心未發生的事，將眼前的事做好或改善——最重要！二是書中第八篇文章〈行郊、寺廟與古蹟史研究回顧〉最重要，反映作者一生學術研究的關懷重心。臺灣學界也是這樣看克華，特別看重其行郊與寺廟的研究成果。很可惜，克華此書寺廟的代表作少了些，或許是這些文章都已單獨成書！但不管怎樣，也應交代一下！如果說此書有缺點，缺這方面的內容，可能是此書最大的遺憾。三是沒有作者的學思歷程。雖然，克華在〈行郊、寺廟與古蹟史研究回顧〉第一二節有所提及，但對一生青春時光奉獻於學術的學者而言，這期間的酸甜苦辣，與學界、政府官員、社會的互動，尤其是跟寺廟負責人打交道的情況。克華都沒透露天機與秘密，實在可惜。這是學者的人間性，也是他學術印記形成的內外緣。沒提這些，我們很難把捉學者的學術鍊成過程。

以上這些話是我讀克華這本書的感想，是否有理，有待讀者檢驗！

王見川 2016.4.5

推薦序

　　凌晨五點鐘，我搭乘的華航班機，從洛杉磯飛回臺灣，結束了十三個小時的長途飛行，又回到了數天前才出發的桃園中正機場。快速通關領到行李，從機場出來匆匆坐上返回台北的大巴士，沿途，我看著清新而寧靜的台北市，長期都是夜貓子的我，意外發現原來台北的早晨可以這麼美麗，而且有好多有趣的馬路風景。我為平日自己難得一見的晨曦所感動，有股強烈慾望想要打開巴士窗戶大口呼吸新鮮空氣，也想下車駐足那些平日不曾走過的小徑和街道。只是，在精神抖擻之際，卻突然想起回臺後要做的第一件事，是答應幫卓克華老師撰寫他新書的一篇序文，這件事因為我趕寫會議論文已被我延宕許久，剎那間我的亢奮被冷靜和理智給取代了。畢竟為他人著作寫序，是一件應該正襟危坐的事。

　　不知道此刻的卓老師正在做什麼？他的那麼多本著作，是在清晨或深夜寫就的？而從早期臺灣清代郊商的討論，到後來許多有關台北或臺灣其他地方研究的探索，包括書院、聖蹟亭、古道、砲台、市場、班兵伙館、寺廟、石刻等史蹟的剖析與論述，又是如何完成的？他到底怎樣親自去從事田野調查和文獻蒐集？尤其，我認識他是在他生病之後；簡單來講，我對他知識生產的方法，其實非常好奇，但從來未曾請教過他，因為我知道那一定是備極辛苦，以致於我不敢想像他撰文時的具體細節和行動過程。

　　不過，我更好奇的是，他為何要來邀請我寫序？在受到邀請之後，既感榮幸，卻也惶惑，終究我不是歷史學者，又如何能向閱讀大眾評介本書精彩之處？但，認識卓老師已經超過十年了，彼此之間，的確有些故事可說，或是至少瞭解他在從事研究時的堅持與用心。我依稀記得我們認識的起因，乃緣於我所寫〈清代流寓文人楊浚在臺活動及其作品〉一文，那篇文章是我投入臺灣研究的少作，當時討論了楊浚、林豪、陳培桂和《淡水廳志》之間的若干糾葛問題，頗有為楊浚翻案意味，卓老師主動與我聯繫，並談到了閱讀拙文的樂趣。而後來，他又陸續瀏覽我

的博士論文，我才真正體會到所謂的「文史不分家」，應該就是像卓老師這樣的人！甚至某些時候，他還會評議起若干臺灣文學研究者的論著成果，因此我知道他涉獵極廣，別有見地，在他身上我學習許多。

實際上，這超過十年以上的相處，也的確都是我獲益爲多。我們是君子之交淡如水，大約一年碰面、聚餐一次，但每一次見面往往都獲贈一本他的新書，而我則是過了好多年卻還拿不出新著回贈，因此不免心虛。尤其，他有幾年連續出版新著，我在爲他欣喜之餘，卻也不免擔心他過度耗費體力，因此拜讀他大作的情緒，頗爲複雜。所幸這幾年來，幾次會面，他總精神奕奕，而且此番更有壯舉，想要出版「臺灣史研究名家論集」，這是因爲他有感於臺灣學研究，學界已經耕耘多時，遂思考到該爲臺灣學研究提供重要方法論，乃至足以參考、借鏡的研究範式。而他自己，也趁此機會，將 1970 年代迄今爲止的研究成果擇精印行，結集成書，此番共計選出九篇論文。大抵，這些文章涵蓋層面豐富，探討面向多元，且關注區域除了臺灣之外，還將觸角延伸至澎湖與金門，研究課題更包含經濟、教育、社會、宗教、古蹟等，在在可見其人的思考廣度。而若從相關文章題目來看，則能發現他擅長的分析方法和研究取徑，即是篇題所謂考、補闕、考略等側重考證的方法，而其中更有「新發現」和「新解」的自豪之處。其實，這早在我最初拜讀的〈金門魯王「漢影雲根」摩崖石刻新解〉大作，已經展露無疑，正由於紮實的論證工夫，才能使該文至今仍然深具說服力。而這也恰恰說明，看似素樸不花俏的研究，只要言之有物，則永遠不失魅力，能夠具有歷久不衰的意義和價值，這正是卓教授長期以來研究成果的特色和貢獻所在。

臺灣大學臺灣文學研究所教授兼所長　黃美娥　2016.5.14

清代澎湖臺廈郊考

第一節　前言

　　澎湖為列島組成，自北而南，矗立於臺灣海峽中，號稱澎湖列島。依其自然形勢，分為二系：北以澎湖本島為主，及其環周島嶼，統稱為澎湖群島或大山群島；南以望安島為主，及其環周島嶼，稱為下嶼群島或八罩群島。島嶼數目，古來志書記載不一，有云三十六島，有謂四十五島，有說四十九島，有稱五十島、五十五島者，近經詳勘，島於滿潮時露出海面者，計六十四島嶼，面積 126.8641 平方公里，有人島嶼二十一，而以澎湖本島為最大，面積 64.2388 平方公里，占全縣總面積二分之一強。

　　澎湖當大海之中，四面環海，各島地形平坦，無山嶺河川，土質瘠薄，乏礦產資源，其資源除漁業外，他如畜牧、農業無足稱道。幸澎湖諸島散佈臺灣海峽之中，環海水域遼闊，且有天然港灣，自昔為上趨浙江、遼東、日本，下通廣東、交趾、暹羅必由之路，居國際航線之要衝，扼海峽之咽喉，以海疆重鎮見稱。

　　澎湖雖蕞爾丸地，因介於福建與臺灣之間，為臺閩咽喉，為我列祖列宗拓殖海外之首站。隋大業中派遣虎賁陳稜略地至澎湖，其名始見於中國。自唐代以後，迄兩宋之時，移民相當發達。迨元末時，遂置巡檢司以官斯地，隸屬泉州郡晉江縣治，此建置之所自始也。惜以海道險阻，未遑加意經營，明初雖沿襲置巡檢，繼而廢墟其地，淪為海寇出沒之所，一度還曾遭荷蘭所竊據。明末鄭成功退居臺澎，於澎置安撫司，統有三世。至康熙二十二年施琅攻克臺澎，明鄭投降，澎湖遂改隸臺郡，臺灣縣屬焉。清時，澎湖復置巡檢司，雍正五年（1727）升格廳治，其下轄十三澳八十五社。日據時期，初設澎湖列島行政廳，清光緒二十一年（日本明治 28 年，1895）改為澎湖島廳，光緒二十四年又改為澎湖廳，直隸臺灣總督府；民國九年（日本大正 9 年，1920）降格為郡，隸高雄州

轄，民國十五年（昭和元年，1926）再恢復爲廳，以至臺灣光復。光復
初，設澎湖縣，下置望安區（成立未久，因機構緊縮，於民國三十五年
裁撤）、馬公鎮及湖西、白沙、西嶼、望安、大嶼等五鄉。民國三十九
年實施地方自治，基層組織愈趨重要，地方區劃屢經分合，至今全縣計
有六市鄉九十七村里。

　　澎湖僻在海中，乏田可耕，物產不豐，漁業產量固有剩餘，然食糧
生產及其他日用物品之製造，則極感缺乏，故商業交易，互濟有無，至
感需要。早於元時，《島夷志略》即已記述工商興販以樂其利，可知商
業之盛。清代更有商業團體媽宮「臺廈郊」之設立，本文之作，即擬以
澎湖之臺廈郊爲研究主題，作一全面之探討，明其興衰沿革、組織販運，
及其功能、貢獻，冀能略窺清代澎湖臺廈郊之面貌，並作一較完整之描
述。

第二節　澎郊之成立年代

　　澎湖自元代設巡檢司，開發早於臺灣三、四百年且爲我漢族拓殖臺
灣之踏蹬，臺廈往來之關津，況土性斥鹵，不殖五穀，民鮮蓋藏，窮荒
之島，懋遷尤殷，則澎地之有「郊」，應早於臺灣，然文獻尟乏，頗難
稽考，《澎湖廳志》卷二〈規制‧恤政〉條記：

> 媽宮街金興順，郊戶德茂號等，鳩貲買過蔡天來店屋一間，為失
> 水難民棲身之所，址在媽宮口左畔……嘉慶二十四年，經於前廳
> 陞寶任內稟官存案。[1]

　　據此可見澎湖臺廈郊至遲於嘉慶二十四年（1819）即已成立，但據
「澎湖媽宮臺廈郊約章」所載，則年代悠久，約章中有云「我郊自開澎
以來，迄今二百餘年，前商人設立臺廈郊……」[2]此約章成立於光緒二

---

[1] 林豪，《澎湖廳志》，卷二〈規制‧恤政〉，頁76（臺銀文叢第一六四種）。
[2] 見《臨時臺灣舊慣調查第一部調查會第一部調查第三回報告書》之《臺灣私法附錄參考書》
　　第三卷上，第四篇第一章第三節「郊」，所收第六「澎湖媽宮臺廈郊約章」，頁68～69（日
　　本明治四十三年十一月發行）。

十六年（明治 33 年，1900），上溯二百餘年，當在康熙三十九年（1700）
之前，方豪先生曾評之曰：「似為推測之詞，無法證明。」[3]此語誠是，
然稽之文獻，則又有一二實情，非全為無稽之推測，《澎湖紀略》卷二
〈澳社〉云：

> 自康熙二十二年平臺而後，招徠安集，以漁以佃，人始有樂土之
> 安，而澳社興焉，其時澳則僅有九也。至雍正五年，人物繁庶，
> 又增蒔里、通梁、吉貝、水垵四澳，遂十有三澳，共七十五澳社。
> [4]

澳社日增，亦即生齒日蕃。生齒日蕃則交易愈殷，商業愈盛，故處
處商舶與漁船，《澎湖志略》記：

> 澎湖四面環海，非舟莫濟。商船二十八隻、杉板頭船一百二十八
> 隻；巨者貿易於遠方，小者逐末於近地，利亦溥哉！[5]

要之，澎湖因地理位置優越，四面踞海，無所不通，兼以洋流與信
風，成為泉州外府，宋元時期為泉州到南洋貿易瓷之轉口港，明初雖一
度中衰，但自康熙二十三年領有臺澎後，歷年既久，居民日以熙攘，海
隅漸以式廓，而時既升平，海疆富庶，宦賈臺灣者相望，往來之艘，皆
泊澎湖。兼以有司善治，政興張舉，致力於奠廛業、詰澳慝、程講肄、
鰲貿遷諸大端，而守土者又曲意加惠商人，招致其來，以裕民用，故舟
楫紛來，商賈輻輳，得以「巨者貿易於遠方」，故澎湖媽宮臺廈郊之成
立於康熙末年，自是極有可能！

第三節　澎郊之組織體制

澎湖之郊名臺廈郊，公號不詳，以通商臺廈為主，乃媽宮（今馬公

---

[3] 見方豪，〈澎湖、北港、宜蘭之郊〉，頁327（收入《方豪六十至六十四自選待定稿》，民
國六十三年四月初版）。

[4] 胡建偉，《澎湖紀略》卷之二〈地理紀〉「澳社」，頁32~33（臺銀文叢第一零九種）。

[5] 周于仁等，《澎湖志略》之〈舟楫〉項，頁37（臺銀文叢第一〇四種）。

市）街中商賈組成，志願入郊，並無強制。《澎湖廳志》載：

> 街中商賈，整船販運者，謂之臺廈郊。設有公所，逐年爐主輪值，
> 以支應公事。……然郊商仍開舖面，所賣貨物，自五穀布帛，以
> 至油、酒、香燭、乾果、紙筆之類，及家常應用器，無物不有，
> 稱為街內。其他魚肉生菜，以及熟藥、糕餅，雖有店面，統謂之
> 街外，以其不在臺廈郊之數也。[6]

　　「街內」諸舖戶組成臺廈郊，雖云「無論大小生理，聽從志願入郊」
[7]，但彼為謀求利益，保護利權，應率多入郊。入郊者須繳「插爐銀」
之入會費，故約章規定「凡在街開設生理，要入郊著出插爐」[8]。其退
出則「凡入郊之人，不遵郊規，以私亂公，執拗乖張，公議聽從退出」。
[9]

　　澎湖臺廈郊之組織，現存文獻闕略不詳，基本上應係由多數稱為爐
下（或稱爐腳、爐丁）之郊員組成。爐下須遵守郊規，於緣簿上登錄住
所、舖號及經費負擔額，依郊規約定，或一次捐足，或按時視其業務抽
分，或臨時按點攤派，不一而足。郊員若是不遵郊規，公議論處，重者
勒令退出，輕者罰款。又郊員須於每年奉祀主神之誕辰日，出席祭拜聚
餐，凡有會議之時，盡可提出意見商討，逢過爐則有資格擲筊當選爐主，
此為郊員之權利與義務。

　　臺廈郊之組織，設有爐主二名，如光緒二十六年之爐主為金利順與
金長順[10]。爐主執掌該郊事務，辦理祭祀事宜與經常會務，如約章中所
記：「凡值當爐主，所有大小事務，及收店租，支用一切，各人經手辦
明」[11]，除此凡遇商事糾紛，帳目不清，亦由爐主調處，《澎湖廳志》載：
「……臺廈郊設有公所，逐年爐主輪值，以支應公事。遇有帳條爭論，
必齊赴公所，請值年爐主及郊中之老成曉事者，評斷曲直，亦省事之大

---

[6] 林豪前引書，卷九〈風俗・服習〉，頁306。
[7] 同註2。
[8] 同註2。
[9] 同註2。
[10] 同註2前引書所收第七「媽宮臺廈郊約章」，頁69~71。
[11] 同註2。

端也。」[12]「凡值當爐主之人，各專責成辦理，凡鄉村有帳目不直相投，為其論理解勸了事。」[13]而經費之收支，帳簿及建家屋契字等簿，亦由爐主收存運用，約章云：「凡有捐緣、充公、罰款等項，務宜輪交值當之人收存，以妨公用。」[14]會議之召開，也由爐主負責，「凡有會議之日，定於午後二點鐘，值當之人通傳一次，各自趨赴」[15]。而爐主之由來，於每年大祭典過爐時（即媽祖誕辰日，農曆三月二十三日），擲筶決定，約章規定：「本郊崇奉天上聖母，每年輪當爐主二名，分上下期辦理。上期三月二十三日至九月止，下期十月初十日辦，至來年三月一日止。」「值年爐主二名，該年三月過爐之日，聖母面前祈筶，就入郊之妥號擬選，以筶為准。」[16]

以上為澎湖臺廈郊之組織體制，至於臺灣各地行郊素聞之籤首、稿師、郊書、局丁等等職員，文獻缺乏，無從查考。

第四節　澎郊之經費收支

行郊乃由同鄉、同業、同族等以共同信仰為中心而組織之團體，其目的在於同業互相扶持，解決困難，保持商譽，維護商品品質及郊商間之情誼，並在官府力量不足之處，協助官方維持地方，建設地方，凡此莫不需要經費。經費之來源，各郊不同，以澎湖臺廈郊言，略別之，亦不外乎會費、抽分、捐款、罰金、置產等。

以會費言：有入郊之會費，如約章中云「凡在街開設生理，要入郊，著出插爐」[17]。

以抽分言：以貨物稅為主，故規定「凡船頭水客及行配倚兌各貨，無論輕重，兌出以九七扣仲，其餘柴炭生菓檳榔，依舊例九五扣，公議

12　同註6。
13　同註2。
14　同註10。
15　同註10。
16　同註2。
17　同註2。

如斯，各宜遵照約章」、「凡有船頭水客，由本埠置辦貨物往外港，不論何價貨，要價外加零二，即每百元加二元，各宜遵約，如違罰」[18]。可知其抽分視各類不同貨物有百分之二、三、五之分，茲錄其貨物釐金率於表 1-1[19]。

表 1-1　澎湖臺郊入出口貨物釐金率

入口貨物	釐金率	出口貨物	釐金率
白糖	每擔均釐一十文	生芏（油粔）	每千擔均釐一百文
大青（青糖）	每件均釐二十五文	生芏粔（花生之油粔）	每百擔均釐二百文
小菁（染料）	每籠均釐一十文	生粔	每包均釐五文
芝簽（番薯簽）	每擔均釐二文	花生	每石均釐二文
米、麻、麥、豆	每包各均釐四文	生油	每擔均釐一十文
生油	每擔均釐一十文		
糖水（糖蜜）	每擔均釐三文		
倚兌（委託販賣）	每元均釐二文		

以捐款言：會費、抽分之收入有限，且不穩定，遂於神佛誕辰、慶典節日，或地方有事，則由所屬各郊戶樂捐或攤派，如約章所云「除收入之項以外不敷，照份均分」、「凡有失水難民無費，代為救助些費」、「逢神誕慶祝，俱各照份均攤」、「以五月水仙王祝壽，逢便設筵同會，所費用照份均分，以垂永遠，宜全始終」等[20]。

以罰金言：臺廈郊訂有郊規約章，內中公議詳定各種商事規約，凡不遵守者，輕者罰金，重者除名退出，如約章云「凡船頭水客及行配倚兌各貨……公議如斯，各宜遵照約章，違者罰金壹十貳元，不得徇情」、「苟如買客不遵約章，會眾不與交易，違者議罰」、「倘買客不遵，會眾不許交易，如我會內之人，以私廢公，密與往來交易，偵知罰金壹十七

---

[18]　同註 10。
[19]　同註 2 前引書，頁 167。
[20]　同註 10。

元」……等等均是[21]。

以置產言：行郊爲求生存發展，需有一固定穩當之收入，故多置有田產店厝爲其公業，將所置立田產公店租贌，俟其利息之蓄，專供祭祀及其他事務用，約章記「本郊建置公店，逐月收店租，以資神誕過爐及廟中油香祭祀、修繕器棋等件」[22]。

郊中經費來源略如上述，其開支項目則以祭祀事宜、地方公事及其他雜項爲主，其例如前所引約章諸條，茲不重複贅述。

郊中既置有財產，復有銀錢款項之收支，爲求徵信及管理之有所依據，勢必設立帳簿，登明議約，以防止侵吞，杜絕糾紛。而有關經費之收支保管，率由值年爐主經手辦理，每年媽祖誕辰或水仙王壽辰之日，設宴同會，公佈帳目，以備眾郊員之察核。郊中財產之田契、帳單、租單與謄本，及出租公款之單據，均於過爐時移交新爐主掌管。倘遇災異遺失，隨時稟報官府存查，並告知眾郊員，是以約章云「我郊自開澎以來，迄今二百餘年，前商人設立臺廈郊之公帳、建家屋契字等簿，一切於乙酉遭兵燹，盡皆遺失，合經稟官存案，批准給契總字」、「凡值當爐主，所有大小事務，及收店租，支用一切，各人經手辦明，不得度外，延過下年」、「凡有捐緣，充公、罰款等項，務宜輪交值當之人收存，以妨公用」等均是[23]。

第五節　澎郊之郊規約章

行商設郊之目的，除共謀同業間之利益外，或充爲街民自治之協議所，以懲戒不法商人，維持風紀，或鳩資修廟，進而從事公益事業，凡此在在均需有一組織章程、議事章程等之規定，遂有郊規之訂立。

郊有郊規，郊規爲其自治規範，郊規內容，除有關郊員之加入退出及其他權利義務、爐主與董事之推舉輪值及其職務外，尚規定各種商事

---

[21] 同註 10。
[22] 同註 2。
[23] 同註 2、註 10。

規約，如運費工錢之決定、買賣地區之限制、爐下生理倒號之處理，與交易上之種種議定等等。郊規所議定之章則，郊員須恪守勿違，倘敢抗違，嚴以責罰。郊規約章各郊員均應遵守，固不煩言，其效力往往及於郊外之商人，凡關於商事之爭執，官署亦命郊予以調處，賦予相當權限。

行商組織「郊」，純為自發性，官府未加以干涉輔導，所謂「聽從志願入郊」是也，故商人入郊並未受到強制，於是乎自會有行商不加入，不受郊規之約束，有時不免惡性競爭，打擊郊行。而行商加入，固受到郊規約束，然違規結果，不外乎罰酒筵、燈彩、演戲、檳榔，重者開除郊籍而已。雖云開除退名後，同盟絕交，不得往來，事實上眾郊員未必皆遵守。換言之，郊員若不認真遵守約章，陽奉陰違，郊亦無可奈何。是以約章中所記「不得違約，上流下接帳目算清，不得混淆，亦不許侵款」、「間有取貨存心僥吞，故意生理倒壞，私自休業，侵欠之項不還」、「倘買客不遵，會眾不許交易，如我會內之人，以私廢公，密與往來交易」、「不可私卸行仲，由街走兌，雖差微利、大失風氣」[24]，似此詐欺貨財、翻覆反價，陰謀奪客，走私兌賣，正足以覘知澎湖臺廈郊諸郊員故違舞弊，不得和氣共志，以致產生如許弊竇，才要如此大費周章訂規約束管制。

今存澎湖臺廈郊約章僅有兩件，均為日據初期時訂立，收錄於臨時臺灣舊慣調查會第一部調查第三回報告書《臺灣私法附錄參考書》。首件約章立於庚子歲，即光緒二十六年（日明治 33 年，1900），約章下編者註明：中日戰爭時，一度停廢，至明治三十三年（光緒 26 年）始恢復；約末具名者為該年值年之二名爐主，即郊舖金利順、金長順。次件立於翌年，即明治三十四年（辛丑歲，光緒 27 年，1901），乃新立規約，約中詳細而具體地訂立有關仲錢及罰金等之商事規約，與前約不太相同；且署名改為「商會同立公啟」，非前約之「臺廈郊」名稱，殆受日政府之壓迫而改組易名。茲引錄兩件約章於後，以供參考[25]：

24　同前註。
25　同前註。

第一　澎湖媽宮臺廈郊約章

竊以是經是營，風追晏子，成郊立業，美紹陶公，然而錦上添花，斯固吾儕之發達，日中換市，頓開商會之興隆也，我郊自開澎以來，迄今二百餘年，前商人設立臺廈郊之公帳，建家屋契字等簿一切，於乙酉遭兵燹，盡皆遺失，合經稟官存案，批准給契總字，公店之條目，仍照常輪當辦理，無論大小生理，聽從志願入郊，和心同志，整頓郊規，永遠遵行，始終如議，勿墜厥志，則聖母之明鑒馨香萬世，而我郊戶之通亨發達，亦蒸蒸日上也，是以為啟。

一本郊崇奉天上聖母，每年輪當爐主二名，分上下期辦理，上期三月二十三日至九月止，下期十月初十日辦，至來年三月一日止。

一值年爐主二名，該年三月過爐之日，聖母面前祈筶就入郊之妥號擬選，以筶為准。

一凡值當爐主，所有大小事務，及收店租支用一切，各人經手辦明，不得度外延過下年。

一本郊建置公店，逐月收店租，以資神誕過爐，及廟中油香祭祀，修繕器棋等件，公議酌辦，除收入之項以外不敷，照份均分。

一凡值當爐主之人，各專責成辦理，凡鄉村有帳目不直相投，為其論理解勸了事。

一凡有失水難民無費，代為救助些費。

一凡在街開設生理要入郊，著出插爐，逢神誕慶祝，俱各照份均攤。

一凡入郊之人，不遵郊規，以私亂公，執拗乖張，公議聽從退出。

一凡郊中之人，務要和衷共志，凡事相商，不得違約，上流下接帳目算清，不得混淆，亦不許侵款。

一凡船頭交易，須照公平，以顧郊中面目，如街市交接買賣，間有取貨存心僥吞，故意生理倒壞，私自休業，侵欠之項不還，以為生理廢止，詐欺貨財，請眾論理。

庚子歲麥秋月穀旦

臺廈郊金利順金長順公啟

第二　媽宮臺廈郊約章

竊以是經是營，風追晏子，成財成業，美紹陶公，然而錦上添花，斯固吾儕之發達，日中換市，頓開商會之享通也。茲者議定商約，凡我會中各號，以及船頭等貨，按照後開規條遵守，仲立聯同眾志，從茲土積成山，源朝萬水，斯時整頓，累蓄億千，他日奮興，事歸劃一，或慶神誕，或需諸公小大由之，其宜各適，伏祈會內諸君，和其氣，同其心，協其力，永遠遵行，始終如議，毋墜厥志，行見生涯則千祥鴻集，利澤則百福駢臻，於靡既耳，是為啟。

辛丑歲蒲夏月　　日

商會同立公啟

附錄約章十二則

一凡船頭水客，及行配倚兌各貨，無論輕重傤，兌出以九七扣仲，其餘柴炭生菜檳榔，依舊例九五扣，公議如斯，各宜遵照約章，違者罰金壹十貳元，不得徇情。

一凡有鄉村與吾儕交易，所最重者，米麥麵粉參色，是傤乃大宗之數，豈可任意拖延無期，爰是議舉，取貨之時預先交一半，餘剩十日為限，至期必要清完，苟如買客不遵約章，會眾不與交易，違者議罰。

一凡有買賣，價定言諾，振跌乃常，早晚市價不同，毋庸翻覆反價，不能較取多寡，然既在船明看大辦，出艍門好醜不能退換，此乃生理舊例規模，宜認真莫宥。

一凡有會外之人，不遵會章，動輒悖理，購定之後，如貨盛到市疲，雖許定捱延，不取足額之貨及定價再反覆價，此風不可長，自今公議禁止，倘買客不遵，會眾不許交易，如我會內之人，以私廢公，密與往來交易，偵知罰金壹十七元。

一凡有船頭水客，由本埠置辦貨物往外港，不論何價貨，要價外加零二，即每百元加貳元，各宜遵約，如違議罰。

一凡有外船，由本港貿易，人地兩疏，凡有事之秋，毋論倚何人，總要鼎力，會眾共為排解，本港之船亦宜如是。

一凡有會議之日，定於午後二點鐘，值當之人通傳一次，各自趨赴，無復加矣，倘有大關緊要，勿拘時間，切勿推東託西，畏縮不前。

一凡會議一年一次，定以五月水仙王祝壽，逢便設筵同會，所費
用照份均分，以垂永遠，宜全始終。

一凡有捐緣充公罰款等項，務宜輪交值當之人收存，以妨公用，
如有應用之款，會議而行，倘有積蓄頗多之項，那時再議。

一凡會內之人與人交易，不依規則，顧佔便宜，被人爭較，理果
委曲，情莫寬宥，須按輕重懲罰，若執拗不遵，革出會外，使他
議誚，為悖理者戒。

一凡行配水客，及船頭倚兌，雖主擇客，不可陰謀相奪，各憑信
交收，如貨主分交一二號，當存厚道之心，毋得僭越相爭，致失
會內面目，而為外埠所竊笑耳。

一凡有諸號同倚一船之貨，偶遇市疲為難發兌，可與船客酌商分
價裁賣，不可私卸行仲，由街走兌，雖差微利，大失風氣，此層
會禁，各遵斯約。

計開　　為逐年值當，周而復始

安興	一鬮	合發	七鬮	順美	十三鬮
鼎順	二鬮	豐順	八鬮	通發	十四鬮
長順	三鬮	振吉	九鬮	源合	十五鬮
裕記	四鬮	錦成	十鬮	豐德	十六鬮
怡發	五鬮	益成	十一鬮	合源	十七鬮
同成	六鬮	源茂	十二鬮		

第六節　澎郊之會議會所

行郊之會議，原則為一年一次，或於媽祖誕辰日（農曆三月二十三
日），或於水仙王誕辰日（農曆五月五日），設筵同會，屆時全體郊員均
應出席祭拜聚餐。祭主（即爐主）於聚餐時將一年來之收支，及郊中要
事詳細報告，郊員有意見者也於此時提出，會中且同時筶選新任值年爐
主。如前引約章，則知臺廈郊原於媽祖誕辰過爐時，筶選二名新爐主輪
值，分上下期負責；至日據後於明治三十四年改為水仙王誕辰日改選，
並於該年一次筶選，決定十七家次序，逐年值當，周而復始，可謂一勞
永逸，甘苦均沾。

除每年媽祖、水仙王誕辰之大祭典外，其餘各神明聖誕郊中演戲設筵，眾郊員可任意出席，並無強制。郊中諸事，平時由爐主裁決，若有大事，非得逐一問眾集議不可，則臨時召集討論，如約章中所記「凡有會議之日，定於午後二點鐘。值當之人通傳一次，各自趨赴，無復加矣。倘有大關緊要，勿拘時間，切勿推東託西，畏縮不前」。

行郊係由作同一地區貿易之商賈，相謀設公會訂規約，以互相扶持，解決困難，聯絡情誼，則勢必需要一辦公處所，其處所，有稱會館，有稱公所，多數附於寺廟內，澎湖臺廈郊之會所則設於媽宮街之水仙宮。

水仙宮為澎湖四大古廟之一，宮內祀有五神像，即大禹、伍員、屈原、項羽、魯班（或作王勃、李白）等五水仙尊王。清康熙三十六年（1697）按察使郁永河巡視臺灣，途遇暴風，靠「划水仙」[26]而安抵澎湖，便下令右營游擊薛奎建宮祀之。乾隆四十五年（1780）澎協副將招成萬，率同監生郭志達勸捐重修。道光元年（1821）左營游擊阮朝良、通判蔣鏞、護協沈朝冠、協鎮孫得發等倡修。後於光緒元年（1875）媽宮街商民鳩資修建，充為臺廈郊會所，以為行商棲止之處。臺灣陷日後，於光緒二十六年（明治33年，1900）改稱為「臺廈郊實業會館」[27]。

水仙宮原在媽宮渡頭，該渡頭為媽宮上陸唯一渡口，光緒十三年因興建城垣遮蔽，渡頭移遷至附近之小南門外，其後於大南門外築一官商碼頭，凡文武官員均由此碼頭登岸。水仙宮亦遷建馬公市復興里中山路六巷今址。現宮內古物有三：一為「水陸鴻昭」匾，為道光五年（1825）古物，立者不詳；一為「峝幪台廈」匾，應為大正十二年（民國十二年，1923）季冬月（十二月）立，「台廈郊眾舖戶同敬獻」，不曉何人無知，將年號挖掉，僅餘「○○拾貳年季冬月吉旦」；另一為「台廈郊實業會館」匾，仍掛在正門楣前。

[26] 胡建偉，前引書，卷二〈地理紀·廟祀〉，頁41~42。按所謂「划水仙」之法，據胡書云「其法在船諸人，各披髮蹲舷，以空手作撥棹勢，假口作鉦鼓聲，如五月競渡狀；即檣傾柁折，亦可破浪穿風，疾飛抵岸」。

[27] 蔡平立，《澎湖通史》卷十六〈教育文化篇〉第三章「名勝古蹟」「水仙宮」條，頁543（民國六十八年七月，臺北，眾文圖書公司出版）。

第七節　知名郊舖與市肆

　　清代臺灣商業，初期均以市場為中心之簡單貿易，生產者與消費者在市集上直接以物換物，或以貨幣交易。其後行郊興起，於島內各港埠組織諸郊，經營貨物批發輸出入。一般言，其交易之行銷系統，行郊以下可略分為：文市（亦稱門市，即零售商）、辨仲（在各埠頭設店，為行郊與生產者居間之商人）、割店（批發商）、販仔（辨貨往各埠頭推銷零售者）等類。而澎湖臺廈郊則略有不同，臺廈郊為澎湖媽宮街商賈整舡（又稱船頭，即經營船舶，航運各港交易者在新竹稱「水郊」）販運者所組成，「然郊商仍開舖面」[28]，是知臺廈郊諸商為郊舖兼割店、文市與船戶。但此並非顯示澎湖郊商之資本雄厚，壟斷利權，相反的，正表示了澎地市場有限，腹地狹窄，無需精細分級，反要多角化經營以維持生存。澎湖行郊，文獻所見，率稱「郊舖」、「郊戶」，不稱「郊行」，一則純為南北雜貨同行諸舖戶所組成，再則其組織不大，貿易販運有限，正足以說明該事實。

　　澎湖臺廈郊自開澎以來，迄今近三百年，期間諸家所修諸方志人物傳中，竟無一列入貨殖傳以詳記之，光復後澎湖縣所修之《澎湖縣志》竟也無一語及之，誠屬莫大遺憾，茲爬梳援引諸文獻典籍，紀可知之郊舖與郊商以顯微闡幽，兼供澎人日後之追索：

　　按今知之澎郊郊舖仍以前引約章所附名單為最詳細，即光緒二十七年時尚存十七家，計安興、鼎順、長順、裕光、怡發、同成、合發、豐順、振吉、錦成、益成、源茂、順美、通發、源合、豐德、合源等。可異者，其前有「金利順、金長順」二家為光緒二十六年值年爐主，時隔半年，竟無「金利順」舖號，令人百思莫解。又，其中「金長順」為一老店號，至遲嘉慶二十五年（1820）已有，《澎湖廳志》卷二記「無祀壇」：「一在媽宮澳海旁邊，土名西垵仔，廟中周歲燈油，俱協營捐辦。……嘉慶二十五年，右營游擊阮朝良同課館連金源、郊戶金長順等捐修。」

---

[28] 同註6。

[29]再前則爲嘉慶二十四年之郊戶德茂號[30]。

　　澎郊之興盛時期應是光緒年間，澎湖早期文獻如杜臻《澎湖臺灣紀略》（修於康熙年間）僅提及「黠者或行賈于外，致饒裕」、「泉漳人行賈呂宋，必經其間」而已[31]；林謙光之《臺灣紀略‧附澎湖》（修於康熙年間）亦只紀「今幸大師底定，貿易輻輳，漸成樂土」[32]；周于仁、胡格之《澎湖志略》（修於乾隆年間）記載：「澎湖四面環海，非舟莫濟。商船二十八隻，杉板頭船一百二十八隻，巨者貿易於遠方，小者逐末于近地，利亦溥哉！」[33]均未有一語一字提及澎郊或舖戶。

　　至胡建偉之《澎湖紀略》（修於乾隆年間），所紀已詳，惜亦未片語隻字提及「郊戶」、「郊商」，或澎郊於乾隆年間尚未成氣候，不足令守土有司致意探錄。其卷五〈人物記〉載：顏得慶「平時駕三板頭船生理，澎臺水道最爲熟悉」，楊彬「平日駕三板頭船生理，熟悉水道」[34]，三板頭船或作杉板頭船，可裝三、四百石至六、七百石穀，爲往來南北各港貿易所乘[35]，但不知顏得慶、楊彬二人是否爲郊商？

　　道光年間蔣鏞所修之《澎湖續編》雖稱澎地歷年既久，今昔改觀，居民日以熙攘，海隅漸以式廓，舟楫紛來，商賈輻輳，其市廛氣象大異於疇昔，似爲澎郊之發達期，無奈提及「郊舖」僅於〈地理紀‧廟祀〉「無祀祠」確切記載「嘉慶二十五年，右營游擊阮朝良，募同課館連金源，郊舖金長順等捐修」[36]，餘如〈風俗紀‧歲時〉云迎春之日「媽宮街鹽館舖戶及各鄉耆民皆備彩旗、閣、鼓吹，先後集會，隨春牛芒神而行」[37]，〈藝文紀〉「續修西嶼塔廟記」載樂輸姓名，其中有「臺郡各郊

[29] 林豪，前引書，卷二〈規制‧祠廟〉「無坭壇」，頁63。

[30] 同註1。

[31] 杜臻，《澎湖臺灣紀略》，頁2~3（臺銀文叢第一〇四種）。

[32] 林謙光，《臺灣紀略‧附澎湖》，頁65（臺銀文叢第一四種）。

[33] 同註5。

[34] 胡建偉，前引書，卷五〈人物紀‧材武〉，頁102~104。

[35] 見王必昌，《重修臺灣縣志》，卷四〈賦役志‧離餉〉，頁121（臺銀文叢第一一三種）。

[36] 蔣鏞，《澎湖續編》卷上〈地理紀‧廟祀〉「無祀壇」，頁8（臺銀文叢第一一五種）。

[37] 蔣鏞，前引書，卷上〈風俗紀‧歲時〉，頁59。

行」[38]，既已載明「郊行」之稱，復吝惜筆墨，於澎湖僅載「澎湖舖戶、商船、尖艚、漁船共捐……」，不稱郊舖誠不曉何意，惟記內云臺郡各郊行及澎湖舖戶諸姓名俱勒石，但不知此碑今存否？姑闕之待他日再補考。其於「勸捐義倉序」中亦稱「勸同媽宮街行店量力輸助」[39]，要之全書中僅一處提及「郊舖金長順」，他則以「行店」、「舖戶」稱之。而〈人物紀〉中僅記陳傳生「駕商舶賈於外」[40]，又不得知彼是否為郊商？

光緒年林豪修《澎湖廳志》，志中幾乎隨處見郊戶之記載，惜散漫闕略，不足以言系統，郊舖郊戶採錄前《澎湖續編》之「金長順」，僅多一「德茂號」，餘俱無，郊商則記黃學周、黃應宸二人而已。而黃學周為例貢生，曾捐建義倉、觀音亭，助學文石書院，兼為媽宮市團總，率勇守衛鄉梓，以如此一重要人物，竟無傳記，其輕忽郊商至矣！餘如記李光度「為郊商高家司帳」，劉元成「移居媽宮市，遂家焉，生平精於心計，以居積致富」，林超之父「業杉行」，監生林瓊樹、武庠高袞夫為商賈中人等等[41]，亦是不詳。

光復後新修之《澎湖縣志》雜抄諸方志，未曾用心咨訪採錄，了無新見新義，近人蔡平立編纂《澎湖通史》及陳知青之《澎湖史話》亦是，郊商之無聞甚矣！

總之，二百年之澎湖行郊史，所確知之郊舖只有十八家，郊商則黃學周、黃應宸二人，郊商地下有知寧不揿淚一嚎，恨事跡湮沒如此無聞耶！

知名郊舖郊商略如上述，茲續記郊舖營業之市肆。

臺廈郊雖自置商船，整船販運以批發，然郊商仍開舖面，經售五穀、布帛、油酒、香燭、乾果、紙筆及家常應用之物，其他魚肉生菜，以及熟藥、糕餅則不在其內。蓋一為進口貨物販售批發，一是澎地可自行生產加工販賣。郊舖集結於媽宮市中，蓋媽宮港澄淨如湖，小島環抱，賈

---

[38] 蔣鏞，前引書，卷下〈藝文紀〉所收蔣鏞「續修西嶼塔廟記」，頁 84~86。
[39] 蔣鏞，前引書，頁 90~92。
[40] 蔣鏞，前引書，卷上〈人物紀・鄉行〉，頁 26。
[41] 林豪，前引書，卷七〈人物上・鄉行〉，頁 250 及 255。

舶所聚，帆檣雲集，爲臺廈商艘出入港口，其地舖舍民居，星羅雲集，
煙火千餘家，爲澎之市鎮，諸貨悉備。他澳別無碼頭、市鎮及墟場交易
之地，間有雜貨小店，或一二間而已，不足成市，故率皆赴媽宮埠頭購
覓買售。《澎湖紀略》載媽宮市之市肆有[42]：

倉前街：酒米舖、鮮果舖、檳榔舖、打石舖。

左營街：鹽館（一所）、酒米舖、雜貨舖、打鐵舖。

大井街：藥材舖、竹器舖、瓦器舖、磁器舖、麥餅舖、酒米舖、油
燭舖、打銀舖、故衣舖。

右營直街：綢緞舖、冬夏布舖、海味舖、雜貨舖、藥材舖、醬菜舖、
酒米舖、涼暖帽舖、麥餅舖、鞋襪舖、豬肉案、磁瓦器舖、故衣舖、油
燭舖。

右營橫街：海味舖、酒米舖、雜貨舖、醬菜舖、綢緞舖、冬夏布疋
舖、故衣舖、鞋襪舖、麥舖、涼暖帽舖、藥材舖、鮮果舖、檳榔舖、餅
舖、磁瓦器舖、麻苧舖、油燭舖、豬肉案。

渡頭街（又名水仙宮）：酒米舖、鹹魚舖、瓜菜舖、檳榔舖、小點
心舖。

海邊街：當舖一家（乾隆三十二年新開）、杉木行、磚瓦行、石舖、
酒米舖、麻苧舖、雜貨舖、瓜菜舖、鮮魚舖、鹹魚舖、檳榔桌。

魚市（在媽宮廟前，係逐日趕赴，並無常住舖舍）：農具、黃麻（零
賣）、苧麻（零賣）、鮮魚（各色具齊）、螃蟹（各色不一）、鮮蝦（各色
不一）、青菜、瓜果、水藤、竹篾、木料（雜用木料如犁耙等項）、薯苓
（染網用）、高粱、豆麥、薯乾、瓦器（雜物具備）、檳榔桌、點心、木
柴（乾隆三十一年臺灣漂來，各澳民拾獲甚多。澎湖無木，乃拾獲並破
船板之類）、草柴、牛柴、（即牛糞，土人捏成餅樣，曬乾出賣，名爲牛
柴。名字亦新，人家逐日皆熱此）。

《澎湖續編》則記道光年間街市略有減損，而舖戶則照舊，並無增
減。其〈地理紀‧街市〉記：

---

[42] 胡建偉，前引書，卷二〈地理紀‧街市〉，頁 43~45。

媽宮市：倉前街、左營街、大井街、右營直街、右營橫街、渡頭
街（又名水仙宮街。以上各舖無增減）、海邊街（乾隆三十二年
開文榮號當舖一家，今歇業。行舖、杉木等行，具照舊無增減）、
魚市（俱照舊）[43]。

其後咸豐二年（1852）壬子二月初一夜，媽宮街火，延燒店屋無數，
大井頭一帶皆燼[44]。光緒十一年（1885）中法戰役，春二月法酋孤拔犯
媽宮港，分兵由嵵里登岸，法軍入據媽宮澳。而同年二月十四日夜「廣
勇、臺州勇大掠媽宮街，放火延燒店屋殆盡」[45]，經此雙重兵燹，重建
城鎮，百堵復興，街市間有更易，《澎湖廳志》志街市如下：

倉前街（今改為善後街）、左營街、大井頭街、右營直街、右營
橫街、太平街（在祈福巷口）、東門街、小南門街、渡頭街（又
名水仙宮街）、海邊街（當舖一家，近已歇業）、魚市（在媽祖宮
前，俗稱街仔口）、菜市（在媽祖廟前，係逐日趕赴，無常住舖
店）。以上皆在媽宮市。[46]

日據時雖曾依都市計畫造路興街，惟民國三十三年（日昭和 19 年，
1944）十月至次年初，數次遭受美國盟機轟炸，市面屋舍毀損尤多。今
之市街乃係光復後重建，惟存中央街、長安街部分之舊市貌，街道甚狹，
人煙極稠，人口密度超過全鎮人口密度之二倍[47]。近年該地頗為蕭條冷
落，蓋馬公市區中心北移，已無往昔之盛矣！

第八節　商船出入之港灣

臺廈往來船隻，必以澎湖為關津，從西嶼頭入，寄泊嶼內，或媽宮，
或八罩，或鎮海（在今白沙嶼），中以媽宮（即馬公）港最擅形勢。

---

[43] 蔣鏞，前引書，卷上〈地理紀・街市〉，頁 9。
[44] 林豪，前引書，卷十一〈舊事・祥異〉，頁 373。
[45] 林豪，前引書，卷十一〈舊事・紀兵〉，頁 367。
[46] 林豪，前引書，卷二〈規制・街市〉，頁 82~83。
[47] 蔡平立，前引書，卷十五第二章「媽宮城」，頁 431。

　　馬公港在澎湖本島、白沙、西嶼三島之間，形成略作 V 字形之澎湖灣，南北長約十二公里，東西寬約八公里，水深十五公尺以上，能容大隊船隻停泊，爲一極優良之寄泊地，此爲馬公外港。馬公內港位在澎湖灣內之東南側，自馬公半島金龍頭，與風櫃尾半島蛇頭山之間，向內拓展成一較小海灣，東西長約五公里，南北寬約二公里。灣中央有由東端大案突出之測天島，將港分爲南北兩部：南部港面較大，北部連接馬公市區，闢成商業碼頭；而馬公市區東北隅深陷內地，又形成一灣，俗稱暗澳；暗澳西側（在馬公市區東邊）開馬公第一、第二漁港。誠天設之良港，澳內有澳，灣內套灣[48]。

　　媽宮港形勢優良如此，又位居清季安平與廈門航線之關津，港內船舶繁盛，故鎮、營、廳、倉、城、街市俱設此，爲紳商所萃，賈舶所聚，帆檣雲集，煙火相望。今猶爲澎湖首府所在地之主港。

　　日據初期，日人爲控制經濟，一度中止臺閩之貿易，馬公港一時蕭條。清光緒二十三年（日明治 30 年，1897）臺灣總督府開放馬公港爲特別貿易港，准予專對我國大陸貿易，一方面又補助日本郵船會社，及大阪商船會社，開闢定期航線，途經澎湖，同時並設置稅關派出所。於是乎海舶巨輪，交通暢達，馬公一躍爲我國大陸與臺灣貿易之中間港兼轉口港，甚且偷渡走私港，遂又檣桅林立，頓形繁榮，其中合發，協長成、頂成三家商行，業務鼎盛，尤以合發行爲業中翹楚。但至民國二十五年（日昭和 11 年，1936），廢止特別輸出入港後，馬公港對外貿易一落千丈，寄港船隻亦隨之減少[49]。

　　澎湖爲列島組成，島嶼廻環，港澳雜錯，多天然港灣，小舟處處可泊，舟泊處曰澳，澳即港口也。澎湖諸澳，除上述媽宮澳爲商哨灣泊之所，茲再記其餘堪供商艘寄泊諸澳。

　　杜臻《澎湖臺灣紀略》述康熙中葉澎湖可泊諸澳有[50]：

---

[48] 見《澎湖縣志》〈交通志〉第一章第二節「馬公港」，頁 6（民國六十一年八月，澎湖縣文獻委員會出版）。

[49] 同前註前引文第四節，頁 20。

[50] 杜臻，前引書，頁 3~4。

一西嶼頭，可泊兵船四十餘。

一蝲仔澳，可泊南北風船十餘。

一蒔上澳，可泊北風船四、五十。

一大城嶼，可泊南風船十餘。

一龍門港（即良文港），可泊北風船十餘。

一安山仔，可泊南風船二十餘。

一東港尾，可泊南北風船二十餘。

　　按所謂「南北風」者，指風信之方向。清季臺閩民間貿易貨運，以帆船為主要交通工具，海洋泛舟，於大海中無櫓搖棹撥之道理，全籍一帆風順，即所謂「風帆時代」。船在大洋，風潮有順逆，行使有遲速，不得順風，尺寸為艱，故舟行務上依風，南風放洋出海從南，北風揚帆放洋從北，而「臺灣風信，自廈來臺，以西北風為順；自臺抵廈，以東南風為順。但得一面之風，非當頭逆項，皆可轉帆戧駛」[51]。其中「臺灣船隻來澎湖，必得東風方可揚帆出鹿耳門；澎湖船隻往臺，必得西風才可進港」[52]，是鹿耳門進港迎西風忌東風，出港需東風忌西風，而臺灣風信與內地迥異，清晨必有東風，午後必有西風，名曰「發海西」[53]，來去諸舟，乘之以出入。是以順風時，於黎明出鹿耳門放洋，約午後可抵澎湖。而澎湖灣停船之澳有南風、北風之別，泊舟之澳，負山面海，山在南者，可避南風；山在北者，可避北風，故南風宜泊水垵澳，北風宜泊網澳、內塹、外塹等澳，或駕避不及，或誤灣錯澳，則船必撞壞。自澎往廈，悉以黃昏為期，越宿而內地之山隱現目前。反之，倘風帆不得，風信未可行，行程延遲，固是常事，嘗有灣泊澎湖至旬以外者[54]。

　　其後高拱乾《臺灣府志》〈封域志‧形勝篇〉記澎湖諸澳云[55]：

一曰雙頭跨澳，中可泊船以避北風。

一曰圭母灣澳（雞母塢），四面皆山，商舶逃風者便之。

---

[51] 李元春，《臺灣志略》，卷一〈地志〉，頁23（臺銀文叢第一八種）。

[52] 胡建偉，前引書，卷一〈天文紀‧風信〉，頁9。

[53] 同前註。

[54] 李元春，前引文，頁15~16。

[55] 高拱乾，《臺灣府志》卷一〈形勝‧附澎湖澳〉，頁18~20（臺銀文叢第六五種）。

一曰豬母落水澳，春夏時舟之渡廈者從此，只可寄舶非避風處也。

一曰洪林罩澳（紅羅），南風發可以泊舶。

一曰鎮海澳，可泊船十餘艘。

一曰赤崁澳，南風泊船地。

一曰竹篙灣澳，南風泊船地也。

一曰牛心灣澳，廈門商船來臺多入此。

一曰後灣澳，南風時只可寄泊，不足以避颶風。

一曰小池角澳，亦僅可寄泊，非甚穩處也。

一曰椗馬灣澳，北風寄泊之地。

一曰將軍澳（即八罩網垵澳，南風時可泊船），其澳崖麓臨深，泊舶時擇跳者飛身登岸，植木繫纜。

以上灣泊之諸澳，胡建偉《澎湖紀略》、林豪《澎湖廳志》及其他有關志書，所記大同小異，茲不贅引。

澎湖諸島港灣除上述外，尚有虎井港在虎井島東山、西山之間，避南風，可泊大船。桶盤港位桶盤東方，避北風。吉貝港處吉貝島南方，避北風。員貝港於員貝島西南方，避北風。鳥嶼港在鳥嶼島西南方，避北風。東嶼坪港，位東嶼坪島南方，可避南北風。東吉港於東吉島西方，避北風。花嶼港處花嶼島南方，避北風[56]。

要之，上述諸灣澳以媽宮為最佳最穩，《東瀛識略》〈海防篇〉云：

大舟至時，若值南風，宜泊八罩，蒔里、將軍澳；北風司令，宜泊西嶼頭內外塹；泊非其所，舟即難保。他澳多暗礁，均不能近，獨媽宮澳山環水深，無論南北風均可泊舟。[57]

胡建偉有詩記媽宮澳，於其形勢、地位、居民均有寫實之描述，詩曰：

豈特雄封一馬頭，重洋天塹此咽喉。西援泉廈連犄角，東護臺陽控上游。

---

[56] 同註 48 前引書第二節「港灣與燈塔」，頁 5。

[57] 丁紹儀，《東瀛識略》卷五〈海防〉，頁 53~54（臺銀文叢第二種）。

遣戍干城歌肅兔，編氓環堵類居鳩。自維海甸分符重，夙夜難忘馭遠猷。[58]

第九節　行銷貨品與地區

澎湖四面汪洋，素號水鄉，乃海中孤島。論其地，則風多雨少，斥鹵鹹，土性磽瘠，泉源不淪，雨露鮮滋，乏田可耕，種植維艱，地之所產極微，故附島居民，咸置小艇捕魚，以餬其口，澎之人，蓋亦苦矣哉！

澎地磽瘠，不產百物，而生齒日繁，資用日廣，無一物不待濟於市，凡衣食器用，皆購於媽宮市。而媽宮諸貨，又皆藉臺廈商船，源源接濟，所有衣食器用殆皆取資於外郡。《澎湖紀略》曰：

> 地不產桑麻，女人無紡織之工，所有棉夏布匹，俱取資于廈門。……其木植瓦料，俱由廈門載運而來。……近日媽宮市有開設瓦料鋪，以資民間採買焉。[59]

復云：「如布匹、綢緞、磁瓦、木植等貨，則取資于漳泉；米穀、雜糧、油糖、竹藤等貨、則取資于臺郡。」[60]

《澎湖廳志》則記：

> 澎地米粟不生，即家常器物，無一不待濟於臺廈。如布帛、磁、瓦、杉木、紙札等貨，則資於漳泉；糖、米、薪炭則來自臺郡。然而鋪家以雜貨銷售甚少，不肯多置，故或商舶不至，則百貨騰貴，日無從購矣。富室大賈，往往擇其日用必需者，積貨居奇，以待長價。而澎地秋冬二季，無日無風。每颱颶經旬，賈船或月餘絕跡，市上存貨無多，亦不患價之不長也。[61]

大體言之，澎湖臺廈郊商所批售貨物，自五穀布帛，以至油酒、香燭、乾果、紙筆之類，及家常應用物，無物不有；其他魚肉生菜，以及

---

[58] 胡建偉，前引書，卷十二〈藝文紀·詩〉，頁279。

[59] 胡建偉，前引書，卷七〈風俗紀·習尚〉，頁148。

[60] 同註42。

[61] 林豪，前引書，卷九〈風俗·服習〉，頁306~307。

熟藥、糕餅，不在其內。

輸入貨品如上述，輸出貨品則以油粕、魚乾爲主。《澎湖廳志》卷
十〈物產記〉「貨之屬」有：花生、豆粕、魚乾、鹹魚、魚鮭、蝦乾、
蠘米、魚刺、魚子、魚脯、荨等[62]。同書復云：「惟火油豆粕，則澎湖所
產，販往廈門、漳、同等處。然亦視年歲爲盈虛，無一定之數也。」[63]續
載：「近有南澳船販運廣貨來澎，而購載花生仁以去者。」[64]《彰化縣志》
又記：「若澎湖船則來載醃鹹海味，往運米油地瓜而已。」[65]是以周凱詠
吟：

> 謀生大半海爲田，也把犁鋤只望天。種得高粱兼薯米，七分收穫
> 以豐年。
> 番豆生來勝地瓜，油粕魂魂出油車。糞田內地人爭重，壓載強於
> 載海沙。[66]

按所謂火油豆粕云云，實均爲一物之所產，即落生花也。澎地斥鹵
不宜稻，僅種雜糧，而地瓜、花生爲盛。落花生俗名土豆，又名番豆，
可用以榨油；其渣爲粕，可糞田；藤可爲薪，可飼牛羊供爨；其性重，
商舶購以壓載；利益甚廣，澎地遍處皆種。而澎地所出，皆販往內地，
連檣運去，無肯留之以自糞其園者，農家終年用度，胥恃有此耳[67]。而
花生出息既多，則擘其仁以出售，可省運載之費，其殼亦可爲薪；遂有
商人黃應宸別出心裁，設爲手磨磨之，如磨穀然，工省而速，效用可觀
[68]。

再，負販貿易地區除上述外，《澎湖廳志》卷九〈風俗記〉載：「鳳
邑之打鼓港、東港諸海口，皆安平轄汛，爲澎湖採糴商漁泊船之處。」

---

[62] 林豪，前引書，卷十〈物產・雜產〉，頁 347。

[63] 同註 61。

[64] 同前註。

[65] 周璽，《彰化縣志》，卷九〈風俗志・商賈〉，頁 290（臺銀文叢第一五六種）。

[66] 蔣鏞，前引書，卷下〈藝文紀〉所收周凱「澎湖雜詠二十首和陳別駕」，頁 139~141。

[67] 同註 6，前引文，頁 305。

[68] 同前註。

[69]惟揆之實際，則貿易地區應不僅限於上述。

　　蓋澎湖諸島散布臺灣海峽中，「西則控制金廈，爲犄角之聲援；東則屏蔽臺灣，居上游之扼要；北而薊遼、江浙，南瓊州、交趾以至日本、呂宋諸番，莫不四達，在在可通」[70]。在在可通，則戀遷地區應能遍及諸港，按清乾隆末季增開鹿港與淡水八里坌設口，自此澎湖東去臺灣，可北及鹿港、八里坌，西至閩可直達泉州、福州，不再局限於安平、廈門兩口。道光年後，高雄之打狗，臺南之馬沙溝、北門，嘉義之布袋、東石，雲林之海口，新竹之公司寮及基隆等西部港口，陸續開放，闢澎湖向臺灣產地貿易之捷徑。斯時澎島居民，以船工食力者，散處臺灣，「自淡、鹿、笨港、安平、旗後，以迄恆春，不下萬人」[71]，媽宮郊戶或自置商船，或與臺廈人連財合置，往來必寄泊澎湖數日，起載添載而後行，《雲林縣采訪冊》記光緒年間澎湖商船「常由內地載運布匹、洋油、雜貨、花金等項出港（指北港）銷售，轉販米石、芝麻、青糖、白豆出口」[72]。

　　是知澎地因所處在東南五達之海，東西南北，惟意之所適，在在可通，至清末遠達我國大陸之上海、寧波、溫州、汕頭、廣州、香港，甚至日本之門司、橫濱等地。

　　日據初期，一度中止商販，旋於明治三十年（光緒 23 年，1897），臺灣總督府允開闢定期航線，其臺灣島西岸航線，自基隆起，經淡水、大垵（即大安）、澎湖、安平、達打狗（高雄）；是年又開放澎湖馬公港，爲對大陸貿易之特別輸出入港。明治四十四年（宣統 3 年，1911），臺灣總督府調整航線，增闢打狗至橫濱線，自打狗起，經安平、澎湖、基隆、長崎、門司、宇品、神戶，達橫濱。澎湖航運經此調整，計有三條航線所經，帆林連檣，頓形繁榮，馬公成爲我國大陸與臺灣貿易之轉口港，兼爲對華南地區貨物之偷渡港。適時大陸海船恆有數十艘寄泊港

[69] 同前註前引文，頁 310。
[70] 胡建偉，《澎湖紀略》，卷二〈地理紀‧形勝〉，頁 15。
[71] 林豪，前引書，卷五〈武備‧海防〉，頁 167。
[72] 倪贊元，《雲林縣采訪冊》，〈大槺東堡‧街市〉，頁 47（臺銀文叢第三七種）。

內，由大陸輸出木材、磁器、桐油、花金、茶籵、漢藥等土產，自臺灣及日本輸往大陸之糖、煤油、火柴等，均彙聚於此，商業大盛。但至昭和十一年（民國 25 年，1936），廢止特別輸出入港後，馬公對外貿易一落千丈，寄港船隻隨之大減[73]。《澎湖縣志》記該時馬公港對大陸沿海地區輸出入貨物種類如下[74]：

船籍—廣東省潮州、梅州、汕頭、甲子。

運來之貨物種類—洋麻、竹器、紙張、漢藥。

輸出之貨物種類—糖、煤油、火柴、電石。

船籍—福建省之東山、雲霄、漳浦、浯嶼、海滄、集美、獺窟、石碼、廈門、金門、斗美、汕頭、泉州、福州、福安。

運來貨物之種類—磚、磁器、木材、桐油、船具、花金、漢藥、鏡屏、老仙、茶籵、竹器、桶把、月陀。

運出之貨物種類—糖、煤油、火柴、電石。

船籍—浙江省之溫州、鎮海。

運來之貨物種類—木材、桐油。

運出之貨物種類—糖、煤油、火柴。

茲將有清一代（不包括日據及民國時期）澎湖臺廈郊營販貿易地區及貨品種類，簡要製表如表 1-2，以醒眉目。

表 1-2　清代澎湖臺郊貿易地區及貨品種類

貿易省區	貿易地點	貿易貨品
福建	廈門、同安、泉州、漳州	輸出：花生仁、油、籵、魚乾 運入：布帛、磁器、瓦料、杉木、紙札
臺灣	臺南（安平）、打鼓港（高雄）、東港、鹿港、北港	輸出：花生仁、油、籵、魚乾 輸入：糖、米、薪炭、雜糧、竹籐
廣東	南澳	輸出：花生仁 輸入：廣貨

---

[73] 同註 49。

[74] 同前註。

第十節　販運之交通工具

　　澎湖諸島散佈臺灣海峽中，環海水域遼闊，交通往來，非船莫渡，故論澎湖交通，自古以來海運實居首要。而澎湖臺廈郊以販運臺、澎、廈三地為主，則財貨商販，海上有賴船舶之運輸，陸上則恃人力之挑運、牛車之載運。

　　茲先述商船，略分船制、人員、種類、稽查、駁載等項言之。

　　以船制言：清制商船之大小以樑頭計，以一丈八尺為率，自樑頭一丈七尺六寸至一丈八尺者為大船，樑頭一丈七尺一寸至一丈七尺五寸者為次大船，樑頭一丈六尺至一丈七尺者為大中船，一丈五尺六寸至一丈六尺者為次中船，一丈四尺五寸至一丈五尺五寸者為下中船，其樑頭一丈四尺五寸以下者為小商船[75]。初康熙年間定例，出洋海船，不論商漁，只許使用單桅，樑頭不得超過一丈。至康熙四十二年（1703），商船改許使用雙桅，樑頭不得過一丈八尺，此後民間貿易貨運，以二檣桅式之檣桅帆船為主要交通工具。及至乾隆年代，以臺灣海峽風浪險惡，為求航行安全起見，需有較大船隻，乃特准使用「橫洋船」及「販艚船」，其樑頭得在二丈以上[76]。迄嘉慶十一年（1806）以商人多私造大船資盜，議定商船樑頭以一丈八尺為率，已造之船既往不咎，新造者不得過一丈八尺。後又仍照舊例[77]。

　　造大船需費數萬金，故商船率皆漳泉富民在大陸所製，而服賈者以販海為利藪，對渡臺廈，一歲往返數次，初則獲利數十倍不等，故有傾產造船置船者，是以《澎湖廳志》云臺廈郊「整舡販運者」、「媽宮郊戶自置船，或與臺廈人連財合置者」[78]。

　　出洋海船人員，編制不一，每艘可多達數十人，據《臺海使槎錄》〈赤嵌筆談・海船〉述：

[75] 見范咸，《重修臺灣府志》，卷二〈規制・海防〉，頁90~91（臺銀文叢第一零五種）。
[76] 周凱，《廈門志》，卷五〈船政略・商船〉，頁166（臺銀文叢第九五種）。
[77] 同前註前引文，頁171。
[78] 同註6前引文，頁306~307。

南北通商，每船出海一名，即船主、舵工一名。亞班一名，大繚一名，頭碇一名，司杉板船一名，總鋪一名，水手二十餘名或十餘名。通販外國，船主一名，財副一名，司貨物錢財，總捍一名，分理事件。伙長一正、一副，掌船中更漏及駛船針路。亞班、舵工各一正，一副。大繚、二繚各一，管船中繚索。一碇、二碇各一，司碇。一遷，二遷，三遷各一，司桅索。杉板船一正，一副，司杉板頭繚。押工一名，修理船中器物。擇庫一名，清理船艙。香工一名，朝夕焚香楮祀神。總鋪一名，司伙食。水手數十餘名。[79]

《廈門志》〈風俗篇〉云：造船置貨者，曰財東；領船運貨出洋者，曰出海；司舵者，曰舵工；司桅者，曰斗手，亦曰亞班；司繚者，曰大繚；相呼曰兄弟[80]。此外另有倉口，主帳目；有押儎者，所以監視出海；餘如水手供使令，廚子（即總鋪）主三餐等等，分工職掌，人員不一[81]。

船舶之種類名稱，名目各異，因時因地，俗稱有別。如廈門船之簡稱廈船，廣東船之稱南澳船，臺南府城人稱糖船為天津船等均是。上述之橫洋船、糖船、販艚船，澎人因其來自西方大陸，兼且揚帆橫過澎湖之北，不稍寄泊，統名之「透西船」[82]。至航行澎湖、臺灣南北各港船隻，俗稱澎仔、杉板頭、龍艚、大舡、小舡、舺艍等等，皆屬體型窄、噸位小，運載量有限。據《澎湖廳志》卷三〈經政・賦役〉載：清代澎湖船隻有四種，乃尖艚、舶艚、舢板、小船等。按徵課水餉銀數額，以尖艚最高，舶（泊）艚及舢舨（杉板）繼之，小舢舨及小船最微[83]。惟尖艚、舶艚乃屬貿易運輸船隻，尖艚航行我國大陸閩浙沿海，及臺灣本島，俗稱透西船；舶艚為近島貿易採補，不能橫渡大洋，限赴南北各港販運。然利之所在，甘冒風濤之險，透越私渡，趨險如鶩，《重修臺灣縣志》述：

---

[79] 黃叔璥，《臺海使槎錄》，卷一〈赤嵌筆談・海船〉，頁17（臺銀文叢第四種）。

[80] 周凱，前引書，卷十五〈風俗記・俗尚〉，頁645。

[81] 陳培桂，《淡水廳志》，卷十一〈風俗考・商賈〉，頁298~299（臺銀文叢第一七二種）。

[82] 王必昌，《重修臺灣縣志》，卷二〈山水志・海道〉，頁61（臺銀文叢第一一三種）。

[83] 林豪，前引書，卷三〈經政・賦役〉，頁88~92。

邇來海不揚波，凡仔、三板頭等小船，每由北路笨港、鹿仔港等處，乘南風時徑渡廈門、泉州，自東徂西，橫過澎湖之北，名曰「透西」。例禁甚嚴，趨險者猶如鶩也。[84]

商船出洋，須經海防同知稽查舵工水手之年貌、箕斗（即指紋）、籍貫、旅客之姓名，及貨物種類，此中又有文口、武口之別。所謂文口，是文職海防人員，專司查驗船籍、船員、搭客及載貨等；所謂武口，乃武職之水師汛弁，專於船隻出入時，臨時抽驗。清季澎湖廳通判，銜名係海防糧捕，雖非專設之防廳司，然稽查過往船隻，辦理汛口掛號，亦為其監督海防之重要職司。清時澎湖汛口設於媽宮、西嶼、八罩三地，《澎湖紀略》〈官師記‧職事〉敘：

康熙四十二年覆准：各處商船經由汛口掛號。澎湖汛口，南風時自四、五、六、七、八等五個月內，飭令書役往八罩汛，協同武汛查辦。北風時自九、十、十一、十二、正、二、三等七個月內，飭令書役往西嶼、內外塹汛，協同武汛查辦。其媽宮澳汛，則無論南北風，周年俱可停泊，亦協同武汛查驗。按月將查驗過船隻，造冊報督憲、藩憲衙門查考，枲憲衙門用循環簿填報。凡查驗臺、廈各處商船，務要人、照相符，並無禁物，始准放行。一有偷渡違犯並形跡可疑，即行拘詢，詳報治罪。但此項商船，亦無一定赴澎掛號之例。透洋直過者居多；偶一風信不順，始到汛暫停。是到澎者，不過百中之一二耳。[85]

海舶至港，或因港路迂迴，或因港灣淤淺，或因風信靡定，皆須守泊外港，恃小船輾轉駁載入內港，故海舶必有腳船，名曰杉板船，凡樵汲送碇，渡人上岸皆資之。清時，馬公港雖位居安平、廈門航線關津，港內帆檣雲集，惜港道少經疏濬，登岸須乘三板，《裨海紀遊》云：

二十三日，乘三板登岸（三板即腳船也，海舶大，不能近岸，凡欲往來，則乘三板，至欲開行，又拽上大船載之）。岸高不越丈，

84 同註82。
85 胡建偉，前引書，卷三〈官師紀‧職事〉，頁6。

浮沙沒骭，草木不生。[86]

　　而近港舟人，有以舨仔、杉板、竹筏等販載來往爲活，轉駁工價，視貨品種類、路程遠近而議。貨物之上岸（俗稱上水），落岸（俗稱落水）及運載接送，均有挑夫（俗稱苦力）肩挑背負，港口起卸，一挑往返，皆有定價。而郊商往往議定工價腳資，以杜紛爭。《澎湖廳志》〈風俗篇〉記：「水仙宮口路頭爲上水之處，小船駁載、工人負載，腳資皆有常數。至於客人隨身物件，則照例給發，並無似他處之橫取強索者。」[87]

　　故周凱有詩云：「況今春和百物昌，臺廈賈舶來連檣。……海口可以肩筐箱，各力爾力忙爾忙。」貨物之上落岸有賴挑夫，而陸路之雇運轉載則恃牛車矣！臺澎載貨率用牛車，蓋因其地不產馬，內地馬又難於渡海，況舊式道路本極狹窄，故市中挽用百物，及民間男婦遠適者，俱用牛車。澎湖牛車形制，據《澎湖縣志》〈物產志〉云：「澎湖牛車概係二輪大陸型，車手、車箱、車輪用木材製造，車軸用鐵鑄成，車輪鐵箍，使用鍛鐵。兩隻車手極長，貫一車首尾，車手前端爲曲木制車擔，車箱四周各有木板一片，左右者名車邊板，前後者名車閘，有暗槽可摘除、安裝，左右車邊板外面各裝直立車樁二，高出上沿約五寸許，如車內載運容積較大之物件時，另於左右車邊板上，各加車邊閘木板一塊，套在車樁上增高車箱內之容量。車輪心頭用整塊圓木製成，周圍插車軌（輻）十六隻，連接車輪框合成一圓輪，外裹以鐵箍圈。牛車除作農產收穫、糞土堆肥搬運外，尚爲鄉間乘坐代步，及貨物運輸主要工具。」[88]

第十一節　澎郊衰微之原因

　　澎湖臺廈郊或草創於康雍年間，歷乾、嘉、道、咸，至同光年間達

---

[86] 郁永河，《裨海紀遊》卷上，二月二十三日條，頁6（臺銀文叢第四四種）。

[87] 林豪，前引書，卷九〈風俗・服習〉，頁305。

[88] 見《澎湖縣志》〈物產志〉，第二章第四節「牛車」，頁22（澎湖縣文獻委員會，民國六十一年七月出版）。

於鼎盛。然而無論其究竟如何鼎盛，視臺島之行郊，直有如大巫視小巫，究其因實扼於澎地之自然環境，臺廈郊之不振在此，其衰微亦種因於此，茲試析而論之：

一、腹地狹隘

臺澎皆海中島嶼，乃臺號土腴，俗傳「臺灣錢淹腳目」，而澎則貧薄，何歟？蓋澎地面積狹小，腹地不廣，於是乎市場太少，消費有限。按澎湖群島由大小六十四個島嶼組成，總面積合計不過一百二十六點八六四二平方公里。中以澎湖本島最大，面積六十四點二三八八平方公里，占全縣總面積二分之一強；其餘有人島超過一方公里者十，不足者十；合計二十一有人島面積一二五點三三八八平方公里。《澎湖廳志》敘：「澎湖各嶼，惟大山嶼及北山各社，人煙頗密。此外隔海嶼上有民居者，以西嶼八罩爲大；他若虎井、桶盤……以及東西吉、東西嶼坪已耳。其他或沙汕浮出，或海中片石，無平地可耕，無港路可泊，有時漁舟掛網，蹤跡偶至耳，初不得謂之嶼也。」[89]地窄如此，遂產生兩種現象：其一，因生齒日繁，而土田不加廣，爲糊口謀生，不得不移居臺島，《澎湖廳志》稱：「若澎民之赴臺謀生者，年以千百計，豈皆不肖者歟？地狹民稠，田不足耕，穀不給于養，不得不尋親覓友，以圖糊口，其情固可憫矣！」[90]。其二，紳商萃集媽宮，他澳因無碼頭、市鎮或墟場交易之所，率皆遠赴媽宮埠頭購覓買售。腹地缺乏，市場過少，又復集中馬公一地，商業發展之局限自可想見，澎郊之不振，此爲最根本原因。

二、土瘠民貧

澎湖腹地褊小，胃納有限，於商業則全恃出口貿易，其出口以油粕、魚乾爲主，所產極微。彼經濟之發展深受土地資源及地理環境影響，何況澎湖群島由於雨少風強，四面平坦，無高山以攔之，颱颶搏射，表土

---

[89] 林豪，前引書，卷一〈封域・島嶼〉附考，頁30。
[90] 林豪，前引書，卷十一〈舊事・叢談〉，頁386。

甚薄，不堪種植；更因鹹雨之害，有損作物，僅能種植旱作作物，而以
地瓜、花生為盛，地瓜供一家終歲之食，農家終年用度，胥恃售賣花生。

海濱斥鹵，泉源不淪，雨露鮮滋，致土性磽瘠，農產缺乏。幸因四
面環海，漁業頗盛，居民以漁以佃，兼營農漁二業。而雖云澎人以海潮
為田，以魚蛤為命，但風信靡常，颱颶經旬，勢不能出洋討海。《澎湖
廳志》云：

> 海濱漁利，必風平浪靜，始能下網。而澎湖狂風，往往兼旬不息，
> 則所稱以海為田者，亦強為之詞，非真如耕者之按候可獲也。夫
> 澎湖斥鹵，處處可曬鹽，而民間皆食官鹽，每斤十餘文，或以七
> 斤十斤為一百斤，所獲之魚，每不足抵買鹽之價。此外別無利可
> 取，民安往而不貧乎？[91]

磽确之地，不產五穀，漁獲不時，無利可取，富者鮮蓋藏之具，貧
者無隔宿之糧，閭閻貧困至此，民眾購買力之薄弱，商場之蕭條自可想
見，欲求累積資本，提振商業，戛戛乎其難矣！

三、海道險峻

郊商販運，贏利頗豐，然重洋遠涉，非熟諳沙線、礁石、深洋、急
水，一犯險失事，片板無存，風險實大。澎湖群島，周環布列，水口礁
線，犬牙交錯，隱伏水中，非熟悉夷險者不敢輕進，洋船過此，每視為
畏途，試舉其要者言之：東有東西吉諸嶼之險，南有八罩船路礁之險，
西有吼門之險，北有吉貝與藏沙之險，《澎湖廳志》云：

> 媽宮港居中控制，形勢包藏，為群島之主。……其西由西嶼稍北
> 為吼門，波濤湍激兩旁。……師公礁附近吼門，有石潛伏水底，
> 舟不敢犯。……此西方之險也。其東則東西二吉最為險隘，中有
> 鋤頭增門，水勢洄薄，流觸海底礁石，作旋螺形。舟行誤入其險，
> 倘遇颶風，瞬息衝破；若無風可駛，勢必為流所牽，至東吉下，
> 謂之入溜，能入而不能出矣。由臺入澎者，必過陰嶼……陰嶼內

---

[91] 同前註。

有沈礁，防之宜謹。其南則虎井頭之上霆，海濱礁石嶒崚，怒濤相觸。極南為八罩之船路礁，亦名布袋嶼，水路僅容一舟，稍一差失，萬無全理。此皆東南之險也。其北則吉貝嶼之北礁，亦名北境，藏沙一條，微分三片……颶風一作，風沙相激，怒濤狂飛，鹹雨因而橫灑，倘誤入其中，百無一全者矣。又東北有中墩之雁晴嶼門，橫峙海口，港道甚狹，此皆北方之險也。[92]

澎湖群島，港道紆迴，沙淺礁多，其險要已如此。而臺洋之涉，風信靡常，駭浪驚濤，茫無畔岸，或巨風陡起，風濤噴薄，捍怒激鬥，舵折桅敧。而澎湖風信與內地他海迥異，周歲獨春夏風信稍平，然有風之日，十居五六，一交秋分，直至冬杪，則無日無風，匝月不息。北風盛發時，狂颶非常，沸海覆舟，往來船隻，屢有遭風擊破[93]。

風信不常，商船遭風，船艀覆沒，貨物傾耗，偏又有沿海鄉愚，撈搶遭風船物，習慣成性，視為故常，郊商受累甚劇[94]。

沙汕紆迴，颶颱不測，而海道峻險，又有「八卦水」、「紅水溝」、「黑水溝」諸險，流勢湍急，船隻每易失事，《澎湖廳志》引周凱之言：「富陽周芸皋曰：澎湖島嶼迴環，水勢獨高，四面皆低，潮水四流，順逆各異，名八卦水。又云澎湖之北，不可行舟，漁人亦罕至，謂之鐵板關，最稱險要。」[95]

《裨海紀遊》有云：「二十一日……乘微風出大旦門……夜半渡紅水溝。二十二日，平旦渡黑水溝。臺灣海道，惟黑水溝最險，自北流南，不知源出何所，海水正碧，溝水獨黑如墨，勢又稍窳，故謂之溝。廣約百里，湍流迅駛，時覺腥穢襲人。又有紅黑間道蛇及兩頭蛇，繞船游泳，舟師以楮鏹投之，屏息惴惴，懼或順流而南，不知所之耳。紅水溝不甚險，人頗泄視之，然二溝俱在大洋中，風濤鼓蕩，而與綠水終古不淆，理亦難明。」[96]

---

[92] 林豪，前引書，卷一〈封域・形勢〉，頁 13。

[93] 林豪，前引書，卷一〈封域・風潮〉，頁 36~37。

[94] 林豪，前引書，卷九〈風俗・風尚〉，頁 327。

[95] 同註 89 前引文，頁 35。

[96] 郁永河，前引文，頁 5~6。

　　《續修臺灣縣志》則載澎湖之東尚有一黑水溝:「黑水溝有二;其在澎湖之西者,廣可八十餘里,爲澎廈分界處,水黑如墨名曰大洋。其在澎湖之東者,廣亦八十餘里,則爲臺澎分界處,名曰小洋。小洋水比大洋更黑,其深無底。大洋風靜時,尚可寄碇;小洋則不可寄碇,其險過於大洋。此前輩諸書紀載所未及辨也。」[97]

　　按臺灣海峽海流,有兩系統:一爲赤道暖流,又名黑潮,經菲律賓群島東北海面北上,過巴士海峽西北入臺灣海峽;另一爲發源於我國渤海之寒流,沿東南海南下,至澎湖附近海域,兩流會合造成一獨特潮汐景觀。漲潮時南方海面潮勢北上,北方海面潮水南進,退潮時依來路退返,其勢如萬馬奔騰,一瀉千里,洶湧澎湃,瞬息萬狀。其於澎湖各島周環暗礁地區,則潮流急速激盪迴旋,水波四流,因有八卦水之稱[98]。

四、偷渡走私

　　澎湖雖爲臺廈要隘,但臺廈往來船隻,若非澎郊之船,透洋直過者居多,非十分風信不順,不肯灣泊,偶一寄碇百無一二。此等商船,取巧規避,或夾帶私貨,或偷渡違犯。如雍正年間,廈門有商船往來澎島,與臺灣小船偷運私鹽米穀,名曰「短擺」;復有官弁以提標哨船,往來貿易,號爲自備哨,出入海口,不由查驗[99]。似此偷渡走私,既可避配載官穀班兵,復可規避海關釐金,獲利倍於商船,影響所及,商船獲利日減,郊商日就凋危,《澎湖廳志》記:

> 近有南澳船販運廣貨來澎,而購載花生仁以去者。查商船由廈出口時,例規甚重,又有海關釐金諸費;而南澳船無之。所辦貨物,率多賤售,于花生則厚價收買;而生理中大局一變,郊商生計亦遜于前矣。[100]

[97] 謝金鑾,《續修臺灣縣志》,卷一〈地志‧海道〉,頁30(臺銀文叢第一四〇種)。
[98] 同註48前引書第一章第一節,頁3。
[99] 林豪前引書,卷十一〈舊事‧軼事〉,頁382。
[100] 同註6前引文,頁307。

五、乙酉兵燹

光緒九年（1883），中法為越南之爭，爆發戰爭，閩海成為主戰場，臺灣戒嚴，清廷分調劉璈、劉銘傳守台南北。十年六月法將孤拔率艦攻基隆，劉銘傳親臨指揮，大敗之。七月法軍二度侵犯基隆、滬尾，亦大敗而逃。九月，法軍改採封鎖政策，於五日宣佈封鎖臺灣海口，範圍北自蘇澳，南至鵝鑾鼻，凡三百三十海哩，禁止船艦出入，臺灣海峽為之封鎖，以致一切運輸貿易都告停頓，富紳多舉家逃走。法艦巡弋，撞遇商船，肆行轟擊，屠戮焚擄，慘酷萬分。此後商船日絕，臺灣之接濟阻斷，音信難通，互市停息，百物昂貴。

十一年二月，孤拔犯媽宮港，分兵由蒔里登岸，十三日午前六時，媽宮炮臺、協署、街道、營房，一律轟煨，居民北逃頂山，十四日夜「廣勇臺州勇大掠媽宮街，放火延燒店屋殆盡」[101]，法軍入據媽宮澳。此次兵燹，媽宮街上房屋，或遭炮打，或被火焚，多歸靡爛，澎湖臺廈郊之「公帳、建家屋契字等簿，一切于乙酉遭兵燹，盡皆遺失」[102]，損失慘重。

六、連年災荒

澎湖列島幅員狹小，地無河渠水利，農耕靠天，如遇旱魃為虐，則大地遍赤。又常年多風，冬春之際，季風強烈；夏秋之交，颱颶成患。茲將有清一代（起自康熙二十二年領有臺澎，迄於光緒二十一年割臺澎予日），澎湖災荒整理列表如表 1-3，以供參考。

表 1-3　清領時期澎湖災荒情況

編號	清朝年代	西元	災荒情況
1	康熙 46 年	一七〇七	荒歉無收，冬大饑，詔蠲本年粟米。
2	康熙 56 年	一七一七	冬，澎湖廳饑，詔蠲本年錢糧十分之三。
3	康熙 60 年	一七二一	大風成災，天為之赤，民居倒坍甚多，官、哨、商、

---

[101] 同註 45。

[102] 同註 2。

			漁船隻，多為破碎，兵民溺死者無算。
4	雍正 9 年	一七三一	大風雨，衙署倒塌。
5	乾隆 2 年	一七三七	五月及九月，大風。
6	乾隆 5 年	一七四〇	閏六月，大風，刮壞各汛兵房。
7	乾隆 7 年	一七四二	臺灣令周鍾瑄運米賑澎湖（災由不詳）。
8	乾隆 10 年	一七四五	秋八月，大風雨，衙署科房倒塌。
9	乾隆 19 年	一七五四	颱風，乏食貧民，酌備口糧。
10	乾隆 22 年	一七五七	冬十二月大風，哨船赴臺運米，遭風飄沒，淹歿戍兵二十二名。
11	乾隆 23 年	一七五八	正月澎湖大風，在大嶼洋面，擊碎赴臺運米哨船。
12	乾隆 30 年	一七六五	九月二十三日，颱風陡發，擊碎通洋船隻，西嶼內外塹商船覆沒三十餘，商民淹斃一百二十餘人。
13	乾隆 31 年	一七六六	秋八月，大風覆溺多船。
14	乾隆 51 年	一七八六	夏，小米未熟，饑，通判呂憬懷設法平糶。是年復大風，澎湖把總蔡、貓霧捒巡檢陳，遭覆舟淹沒。
15	乾隆 55 年	一七九〇	六月大風雨，水暴溢，廬舍多陷，壞廟宇民居無算。風挾火行，岸上小舟及車輪，被風吹至五里外。
16	乾隆 59 年	一七九四	秋饑，晚季不熟。
17	乾隆 60 年	一七九五	猶饑，通判蔣曾年施粥半月。
18	嘉慶 2 年	一七九七	八月，風災。
19	嘉慶 11 年	一八〇六	晚季不熟。
20	嘉慶 16 年	一八一一	八、九月大風，下鹹雨為災。
21	嘉慶 18 年	一八一三	七月二十夜大風，海水驟漲，壞民廬舍，沈覆海船無算。
22	嘉慶 20 年	一八一五	小米未熟，八月大風，下鹹雨，又被風災，冬大饑。
23	道光 11 年	一八三一	夏旱，八九月大風，下鹹雨，冬大饑。
24	道光 12 年	一八三二	三月猶饑。八月大風，海水大漲，覆舟溺人無數。
25	道光 20 年	一八四〇	大風，吉貝嶼洋船擊碎。
26	道光 24 年	一八四四	饑，下數年皆饑。
27	道光 30 年	一八五〇	雜穀失收，民大饑饉。
28	咸豐元年	一八五一	三月大風霾，鹹雨成災。
29	咸豐 2 年	一八五二	二月初一，媽宮街火，延燒店屋無數，大井頭一帶皆燼。夏有蟲，六、七月颱風，下鹹雨。
30	咸豐 5 年	一八五五	夏久旱，米價騰貴。
31	咸豐 6 年	一八五六	大疫，死者數千人，大城北、宅腳嶼尤甚。
32	咸豐 7 年	一八五七	大疫未止，五穀價長。時內地大荒，米價驟漲，故澎湖亦困。

33	咸豐 9 年	一八五九	夏大風，海面覆船無數。
34	咸豐 10 年	一八六〇	夏大旱，八月颶風鹹雨爲災，民房傾圯，海船擊碎甚多。
35	咸豐 11 年	一八六二	大饑，八罩嶼爲甚。
36	同治 5 年	一八六六	夏大旱，秋颶風，下鹹雨三次，民大饑。冬復大風碎船。
37	同治 7 年	一八六八	秋七月，林投、圭壁二澳大疫。
38	同治 8 年	一八六九	饑饉。
39	同治 9 年	一八七〇	春旱，十月下鹹雨。
40	同治 10 年	一八七一	春夏饑。八月颶風大作，港口船隻皆碎。
41	同治 11 年	一八七二	夏旱且蝗，八月暴風鹹雨爲災，民饑困尤甚。
42	同治 12 年	一八七三	春不雨，旱且饑。是冬，民得異疾，久始暫瘥，俗謂平安病。
43	同治 13 年	一八七四	九月大風，覆沒船隻。
44	光緒 2 年	一八七六	四月，洋面颶風大作，覆舟無數。
45	光緒 3 年	一八七七	夏大風，下鹹雨。
46	光緒 4 年	一八七八	春暴風，吉貝嶼小船不能往來，以書繫於桶內，隨流報饑困狀。
47	光緒 5 年	一八七九	夏不雨，六月始雨，七月又雨，民氣稍蘇。
48	光緒 7 年	一八八一	夏不雨，旱季梁黍失收。七月颶颱交作，下鹹雨三次，遍野如洗，狂風連作，風通處，樹木爲焦，洵非常災變。
49	光緒 8 年	一八八二	夏不雨，六月始雨。
50	光緒 10 年	一八八四	夏六月大疫。是年法夷犯澎湖。
51	光緒 11 年	一八八五	四月大疫，耕牛多死。
52	光緒 13 年	一八八七	夏六月，颱風大作，英國汽船遭難，人多溺死。
53	光緒 18 年	一八九二	六月大風雨三日，平地水深三尺，壞衙署、房屋、商船、五穀無數，八月颱風，下鹹雨。是年地瓜薄收，花生十存二三，十月復颶風，沈英國輪船，溺死者一百三十餘名。十一月，天大寒。
54	光緒 19 年	一八九三	鹹雨成災，大饑。
55	光緒 20 年	一八九四	春二月福建總督譚、臺灣巡撫邵，派人、船到澎賑恤（災由不詳）。

說明：

一、本表起自康熙二十二年，迄於光緒二十年，其前後則不計。

二、本表據《澎湖廳志》及《臺灣省通志》，與其他相關志書匯成，茲不一一註明出處。

據表 1-3 統計分析，可推知：

1.自康熙二十二年（1683）至光緒二十年（1894）二百一十二年間，共有災荒五十五次，平均計算，每隔三點八年即有一次，災變率可謂極高。

2.康熙年間三次及雍正間乙次，年久事湮並不可靠，姑不計算。以下所列乾隆六十年間，計有災荒十三次，平均四點六年一次；嘉慶二十五年間，共有災變五次，平均五年一次；道光三十年間，荒亂有五次，平均六年一次；咸豐十一年間，災亂計有八次，平均一點四年一次；同治十三年間，災變共有八次，平均一點六年一次；光緒二十年間，共有災荒十二次，平均一點七年一次。

可見澎湖災荒以咸、同、光三朝最為嚴重，其中因史籍闕略，或採訪未周，而不見記載者，尚不知凡幾也；且所謂「下數年皆饑」、「大疫未止」等等尚未計算在內。可知澎湖災荒殆無年不有，連年災荒，風、雨、饑、荒、刀、兵、水、火，災亂不已，澎民生於斯固苦極矣！災荒如此，求賑恤之不已，生計艱難，澎民之購買力薄弱可想得知。衣食不足，民困彌甚，欲求臺廈郊之興利發皇，是則富強無術，緣木求魚矣！

七、乙未割臺

乙未割臺是臺澎行郊沒落並終告消滅之一大關鍵。我拓臺先民於前清時代遷臺澎奠居者，從事墾殖較少，多屬營商，少作長久定居之計，尤多內地殷戶之人，出資遣夥來臺經商。故光緒乙未割臺，日人侵佔臺澎，幾乎所有大陸來臺之郊商，紛紛歸籍，逗留者，僅少數小郊商，進退維谷，心存觀望，商業一時陷於停頓。加以日軍侵臺遭受民軍全力抵抗，兵燹所及，十室九空，於此兵慌馬亂中，百行罷市，各郊商業均因戰亂，不得不停頓。

日人竊據臺澎之後，日益加強經濟控制，欲使臺灣成為日貨傾銷之尾閭，與產業原料之供應地，自然不願臺澎郊行再與大陸通商，遂嚴格規定：臺灣各處商船只准本島運載，不得擅往大陸，大陸船來臺限於三

大口出入，例禁森嚴[103]。而自昔郊商販運區域幾全在大陸沿海口岸，經此限制，無口吞吐，貿易航運一斷，焉能生存。行郊雖日趨式微，而日人猶懼郊行在民間之潛存勢力，時時注意監視，對於「行郊」，或常加取締，或迫其解散，或迫其改組，於是澎湖臺廈郊改爲「臺廈郊實業會」，重訂約章，對外行文改稱「商會」，而郊商亦僅只剩十七家矣！

八、組織簡陋

以上所言，皆行郊沒落之外部因素，而其致命之打擊在於其內在因素──組織過於簡陋，不足以發揮組織功能，進而發展組織，終趨向老化僵硬。

就組織形態言，郊戶多爲同籍同宗之人，藉財力與神權統治同業，是以行郊兼具有業緣性、地緣性、宗教性與血緣性，可稱爲一商業公會、同鄉會、神明會、宗親會之綜合體，易言之具有神權主義（宗教）、鄉黨主義（同鄉）、操縱市場（同業）之特色。然而其組織體制僅有一二爐主，少數職員負責，而爐主統閣郊事務，職權繁重，責任艱鉅，非幹練之才，焉能達成組織目標與任務。再則澎郊雖有郊規之約，若郊員不認真遵守，陽奉陰違，弊竇叢生，行郊亦僅能罰金或除名了事，久之必使組織散亂癱瘓。似此，行郊組織實有下列數項缺憾：（1）層級化程度不大，不足以應付龐大事務，進而發展組織。（2）權力並無強制性，易造成眾人爭執違規。（3）政策決定，表面上由全體郊員討論，實則易走上寡頭型態，致使決策權集中少數人之手[104]。組織結構如此簡陋，如此不健全，勢必不能隨政治、社會、經濟環境之變遷而改變適應，澎郊之終趨衰微沒落，乃是必然結果。

九、其他原因

---

[103] 蔡振豐，《苑裡志》，下卷〈風俗考・商賈〉，頁83（臺銀文叢第四八種）。

[104] 有關行郊組織結構之優缺點，詳見拙文〈臺灣行郊結構之探討〉，《臺灣史蹟源流研究會七十三年會友年會論文選集》，頁127~162。

　　以上所述率犖犖大端，餘尚有一二微因，茲並為一談。

　　吾國社會向有士農工商之別，歷來朝廷，視商賈不事生產，爭逐末利，剝削農民，影響習尚，故意屈之，一向採重農抑商之策。如澎湖一地，諸方志莫不讚許澎人民淳俗厚，儉嗇習勞，所謂「臺之民華，澎之民質，臺之民氣浮而動，澎之民情樸而靜」[105]、「俗儉勤人椎魯，熙熙恬恬風近古。……漁者恆漁農者農，饑食渴飲安井伍，更無雀鼠訟誧張，公庭清晏如召杜。論文時亦聚諸生，詩書善氣溢眉宇。……割雞慣笑子遊刀，家絃戶誦並中土」[106]等等均是。對於澎湖臺廈郊營商貿遷一事，竟歸罪使風氣日趨於奢華，斥之為「一十三澳民頗惇，澆漓只有媽宮市」[107]，惟有「媽宮市上頗不馴，言龐事雜多遊民。草竊無聊兼牙儈，鰷兵蜂聚重為鄰。赫赫炎炎盡烈火，厝薪不徙勢必焚。溱洧有藺野有蔓，鶉奔狐走鳥獸群」[108]云云。按澎地磽瘠，不產百物，凡諸衣食器用悉取資外郡，無一物不待濟於市，通商惠工乃守土者之事。不思勤民恤商，加惠商人，曲予優待，招致其來，以給居民之用，反誣其變風移俗，奢華澆漓。殊不知民未知義，由於教化未孚，而教化未孚，由於生計不足，是民困彌甚，則民俗彌偷，所謂倉廩實而知禮義，衣食不足，奚暇治禮義哉？

　　惟不可諱言，郊商之販運贏利，重商崇利，固可促使經濟繁榮，社會發達，其末流亦足以腐化社會風氣。而郊商博利既易且鉅，不免講求享受，生活往往流於靡爛，不免僅知爭利奪富，出之以種種不法手腕，造成行郊內部之不和，如臺廈郊約章中所云：混淆帳目、侵佔款項、故意生理倒壞詐欺貨財、翻覆反價較取多寡、陰謀奪客僭越相爭、私卸行仲由街走兌……等等皆是。又如《澎湖廳志》載「至售花生仁，或以水滲之，使斤兩加重，而不顧買者受病」亦是[109]。凡此踵事奢華、重利盤剝、劣貨欺人、巧詐貨財，結果影響商譽，打擊生理，澎郊之不衰歇者

[105]　林豪，前引書，卷九〈風俗・風俗記總論〉，頁 328。
[106]　胡建偉，前引文，卷十二〈藝文紀〉所收胡建偉「澎湖歌」，頁 277。
[107]　同前註前引文，胡建偉「到澎湖境」，頁 275。
[108]　同註 106。
[109]　同註 100。

幾稀哉！

第十二節　澎郊對地方之貢獻

　　臺澎行郊實爲臺灣史上一特殊之商業團體，其所具有之功能已含括政治、經濟、社會、文化、宗教等多元功能，舉凡地方上之徭役、公益、慈善、宗教、教育等事業，幾無一不由彼等宣導、創建、襄助或重振。行郊之團體，不僅促進了臺灣商務之發展，安定移民社會之秩序，更於社會建設提供了巨大之推動力量。[110]

　　澎郊或成立於康熙末造，盛於同光年間，期間對澎湖之地方公益與社會建設，莫不踴躍參與支援，茲分述於後：

一、教育事項

　　自古興賢育才，教學爲先，學也者，講修典訓，依仁遊藝，以期明人倫，達時務，是風俗之醇，人才之盛，有賴學庠化陶之。有清一代之文教設施，有儒學、義學、社學、民學與書院等，澎湖地瘠民樸，未立學宮，僅各村社設有蒙塾，係民間自延蒙師以教童蒙。至於義學，向來未設，光緒三年，劉家驄於媽宮、文澳，各設義學一所，未幾劉去，而義學亦罷。

　　澎湖之有書院，始自乾隆三十一年（1766）通判胡建偉之創建文石書院，其後歷年既久，廢弛倒壞，屢有疊修擴建，凡此在在均有郊商紳豪之參與，或倡謀捐建，或慷慨釀捐，或董理經管。如其始創，胡建偉云「澎賢夙稱好義，衿耆士庶，與夫客寓斯土者，其各踴躍樂捐，以勷斯舉……凡歲中脩脯之需，膏火之費，均有賴焉」。[111]五十五年夏，壞於風災，知府楊廷理諭通判王慶奎鳩資修葺。嘉慶四年（1799），通判韓蜚聲捐廉重修，改建魁星樓。二十年，通判彭謙增建以祀文昌。道光

---

[110] 詳見拙著〈臺灣行郊之組織功能及貢獻〉，《臺北文獻》直字第七十一期，頁55~112，民國七十四年三月出版。

[111] 胡建偉前引書，卷十二〈藝文紀・捐創澎湖書院序〉，頁260。

七年（1827），通判蔣鏞與各士子巡閱院宇，見椽瓦檐桷多損壞，魁星樓剝蝕更甚，遂商請協鎮孫得發等各捐廉倡修，「闔澎士庶亦欣然樂輸」。[112]同治十二年（1873），動工重修登瀛樓（即魁星樓），此役倡首者鄭桂樵（步蟾），勷其事「則高袞夫（其華）武庠，林荊山（瓊樹）太學也」，此二人「從未列談經之席，身不登問字之車，獨能勷茲義舉，有功斯文，士林中所不可多得，況得之商賈中乎」[113]，是高、林二人為商賈之輩。光緒元年（1875），以後進文昌祠規模稍狹，議決拓廣，「時連年秋收豐稔，士民踴躍樂捐，有郊戶職貢黃學周，首捐三百兩，為翻新蓋後殿之費。于是協鎮吳奇勳……及郊戶殷戶，各捐重貲」。[114]

　　是知文石書院自乾隆三十二年（1767）落成，以迄光緒二十一年（1895）澎湖陷日為止，其間一百二十八年書院之重修改建，郊商無不樂捐襄助。至於書院之賓興膏火、祭祀束脩之經費由來，向由學租與捐款支付，其來源素出自地方鄉紳郊商之捐助，而膏火盈餘之貲放生息亦委由郊商辦理，惟澎地如何，志無明文，不得稽考，僅知其經費盈餘，款項現錢「分借各紳商」而已[115]，既是「紳商」，則其中有郊商之可能性不小。

　　書院既設，文風士習，蒸蒸日上，雖窮鄉僻壤，農服先疇，深受儒學之感化，村民婦孺亦知敬惜字紙，鳩貲合雇數人，月赴各鄉，拾取字紙，積貯書院中，每歲送之清流，沿為成例。同治十一年（1872），紳士許樹基、蔡玉成、林瓊樹等，議於送字紙時，士子衣冠，齊集書院，以鼓吹儀仗，奉製字倉聖牌位，迎至媽宮，送畢乃返駕書院。各澳輪年董理，於是「四標弁丁及郊戶商民，亦各備鼓吹，共襄勝舉焉」。[116]

二、宗教事項

---

112 蔣鏞前引書，〈文事紀·書院〉，頁二二。亦見同書〈藝文紀·續修文石書院記〉，頁87。
113 林豪前引書，卷十三〈藝文中·登瀛樓落成記〉，頁446~447。
114 林豪前引書，卷四〈文事·書院〉，頁111。
115 同前註前引文，頁112。
116 同註6前引文，頁204。

　　清代之臺灣，移民艱辛渡海來臺，因臺島荒蕪初啓，天災疫害頻仍，加之官府力量薄弱，兵燹屢屢，民間互助之風特盛，常有結社組織，以共同信仰之神明爲中心而結合之，因之神明會極爲普遍，促成寺廟之興建發達。而臺島廟宇不僅是民間信仰中心，同時也成爲聚落自治及行會自治之中心，我拓臺先民實擅於運用寺廟推動地方建設，興辦慈善事業，進而教化百姓，平定變亂，維持社會治安，促進社會繁榮，故知臺島寺廟具有自衛、自治、涉外、社交、教化、娛樂等多元社會功能，與地方之發展息息相關。

　　行郊既是由同一行業之商賈組合，奉一神明，設幫會，訂規約，以時集議；內以聯絡同業，外以交接別途，自需有一集會辦事處，此辦事處有設於爐主自宅，亦多設於寺廟，以充聯誼自治集會之所，故本省各地寺廟之創建修葺，郊商無不踴躍捐輸。澎郊之參與澎湖地方寺廟修建，文獻可徵者，有水仙宮、觀音亭、真武廟、無祀壇、節孝祠、武廟等，其中水仙宮爲澎郊之會所，已於前述，茲請從他廟記起：

　　節孝祠：在天后宮西室，道光十八年（1838）署通判魏彥儀設內祀。咸豐間，有奸民改爲捐輸局，祠內碑記聯匾，皆被毀棄，幸有生員方景雲等，仗義力爭，逐出奸民，景雲歿後，祠中廢墜如故。光緒五年（1879），「媽宮澳商民黃學周、黃鶴年籌貲重修」。[117]

　　無祀壇：一在西嶼內外塹，適中道左；一在媽宮澳西海邊，土名西垵仔。媽宮澳之無祀祠，建於康熙二十三年（1684），乾隆十五年（1750）增修廓大，二十九年暨四十六年曾公捐重修。至嘉慶二十五年（1820），「右營游擊阮朝良，募同課館連金源、郊舖金長順等捐修」。[118]

　　觀音廟（亭）：廟在媽宮澳，康熙三十五年（1696）游擊薛奎創建。其後乾隆二十九年（1764）、四十六年、嘉慶十年（1805）均曾重修，光緒元年（1875），「例貢生黃學周等鳩捐重建」[119]。

　　關帝廟（武廟）：原在媽宮澳西偏，乾隆三十一年（1766），胡建偉

---

[117] 林豪前引書，卷二〈規制・祠廟〉，頁 59。
[118] 同註 36。
[119] 林豪前引書，卷二〈規制・叢祠〉，頁 66。

會協營諸人捐俸增修，後雖經四方商賈屢屢捐輸修葺，終於圯廢改建兵房。光緒元年（1875），協鎮吳奇勳擇地另建，而「商之官紳暨軍民商賈，罔不稱善，於是發簿勸助，皆踴躍樂輸，計集資千有餘金。……命千總吳宗泮、外委張豪霖、武生高其華踵其役」。[120]

真武廟：廟在媽宮澳，祀北極真武上帝，建於何年未詳。乾隆五十六年（1791）、嘉慶二十三年（1818）曾修葺，至光緒元年「董事高其華等修建」。[121]

餘如城隍廟「乾隆五十五年風災，殿宇損壞，前廳蔣曾年捐俸及商民修理。……嘉慶三年，前廳韓蜚聲續勸商賈重修」[122]，乙酉兵燹，廟毀於兵，於是重建，「商之諸紳，以閤澎十三澳公捐錢二千貫有奇」[123]。龍神祠之建「閤轄士耆商庶，隨緣樂輸，共襄斯舉」。[124]他如天后宮、大王廟、西嶼義祠，雖云書無明文，而所祀諸神職司安瀾，郊商行賈往來海上，焉能不特加尊崇，隨緣捐輸，以襄其成，乃扼於文獻不足徵，姑略之。

三、保安事項

郊為商業公會，以謀求自身之商業利益為主。惟至後來，行郊勢力漸趨龐大，不僅掌握商權，且幾成為一變相下級行政機構，所掌事務，上需應接官諭，下要和諧商情。以接下諸事言，如賑恤、修築、捐輸、調處諸商糾紛；以事上言，有奉諭防海、平匪、派義民、捐軍需，及地方官責成之諸公事。是以行郊多有組織保甲以防奸細，訓練義民以衛鄉梓，設多防夜警以緝盜賊等，如《澎湖廳志》記「于媽宮市設一保長，于水仙宮設文口以稽查船隻」。[125]按保甲制度為民間自衛員警之組織，臺灣雖自雍正十一年（1733）施行，然皆委諸地方自理，由當地士紳主

---

[120] 同註前引文「新建武廟碑」，頁 446。

[121] 同註前引文，頁 67。

[122] 同註 36 前引文，頁 4。

[123] 同註 113 前引文「重修城隍廟碑記」，頁 448。

[124] 蔣鏞，前引文「建修龍神祠記」，頁 86。

[125] 林豪，前引書，卷三〈經政・戶口〉，頁 86。

持，其組織原則以十戶為牌立牌頭，十牌為甲立甲長，十甲為保立保長，惟保甲之編成，因時制宜，因地損益。保長之責有編查戶口、稽查匪類、緝拏人犯、催徵錢糧諸項，由於容易招怨，人多畏避承充。至道光末年，廢弛已極，僅成具文，除必要之多防一事，幾失諸有名無實。

臺灣團練之制度與保甲制度，相表裏而相呼應，地方壯丁團練，組織為隊，除對土匪警戒，多防出勤外，凡遇兵亂，則執戈從軍，陷陣衝鋒；無事則緝捕巡防，或散歸隴畝，嘉咸之際，臺灣多次叛亂，多藉團練戡平，其力甚大。同治二年（1863）有海賊登澎湖岸，焚刦嵵澳，賴有鄉民蔡耀坤設法拒守，於是同治四年，丁曰健檄澎湖廳舉辦團廳，設保安局，《澎湖廳志》詳載：

> （同治）四年春，臺澎道丁曰健檄澎湖廳舉辦團練，設保安局，令貢生郭朝熙，生員郭頤勳，郊戶黃學周為媽宮市團總，率練勇四百五十二名防守港口。[126]

同治十三年，日人興兵犯臺，沈葆楨辦理臺灣海防，巡閱澎湖，檄通判劉邦憲再興舊制，舉辦團練，《澎湖廳志》續云：

> （同治）十三年夏，日本國與臺灣生番滋事，臺澎戒嚴。欽差大臣沈葆楨渡臺視師，閱澎湖海口……檄通判劉邦憲舉辦團練。……分飭十三澳紳衿就各社，設為分局，挨抽壯丁，造冊過點，共二千餘名。無事各安生業，有警合力守禦，就地勸捐，以作經費，媽宮紳士黃步梯、郭朝熙等，捐募三甲，壯勇二百名，備置號甲送點；郊戶黃學周等，亦募勇七十名，在媽宮市設局訓練。[127]

可知澎地郊商平日聲息相通，聯守望相助之規，以緝盜安良，保衛鄉土，補官廳之不足；有事則不惜傾家紓難，或召募練勇，或捐助餉糈，或出資備器，以戡平匪亂，抵抗外患。

---

[126] 林豪，前引書，卷十一〈舊事・紀兵〉，頁 363~364。
[127] 同前註。

四、公益事項

　　澎湖居臺、廈之間，四面環海，島嶼紛排，沙淺礁多，波濤洶湧，每年冬春，北風盛發，狂颶排空，地最危險，險冠諸海。而西嶼一處，尤為重要，凡臺廈往來船隻，皆以此嶼為標準，凡遇風信靡常，則官、商船舶莫不就西嶼以為依息，故設有文武查船汛口。然當宵昏冥晦之時，風濤震盪，急欲得西嶼而安之，轉或別有所觸，屢致船隻損壞，蓋因四望茫然，一無標準故也，是以燈塔之設，有其亟需，俾 ·望無際之餘，知所定向，以作迷津之指南。

　　考西嶼燈塔之置，始於西嶼義祠之建。乾隆乙酉（30 年，1765）秋九月二十三日，颶風陡發，浪同山湧，擊碎通洋船隻，數不勝指，而灣泊於澎湖西嶼內外塹被難者，不下三十餘船，淹斃人口至一百二十餘人之多，誠歷年少見之奇災異厄。翌年，通判胡建偉與左營游府林雲、右營游府戴福捐俸創建，立祠以祀，俾孤魂得所依歸[128]。

　　迨乾隆四十二年（1777），傾圮頹廢，「廣不過仞，高不越尋常，殊不足繫遙瞻而遠矚」，[129]郡守蔣元樞、通判謝維祺捐俸倡修，就西嶼古塔基址擴建，計周五丈，高七級（級凡七尺），頂層四圍，鑲嵌玻璃，內點長明燈，召募妥僧住持，兼司燈火，每夜點亮，以利舟行。此役經始於四十三年冬，落成於四十四年夏，建置經費之由來，除諸有司之捐俸，另傳諭臺郡船戶及廈門郊行共同釀金湊捐；日用香燭燈油之費，則「今就往來挽泊西嶼與進媽宮者，各行公議每船捐錢一百文，其杉板船隻每船捐錢五十文，交給常住」。[130]是知建置之費，日用之錢，率多臺、廈郊行資助。

　　嗣因屢遭風災，年久廢弛，照管乏人，以致塔前廟宇傾圮，玻璃損壞，燈塔有名無實，興廢不時。道光三年（1823）通判蔣鏞會同水師提憲陳元戎籌款重修，原寄望「每年照舊西嶼寄碇商船，每船每次捐錢一

---

[128] 同註 111 前引文「創建西嶼義祠記」，頁 261。

[129] 同註 112 前引文「建修西嶼塔院落成碑記」，頁 82。

[130] 同前註。

百文，尖艚船每次捐錢五十文」[131]，以資供給，不料商船日漸稀少，經費不敷一歲之用，遂設簿勸捐，經郊戶商船踴躍輸捐，於塔邊典買園地，付住持耕種收租，藉資補助；另典當市店一所，契字簿據，交天后宮董事輪管，收租生息，買備燈油，按月支付。樂輸捐戶，「續修西嶼塔廟記」載有：「一、臺郡各郊行共捐番銀二百元（原注：姓名俱勒名）。一、澎湖舖戶、商船、尖艚、漁船共捐番銀二百四十元（原注：姓名俱勒石）。」[132]「臺郡各郊行」即指臺灣府（臺南）各郊行，所謂「澎湖舖戶」依常理推測應是澎湖郊舖無誤。

據此，知臺灣燈塔之濫觴—西嶼燈塔之始建與修葺，臺、澎、廈三地郊行之出力特多也！

五、慈善事項

澎郊之慈善事項可略分為救恤、助葬、賑荒三類。茲先言救恤：

清人奄有臺澎，於社會行政無專設機構，當時所謂恤政，惟依清律，由縣廳地方有司督行之，其機構則有養濟院、普濟堂、棲流所、留養院及育嬰堂等。至若機構之創立經費及維持費用，如屬公立，則多以船舶、鴉片煙稅資助，不足，或假以募捐。其私立者，多出自地方紳商之樂捐，官府亦每予補助。綜觀本省清代之救恤機構，多為官紳郊商醵資合營，實為本省之特色。澎郊之救恤義行，頗見舊志記載，雖屬斷簡殘篇，尚可略知梗概，茲雜採舊志，列述於下。《澎湖廳志》卷二〈規制・恤政〉記：

> 媽宮街金興順，郊戶德茂號等，鳩貲買過蔡天來店屋一間，為失水難民棲身之所，址在媽宮口左畔……現經修理堅固，床灶齊備，門首大書「失水難民寓處」六字，逐年輪交大媽宮金興順頭家執掌。嘉慶二十四年（1819），經于前廳陞寶任內稟官存案。[133]

131 同前註前引文「續修西嶼塔廟記」，頁 85。
132 同前註。
133 同註 1。

此即澎湖棲流所，連橫《臺灣通史》言：

> 澎湖棲流所：在媽宮。嘉慶二十四年，郊戶德茂號等捐款置屋，
> 以為難民棲宿，稟官存案。[134]

且於郊規中明定救助失水難民，其恤助患難之美德有如此者。

澎湖地瘠民貧，頻有溺女之風。光緒三年（1877），通判劉家謨，始有育嬰堂之倡議，惜未幾解任，竟不果行。嗣於光緒六年，通判李郁堦再倡興建，乃向紳商募貲創設，改築馬公街邵公祠為堂舍，以「監生林瓊樹董其事」，[135]後歸廳辦理。其店業、借戶歲收租息三十二萬四千文，每月又於鹽課撥銀五十兩，以充經費。約收女嬰三十餘名，每名月給八百文，並分恤養濟院窮民，每名月給三百文。

養濟院即普濟堂，收容孤寡廢疾貧民，通有清一代，臺省僅臺南、鳳山、澎湖三地有之。澎湖普濟堂於道光六年（1826），通判蔣鏞籌建，先捐四百元交媽祖宮董事輪年生息。九年，澎湖紳商續輸捐，計「闔澎士民共捐二百一十元，交課館連金源生息」[136]，以理度之，當有澎湖郊商之贊助。

再述助葬：

本島孤懸海外，昔為蠻夷之居，至清初尚為新闢。我先民離鄉背井，來臺拓墾，一遇災異兵燹、蠻煙瘴雨，流亡孤客，旅死甚多，其停棺之所、葬身之地，及運柩回籍之籌謀，在在多成問題。況乾嘉以降，本省開闢日廣，流寓益多，問題更形嚴重，故救濟措施，不容忽焉。清代之助葬善事，有供給土地於貧民埋葬，或合葬無主枯骨，或寄托旅櫬，或協助埋葬等，略別之，亦不外乎義塚、殯舍、萬善同歸三類。

義塚由官建置者有之，紳民買獻者有之，任人埋葬，不收地價。澎湖義塚凡七：一在媽宮澳東北，一在尖山鄉，一在林投垵，一在西嶼，一在瓦硐港，一在網垵澳，又一在北山後寮灣，凡海中漂屍，率拾葬於

---

[134] 連橫，《臺灣通史》，卷二十一〈鄉治志·臺灣善堂表〉，頁440（臺灣省文獻委員會，民國六十五年五月出版）。

[135] 同註1。

[136] 同註1。又見蔣鏞，前引書〈藝文紀·普濟堂序〉，頁90。

此。《澎湖廳志》卷二〈規制・祠廟〉之「無祀壇」條云：

> 一在媽宮澳海旁邊，土名西垵仔。廟中周歲燈油，俱協營捐辦。
> 祠左有一大墳，即埋瘞枯骨之處。建於康熙二十三年（1684），
> 高不過尋，寬不及弓。乾隆十五年（1750），前廳何器與協鎮邱
> 有章等，公捐增修廓大。……嘉慶二十五年（1820），右營游擊
> 阮朝良同課館連金源，郊戶金長順等捐修。（下略）[137]

萬善同歸或稱萬全同歸，蓋為掇拾枯骨叢葬之所。《澎湖廳志》卷
二〈規制・恤政〉又記：

> 媽宮澳西城之東北以至五里亭一帶，廢塚纍纍，舊有萬善同歸大
> 墓二所，一為前協鎮招成萬建，一為晉江職員曾捷光建，皆在觀
> 音亭邊。光緒四年（1878），同安諸生黃廷甲招各郊戶捐修，又
> 在石厝東西畔修建男女室各一。[138]

其在石厝左近者有四墓，曰安樂壇、曰東塔壇、曰西負新舊墓、曰
東塔後舊大墓。在觀音亭北者，曰萬善墓。又於石厝西，拾取遺骸，築
成大墓四所，編為福祿壽全四號。續於西城土地廟東畔，築成大墓二所，
編為富貴兩號。其零星荒墳之暴露者，皆重加修築，一在尖山鄉，一在
林投。[139]凡此皆有澎湖郊戶之贊助捐修。

末敘賑荒：

災荒救濟，清代統稱為荒政。本省於清代，水利未善，災荒頻見，
重以醫藥不昌，疾癘流行，戰禍屢頻，饑饉連歲，是以本省清代之救荒
事業，視為要政。災荒救濟，非食糧不可，而其儲藏，非倉廒不為功，
清代本省之倉廒，有常平倉、義倉、社倉、番社倉四者，平日藏穀以待
荒歲。而儲藏軍米之武倉，亦每借資取以為濟。

澎湖一地，有常平倉（即文倉）、武倉、社倉、義倉。文武倉俱為
官營官儲，以待正供，以濟軍食，茲不述，請從義倉敘起。

---

[137] 同註29。
[138] 同註1。
[139] 同前註。

　　義倉者，當年歲凶荒之際，貧民告糶無由，由開義倉之穀給民糶。故義倉實具有調節物價、救恤貧民、賑濟災荒三大作用。義倉初由官營，故又名監倉，迨嘉慶時，改爲民營，仍由官方監督，實半官營之性質也。義倉之錢穀，率由官府勸捐粟穀而成，無異對各富紳之攤派，若有違勸弗捐，則有不可之勢。

　　澎湖廳義倉，係於道光十一年（1831），通判蔣鏞倡設，在地紳商踴躍樂輸，中曾「勸同媽宮街行店量力輸助」[140]。其法發給支單，分各澳總理承領，至年底結數報官，總理五年一換，由紳董舉充，以杜私弊。不料奉行不善，徇隱不報，諸總理未按年赴署結算母利，換具收管，而期過五年，各董事鄉甲亦未另舉接充，久之竟成虛額。故林豪曾議擇德性良好而又家道殷實之公正紳商，主持其事。至於湊捐平糶之本銀，則擇「郊戶之殷實可靠者二三家」經管，[141]量收其一分或五六釐之利息，以冀奉行得人，推行盡利。下迄光緒十九年（1893），鹹雨爲災，澎湖歲饑，始再舉義倉，除官方倡捐外，並勸諭本地紳富襄贊，計得銀二千餘兩，以爲社倉資本，其中「郊戶黃學周勸諭三郊，合捐一百六十三兩零」[142]，至是而澎湖義倉始成。

　　澎湖社倉起於雍正九年（1731），通判王仁倡捐，至乾隆十六年止（1751），文武各官及紳民共捐社倉穀二百五十九石。是年八月，臺灣知府陳關以澎湖係屬臺邑，應將社穀撥歸臺邑，通判何器奉令將存穀移去澎營，抵作撥臺之額，其後續將餘穀改作溢捐穀石，歸入常平官倉存貯，終致社倉顆粒無存，顢頇之官，不恤生民有如此者[143]！

　　除義倉、社倉外，賑災助貧，糶濟民食，澎湖之臺廈郊商亦不落人後，惜舊志記載，頗缺略不詳。如澎湖於道光十一年（1831）夏旱，秋大風，下鹹雨，冬大饑，通判蔣鏞籌捐義倉錢，先濟貧民。十二年春猶饑，興泉永道周凱，至澎賑恤，「時以臺府遠不濟急，暫借行戶錢米散

---

[140] 蔣鏞，前引書，〈藝文紀・勸捐義倉序〉，頁91。

[141] 林豪前引書，卷二〈規制・倉廒〉「義倉」，頁73。

[142] 同前註。並見同書卷十三〈藝文中・澎湖重設義倉記〉，頁449。

[143] 同註141前引文「社倉」，頁71。

給」[144]，並作詩乙首，吟記此事：「連日開倉日未中，紛紛戶口散來公。……
貸金不愁園吏粟，回帆齊拜水仙宮」[145]，又如咸豐元年大風霾，下鹹雨，
民食維艱，除官府恤濟外，另有「臺郡商林春瀾、石時榮、蔡芳泰、黃
瑞卿等，共捐銀一千六百四十餘兩。本地殷戶吳鏞、黃朝基等，共捐銀
一千七百三十九兩」[146]。而泉州郊商黃瑞卿亦奉官諭倡捐賑輸數百金（轉
引自陳支平〈清代泉州黃氏郊商與鄉族特徵〉一文，未刊稿）。同治五
年夏大旱、秋颱風，下鹹雨三次，民大饑，在地紳商捐湊賑濟，並由「紳
商黃步梯、鄭少蟾、林瓊樹、黃應宸、黃學周等，辦理賑務，多方籌辦，
墊錢五百餘千文」[147]。光緒四年春暴風，吉貝嶼等對外交通斷絕，官紳
籌資賑恤，「囑士紳黃步梯、林瓊樹等，查外嶼貧民，及島中極貧之家，
分別散給」[148]等等。是知澎郊平日之救恤貧困、賑濟災荒、死喪相助之
義行美德矣！

第十三節　結語

　　澎湖行郊稱臺廈郊，簡稱澎郊，公號不詳，其創立或可溯至康熙末
造，確知者嘉慶年間已有，同光年間最稱繁盛。惜澎島散佈臺灣海峽，
面積狹小，地瘠民貧，農產不豐，居民大多以海為田，捕魚為生，腹地
既如此狹窄，胃納有限，市場復集中馬公一地，工商無從發展。兼之海
道峻險；船隻每易失事；颶颱鹹雨，連年災荒；有司不恤，不招商賈；
既有偷渡走私之競爭，復有兵燹劫焚之亂事；而其組織簡陋，層級有限，
部門不分，內部不和，屢有違法亂紀之弊，澎郊之衰歇之不振，實扼於
天時地利之自然地理環境，與夫人和之內在原因。而乙未割臺澎，尤為
一大打擊，日據後被迫改組「臺廈郊實業會」，其間雖因馬公港之一度
開放為特別輸出入港，而告復興，惟旋起旋廢，經廢止後，遂一落千丈。

---

144 蔣鏞，前引文，〈藝文紀〉周凱「留別八首和徐幼眉大令見贈韻」詩，頁 143。
145 同前註。
146 同註 44 前引文。
147 同前註，頁 374。
148 同前註，頁 376。

光復後，民國三十五年，就澎湖臺廈郊實業會，改組爲澎湖縣商會，以圖謀工商業之發展，增進工商業之公共福利，以至於今，但已非清時臺廈郊之原貌。

臺廈郊之會所爲水仙宮，奉祀媽祖及水仙尊王，郊舖與市集均聚結於馬公市，蓋馬公爲一優良港口，乃臺廈商船出入所聚，爲紳商官署萃集之所。澎郊組織採爐主制，以按鬮或擲筶選出，逐年二名，輪流辦理商務，其下則應有若干職員協助。經費則賴抽分、捐款、會費、公店租息，及罰金之收入，並訂有郊規約束眾郊友。知名郊商人物，確知者有黃學周、黃應宸兩人，另高其華暨林瓊樹二人亦頗有可能；而知名之郊舖則有德茂、金長順、金利順、金興順、安興、鼎順、裕記、怡發、同成、合發、豐順、振吉、錦成、益成、源茂、順美、通發、源合、豐德、合源，另協長成、頂成亦有可能是郊舖。其貿易地區，以廈門、臺南爲主，故稱臺廈郊，而旁及福建之同安、泉州、漳州；臺灣之高雄、東港、鹿港、北港，廣東之南澳，凡港路可通，爭相貿易。其輸出以花生之油粃，及魚乾類爲主，輸入則以布帛、磁瓦、米糖、雜糧、杉木、紙札、薪炭等爲多，故臺廈郊舖所賣貨物，自五穀布帛，以至油酒、香燭、乾菜、紙筆之類，及家常應用器物，無物不有。史籍有缺，二百年之澎湖臺廈郊史，所能考知者僅此，無能周全遍知，抉微發覆，乃莫大遺憾！

澎湖四面汪洋，孤懸海中，論其地，則風多雨少，斥鹵鹹，土性磽瘠，泉源不淪，雨露鮮滋，乏田可耕，種植維艱，惟藉雜糧，以資民食。地之所產甚微，故素乏殷實之戶，富者鮮蓋藏之具，貧者無隔宿之糧，民困至此，故論者曰：「閩海四島，金門、廈門、海壇、澎湖，舊有富貴貧賤之分。謂廈門富，金門貴，而澎湖獨以貧稱也」[149]，澎民生於斯固苦極矣。而一遇旱魃爲虐，風雨爲災，官府屢行賑恤，固有加無已，而澎湖臺廈郊商亦盡其力襄助，舉凡如捐義倉、置義塚、賑災荒、育棄嬰、收難民、恤孤窮等，莫不踴躍捐輸，趨善慕義。餘如書院之協修、寺廟之興建、燈塔之創置、鄉土之保衛、治安之維持，亦共襄義舉，無

---

[149] 同註91。

不參與。可知郊商平日鄉里聚居，必爲之盡心力，相扶相持，於促進地方安定、社會建設，實具相當貢獻。

　　要之，澎湖係一海島，漁業產量固有剩餘，而食糧生產及其他日用物品之製造，則極感缺乏，無法構成一自給自足之經濟區域，故商業交易，貿遷有無，至感需要，乃有臺廈郊之興起。無如其地瘠薄，季風強烈，鹹雨不時，不適農耕，環境惡劣如此，影響所及，居民購買力弱，稅課收入有限，稅收不裕，一切施政當受限制，難以建設地方，雖人口逐年增加，反成負擔，故工商之增進之繁榮，概屬有限，臺廈郊之不能茁壯繁盛，之終於沒落衰歇，種因在此。惟其如此，故舊志記載，既鮮且略，史闕有間，碑殘碣斷，僅曉一二，考知有限，欲求擘績補苴，豐碩細緻，則有待他日新史料之發現矣！

澎湖臺廈郊補闕

第一節　前言

　　民國七十五年六月，個人曾在《臺灣文獻》季刊第三十七卷第二期，發表〈清代澎湖臺廈郊考〉乙文，這是十多年前從事臺灣行郊研究領域時，所研究子題之一，文獻收羅頗多，自信於澎郊有相當深入周全之探討，但其中仍有一、二疑點，苦於文獻缺乏，無法解決。倏忽多年過去，期間仍不斷留意各地行郊相關史料，細心蒐集。至民國七十九年秋，應漢光建築師事務所之約，合撰澎湖水仙宮之調查研究與修護計畫，經實地探勘測繪及採訪耆老故舊，斬獲不少。但因嗣後數年承接臺、澎、金三地古蹟研究案子不斷，每年平均約有三、四件，田調研究倥傯，遂無暇探討著述行郊文章，這一擱下筆來，轉眼也有十年了，今茲承澎湖《硓𥑮石》季刊主編蔡學長丁進兄之囑咐邀稿，情難以怯托，只得將多年來收集之史料作一補述，以就教澎地父老暨諸專家學者。

第二節　澎郊成立時間之再探

　　澎湖一地，開發早於臺灣三、四百年，早在宋元時代，已有大陸移民，從事漁撈，或墾殖，而且因其地理位置，乃臺廈往來之關津，官商船舶往來頻繁，非其所止泊，即其所經行。因此澎郊成立時間，照理講應早於臺灣，可惜文獻缺乏，今所能找到之確切證據是臺銀出版之林豪《澎湖廳志》卷二〈規制・恤政〉條記[1]：

> 媽宮街金興順、郊戶德茂號等，鳩貲買過蔡天來店屋一間，為失水難民棲身之所，址在媽宮口左畔，……嘉慶二十四年，經於前廳陞寶任內稟官存案。

　　據此條記載可知至遲在嘉慶二十四年（1819）已有澎郊。但據〈澎

---

[1] 林豪，《澎湖廳志》，卷二〈規制・恤政〉，頁76（臺銀文叢第一六四種）。

湖媽宮臺廈郊約章〉所記載，則年代頗為悠久，約章中有云：「我郊自
開澎以來，迄今二百餘年，前商人設立臺廈郊」[2]，此約章訂立於明治
三十三年（清光緒二十六年，1900），上溯二百餘年，約在康熙三十九
年（1700）左右，關於此說方豪先生在〈澎湖、北港、新港、宜蘭之郊〉
鴻文中，曾認為是「似為推測之詞，無法證明」[3]，此語誠是，但是稽
諸澎湖開拓歷史，個人倒是認為非全為無稽之推測，雖舉證若干以為辯
證，總是牽強，心中頗以為憾。

　　其後數年，偶一機會翻閱成文出版社出版之林豪《澎湖廳志稿》，
才知原稿與成書有頗多之出入，經仔細重新逐頁逐句檢讀，居然在卷十
二〈舊事錄・祥異〉一條記載中找到新證據[4]：

> 乾隆四十年協鎮招成萬捐俸錢百緡，交媽宮街郊商大媽祖頭家輪
> 值生息，每年息錢十四千文，配各廟宇香資及致祭無主塚堆，立
> 有章程，於今百餘年。

　　按百緡即制錢百貫，清代制錢一般計算法，係採用十進位，例如銅
錢一個叫一文，百個叫一百文，千個叫一串或一貫，則百貫制錢，一年
收息十四千文，利率高達十四分，實在駭人，官府之吃定商家可以從此
窺見，但更重要的是根據此則記載可以確知早在乾隆四十年（1775）澎
湖已有行郊，比現知考訂之嘉慶二十四年（1819）上推四十四年。但個
人仍然相信澎郊成立年代可追朔到康雍之際，旁證有下列數點：

　　其一，臺南三郊成立於雍正三年（1725），而澎湖開拓歷史不但早
於臺南，又為臺廈之津渡及中繼站，以常情推論，應該不至於比臺南三
郊之成立時間晚，因此《臺灣私法》記澎湖臺廈郊「創於雍正年間」[5]，

2　《臨時臺灣舊慣調查會第一部調查第三回報告書》，《臺灣私法附錄參考書》第三卷上第四
　　篇第一章第三節「郊」，所收第六「澎湖媽宮臺廈郊約章」，頁68~69（明治四十三年十一
　　月發行）。

3　方豪，《方豪六十至六十四自選待定稿》，〈澎湖、北港、新港、宜蘭之郊〉，頁327（民
　　國六十三年四月版，作者發行）。

4　林豪，《澎湖廳志稿》，卷十二〈祥異〉，頁998（成文出版社，民國七十二年臺一版）。

5　陳金田譯，《臨時臺灣舊慣調查會第一部調查第三回報告書》，《臺灣私法》第三卷，第四
　　篇第一章第三節〈郊〉，頁97（臺灣省文獻委員會編印，民國八十二年六月出版）。

尤爲明確，皆可佐證澎郊成立年代頗早。

其二，從若干資料及民間傳說的推斷，媽宮市街約形成於康熙末年，而澎湖民間俗傳白沙鄉通梁村保安宮前之通梁大榕樹之由來，原爲康熙年間臺廈貿易船中之盆栽，由村民移植於廟埕前，修於康熙二十四年（1685）之蔣毓英《臺灣府志》卷六〈市廛‧渡橋〉條記：「澎湖、廈門原無設渡，僅附搭商船往來。」[6]據此可說明康熙年間，臺廈澎湖之間商業貿易頗爲發達，早有商船往來。

其三，周于仁《澎湖志略》記[7]：

> 澎湖四面環海，非舟莫濟。商船二十八隻：杉舨頭船一百二十八隻，鉅者貿易於遠方，小者逐末於近地，利亦溥哉！

周于仁，字純哉，四川安岳舉人，清雍正十一年（1733）由福建長樂知縣，陞授澎湖通判，至乾隆元年（1736）告病卸事。可知《澎湖志略》所記載的事蹟多爲雍正年間、乾隆初年間事。另外，再據林豪《澎湖廳志》卷十一〈舊事‧軼事〉記[8]：

> 雍正間，廈門有商船往來澎島，與臺灣小船偷運私鹽米穀，名曰短擺。臺防同知王作梅廉知，急捕之，並得官弁交通狀。時提標哨船二十餘，往來貿易，號為自備哨，出入海口，不由查驗，作梅詳請禁革。

綜合上引諸史料，我們知道康雍年間，澎湖商貿販運已極爲興隆，不僅擁有遠洋貿易之大商船二十八艘，還有近島貿易採捕之杉板船一百二十八艘，鉅者貿易遠方，小者逐末近地，再加上澎郊會所水仙宮創建於康熙三十五年（1696，詳見下文），可見從市街形成、會所初創年代、古樹傳說、開拓歷史、商船貿易等等背景參考來看，澎郊初創於康雍之際可能性極高，實在不必拘泥於史料殘缺而僅斷定在乾隆四十年。

---

[6] 蔣毓英，《臺灣府志》，卷之六〈市廛〉，頁74（臺灣省文獻委員會，民國八十二年六月出版）。

[7] 周于仁，《湖湖志略》，〈舟楫〉，頁37（臺銀文叢第一〇四種）。

[8] 同註1前引書，卷十一〈舊事‧軼事〉，頁382。

第三節　臺廈郊公號之問題

行商設郊之目的，除共謀同業間之利益外，或充爲街民自治之協議所，以懲戒不法商人，維持風紀；或鳩資修廟，進而從事公益事業，凡此均須有一組織章程或議事章程之規定。所以澎湖媽宮商人要組織郊的時候，首先必須邀請「街內」同業商舖商議，再訂定團體規約，凡團體的旨趣、目的事業及制裁等等，均詳細記載在「郊規」規約內。然後再製作一套名爲「緣簿」的帳簿，帳簿上寫明郊員的店號、地址、經費負擔金額，及捐款方法等等。

今存澎湖臺廈郊約章僅有兩件，均爲日據初期時訂立，收錄於臨時臺灣舊慣調查會第一部調查第三回報告書《臺灣私法附錄參考書》。首件約章立於庚子歲秋月，即清光緒二十六年（日明治 33 年，1900，時臺澎割讓日本已五年），約章下編者註明：「中日戰爭時，一度停廢，至明治三十三年始恢復。」規約末具名者爲「臺廈郊金利順、金長順公啓」。次件立於翌年辛丑歲夏月，即光緒二十七年（日明治 34 年，1901），乃新立規約，約中詳細而具體地訂立有關仲錢及罰金等之商事規約，與前約不太相同之處有三：

1.約中凡涉及「郊」字者，均已刪改掉，並改成日本式語詞，如「仲立」一詞是，即中文之交易、媒介、經紀、牙行之意。

2.前約中本明確規定「本郊崇奉天上聖母」，新約中刪掉，改成崇祀水仙王，不知何故，頗值一探（見後文）。

3.約末署名改爲「商會同立公啓」，非前約之「臺廈郊」名稱，殆受日本政府之壓迫而改組。約末附郊舖十七家，有「安興、鼎順、長順、裕記、怡發、同成、合發、豐順、振吉、錦成、益成、源茂、順美、通發、源合、豐德、合源」，而且是「逐年值當，周而復始」。其中令人疑問者是：不過半年，前約中之郊舖「金長順」、「金利順」，竟然消失不見，是經商失利而歇業，抑或其他原因，令人頗費猜疑！

當時受蔣鏞、林豪二書之誤導，誤判「金長順」爲郊舖之一，遂有

此疑問，按蔣鏞《澎湖續篇》卷上〈地理紀‧廟祀〉「無祀祠」條記[9]：

> 祠一在媽宮澳西海邊，一在西嶼內外塹，適中道左，……查媽宮
> 澳之祠，自乾隆二十九年右營游擊戴福等公捐重修，……嘉慶二
> 十五年，右營游擊阮朝良募同課館連金源、郊舖金長順等捐修。

林豪《澎湖廳志》卷二〈規制‧祠廟〉「無祀壇」條亦載[10]：

> 一在媽宮澳海旁邊，……俱協營捐辦，……建於康熙二十三年，
> 高不過尋，寬不及弓。……嘉慶二十五年，右營游擊阮朝良同課
> 館連金源、郊戶金長順等捐修。

茲據水仙宮前負責人尤祖成先生提供之會員手冊（目前水仙宮負責人是項忠信先生），方知金利順、金長順乃臺郊、廈郊之公號，非郊舖之行號或店號，遂解決心中疑惑，即澎湖「臺廈郊」乃臺郊金利順與廈郊金長順之組成。不過，解決一疑問，又新增一疑問，何以前引二書僅提及廈郊金長順，未見臺郊金利順？其中有兩種可能，一是當時臺郊金利順尚未出現，二是金利順並未出錢捐修；不過以澎郊平素熱心公益，救恤貧困，賑濟災荒之義行來看，後一種假設較不可能，因此說不定臺郊金利順是在道光之後才組成（見下文）。

不僅此，澎湖行郊應以廈郊金長順為主體，《臺灣私法》中提及澎郊，亦皆以廈郊為主，如謂：「媽宮廈郊亦屢次向官府呈請禁止通行呆錢……又曾經呈請官府規定貨物裝卸等的工資。明治三十三年，澎湖出現許多來自樸（朴）仔腳的呆錢，媽宮廈郊則與廳參事、地保等協商後，呈請官府查禁。」又如「明治三十年日本紙幣貶值時，官府命令媽宮支金庫每月三期，每期發給四十個牌號，憑牌號以紙幣兌換銀幣。當時媽宮廈郊呈請澎湖廳長，准由該郊發給牌號，但未獲採納」[11]。

第四節　臺廈郊舖在今何處

---

9 蔣鏞，《澎湖續編》，卷上〈地理紀‧廟祀〉「無祀祠」，頁8（臺銀文叢第一一五種）。
10 同註1前引書，卷二〈規制‧祠廟〉「無祀壇」，頁63。
11 《臺灣私法》第三卷，頁104。

居貨之賈，大抵謂之「舖戶」，因此澎湖媽宮街商賈不僅坐賈居肆，甚至擴大成進出口批發商，組成臺、廈郊，郊舖集結在媽宮市，因為媽宮港澄淨如湖，小島環抱，賈舶所聚，帆檣雲集，是臺廈商船出入港口。其地舖舍民居，星羅雲集，煙火千餘家，為澎之市鎮，是極佳市場，諸貨悉備。澎湖他澳別無碼頭，市鎮及墟場交易之地，偶有雜貨小店，或一、二間而已，且俱無賣青菜、豆腐、豬肉等，不足成市，故率皆赴媽宮埠頭購覓買售。《臺灣私法商事編》收〈禁用私錢以除民害而益地方議〉，文中謂：「鄉村農圃所種蔬種，必挑到媽宮城市販賣，……海口漁人所捕有魚蝦，必挑來媽宮城市售賣」[12]，正是最佳明證。

然而，澎湖行郊，文獻所見，率稱「郊舖」、「郊戶」，不稱「郊行」，正因為不是大批發商，純為同行諸舖戶所組成，林豪《澎湖廳志》卷九〈風俗‧服習〉記[13]：

> 街中商賈，整船販運者，謂之臺廈郊。設有公所，逐年爐主輪值，以支應公事。然郊商仍開舖面，所賣貨物，自五穀布帛，以至油、酒、香燭、乾果、紙筆之類，及家常應用器，無物不有，稱為「街內」。其他魚肉生菜，以及熟藥，糕餅，雖有店面，統謂之「街外」，以其不在臺廈郊之數也。

是以我們知道「街內」諸舖戶組織臺、廈郊，雖自置商船，整船販運批發，但郊商仍開舖面，經售五穀、布帛、油酒、香燭、乾果、紙筆，及家常應用之物，其他魚肉生菜，以及熟藥，糕餅則不在其內。那麼這些「街內」是在那些街道呢？

媽宮街市之出現，高拱乾《臺灣府志》與周元文《重修臺灣府志》均未記載，至康熙四十九年（1710）陳文達《臺灣縣志》〈建置志‧集市〉中才提及：「澎湖媽宮街」[14]，則媽宮市街之形成當在康熙末年，並可能是因為清代班兵集居此地而出現，市街商販目的在供應駐軍需求。也即是說，媽宮街市之出現與繁榮，端賴澎地駐軍之購買消費，這種現

---

[12] 《臺灣私法商事編》，第二冊第一章第二節「郊」，頁46~47（臺銀文叢第九十一種）。

[13] 同註1前引書，卷九〈風俗‧服習〉，頁306。

[14] 陳文達，《臺灣縣志》，〈建置志二〉「集市」，頁92（臺銀文叢第一○三種）。

象不僅是當年開埠時如此，甚至歷經清代、日據，以迄光復後的今日，
情況大體未變。也因此媽宮市街的商業發展至乾隆年間出現「七街一市」
的高峰，此後因達到供需的頂點而未再有所突破，停滯不前，修於乾隆
三十六年（1771）胡建偉之《澎湖紀略》〈地理紀·街市〉載媽宮市之
「七街一市」市肆如下[15]：

> 倉前街：酒米舖、鮮果舖、檳榔舖、打石舖。
>
> 右營街：鹽館（一所）、酒米舖、雜貨舖、打鐵舖（按即今西起
> 天后宮照牆，向東延伸至中山路，今日仍以雜貨類商舖為主）。
>
> 大井街：藥材舖、竹器舖、瓦器舖、磁器舖、麵餅舖、酒米舖、
> 油燭舖、打銀舖、故衣舖（即今中央街，主要以器物、藥材為主）。
>
> 右營直街：綢緞舖、冬夏布舖、海味舖、雜貨舖、藥材舖、醬菜
> 舖、酒米舖、涼暖帽舖、麵餅舖、鞋襪舖、豬肉案、磁瓦器舖、
> 故衣舖、油燭舖（今天后宮東側之南北向道路，主要店舖為布疋
> 與雜貨）。
>
> 右營橫街：海味舖、酒米舖、雜貨舖、醬菜舖、綢緞舖、冬夏布
> 疋舖、故衣舖、鞋襪舖、麵舖、涼暖帽舖、藥材舖、鮮果舖、檳
> 榔舖、餅舖、磁瓦器舖、麻苧舖、油燭舖、豬肉案（連接天后
> 宮及中央街之東西向道路，販賣食品與日常用品為主）。
>
> 渡頭街（又名水仙宮街）：酒米舖、鹹魚舖、瓜菜舖、檳榔舖、
> 小點心舖（北起水仙宮，南至海邊渡頭，以食物店舖為主）。
>
> 海邊街：當舖一家（乾隆三十二年新開），杉木行、磚瓦行、石
> 舖、酒米舖、麻苧舖、雜貨舖、瓜菜舖、鮮魚舖、檳榔桌（即今
> 中山路，以建材及海鮮雜貨為主）。
>
> 魚市（在媽宮廟前，係逐日趕赴，並無常住舖舍）：農具、黃麻、
> 苧麻、鮮魚、螃蟹、鮮蝦、青菜、瓜果、水藤、竹蔑、木料、薯
> 苓、高梁、豆麥、薯乾、瓦器、檳榔桌、點心、木柴、草柴、年
> 柴。

蔣鏞《澎湖續編》雖記道光年間街市略有變化，而舖戶則照舊，並

15　胡建偉，《澎湖紀略》，卷二〈地理紀·街市〉，頁43~45（臺銀文叢第一○九種）。本文
另補充個人調查所得，直接加註原文後。

無增減。其〈地理紀・街市〉載：「媽宮市：倉前街、左營街、大井街、右營直街、右營橫街、渡頭街（又名水仙宮街），以上各舖無增減。海邊街（乾隆三十二年開文榮號當舖一家，今歇業。行舖、杉木等行俱照舊，無增減）。魚市（俱照舊）。」[16]

其後咸豐二年（1852）壬子二月初一夜，媽宮街火，延燒店屋無數，大井頭一帶皆燼[17]。光緒十一年（1885）中法戰役，春二月，法將孤拔犯媽宮港，分兵由嵵里登岸，法軍入據媽宮澳。而是年二月十四日夜「廣勇、臺州勇大掠媽宮街，放火延燒店屋殆盡」[18]，經此雙重打擊（火災加上兵燹），於是重建城肆，百堵復興，街市間有更易，林豪《澎湖廳志》卷二〈規制・街市〉載：「倉前街（今改爲善後街）、左營街、大井頭街、右營直街、右營橫街、太平街（在祈福巷口）、東門街、小南門街、渡頭街（又名水仙宮街）、海邊街（當舖一家，近已歇業）、魚市（在媽祖宮前，俗稱街仔口）、菜市（在媽祖廟前，係逐日趕趁，無常住舖店）。以上皆在媽宮市。」[19]

總之，澎湖不出糖米，布帛、杉木、磚瓦等，所需糖米、布帛、木瓦各件，皆賴臺灣、廈門運來，因此澎湖臺廈郊商所賣貨物，自五穀、布帛，以至油酒，香燭、乾果、紙筆之類，即家常應用物，正是澎湖所不出產；其他魚肉、生菜，以及熟藥、糕餅，不在其內，也是因澎湖當地可以生產製作，不需臺廈渡海販運來澎。

輸入貨品略如上述，輸出貨品則以油粕、魚乾爲主。《澎湖廳志》卷十〈物產〉記：「貨之屬」有「花生油、豆粕、魚乾、鹹魚、魚鮭、蝦乾、米、魚刺、魚子、魚脯、苧。」等[20]同書復云：「惟油豆粕、則澎湖所產，販往廈門、漳、同等處。然亦視年歲爲盈虛，無一定之數也。」[21]續載：「近有南澳船販運廣貨來澎，而購載花生仁以去者。」[22]《彰化

---

[16] 蔣鏞，前引書，卷上〈地理紀・街市〉，頁9。

[17] 同註1前引書，卷十一〈舊事・祥異〉，頁373。

[18] 同上註前引書，卷十一〈舊事・紀兵〉，頁367。

[19] 同上註前引書，卷二〈規制・街市〉，頁82~83。

[20] 同上註前引書，卷十〈物產・雜產〉，頁347。

[21] 同註13，頁306~307。

縣志》也有記載：「若澎湖船則來載醃鹹海味，往運米油、地瓜而已。」
[23]《雲林縣采訪冊》記澎湖商船：「常由內地載運布疋洋油、雜貨、花金
等項出港（按指北港）銷售，轉販米石、芝麻、青糖、白豆出口。」[24]諸
如以上志書所載、皆是明證，說明了澎湖郊商輸出輸入販售之貨品種類。

　　綜合上述，顯見媽宮市街形式大體維持「七街一市」，難以擴展，
因此早期馬公市商業區域範圍不大，僅在今中央街附近大約二至三公頃
地區，也即是當年臺廈郊舖所在位置，我們從販售貨品古今作一對照，
也發現變化不大，特色仍在，就是最好的說明。

　　日據時期，因日人建設港埠，及海軍造船廠的設立，不僅提供許多
就業機會，同時更帶來大量的軍人及行政人員，促成馬公市的發展。不
但在城內朝原來人口較少的東北邊發展，在城外往城北原為墓地的區域
擴張，並在埔仔尾（今新生路）出現風化區。日據時雖曾依都市計畫造
路興街，惟昭和十九年（民國 33 年，1944）十月至次年初，數次遭受
美軍盟機之轟炸，市面屋舍毀損尤多。今之市街乃係光復後重建，僅存
中央街、長安街部分舊市貌，街道狹、人煙稠，人口密度超過全市人口
密度之二倍。近年該地頗為蕭條冷落，原因是馬公市區重心已由濱海的
老商業區中央街，及日人創建的啟明市場附近，逐漸北移，此地已無往
日之盛，如何保存規劃此條郊舖老巷街──中央街，成為迫切課題！

第五節　一方重要石碑

　　個人曾爬梳史料，稽考澎湖臺廈郊知名郊商與郊舖，當時考證出之
結論是：「知名郊商人物，確知者有黃學周、黃應宸兩人，另高其華暨
林瓊樹二人亦頗有可能。而知名之郊舖則有：德茂、金長順、金利順、
金興順、安興、鼎順、裕記、怡發、同成、合發、豐順、振吉、錦成、
益成、源茂、順美、通發、源合、豐德、合源，另協長成、頂成亦有可

[22] 同上註。
[23] 周璽，《彰化縣志》，卷九〈風俗志‧商賈〉，頁 290（臺銀文叢第一五六種）。
[24] 倪贊元，《雲林縣采訪冊》，〈大糠榔東堡〉「街市」，頁 47（臺銀文叢第三十七種）。

能是郊舖。」[25]

　　在拙文〈清代澎湖臺廈郊考〉中，個人頗有感慨：澎湖臺廈郊自開澎以來，迄今近三百年，期間諸家所修方志人物傳中，竟無一書列貨殖傳以詳記之。光復後澎湖縣所修之《澎湖縣志》竟也無一語及之，近人陳知青之《澎湖史話》及蔡平立編纂《澎湖通史》、《馬公市志》亦是，郊商之無聞甚矣！另外在拙文中曾提及蔣鏞所修《澎湖續編》卷下〈藝文紀・續修西嶼塔廟記〉記載捐輸姓名，其中有「臺郡各郊行」，既已載明「郊行」之稱，復吝惜筆墨，於澎湖捐輸者僅載「澎湖舖戶、商船、尖艚、漁船共捐……」，不逕稱「郊舖」誠不曉何意，惟記載云臺郡各郊行及澎湖舖戶諸姓名俱勒石，但不知此碑今存否，姑闕之，待他日再補考。

　　嗣後委託好友澎人、文化大學史學系副教授陳文豪君前往西嶼燈塔實地調查抄錄，惜原碑文字跡漫漶磨滅，看不清楚，所得有限。民國八十一年與漢光建築師事務所合作，作《澎湖縣西嶼燈塔之研究與修復計畫》，親自前往探勘抄錄，亦因字跡模糊，無功而還。幸運的是竟在臺灣總督府交通局遞信部出版之《遞信志》〈航路標識編〉（昭和三年十月出版，頁 5～9）中收錄有該碑文之完整內容，不僅解決此一困難，更有新發現——提供了道光八年（1828）澎湖郊舖一較完整名單。

　　按，西嶼燈塔之建置，始源於乾隆三十一年（1766），澎湖通判胡建偉等人捐俸創建西嶼義祠。此後傾圮頹廢，乾隆四十三年（1778），由臺灣知府蔣元樞、澎湖通判謝維祺等人，聯同臺郡船戶及廈門郊行共相釀金湊捐修建，就原基址擴建，於四十四年夏落成，交由澎湖城隍廟僧人住持管理，兼司燈火，每夜點亮，以利舟行，嗣因屢遭風災，年久廢馳，照管乏人，以致塔前廟宇傾圮，玻璃損壞，燈塔有名無實。道光三年（1823），經由通判蔣鏞會同水師提憲陳元戎等人籌款重修，爲圖長遠，道光八年（1828），遂設簿勸捐，經郊行船戶踴躍輸捐，於塔邊典買園地，付住持耕種收租，藉資補助；另典當市店一所，收租生息，

<hr>

[25] 詳見卓克華，〈清代澎湖臺廈郊考〉，《臺灣文獻》第三十七卷第二期（民國七十五年六月三十日出版），頁8~9。

買備燈油，按月支付，而契字簿據，則交由天后宮諸董事輪管，並於該年季冬重修廟宇，塔內設樓梯，裝三尺高之三段玻璃製燈籠[26]。立於「大清道光八年歲次戊子季冬月穀旦」的「西嶼塔燈碑記」即是詳細勒刻捐資諸行號，茲整理如下（捐款數目略）：

1.董事：課館錦豐、協利、瑞源、利成、和興、德茂、順吉、鮑國珍（勸捐總理）。

2.捐輸者：

（1）臺郡三郊：蘇萬利、金永順、李勝興。

（2）廈郊金長順。

（3）臺郡綢緞郊。

（4）煙郊。

（5）金薄（鋪？或箔？）郊：同興號、聊合號、其益號、利源號、其祥號、榮源號、建昌號、恆瑞號、怡源號、金振興。

（6）杉郊舖。

（7）報單館：金益成、金鹿豐、金和榮、金聯順。

（8）浦南郊：德馨號、松茂號、恆振號、順益號、文遠號、益合號、茂商號、普泰號、林登雲。

（9）澎湖課館連金源、館戶瑞源號，遠源號、同發號、利發號、和興號、豐隆號、錦豐號、源順號、崙成號、瑞美號、協利號、隆美號、合順號、新順吉、瑞豐號、吉成號、新榮美、恆利號、合豐號、源盛號、德茂號、隆美號、振成號、金茂昌、振興號、仁德號、大合號、協成號、協美號、隆盛號、新同順、源成號、保和號、崑利號、成發號、漳美號、恆德號、允吉號、豐成號、遠勝號、同合號、大有號、瑞興號。

（10）廈門商船嚴順、鄭得利、金聚和、林捷泰，許進益、金合成，金進吉、黃發興、金如意、黃永茂、金大興、二全興、金復勝、金合順、金成輝、新進成、金進發、金萬合、陳積寶、金三合、鄭榮發、王家瑞、陳德春、許義興、許振金、許順發、蔡隆興。

---

26 詳見卓克華，〈全臺首座燈塔—西嶼燈塔的史蹟研究〉，《國立中央圖書館臺灣分館館訊》第十七期（民國八十三年七月一日出版），頁83~97。

（11）漁船張合德、金崇順、金成義、陳萬金、方長順、王福順、郭順興、蔡長振、金聯順、金活源、吳合源、吳有才、顏長良、林發興、吳合春、蔡德源、金恆發、金福春、王鍋金、許大順、金恆順、蔡果、洪突、陳富、許敬、金春、鄭辨。

此一名單須作一說明：

第一，臺郡三郊蘇萬利、金永順、李勝興，即臺南三郊，北郊蘇萬利、南郊金永順、糖郊李勝興。臺郡綢緞郊即臺南綢緞郊金義成。煙郊即臺南煙郊金合順。可知臺南諸行郊大力襄助，捐輸獨多，為的是此一航路往來頻繁，捐建燈塔，每夜點燈，方便舟行，利己利人，以策安全。

第二，名單中只有廈郊金長順，獨無臺郊金利順，然則臺郊金利順直到道光八年（1828）尚未成立耶？

第三，浦南郊之浦南應在福建漳浦、雲霄一帶，此地產海鹽，舊有浦東、浦南兩場，清嘉慶間裁浦東場併入浦南場，設有鹽課大使。則浦南郊不知是否即浦南一帶運鹽之船幫郊行？另，金簿（箔？或舖？）郊不知是否即打製金飾之郊，若然，應也是臺南諸行郊之一，固然說明臺南輸入金銀數量不少，單獨成一行郊，也說明臺南一地在嘉道年間之富饒，所以買賣打製金銀手飾諸行舖不少，才組成行郊。此外浦南郊與金薄郊是臺澎兩地所有碑碣中首次也是唯一出現之行郊，此方石碑之珍貴可得而知。

第四，「課館」者，即販售鹽處，鹽課有二種：一即鹽場課其生產者，即鹽埕餉。一係向販戶，即出售者徵收鹽引課，「引」係每石為一引，以應預定銷鹽量額以定引數，依該引數賦課。而辦理鹽課務普通以廳、縣為通例，以鹽錢兌抵營餉為便宜之法。但在澎湖，咸豐年間改歸水師營暫理，成為全臺特例，林豪《澎湖廳志》卷三〈經政・鹽政〉詳記其事[27]：

> 澎湖向食臺鹽，由本府官收官賣，與內地鹽商迴別，故行鹽之人，不曰商而曰販也。自雍正六年前廳王仁官運行銷……九年……以

---

[27] 林豪，《澎湖廳志》，卷三〈經政・鹽政〉，頁99~101。

官運不便，乃歸販戶運賣，……嗣後販戶更易，由臺灣府具結認銷，移知本廳辦理。凡販戶運到鹽觔，必請廳員查驗，鹽與引相符，然後准其盤收上倉。……其運銷數目，由廳按月造報，如有缺額，令該販賠課。廳有督銷之責，應飭差協同販丁巡查私販，仍不許藉端滋擾。……並何時仍歸官辦，無案可查。咸豐四年六月，臺灣府朱移稱：……緣奸棍販私，守口兵役包庇，致官鹽減銷，課餉日絀。且該處設立三館，民間買鹽，用錢解課換銀，極其掣肘。若徑解錢文，既妨民用；營弁請領加餉，又須從郡配船載往，反多周折。不如撥歸本廳，就近運銷，將鹽錢兌抵營餉，較為兩便。隨發告示十道到廳，署通判冉正品盤交三館現鹽，於七月二十一日開館。因吉貝澳……邇來並無赴館買食，飭澳差立即押該澳各戶赴館買鹽。……咸豐十年間，知府洪毓琛任內；始將鹽課改歸澎營暫理，由副將派人販運……即將兌項撥作加餉。……同治四年十一月，閤澎鄉耆呂邦等呈稱：澎湖鹽務，自販戶而歸官辦，自官辦而歸於廳署兼理，民皆稱便。迨咸豐十年，營弁始請歸營辦理……查閩省定制，各處鹽務，皆由文員經理。……請備詳列憲，將鹽課仍歸廳辦，以紓民困云云。……皆未准行。光緒十年，巡道劉以副將兼辦課務，諸多未便，飭令澎湖紳士承贌，照舊納課。……十三年，上臺澎總鎮吳之請，以課務仍歸武營兼理。

　　此碑之可貴，在於提供道光年間澎湖鹽政史實之補闕。據此碑知：道光年間課館公號爲連金源，其下之館戶（販戶）有：錦豐、協利、利成、德茂、瑞源、和興、順吉等等。小小澎地，竟然有如是眾多販鹽之館戶，正突顯販鹽之利潤可觀，前引《澎湖廳志》書中屢屢記載：「每升定價小錢五文五毫，毋許私抬短秤」、「時赤崁館有以八十五、六觔爲一百觔者」、「時有奸民陳永寬，承辦減折觔兩，擅作威福，小民苦之」、「然澎地館鹽八十斤，賣銀一元，鹽色灰黑，殊遜內地」[28]、「然獲魚雖多，必得鹽以醃之，而鹽價甚貴，有計所獲之魚，不能抵償買鹽之價者」

---

28 同上註。

[29]。而澎營堅持辦理鹽課其理亦同，利之所在，其趨如鶩。也因此諸販戶才肯出面襄助燈塔捐建事宜，以維持航海安全，飽賺鹽利。

另外，這些館戶極有可能兼營運送業務，才會有如此之多家。按，鹽館中有「課擔」一職，受官府監督運送鹽課，以後郊商亦委託運送金錢、匯票等貴重品，以及各種雜貨，嗣後演變成一種專門運送業。課擔由官府選任，且職務不得讓渡他人。因此課擔或館戶之負責人經常訪問商家招攬生意。商家需要運貨，則表明貨物名稱、件數及受貨人地址，並議定運費，然後負責人派來苦力搬運貨物至課館。課館的記帳將託送人店號、貨物名稱、件數、運費等記入帳簿及付貨蓋印薄。最後運送至受貨人處點收並收費。收運費以一擔（一百斤，苦力每人的正常肩挑重量）為標準，按運送距離計算，因此習慣上不管貨物種類、僅秤貨物重量而已。[30]

第五，「報單館」乃專辦商品報關事務。按，澎湖郊商或自置商船，或與臺廈人連財合置，往來必寄泊澎湖數日，起載添載而後行。而諸船到港攬裝貨件。其先後、種類、數量、地區及儎價（運費），均有一定之規矩。凡此，皆交由「報單館」處理，澎湖一地販運港口不過只有一媽宮港，竟然有四家報單館，足以說明其時（嘉道年間）臺廈往來貿易之興盛與熱絡了。

第六，碑末列有「廈門商船」與「漁船」，僅列「廈門」一地商船，正說明了澎地行郊以「廈郊」為主。郊商貿易營運，陸上恃人力之挑運，牛車之載運，海上則有賴船舶之運輸。林豪《澎湖廳志》卷九〈風俗〉記：「媽宮郊戶自置商船、或與臺、廈人連財合置者，往來必寄泊數日，起載添載而後行。若非澎郊之船，則揚帆經過，謂之透洋」，「街中商賈，整船販運者，謂之臺廈郊」[31]，即是指此。而造大船需費數萬金，而郊商以販海為利藪，對渡廈門─澎湖─臺南，一歲往來數次，初則獲利數倍至數十倍不等，故有傾產造船者。所謂「整船」指的是船主或瞨稅船

29　同註13，頁308。
30　《臺灣私法》第三卷，頁324~329。
31　同註13，頁307。

隻之人，利用船舶經商，稱爲「整船」，並分爲自辦（又稱自下），及配隨船兩種[32]：

　　1.自辦：即船主載運自己貨物到他地販賣，再採買他地土地貨物載回販賣。

　　2.配隨船：即受委託銷售、採買貨物。

　　至於「漁船」非盡然全是採捕魚貨，利之所誘，甚至連沿海許多漁船，也投入航運貿易之角逐，幾乎奪取商船之利。據林豪《澎湖廳志》記載：清代澎湖船隻有四種：尖艚、舶艚、舢板、小船等，徵課水餉銀之數額，以尖艚最高，舶（泊）艚及舢板（杉板）繼之，小舢板及小船最微[33]。其中尖艚、舶艚屬貿易運輸船隻，尖艚航行我國大陸閩浙沿海，及臺灣本島，俗稱「透西船」；舶艚爲近島貿易採捕，不能橫渡大洋，限赴南北各港販運。然利之所在，甘冒風濤，越私渡，趨險如鶩，所在皆是。

第六節　臺廈郊之會所

　　澎湖臺廈郊之會所乃設於媽宮街之水仙宮，水仙宮之充爲臺廈郊會館始於光緒元年（1875），其前是何地，史無明文，有可能是在天后宮。按臺廈郊崇奉天上聖母，光復後之金長順神明會也是崇敬天上聖母，其於郊規中亦提及「本郊建置公店，逐月收店租，以資……廟中油香祭祀」。此「廟」顯然是奉祀天上聖母之天后宮。況且天后宮後進之公善樓（樓上有「清風閣」匾，因此澎地居民習稱此樓爲清風閣），經個人實地採訪，此樓於日據時期常充爲「公所」，作爲籌義舉、鼓仁風之集議場所，而且此樓常爲當年大公司集會宴客之地，更何況最早建閣原因是爲安設一尊此地原有之「財神爺」[34]，則臺廈郊早在此廟籌義舉、理

---

[32] 《臺灣私法》第三卷，頁 570。

[33] 林豪，《澎湖廳志》，卷三〈經政・賦役〉，頁 88~92。

[34] 覃培雄，〈澎湖天后宮建築研究〉，《澎湖天后宮保存計畫》，頁 62（臺大土木工程學研究所都市計畫室，民國七十二年六月出版）。

郊務，作為會所所在，自是極有可能。

　　水仙宮為澎湖四大古廟之一，宮內祀有五神，乃大禹、伍員、屈原、項羽、魯班（或作王勃、李白）等五位水仙尊王，有單祀一尊，有並祀五尊者，要之皆與水海江湖有深厚關係之古聖先賢。此諸聖賢歿而為神，轉為保護航海，職司安瀾之海神，是為沿海居民，舟夫船客所崇信。是故澎湖水仙宮原為水師官弁所奉，其後亦為浮海營生之商船漁戶所敬拜。

　　水仙宮最早創建於清康熙三十五年（1696），為澎湖右營游擊薛奎建宮祀之。乾隆十五年（1750），位於水口之水仙王廟，因歷年久遠，風雨飄刮，磚瓦坍塌，棟宇傾頹，於是澎湖糧捕通判何器，和澎協邱有章乃倡議重修。此次重修以天后宮為主，兼及水仙王宮與關夫子廟，水仙王宮於該年十月落成。至乾隆四十五年（1780）澎協副將招成萬，率同海澄監生郭志達勸捐重修。道光元年（1820）左營游擊阮朝良興議，會同通判蔣鏞，護理協鎮沈朝冠、協鎮孫得發，署左營游擊黃步青、溫兆鳳、右營游擊蕭得華，及守備周天成、吳國彩等倡捐改造。後於光緒元年（1875）媽宮街商民黃鶴年等鳩資修建，並充為臺廈郊會所，以為行商棲止之處。臺澎陷日後，於光緒二十六年（明治 33 年，1900）改稱為「臺廈郊實業會館」[35]。

　　光緒元年的水仙宮是棟低矮建築，香火不甚興旺。歷年一久，不免剝蝕，又因湫隘，於觀瞻不雅，遂在昭和四年（己巳歲，民國 18 年，1929）由許波、劉慶林，廖石勇、方勇、陳伯寮、陳壁、呂旺、陳哲、高恭、李傑、邱魁、徐奎、林福等人發起改築，改造成一棟二層樓建築物，樓上祀神，底樓做為店業出租，以其收入充為水仙宮香油維護之資。此次改築，臺廈郊實業會捐金 2937 日元。臺廈郊運送部 100 日元，另抽分船緣 645 日元，約占總數四分之一弱。另有郊舖、郊商之單獨捐輸，為一次大集結的捐獻[36]，也反映了時代性。按水仙宮改築之時，正是澎

---

[35] 參見蔡平立，《澎湖通史》，卷十六第三章〈名勝古蹟・水仙宮〉，頁 543（臺北眾文圖書公司，民國六十八年七月出版）。及水仙宮現存「募捐水仙宮改築小啟」木匾內文。

[36] 見水仙宮現存「改築寄附金芳名及緣出會員名次」之木匾。

湖最繁榮時期，當時日人企圖將媽宮建成一往東亞、南亞之軍事經濟侵略要港，因此特別開放馬公港為特別貿易港，使得馬公成為臺灣與大陸間貿易的重要轉口港。於是乎海舶巨輪，往來暢達，水仙宮成為富商大賈聚會之處，平日香火興盛，每年神誕及普渡尤為熱鬧，當時除水仙尊王香爐外，兩側還奉祀臺郊媽祖及廈郊媽祖的香爐[37]。

　　昭和十一年（民國 25 年，1936），廢止特別輸出入港後，馬公港對外貿易一落千丈，寄港船隻隨之減少，水仙宮不再風光。光復後水仙宮仍由臺廈郊商舖的後人維持管理，如許波、郭石頭等人，今管理人則為項忠信先生，然名稱已改成為「金長順神明會」。彼等事業財力均不如先人風光，但對於水仙宮的祭典儀式及公共事務，還能勉力維持，舉凡若干祠壇的整建均能踴躍捐輸，民國六十四年尚以臺廈郊名義興建一納骨的「萬善同歸」大墓坑，並負責常年祭拜。民國四十七年水仙宮曾修建一次，近年因二樓樓板塌毀，於七十六年再度重修完成[38]。

　　水仙宮原在媽宮渡頭，該渡頭俗稱水仙宮渡，是媽宮上陸唯一渡口。光緒十三年（1887），因興建城垣遮蔽，渡頭移遷附近之小南門外，其後於大南門外築一官商碼頭，凡文武官員均由此碼頭登岸，水仙宮亦因而遷建馬公市復興里中山路六巷九號今址。現宮內古物有三：一為「水陸鴻昭」匾，為道光五年（1825）古物，立者不詳。一為「臺廈郊實業會館」匾，仍掛在正門楣前。另一為己巳年（民國十八年）改築時而立之兩塊木匾，詳敘改築因由，及捐款人之姓名、舖號，是探討日據時期臺廈郊之重要史料，惜字跡漫漶不清。此外，在天后宮另有大正十二年臺廈郊眾舖戶同敬獻之「辨蠓臺廈」匾。

　　茲將水仙宮歷年修建經過製表如下附表。

次數	中國年代	西元年代	修建原因	倡修人物	備註
1	康熙三十五年	一六九六	澎地水師官弁崇奉，祈海	右營游擊薛奎	今知倡建最早原始年代

[37] 余光弘，《媽宮的寺廟》，頁 45（中研院民族學研究所專刊乙種第 19 號，民國七十七年十月出版）。

[38] 同上註，頁 45~46。

			上平安		
2	乾隆十五年	一七五〇	年歷久遠，磚瓦坍塌，棟宇傾頹	澎湖糧捕通判何器、澎協邱有章	是年十月修成，時俗稱水仙宮五王廟
3	乾隆四十五年	一七八〇	不詳	澎協副將招成萬、海澄監生郭志達	
4	道光二年	一八二二	不詳	阮朝良、蔣鏞、沈朝冠、孫得發、黃步青、溫兆鳳、蕭得華、周天成、吳國彩	
5	光緒元年	一八七五	不詳	黃鶴年等	充爲臺廈郊會所
6	民國十八年	一九二九	剝蝕湫隘，於觀瞻不雅	許波、劉慶林、陳壁、徐奎、林福等十三人	改爲二樓建築，樓上祀神，底樓作爲店舖出租
7	民國四十七年	一九五八	不詳	郭石頭	
8	民國七十六年	一九八七	二樓樓板塌毀		

第七節　結語

　　澎湖行郊稱臺廈郊，簡稱澎郊，乃由廈郊金長順、臺郊金利順組成。其創立年代或可追溯至康雍之際，但確知者乾嘉年間已有廈郊金長順，道光之後才有臺郊金利順，合組成臺廈郊，而以同光年間最稱繁盛。

　　臺廈郊之會所，早期或在天后宮，光緒元年後改爲水仙宮，奉祀媽祖及水仙尊王。其組織採爐主制，以抓鬮或擲筶選出，逐年二名，輪流辦理商務。經費則賴抽分、捐款、會費、公店租息，及罰金等之收入，以應付地方公事、祭祀事宜，及日常郊務之開銷，並訂有郊規約束眾郊友，以推展郊務。

　　臺廈郊郊舖與市集均聚結於馬公市中央街一帶，蓋馬公港爲一優良港口，乃臺廈商船出入所聚，亦爲紳商官署萃集之所。其貿易地區，以廈門、臺南爲主，故稱臺廈郊。而旁及福建之同安、泉州、漳州，臺灣之高雄、東港、鹿港、北港，廣東之南澳，凡港路可通，爭相貿易。其輸臺以花生之油粕，及魚乾類爲主，輸入則以布帛、磁瓦、米糖、雜糧、

杉木、紙札、薪炭等爲多，故臺廈郊舖所賣貨物，自五穀布帛，以至油酒、香燭、乾菜、紙筆之類，及家常應用器物，無物不有。惜澎島散佈臺灣海峽，面積狹小，地瘠民貧，農產不豐。居民大多以海爲田，捕魚爲生，腹地既如此狹窄，胃納有限，市場復集中馬公一地，工商無從發展。兼之海道峻險，船隻每易失事；颱颶鹹雨，連年災荒；既有偷渡走私之競爭，復有兵燹劫焚之亂事；而其組織簡陋，層級部門不足，加以內部不和，屢有違法亂紀之弊，澎郊之衰歇之不振，實扼於天時地利之自然地理環境，與夫人和之內在原因。而乙未割臺澎，尤爲一大打擊，日據後明治三十三年被迫改組爲「媽宮仲立商會」，再改爲「臺廈郊實業會」，其間雖因馬公港之一度開放爲特別輸出入港，而告復興，惟旋起旋廢，經廢止後，遂一落千丈。光復後，民國三十五年，就澎湖臺廈郊實業會，擴大改組爲澎湖縣商會，以圖謀工商業之發展，增進工商業之公共福利，以至於今，但已非清時臺廈郊之原貌。今臺廈郊雖猶在，但已改爲「金長順神明會」形態，僅負責祭典事宜，管理人也由許波、郭石頭、許成等推遷至今日項忠信先生管理。

　　清代知名郊商人物，確知者有黃學周、黃應宸、林瓊樹及某高姓人士，另高其華、陳傳生、辛齊光、洪廷貴、紀春雨、蔡繼漸、劉元成、薛應瑞、林超之父等人亦頗有可能。知名郊舖則有德茂一戶及金興順，迨及日據初期有安興、鼎順、長順、裕記、怡發、同成、合發、豐順、振吉、錦成、益成、源茂、順美、通發、源合、豐德、合源等十七家。日據時期又改名爲澎湖臺廈郊實業會，擁有會員七十名左右。另水仙宮改築發起人許波、劉慶林、廖石勇、方勇、陳伯寮、陳壁、呂旺、陳哲、高恭、李傑、邵魁、徐奎、林福等十三人或爲郊商之後代，水仙宮內之「改築寄附金、芳名及緣出會員名次」木匾所立捐題名單中，必有不少當年之郊舖及郊商，如合昌、協長成、瑞源、新合成、豐泉、合源、吳益發、保元堂、和義、成□（？）、益美、乾益、連發、義發、和順、盛興、吳和發、新興記、乾利、新聯合、振興、和發、頂成、協興隆、協綿成、永德安、吳新發、正和、新長發、金振興、新雲珍、豐壁、明遠、協成、□（？）盛、永和號、聯益號、精功行、源昌、金德、雙榮

發、盛成、永聯春、新協瑞、戀源號、錦盛、成美、振記、長順、長美、振利、長記、頂順成、紺元、益利、錦文、金義德、新日昌、和利、協發、長發、興發、頂發號、瑞發、全德、和源、泉勝、金義成、盛興、東成、永發號、金勝順、金成章、興順、振發等七十餘家舖號。其中以合發行、協長成、頂成爲業中翹楚，到了日本發動侵華戰爭前夕（民國十九年左右），日本更扶持馬公街內最有名的商戶合發號從事走私，以遂行對華經濟侵略作戰，由日本商社三菱、三井從爪哇購買低廉沙糖，交由合發號的大帆船走私到廈門等福建沿海商港，當時走私的貨物除糖外，還有魚乾、硝黃、牛腳筋及其他日貨[39]。光復後，臺廈郊雖猶存，然已爲神明會組織形態，舖戶亦僅剩合發行、永興發、順發號、會源行、金益成、頂盛行、安興行、長發號、怡戀號、和源號、成美號、豐泉行、太平號、雙龍號、葉興隆、瑞發行、永利安、瑞泰號、大成行、建發堂、保元堂、泉勝號、和發號、益利號、永吉昌、金益昌、盛興號、乾益堂、永發號、源成號、永義發、中國行、金興隆、慶發號、瑞和號、添財號、和成行、合利號、豐美號、頂德成、裕發號、新春號、利和號、豐發行等四十四家。

　　澎湖四面汪洋，孤懸海中，論其地，則風多雨少，斥鹵鹹鹼，土性磽瘠，泉源不淪，雨露鮮滋，乏田可耕，種植維艱，惟藉雜糧，以資民食。地之所產甚微，故素乏殷實之戶，富者鮮蓋藏之具，貧者無隔宿之糧，民困至此，故論者曰：「閩海四島，金門、廈門、海壇、澎湖，舊有富貴貧賤之分。謂廈門富，金門貴，而澎湖獨以貧也。」[40]澎民生於斯固苦極矣。而一遇旱魃爲虐，風雨爲災，官府屢屢賑恤，固有加無已，而澎湖臺廈郊商亦盡其力襄助，舉凡如捐義倉、置義塚、賑災荒、育棄嬰、濟難民、恤孤窮等，莫不踴躍捐輸，趨善慕義。餘如書院之協修，寺廟之興建，燈塔之創置，鄉土之保衛，治安之維持，亦共襄義舉，無不參與。可知郊商平日鄉里聚居，必爲之盡心力，相扶相持，於促進地方安定、社會建設，實具相當貢獻。

---

[39] 同上註，頁16。
[40] 同註1前引書，卷十一〈舊事・叢談〉，頁386。

　　要之，澎湖係一海島，漁業產量固有剩餘，而食糧生產及其他日用物品之製造，則極感缺乏，無法構成一自給自足之經濟區域，故商業交易，貿遷有無，至感需要，乃有臺廈郊之興起與成立。無如其地瘠薄，季風強烈，鹹雨不時，不適農耕，環境惡劣如此，影響所及，稅課收入有限。稅收不裕，一切施政當受限制，難以建設地方，雖人口逐年增加，反成負擔，故工商之增進之繁榮，概屬有限，臺廈郊之不能茁壯繁盛，之終於沒落衰歇，基因在此。惟其如此，故舊志記載，既鮮且略，碑殘碣斷，僅曉一二。史籍有缺，二百年之澎湖臺廈郊史，所能考者僅此，所能補闕者如此，無能周全遍知，抉微發覆，乃莫大遺憾！欲求擘績補苴、豐碩細緻，則有待他日更多史料之發現矣！

南投「藍田書院」之史蹟研究

第一節　前言

　　「藍田書院」位於南投市崇文里文昌街一四〇號，俗稱「文昌祠」，今稱「孔子廟」，為南投市首居一指的古蹟。本文透過相關志書，現存碑碣，暨田野調查等史料，予藍田書院三度遷建之歷史沿革，源源本本，詳詳細細復原，並且進一步探討藍田書院之學規、組織、經費、人物等等內涵，透過此一古蹟的研究來了解南投地方的開發史，從而了解藍田書院在南投開發史上的關鍵地位，成為清代南投地方教育中心，擔負起地方文運與基礎教育的雙重責任。

第二節　南投市的地理環境與行政區劃

　　藍田書院位於南投市崇文里文昌街 140 號，為南投縣七大古蹟之一，藍田書院設置因由及其沿革，自然需先從其週遭地理環境了解起，進而探究其人文背景。

　　就相關位置而言，南投縣北以白狗山、八仙山等山脈與烏溪和台中縣為界；南以玉山支脈、阿里山等與高雄、嘉義縣相接；西以八卦、觸口二台地與彰化、雲林縣為鄰；東則以中央山脈脊樑毗鄰花蓮縣。因此，從地理上來說，南投縣位居全台中心，為臺灣唯一不面海的內陸縣份，東半居中央山脈西側，皆崇山峻嶺；西半丘陵絡互，逐漸低降，平野稀少，多為谷地，全縣地勢東高西低，至台中盆地為最低。境內許多溪流縱橫穿貫，其對外交通，一向以烏溪、濁水溪二河谷為幹道，越中央山脈連接東臺灣之道路，昔有八通關古道，即今中部橫貫公路的支線。

　　南投縣名譯自昔日洪雅平埔族（Hoanya）南投社的社名。該縣的拓墾始自明鄭時期屯將林圮之屯墾，與劉國軒之追討「北港溪番」。明鄭時代，初隸天興縣北路，續隸天興州北路安撫司管轄。清康熙二十三年

（1684）屬諸羅縣轄域，至雍正元年（1723）改隸彰化縣。乾隆二十四年（1759）設縣丞駐紮南投。光緒元年（1875）移鹿港同知於埔裏社，改爲中路撫民理番同知，同年，設置埔裏社廳，下轄埔裏社堡、北港溪堡、五城堡、集集堡、沙連下堡。日據後，時有興革，或屬臺灣縣，或隸屬台中縣、嘉義縣，至大正九年（民國 9 年，1920）十月一日實施州制，改屬台中州轄下南投郡、能高郡、新高郡、竹山郡。光復後改爲台中縣南投區、能高區、新高區、竹山區，旋於民國三十九年（1950）撤除各區署，本縣全域屬南投縣。

南投市位於南投縣西北隅，東側毗連中寮鄉，西以八卦台地與員林鎮爲界，南與民間鄉接壤，北與草屯鎮爲鄰。其西部爲八卦台地之東側緩斜坡，東爲南投山地，中間即台中盆地的最南端部分。南投市於雍正元年屬彰化縣南、北投堡轄域。轄有六十五庄街，爲熟番所居。光緒元年始分成南投堡與北投堡，本市即屬彰化縣南投堡。光緒十三年（1887）臺灣建省，本市改隸臺灣府臺灣縣南投堡。日據前期，明治二十八年（光緒 21 年，1895），改屬臺灣縣（後改爲臺灣民政支部）南投堡，明治三十年，嗣又隸台中縣南投辦務署南投堡；卅四年又改爲南投廳南投堡轄管。日據後期（大正九年），南投市屬台中州南投郡南投街，以迄光復。臺灣光復後，改爲縣市制，南投仍屬台中縣，而設區署，民國三十九年調整全省行政區域，置南投縣，設縣治於南投鎮[1]。

第三節　南投市的開拓史略

（一）明鄭以前

南投之地名來自洪雅平埔族之社名「南投社」。然在西元 1644 年至 1656 年間的荷蘭戶口表中，並無此社名，而僅有北投社之 Tausabata。

---

[1] 本節率多取自洪敏麟《臺灣舊地名之沿革》（臺灣省文獻委員會，民國 73 年 6 月出版）第二冊第五章第一節〈南投鎮〉，頁 423~438。及《南投縣志稿》：卷一〈沿革志〉，許以仁《南投縣行政區域之沿革》，卷二〈地理志〉，林朝棨「地形篇」（成文出版社，民國 72 年 3 月臺一版），改寫而成，茲不再一一分註，以免增篇幅。

此後漢人移民後至者，可能將「北投」社之「北」誤爲方位之稱，加以適巧「南投社」爲在「北投社」之南，遂命名爲「南」投社。《諸羅縣志》〈封域志‧山川〉載：「東爲南投山，內社二，（貓羅）溪南爲南投，北爲北投」[2]可窺知漢人是以貓羅溪爲界，依據方位劃分南北二社。南投社平埔族屬阿里坤支族（Arikun）Savava 之南群，今南投市南投中學教職員宿舍位置，據說昔稱「番社」；南里、仁和里間有一小溪（今爲排水溝）流水湍急，昔稱「社口隙」；龍泉里市農會至大同戲院間之湧泉，稱爲「番仔井」；又包尾西北方，近牛運堀處亦有「番仔井」地名[3]，凡此皆可說明南投市昔爲平埔族聚落。至於期前境內之先住民族，種族繁雜，除史前人類外，據文獻傳說可稽考追蹤之最早居民爲矮人（小黑人，Negritos），其人矮身、短髮、黑膚、闊鼻、短頭型，善於作戰，驍勇無比，後被分布於南投縣境之高山族、如泰雅族、布農族、鄒族等所迫害，族群消滅，殘餘分子，遁遷更高深山，於今是否仍有後裔殘存天壤之間，不可得而知也[4]。

小黑人之後，當推前述高山族，彼等不但是構成此地人文景象的主要分子，並且是過去推進南投縣開拓的主動勢力。後因漢人不斷逾越私墾，尤其嘉慶二十年（1815）郭百年一案，漢人爭佔埔地，殺害社番，死者過半。爲抵抗漢人侵迫，遂招徠平埔族遷入，藉資對抗漢人，致造成臺灣中部之平埔族，幾乎舉族大遷徙之先聲。

平埔族在十七世紀初葉，分布區域在臺灣西部平地，然而自明鄭以至清初，漢人大批相率渡台，平埔族便最先與之接觸，在族與族之競爭，漢人以其優勢文化，巧取豪奪，平埔族社地日形跼蹐，生計日艱，不得不遷而避之。故自嘉道以降，平埔族之遷徙極其頻繁。較具規模而顯著者有四：（一）嘉慶年間，北路彰化、淡水地方平埔族又南遷到台東、花蓮；（四）南路臺灣、鳳山等地平埔族移往噶瑪蘭；（二）道光年間，

[2] 周鍾瑄《諸羅縣志》（民國 57 年方豪校打排印本，成文出版社，民國 72 年 3 月臺一版）卷一〈封域志‧山川〉，頁 8。

[3] 洪敏麟前引文。

[4] 《南投縣志稿》卷一〈沿革志〉，劉枝萬「開發篇」，頁 13~14。

北路嘉義、彰化、淡水等地平埔族遷往埔里社；（三）道光年間，噶瑪
蘭平埔族又南遷到台東、花蓮；南路臺灣、鳳山等地平埔族移居台東、
恆春，時亦在道光年間。若論規模之大，自以中部平埔族之移往埔里盆
地為最，自道光三年（1823），陸續遷入竟達三十餘社，幾包括分布於
臺灣中部西海岸之各族。於是原住該地之埔眉番因人口差距懸殊，反被
平埔族壓制，主客易位，溷遁內山，平埔族反成該地之主人[5]。

（二）清領以後

　　南投地區漢人社會的形成與發展，肇基於清代。南投地處彰化內
山，昔為蠻荒，為先住民之所居，漢人之奠基移墾，其發展過程，莫不
與撫番息息相關，故南投縣之開墾，無異一部臺灣撫墾史之雛形。

　　先是，明鄭時曾有中部地區征番開墾，開屯招佃之舉（如林圯開墾
竹山之例），後鄭氏敗降，此一制度乃廢，將弁兵民，概告撤退，地多
委其荒蕪，然而我們卻不能以此認為漢人完全撤走，已無漢人足跡。中
部地區大規模的開拓工作，大致可說始於康熙中葉以後。康熙四十年
（1701）後，渡台禁令漸弛，而閩粵地區受人口壓力影響，生計困難，
因此閩粵地區人民，接踵而至，開墾日盛。《諸羅縣志》載：「（康熙）
四十三年……而當是時，流移開墾之眾，已漸過斗六門（今斗六）以北
矣。自四十九年……而流移開墾之眾，又漸過半線（今彰化）、大肚溪
以北矣。」[6]

　　移民潮陸續抵台。其中主要勢力者，閩籍有施鹿門與其長子長齡，
及楊志申、吳洛等人，粵籍則首推張振萬（達京），彼等或登陸鹿港，
或由台南、諸羅等地北進，招徠佃戶，經營墾荒，先後以優厚資本，闢
土田、興水利，以立規模，遂於雍正元年（1723），在原諸羅縣內增設
彰化一縣，及大甲溪以北增設淡水一廳。雍正三年依部議定「福建臺灣
各番鹿場閑曠之地方，可以墾種者，曉喻地方官，聽各番租與民人耕種」

[5] 劉枝萬前引文，頁 28~29。
[6] 周鍾瑄前引書，卷七〈兵防志〉，頁 106。

[7]，實係開放平埔族境域，讓漢人入墾之嚆矢。於是土地之給出，以佃批爲証，漢人以租贌方式，向土著租佃土地，從此乃有番大租開墾模式，南投市域之拓墾以此爲啓端。

南投縣各堡之開發，除沙連堡可遠溯明鄭時代外，其餘均在滿淸據台後；南北二堡，首先開發於雍正年間；集集及沙連下堡次之，開發於乾隆年間。迨道光年間乃有五城堡，然後北港溪及埔里社二堡相繼興起於咸豐年間，開發情形大體由西南而東北，從平地漸向山區之次序。

漢族之入墾南投市，據方志及諸族譜資料所載，相傳雍正三年左右，有漳籍平和縣張姓，及南靖縣簡姓、廖姓、蕭姓、謝昭、謝其仁，紹安縣廖姓，柳金盛後裔，漳浦縣吳石、吳飯，海澄縣曾姓等移民先後來墾，彼從彰化地方遷入，從土著 Savava 社贌得社南地方，先墾成萬丹庄附近（今南投市），續後再有林、吳、蕭等姓，漸拓地至名間鄉，草萊日闢。至乾隆年間入墾者激增，以漳籍爲主流，期間有南靖縣吳茂、劉塔、謝王、蕭世鉗弟兄、蕭厚、蕭君勇、簡步輝、簡維益、簡石靈、簡士博、簡文法、簡日純、簡日絢、簡日瑞等，以及韶安縣廖廷蒼、廖廷營、賴讚、涂貞善、游秀夫，平和縣吳誥、杜讀、林允、漳浦縣藍寒、林扶、林升亮、林文炳、謝健脾、謝傳盛等，龍溪縣林天來。除此外，同時亦有部分泉籍墾戶遷入，如晉江縣林榮昌；粵籍墾戶，如永定縣林淑勤、胡海通，饒平縣許阿順等陸續來墾。迨嘉慶年間，尚有漳浦縣許佛德、安溪縣高鐘主、永春縣顏廣漢、鎮平縣羅木熙等人入墾[8]。

開拓已成，寺廟亦應運而興，以之爲祈求五穀豐登，合境平安。南投市之諸多寺廟，率多創建於乾隆年間，如（一）位於今康泰里藍田巷之福慶堂，創建於乾隆六年（1741），（二）乾隆四十二年（1777），由民番捐資重修之觀音亭。（三）今振興里十二號慈雲寺創建於乾隆二十四年（1759）。（四）位於草尾嶺之碧山巖，相傳於雍正四年，移民自彰化地方溯貓羅溪而入，先築小庵奉祀之，至乾隆十七年（1752）始募款建寺。（五）乾隆五十二年（1787）林爽文抗淸之役，於營盤口淸軍陣

---

[7] 劉枝萬前引文，頁96~100。

[8] 洪敏麟前引文，頁430~433，及劉枝萬前引文，頁96~100。

亡六名，軍犬一隻隨軍而亡，乾隆五十九年（1794）庄民釀資興建七將軍庵於今營北里[9]。

　　要之，自從雍正三年，番境解禁以降，其開發進展，頓呈活躍，從八卦丘陵東側之南投以及竹山，漢人奠聚落、興水利，建寺廟、略番地，無所不至。然未設任何行政機構直轄，何況新成立之彰化縣，境域遼闊，鞭長莫及，只得聽任漢民租贌番社地開墾，任其自生自滅。故在民「番」雜處狀態下，漢「番」衝突不斷。漢人雖慘淡經營，但其步驟未得迅速進展。直至乾隆二十四年（1759）設南投縣丞（衙門位於今南投市南投國民小學），才開啓另一新史。蓋清治時期知縣管轄，地方廣狹不一，故有時對其遼闊者，分設縣丞或巡檢輔助，其權限雖係權宜，但有時竟兼及該地刑名錢穀。南投縣丞自新設以還，始終成為南投縣境內首要行政機關，以迄於清末，故可謂南投文明曙光之來臨。自是南投有官府之設治保障，人文頓形活躍，也反映了該地區漢人之開拓幾近完成。

第四節　藍田書院的歷史沿革

（一）書院的創建

　　自乾隆二十四年設南投縣丞，對墾務及街市之發展頗有助益。乾隆四十八年，鹿港詔設正口，直接與泉州蚶江貿易，郊行林立，中部地區大都成為其商業腹地。迨乾隆末年，除水沙連（今竹山）番境外，阡陌縱橫，一片田園，唯此期本區因移民日眾，爭地爭水，加以籍貫語言互異，常因細故起釁，分類械鬥時有所聞，並愈演愈烈。尤其南投地區，漢「番」雜處，糾紛愈多，而行政之失策，以番政的紊亂為甚，如佃農的侵耕，屯弁的吞餉，通事的剝削，官司的陋規，隘丁的空虛，匠首的訛作，糧差的勒索，番割的類匪，兵丁的需索，遊民的逐利，皆足以擾亂「番」界而生禍患。

　　分類械鬥，漢「番」衝突，均導致社會動盪不安，遂難以兼顧文教，

---

[9] 同註8，洪敏麟前引文。

故文教發展爲之延遲。考南投教學設施之嚆矢，始於土「番」社學，余文儀《續修臺灣府志》曾載彰化縣土「番」社學十九所中，有南投社（在南投堡南投街）與北投社（在北投堡北投埔庄）[10]，其師資規制，不得而知，且此種設施係以教育歸附土「番」子弟爲目的，與諸士子會文結社不同，又當時教學，不僅施於「番」童，且兼充普通義塾，漢「番」混學者居多，爾後發展，竟爲漢人所取代，一變爲義塾，再變爲書院。

　　乾隆年間，在南投、草屯地方，由於漢「番」雜處日久，某些土「番」漢化已甚，曩設南北投土「番」社學，曾幾何時轉變爲「義學」，變爲專對漢人施教，唯其教育宗旨及學規，可能一循白沙書院，蓋鑑於後來之發展，頗受該書院之節制與輔助可得知也。由於地方之開發，教育亦隨之而興，彰邑文風勃興，竟被及彰東，於是南投漸見文運曙光，南投義學改爲藍田書院。北投義學改爲登瀛書院，是爲南投文教一大進步[11]。而雖改稱書院，內容仍是一堡之「義學」，僅以官准聘請教師，與普通義學稍異，職是之故，義學之稱，未曾而廢，有時仍沿用之，或竟可謂之義學附設於書院內，但此究非書院本來目的，道光十一年，遂有「新建」南投藍田書院之舉，以一新耳目。

　　道光十一年（1831），南投縣丞朱懋（浙江會稽人，監生，道光 8 年 10 月任縣丞，11 年回任）[12]延請南北投水沙連兩堡士庶議建書院，卜地於街後東偏康壽庄菜園中（即今南投市康壽里藍田街），是歲冬月興工，以生員曾作雲、殷戶簡俊升、柯占魁、魏良植、曾協美、廖全義等人捐款並董其事，道光十三年十月告竣，顏曰「藍田書院」，意取其樹人無殊種玉，蓋欲藉此爲培植之區，而冀青出於藍，以共與孝弟力田之科也。中祀文昌帝君，後祀朱熹爲講堂，旁爲齋舍，供山長居，兩翼廂房爲諸生肄業之地，外環以牆，結構壯麗，尤其「西倚山麓，東面大屏，清流北護，濁水南纏，大哮碧山遙相對峙，中開一局，形勝天成，

[10] 余文儀《續修臺灣府志》（臺灣文獻叢刊第 121 種，民國 51 年出版）卷八〈學校・土番社學〉，頁 362。

[11] 劉枝萬《南投縣教育志稿》，頁 8。

[12] 周璽《彰化縣志》（民國 57 年莊松林校訂排印本，成文出版社，民國 72 年 3 月臺一版）卷三〈官秩志〉，文秩，頁 84。

而焰峰九十九尖，蔚然在目，其東南三峰，遠插雲霄，出沒隱見，變幻無常，則八同關之玉山，可望而不可即」，形勢之勝，山川之秀有如此者。眾又捐款置田，延聘山長，以爲膏火諸費。於是乎，彰東一帶文教覃敷，此次工程計費白銀肆千壹佰餘元，鄉進士曾作霖撰〈新建南投藍田書院碑記〉詳述其事，茲轉引於後，以明究竟：

新建南投藍田書院碑記

邑治東南四十里，有地曰南投。乾隆初，始設縣丞居此，距今百餘年矣。涵濡聖化既久，文明漸啟，禮教日昌，士之有志讀書者，頗多掇科名以酬素願。於是分縣朱公，延請南北投、水沙連兩保士庶，議建書院。僉舉生員族弟作雲、簡君俊升等董其事。迺屬霖爲序勸捐，並卜地於街後東偏。西倚山麓，東面大屏，清流北護，濁水南纏，大哮碧山遙相對峙，中開一局，形勝天成，而焰峰九十九尖，蔚然在目，其東南三峰，遠插雲霄，出沒隱見，變幻無常，則八同關之玉山，可望而不可即，洵海外一奇觀也。夫以山川之秀，氣運日開，其磅礴鬱積，知必有偉人杰士出乎其間，不僅爲吾邑生色，誠邦家光也。地靈人傑之說，殆信然歟，是則書院之建，寔爲盛舉，爰諏吉興工，經始於道光拾壹年冬月，閱兩歲而告成。中祀文昌帝君，後祀徽國文公朱子，即以其廳爲講堂，旁居山長，兩翼廂房爲諸生肄業地，外環以牆，規模頗壯，統計土木工費共縻白金肆千壹百餘元。既燕飲以落之，遂顏曰藍田書院。謂樹人無殊種玉，蓋欲藉此爲培植之區，而冀青出於藍，以共與孝弟力田之科也。學者庶顧名而思義乎。時霖方珍縣誌，士有從予遊者，因請爲記勤之貞珉，以爲將來好義者勸。
鄉進士閩清縣儒學教諭曾作霖敬撰
彰化縣學廩生　黃春華敬書
道光拾參年拾月　穀旦　總理生員　曾作雲　簡俊升　董事
柯占魁、鍾良植、曾協美、廖全義　仝敬立

上述曾氏的碑記，簡明扼要地記載了藍田書院的創建緣起，文中尚

有幾點要項，是值得一提的，說明如後：

（一）「卜地於街後東偏」，根據日本大正五年出版的《臺灣名勝舊跡誌》所載，其址位於街後東偏的康壽庄茶園中，即今日南投市康壽里藍田街，並非現今書院位置。

（二）「中祀文昌帝君，後祀徽國文公朱子，即以其廳為講堂，旁居山長，兩翼廂房為諸生肄業地，外環以牆，規模頗壯。」這段文字使我們對書院初創時的規模形制，提供了具體的線索。也即是說：

（1）這段文字間接地說明了初創時的規模為「三進兩廂式」的格局；大凡傳統廟宇的建築過程，很少像藍田書院這般一氣呵成的，多半會歷經長久的修建、擴充、添加後才規模始成的；足見當年地新建，是在周詳的計畫及充裕的資金條件下，所從事的一次建築活動，此所以建築費用會花費了四千多銀元的原因。

（2）我國建築的結構為間架制度，自古以來即以三開間為基本單元，本省可考的書院，其講堂空間都是三開間的；從上段文字中略可揣測藍田書院的中進建築可能也是三開間的規模，而後進因涵括了兩翼廂房的寬度，至少有五開間，其中央三開間（明間、次間）乃做為祭祀朱子及「講堂」之用，稍間則「旁居山長」。

（三）令人懷疑的，臺灣可考的三進式書院，其講堂空間都設在中進，相當於廟宇建築的正殿地位，且通常中進建築正是整個建築群的重心，亦是匠師築構巧思的焦點；但由上項碑文的字意來看，藍田的中進只純粹作為祭祀之用，後進才是講堂之所，並非常制。何以如此？初創時的理由，已不可考，在此我們提出兩點可能的假設，來解釋這個狀況：[13]

（1）中進之前開放給一班民眾祭祀使用，亦即書院兼具祠廟的功能，故「講堂」之設，退居於後進，而安靜的後進尤宜於習課。

（2）依本省廟宇建築的原則，三進式的建築，在中進後壁兩側，往往開有祠門通往後進，此時中進內部空間的安定性，因兩側人們的進

---

[13] 漢光建築師事務所《南投藍田書院之研究與修護計畫》第二章〈藍田書院的建築研究〉（民國 82 年 7 月出版），頁 26。

出，無形中反被該動線的穿越所破壞，若做爲「講堂」使用時，機能上的實用性遠不如後進，所以一改常制，將「講堂」至於後進，這是因地制宜的結果。

二、書院修建沿革

藍田書院於道光十一年（1831）冬月興工，十三年十月成。至道光二十五年三月地震，又因淫雨連綿半月，書院曾被損害，其後是否有修補，史無明文，不過現存於書院內另有一方石碑，題曰〈重修藍田書院碑記〉，傳說該碑曾於光復後舖作水溝蓋使用，如今碑文內容已磨損難辨，又苦無相關文獻錄載，甚爲可惜；所幸還能看清楚石碑上的落款爲道光丁未年（1847）冬月，碑文仍是曾作霖所撰；根據判斷，此次的修復工作，是書院創建後的第一次重修，重修的理由，根據民國六十四年南投縣政府所立的「古蹟藍田書院」說明碑，得到初步的印證，茲將碑文摘錄於下：「……道光廿五年（1845）三月，地大震，又因霆雨連綿半月，書院曾被損害。」文中並未記載該次毀損的重修事宜，但就年代判斷，曾氏所撰的重修碑，即是針對此次的破壞所作的修復紀錄，應無疑異。[14]

同治三年（甲子，1864）正月，由吳聯輝首倡，募款二千餘元，而改建於今三民里藍田街（現南投警察分局）北側，七年五月落成，有「重建落成藍田書院總理奉政大夫吳聯輝」所獻之同治戊辰年（7年，1868）蒲月（五月）匾額「瑞氣如珠」可證。但是書院中也有台澎督學使丁曰健所立之「奏凱崇文」匾，匾文中記載：「乙丑（四年）春日，由看頂移營南投，仰荷神庥，平台凱旋，適修祠宇落成，題額誌感」。按，先是，同治元年有載萬生之亂，倡義效忠清軍者，大半爲讀書人，可見當

---

[14] 以下有關藍田書院修建沿革，率據下列三項資料寫成：1.〈古蹟藍田書院簡介〉（南投藍田書院管理委員會編，民國七十九年八月出版）。2.劉枝萬〈南投縣名勝古蹟〉頁78-79（收於《南投縣志稿》卷二〈地理志〉）。3.劉枝萬《南投縣志稿》卷六〈風俗志〉「宗教篇」「儒教的祠堂」，頁166~167。另該廟原有道光壬寅（22年，1842）穀旦之匾「天上文衡」，不知該年是否有所修補添建。

時教化之效果。同治四年一月十六日，丁曰健攻克北勢湳後，下令拔隊看頂大營，下坡抵南投，「適修祠宇落成，題額誌感」，乃贈匾一方，則藍田書院再度重建應於四年告成，至於七年落成之匾，應是其後有陸續添補修建之可能。又，書院有同治庚午年（九年）仲秋吉旦，彰化學校教諭劉致中所立之「丕振斯文」匾，可見同治年間當時文風之盛。至於此次何以要易地改建，其詳就不得而知了！

藍田書院於同治初吳聯輝重建後，歷二十餘年，遭白蟻之害，傾圮不堪，故光緒十年（1884）由吳聯輝長子朝陽首倡，募款予以重修。同時，吳朝陽重視文教，致力捐充各地書院租谷，曾將其北堡新庄洋、下茄荖洋、番仔田洋的小租田二十三甲八百石租谷捐給彰化白沙書院[15]。明乎此，故可明白其後藍田、登瀛書院經費反受白沙書院之補助津貼。惟至光緒十年以後，全台書院漸趨不振，至光緒十四年，南北投二義學遂告廢絕。其原因據劉枝萬《南投縣教育志稿》記：「或云，由於成立臺灣縣新設宏文書院」，挪用學租，撥給租穀一千二百八十石，以致向受白沙書院補助束金之八義學，經費無著，遂不得不停辦」。[16]要之，光緒十年的重修，已是清代最後一次重修記錄。

日據初，兵荒馬亂，明治廿九年（光緒 22 年，1896）六月二十九日南投民軍蜂起抗日，七月六日日軍焚毀街道盧舍，遂罹兵燹，焚毀右廂。未幾，由曾長茹首倡，募捐得一千三百餘元，予以修復，正殿供奉文昌帝君像，前祀「先聖尊神位」（即孔子），旁祀「紫陽朱夫子神位」（即朱熹），每逢農曆九月例行祭祀。明治卅一年（1898）五月起，右翼廂房三間充作台中國語（指日語）傳習所南投分教場，同年十月改作南投公學校分校及師生宿舍。明治卅五年被逼捐給南投公學校，但祀神仍存，以迄明治四十三年（1910）。迨大正元年（民國元年，1912），由於市區改正，基址正當道路及水溝工程之衝，面臨拆除，致無法使用。

大正四年（1915）年底，由林文智首倡，向南投堡民募得一千八百日元，並得南投公學校資助二千元，予以收回重建，遂新築於今崇文里

---

[15] 劉枝萬《南投縣教育志稿》，頁 14~15。
[16] 同前註頁 16。

文昌街之現址，南毗今南投市國小。此次工程於大正五年十二月動工，翌年三月竣工，重塑院區即今「同治甲子重建，大正丙辰轉築，眾紳士同立」之「藍田書院」銜牌，及「文明氣象」匾，而祀神略有改變，除五文昌外，並祀朱夫子，制字先師牌位及金甲神。

日據期間，藍田書院歷經兩次變動，於大正六年（民國 6 年，1917）遷建今址，奠定了現貌基礎。然而，值得注意的是，從現存遷建前後兩幀照片對照，其中差異很小，尤其是明間兩側的木雕格屏，完全是舊材延用，只有將門枋及檐柱做了整修或抽換，就此點研判，民國初年的遷建，其實是「依原貌轉築」的遷建行為，其前後的建築規模應該相似，大體上是屬於「單進兩廂」式的格局[17]。

藍田書院自大正六年遷建竣工之後，由於管理不得其人，至臺灣光復時，早已頹毀不堪。政府播遷來台後，書院又因長年被人佔住，更加零亂不堪，風貌為之丕變。民國四十六年（1959）三月，始由當時南投鎮長吳振福，與地方人士彭華錦、葉在淵、蕭國治、吳重禮、蕭陳快等人協議，廣向南投一帶居民募款，並請南投縣政府輔助，予以重修，於四十八年正月完成，煥然一新，正殿奉祀大成至聖先師孔子，並顏曰：「孔子廟」。先是大正六年竣工的藍田書院，因昭和十二年（民國 26 年，1937）蘆溝橋事變爆發，局勢頓成緊張，此後戎馬倥傯，書院逐漸荒廢。未幾，太平洋戰爭續起，文昌帝君神像避禍於魚池鄉木屐蘭（今東光村），旋由在地居民集資興建藍田書院。至民國四十八年（1959）七月初四日，因魚池鄉東光村之藍田書院被八七水災沖毀，再將文昌帝君神像迎回南投原藍田書院。是以書院所祀諸神日多，有文昌帝君、孔子外，另有關聖帝君、魁斗星君、金甲神等。祭典往時於農曆九月十五、十六兩日舉行，此後遂改於陽曆九月二十八日，由鎮公所主持，南投士紳齊聚而行三獻禮，附近信徒雲集，備辦牲醴祭獻，演戲慶祝。但平時香火不盛，維持財源，僅靠信徒喜捨，管理人由鎮長擔任。至民國六十一年核准成立「南投藍田書院管理委員會」，處理一切院務。嗣後，文風日

---

[17] 同註 13 前引文，頁 28。

振，香火鼎盛，乃遵古禮舉行春秋二祭，於今不替。

　　此次重修，根據研判，主要是將書院舊有的三開間門廳予以拆除，改建成歇山式拜殿，外加兩側窄小的「護龍」合爲一體，此外，還包括書院前方的圍牆及入口處的院門一座，顯得粗俗化[18]。而且此次重修，可以說，實際上即爲配合「孔子廟、文昌祠」所做的修復工程，說明了藍田書院原有功能消失，書院之名早已不符其實了。

　　四十八年三月，藍田書院重修增建完竣，至今變遷不大。如民國六十五年八月初九日爲配合社會革新，不燒金紙，拆除金亭。民國六十五年八月買回西北側土地九坪餘，開工修建宣講堂及辦公廳，爲期一個月完成，九月廿三日啓用，並將正殿關聖帝君、孚佑帝君、司命真君三恩主神像，移回正殿奉祀。六十九年四月十八日，遷建廁所及整建廚房工程完竣。七十一年閏四月十八日，講堂及辦公廳鋪設地磚工程完工。民國七十三年陸續收回被佔住之北廂房，七十四年二月廿七日，整修北廂房完畢，第二、三間打開改爲閱覽室，第四間做爲新乩房。同年九月，購買廟前簡汝濱所有土地五十餘坪，拓寬廟埕，並遷移圍牆，啓用正門。七十五年三月十八日，收回被佔住北廂房第一間，經整修後，充作倉庫。民國七十六年十月，決定向彰化銀行價購現有基地約六一〇坪，積極展開籌備樂捐工作，並請南投縣政府補助，至七十八年價購成功，二月十四日完成基地所有權移轉登記。

　　綜觀藍田書院的建築沿革，歷經多次的重修、遷建、增建，呈現今日新舊雜陳風貌，茲將以上所述歷年興修增建過程整理如下，以醒眉目：

表一：南投藍田書院歷年興修大事表

年代	主事	事由	經費	備註
道光十一年（1831）	南投縣丞朱懋倡建	書院創建，十三年十月完成。	白金四千一百餘元	中祀文昌帝君，後祀徽國文公朱子，即以其廳爲講堂，旁居山長，兩翼廂房爲諸生肄業地，外環以牆，結構壯麗。

---

[18] 同上，頁31。

道光廿七年（1847）	未　詳	道光廿五年三月，地大震，又因霪雨連綿半月。	未詳	
同治三年（1864）	吳聯輝	未詳	白金二千餘元	改建書院於三民里藍田街北側，7 年 5 月成。
光緒十年（1884）	吳朝陽	白蟻之害	未詳	
明治廿九年（光緒二十二年、1896）	曾長茹	日據初，兵荒馬亂，遂罹兵燹，焚毀右廡。	一千三百元日幣	
大正五年（民國五年1916）	林文智	民國元年，市區改正道路，書院被拆除。	一千八百元日幣	轉築於今崇文里藍田街現址，5 年 12 月興工，6 年 3 月竣工。
民國四十六年（1957）	南投鎮長吳振福	年久失修、頹壞不堪。	未詳	民國 48 年完工。改建山門、院門及圍牆。
民國五十三年（1964）	藍田書院管理委員會	加建牌樓、路燈。	未詳	座落於文昌街、彰南路口。
民國五十四年（1965）	同　上	鋪設院門前水泥鋪面。	未詳	
民國六十四年（1975）	南投縣政府	豎立古蹟藍田書院牌示	未詳	現在位於文昌街側之圍牆上。
民國六十五年八月（1976）	藍田書院管理委員會	增設紫微星燈、水銀燈及拜殿地磚。	未詳	
民國六十五年八月	同　上	拆除原有金亭、加建宣講堂及辦公廳。	未詳	宣講堂及辦公廳位於正殿後方，同年九月完工。
民國七十一年閏四月（1982）	同　上	宣講堂及辦公廳鋪設地磚。	未詳	
民國七十三年閏十月（1983）	同　上	收回左廂房並整修	未詳	七十四年竣工（整修第二、三、四間）

民國七十四年九月（1985）	同　上	購得廟地五十餘坪	未詳	遷移圍牆、拆除院門。
民國七十四年十二月	同　上	新建金亭一座	新臺幣七二、六〇〇元	位於前埕。
民國七十五年三月（1986）	同　上	回收整修左廂房第一間	未詳	整修後充作倉庫。
民國七十八年一月（1989）	同　上	購買院址地基地共五五七・五坪	計新臺幣一〇、一二七、九四〇元	基地所有權購自彰化銀行。

第五節　藍田書院的制度

一、文運初興

我國書院的設立發端於唐，至五代時，規制漸備，宋元時臻於極盛，迄於明清，仍能維持不墜，連亙一千餘年。清初滿人入主中原，因忌明代遺民藉講學以傳播民族思想，曾一度禁止，如順治九年（1652），藉口書院「群眾徒黨，及號召他方遊食無行之徒，空談廢業」[19]，不許創建，但是書院教育由來已久，可補學校教育不足，終究難以全面禁止。後禁令漸弛，康熙本人且有修復、賜書書院之舉。雍正十一年（1733）正式明令各省建書院，此後書院漸興，臺灣的書院也隨之興盛。

中原文化之移植臺灣，始於明末鄭成功父子經營臺灣，明永曆十九年（1665），鄭經接受參軍陳永華的建議，首建聖廟，設學校，以崇祀至聖先師孔子，並教育漢「番」子弟，開創了臺灣文教史上的首頁。到了清代，除了重建文廟外，續在臺灣各地設立儒學、書院、鄉學（含義學、社學與民學），以培育地方人才。然而清代在臺灣儒學的設置，往往距府廳設治有一段相當長時間，或者根本未設置，或因偏重科考舉業，未能滿足地方子民需要；而鄉學則以所授內容又過於簡略，屬於基

---

[19]　《大清會典》卷七五禮部一九，學校一，內府刊本，雍正十年敕撰。

礎教育，故介於官學與鄉學之間的書院，遂成爲清代臺灣地方教育重心，擔負起地方文運與普通教育的雙重責任。

臺灣之有真正的書院，始自康熙四十三年（1704），臺灣知府衛臺揆創建的崇文書院。此後，各地紛紛仿效設立，凌駕儒學，義學，成爲清代臺灣文運主流。考臺灣書院的設置，康、雍年間以南部地區的臺灣縣爲主；乾、嘉以後，由於諸羅縣以北與鳳山縣以南的漸次開發，遂以中部地區的彰化縣爲主；光緒年間，因北部地區全面的開發，經濟繁榮，而已苗栗縣以北的北部地區爲主[20]。此一發展正與臺灣開發過程符合，說明了臺灣文教開發過程，乃跟隨在土地開發後而進行。

在開墾初期，墾地初闢，文教無暇顧及，開墾進行至相當程度，文教初開，俟開墾飽和了，文教則成爲所亟需，藍田書院之設置即是最佳的例子。南投之開拓於雍正年間，其時漢「番」雜處，土地初闢，漢人無暇顧及教育，僅以土「番」社學爲主。爾後草萊日闢，乾隆二十四年，設南投縣丞衙門於南投市街，由漢「番」混學，一變爲專對漢人施教之義學，其後雖改名書院，而性質不變。至道光年間，漢人以南投爲中心，附近平野全面開拓，平埔族之移墾埔里，正反映此情形，漢人拓墾目標移至丘陵山地，漢「番」土地之爭日益激烈，至咸豐年間，埔里盆地復又形成漢人聚落，先前入主埔里之平埔族，其優勢地位又爲漢人所奪，終至急遽趨向漢化途徑。是以平埔族遷入埔里盆地，南投地方漢人社會頗爲發展，有文教之強烈需求，故終有道光十一年興工新建藍田書院之舉。

二、組織制度

藍田書院之建置背景及沿革，概如上述，以下則針對書院之組織、經費、教育宗旨、修業及所祠祀各項加以說明：

（一）祠祀

---

20 參見：1.王啟宗《臺灣的書院》（臺灣省新聞處，民國76年6月出版），頁17~21，黃秀政〈清代臺灣的書院〉（收於氏著《臺灣史研究》，學生書局，民國81年2月初版），頁109~110。

　　古來書院，皆重祭祀，臺灣書院亦不例外。藍田書院或稱文昌廟、
文昌帝君祠、孔子廟，即因如此。蓋書院初建，中祀文昌帝君，內祀朱
子為講堂，《彰化縣志》〈祀典志〉云：「文昌帝君祠，一在南投街外，
道光十一年生員曾作雲等捐建」即是一例。而嘉慶六年（1801）朝廷下
詔編入祀典，春秋致祭，與武廟同，其宗旨因文昌主司祿籍外，尚有「蓋
以世所傳，帝君之書，如《陰騭文》，《感應篇》、《勸孝文》、《孝經解》
諸書，皆有裨於教化，不失聖人之旨，故學者崇奉之，使日用起居皆有
敬畏，非徒志科名者祀以求福也。今彰邑文祠極盛，大率士子鳩金公建，
以為敬業會文之所，而藉神明以儆身心，文風所由丕振也」[21]可見其建
置之主旨所在。至日據後，書院之功能雖失，祭祀猶在，明治二十九
（1896）年重修，時正殿供俸文昌帝君，前祀先聖尊神位（孔子），旁
祀紫陽朱夫子神位，增祀先賢尊神。明治三十五年，書院雖捐給南投公
學校，但祀神仍在。

　　嗣後，因市區改正，書院遷建今址，大正六年（1917）竣工，而祀
神略有改變，除五文昌外，並祀朱夫子，制字先師（倉頡）神位，及金
甲神。後於太平洋戰爭爆發，一度移文昌帝群神像於魚池鄉東光村新建
之藍田書院。及光復後，重修書院，於民國四十八年（1959）完成，煥
然一新，正殿奉祀大成至聖先師孔子，並顏曰：「孔子廟」。而魚池鄉之
藍田書院被八七水災沖毀，再將文昌帝君神像迎回新建書院（孔子廟）。
附祀諸神，尚有：關聖帝君、魁斗星群、孚佑帝君、司命真君、金甲神，
民國五十年，並一變為民間鸞堂，號曰「濟化堂」，以迄於今。

　　（二）組織

　　書院是官學以外另一教育系統，是一種公益事業團體，其所有權不
在官府，也不在任何個人，而是屬於社會的，類似今日以公益為目的之
財團法人。清代書院的設置需官府核准，並予以監督，故地方官憲、書
院院長、紳耆諸總理及董事，三者構成書院的管理體系。地方官憲負責
經費之籌措、學生之招收、院長及職員之任免，教師薪俸和學生膏伙及

<hr />

[21]　周璽前引書，卷五〈祀典志・壇祭〉，頁153。

其他雜費開銷。諸董事除與地方官憲一樣籌措經費外，負總務全責，包括庶務、會計、財產、徵租、祭祀、打雜等等。至於官憲與董事影響力大小，端視該書院創建方式而定，清代台灣書院的創建模式大致有三種，依出現次序，一是官憲創建倡建，二是官民倡建，三是民間倡建[22]。官民倡建者，是地方官與紳民合力合資所創建，有地方官邀集紳民創建，有紳民呈請地方官領銜創建者，此類型書院為數不少，如藍田書院之新建，即是由南投縣丞朱懋延請南北投、水沙連兩堡士庶議建，並由士庶僉舉生員曾作霖、簡俊升董其事。因此諸董事自是擁有較大權力，除負責院務外，對院長任命也有推薦之「備聘」權。以後歷次修建遷建，純由紳民出面組成，未見官憲列名，自是營辦之權操於紳民之手。

至於院長，即宋以來的「山長」，乾隆三十年（1765）諭令改名為「院長」，但民間仍習稱山長。清廷對院長資格要求頗嚴，首重品格、次求學問，務必經明行修，足為多士模範者，而且規定院長必須專任，聘請時必須以禮相延。[23]但事實上，常有儒學教授、教諭、訓導或其他文行優長者兼任之。院長負責教務和訓導之成敗，教務工作包括教學和考課，院長既負有教授生徒之責，為書院之靈魂人物，對院長之聘請，自當重視，院長通常由官憲負責延聘，亦有紳董推薦，官府下聘者。惜藍田書院史料殘闕，百餘年來之書院史，竟無一記載何人曾擔任山長，實為莫大之遺憾。

（三）經費

書院經費來源主要有兩種：一是學租，一是捐款。學租是從書院所擁有的土地和建築物中獲取租稅，包括田地、園地、家屋、店鋪、魚塭、蔗廍、水圳等，但書院所擁有的權利可能是大租權，也可能是小租權。土地和建物的來源有二：一是官莊、抄封田地和其他沒收的官有地：一是官員、紳民私人的捐地，或捐款購得之土地。要之，經費由來大致是官署公銀、官莊、抄地、官有地、官員私捐、地方紳民捐獻。

經費的支出，主要有人事費、獎助金、祭祀、事務雜費四項。人事

---

[22] 參見王啟宗前引書，頁 23~36。
[23] 見《大清會典事例》卷三九五，乾隆元年。

費包括院長的薪俸、津貼及員工的薪津。院長的薪俸津貼名目頗多，有束脩（或稱束金，脩金）、贄儀、節儀、聘金、膳金、煙茶雜費、酒席費、來往盤費等，其名目與金額，自然各院不一，財務狀況好者待遇佳，否則則否。

　　獎助金是支給生童的費用，包括膏火、賓興、花紅、文具費。膏火是資助生童焚膏讀書的賞金，視生童在月課成績良否而獎賞，非人人可得。賓興是資助生員前往應鄉試或舉人應會試的旅費，花紅是官課時名列前茅的獎金。要之，膏火、賓興、花維全為獎勵生童讀書的費用，為經常性支出的一大宗。

　　祭祀費是指早晚香燈費、春秋祭祀費、迎聖祭祀費的支出。事務雜費，包括書院移建及修補費、院內傢俱，及生裡桌椅購置費、課卷費、及其他油燭紙筆雜費、開館閉館之開銷費、捐贈義學金錢等等雜費，除移建費外，其他幾乎皆為經常性地支出。

　　經費的經手支配，通常由總務職員負責，官府不直接介入，以避免嫌疑。以上為經費收支大略情形，藍田書院的經費由來開支，大致不出上述範圍，可惜史料殘缺，其詳不得知，今所知僅歷次修建、遷建之花費，及光緒十年白沙書院之補助，據〈白沙書院章程〉中提及：「一、南投義學二館，全年束金一百二十元。二、北投義學一館，全年束金六十元。以上義塾束金，……作兩季向董事支取。」[24]上述南投義學即藍田書院，北投義學即登瀛書院，惟此一補助，至光緒十四年即告停止，其原因，據劉枝萬先生云：「或云由於成立臺灣縣，新設宏文書院，挪用學租，撥給租款一千二百八十石，以致向受白沙書院補助束金之八義學，經費無著，遂不得不停辦。」[25]

　　（四）宗旨與學業

　　自宋代以來，書院在我國教育制度上，日趨重要。在教育學制中，它始終居於補助性質，為補救學校制度課而不教之缺點，講明正學以達到政教合一的效用，故而講學較為自由，易發揮教育之思想，後雖兼具

[24] 同註16。
[25] 同前註。

培養應試掄選之人才，但其學風宗旨並不因而改易。

　　清廷所訂的書院教育宗旨是在導進人才，廣學校所不及，且鑒於府，州、縣學學級平行，無遞升之法，國子監則道里遼遠，四方之士難以群集，因而擬以書院作爲府、州、縣學之上級遞升學校。臺灣書院既秉斯旨而設，負有興賢育才之大任，爲達此目標，臺灣書院多訂有學規，其內容雖有不同，大體上上承宋明理學，著重品格修養，下治經史詞章，旁及舉業科考。

　　書院生童來源不一，有書院自選的才俊之士，也有儒學或義學保送來的，其入學資格，有生員、有童生，也有兼收幼年童生。其名額不一，有的招生嚴格，有的廣泛，只要是學區內的生童，皆可參加其月課。書院通常正月甄試入學，二月「開學」，並開始考課，十一月停止月課，十二月初旬放假，稱爲「散館」，準備過年。

　　書院講學有兩大重點，一是講書，一是考課，均由院長負其責。講學即一般升堂講書，批答疑難、查閱「讀書分年日程」等。講書在講堂中進行，開講前有「開講式」，儀式莊嚴，講後附以默坐，使其潛思反省。講書以外時間，生童自行在齋舍排定「讀書日程」，按表自習，院長居於書院中宿舍，與生員共同起居，遇有疑難，隨時爲之批答，平時則校閱生童之「讀書日程」紀錄，督導其功課。至於考課，亦爲院長之責，按月對書院生童加以考試，書院的考課，通常每月兩次，一是官課，由官府行之，一是師課，由院長行之，其日期並不統一，官課在先，師課在後，以評定其優劣。

　　書院修業年限，並無硬性規定，書院畢業並不能取得任何學位與資格，也不具有參加科舉的條件，能否應舉，端看其有無生員、舉人身分，而不論其是否書院在學或出身，可知書院是真正讀書所在，非獲得虛銜之地。[26]

　　藍田書院之學規即修業雖不得其文，然亦不外乎上述諸項，不過因藍田書院與白沙書院關係密切，極有可能遵循白沙書院學規，在此不妨

---

[26] 王啟宗前引文。

迻錄嘉慶十六年楊桂森所撰〈白沙書院學規〉以作為參考：[27]

一、讀書以力行為先：聖賢千言萬語，無非教人孝順父母，尊敬長上。父母，吾根本也；兄弟，吾手足也。凡讀一句孝弟之書，便要將這孝弟書，體貼在自己身上。古人如何孝弟，我便照依學將去。始初勉強，漸漸熟習，自然天理融洽，自己也就是聖賢地位。所謂人皆可為堯舜也，切無視道高為遠，自己菲薄。又切不可囫圇空讀書籍，不留心體貼，致失聖賢立教之旨。

一、讀書以立品為重：立品莫如嚴義利之辨，試思伯夷、叔齊，何以能留芳千古？不過於義利辨得明，雖餓死不改其節，所以傳也。讀〈雞鳴而起〉一章要想到舜、蹠之辨。有一念爭財謀利之心，便是盜蹠也。要占便益，只顧自己，亦是盜蹠也。欲嚴義利，莫如忍、莫如讓。如窮苦，要忍得住，毋去騙人、嗑人錢財、田產、且讓一番，不可爭競。總是我輩念書，要將氣骨撐得住，毋為銀錢所害，便是立身千仞之上。即如秀才、童生，有一個鄉民送你二百錢，做一張呈子，斷斷不可做，此就是能嚴義利，舉此而推，萬事可例也。

一、讀書以成物為急：讀書不是單管自己的事，譬如我能孝弟，那些不讀書人，不知孝弟者，都要我去勸導他。見他孝順父母，要誇獎他；見他忤逆父母，要婉言勸戒他；見他爭財爭利，要把聖賢道理解他。見他覽曉古今興亡、得失忠佞之辨，自己便有經濟，臨事自有決斷、有把持。

一、讀八古文：成化之渾穆，正嘉之深厚寬大，隆萬之架取機法，啟禎之精奧透闢，國初之瑰偉雄壯，要辨得體段出來。凡讀一家，要辨明一家眉目。畢竟規模氣象，各有互異，不可粗心囫圇讀去。

一、讀賦：三都、兩京、子虛、上林，雄厚麗則之正規者。律賦始於唐，亦莫精於唐，宋人賦則單薄矣。讀者於古賦、律賦，俱要尋求正路，不可扯雜。

一、讀詩：五古要讀漢、魏、六朝，七古要讀杜甫、溫庭筠，五、七律要讀初唐，五、七排律莫盛大於本朝，制作明備之時，亦多是之幸者，其勉之。

---

[27] 周璽《彰化縣誌》卷四〈學校志・書院〉「白沙書院學規」，頁 142-145。

一、作全篇以上者之學規：如上燈時，讀名家新文半篇、舊文一篇、漢文十行、律賦二韻、五排詩一首。讀熟畢，再將次早所應佩背之四書、經書，本末讀熟，登於書程簿內，方可睡去。次早，將昨晚所讀之文章、詩賦、四書、經書，誦朗熟詠，務須讀得極熟，抬去先生講案，逐本背誦。既背後，學晉、唐法帖百字。寫字後，看書二章，約二十行，經書約二十行，有疑義問先生。疑既晰矣，須掩卷，在先生講案將所看四書、經書，添虛字、活字於白文，順義講去。既講後，抄大家文、古文、詩、賦各一篇，抄畢，請先生講解，然後散學。晚間念書如前功，次早仍照前功背誦，既背後，請先生命題，須將題義細求其所以然，尋其層次，尋其虛實，然後布一篇之局，分前後、深淺、開合而成篇，務須即日交卷。交卷後散學，仍夜讀如前功。凡單日講書，凡雙日作文，此方有效。其所讀之精書，須本數分得多，篇數撥得多，行數讀得少，如詩經分作五本讀，每本每日讀三、四行即可也。

一、作起講或半篇之學規：早午晚之學規，及單日講書，雙日作文字，仍如作全篇者之學規。

一、六、七歲未作文者之學規：先教之以讀「弟子職」，使之灑掃、應對、進退、起坐之禮。其所讀書，務須連前三日併讀。仍須多分本數，一本不過二十篇；每本每日讀至五行，使一本書於一月內外，迴頭便易熟，並題須隨讀隨講。其寫字，先學寫一寸以上之大字。其讀四書，讀起時，即連細註並讀。凡讀詩經、書經，隨章添讀小序。其答經中註解，擇其解字者讀之，不過十分取一二也。學庸註全讀，論語註讀十分之七，孟子註讀十分之五，經註讀十分之一二。蒙以養正，聖功也，果行育德其毋忽！

綜觀學規內容，前三條述說以人格教育為該院首要宗旨，故指出「讀書以力行為先、讀書以立品為重、讀書以成物為急」。以次六條均為讀書與作文方法，尤以第七、八條所列，無異即是常年院內生童之作息課程表。至於最末一條「六、七歲未作文者之學規」，明確可知白沙書院收有六、七歲小生童，至於藍田書院是否也如此，則不得而知了！

第六節　藍田書院關係人物

　　藍田書院創建至今達一百五十餘年，在歷史發展過程中，有不少官紳仕民參與創建或修遷書院，茲將關係者，爬疏史料，略敘其生平及與書院關係如後：[28]

（一）朱懋

　　朱懋，浙江紹興府會稽縣人。布都事，道光二年署頭圍縣丞：八年十月任南投縣丞，十一年再任。鑒於彰東一帶文明漸啓。禮教日昌，乃延請南北投，水沙連兩堡士庶，議建藍田書院，卜地於街後東偏康壽庄茱園中，是年冬月興工，以生員曾作雲、簡俊升等董其事。越歲，未竣，適張丙發難於嘉義，臺灣知府呂志恆聞變，率鄉勇往援，朱懋從之。張丙聚眾禦於大排竹，署游擊周進龍，膽怯退卻，朱懋以言激之，乃向前施砲。但爲民軍所乘，歿於陣。

（二）曾作雲、簡俊升（附曾作霖）

　　曾作雲，彰化鹿港人。生員。道光十一年，南投縣朱懋，延請南北投，水沙連兩堡士庶，議建書院，乃與南投人簡俊升董其事。經始於是年冬月，閱兩歲，十三年十月告竣。中祀文昌帝君，後祀徽國文公朱子，即以其廳爲講堂，旁居山長，兩翼廡爲諸生肄業之地，外環以牆，規模頗壯，計土木工費共糜白金四千一百元。既竣，燕飲以落之，遂顏曰：「藍田書院」，即謂樹人無殊重玉，蓋欲藉此爲培植之區，而冀青出於藍也。時貢生曾作霖撰「新建南投書院碑記」，中云：「僉舉生員族弟作雲，簡君俊升等董其事，迺屬霖爲序勸捐」、「時霖方修縣志，士有從予遊者」，可見曾作霖亦爲倡建者之一，而且倡建生員中有不少是其學生。作霖字雨若，祖籍晉江，移居彰化，嘉慶二十一年（1816）丙子科舉人，後中進士。曾任閩清縣學訓導，告老還鄉時參與彰化縣志之纂修。

---

[28] 有關以下諸人列傳，多據：（1）劉枝萬《南投縣人物志稿》，及（2）「古蹟藍田書院簡介」二文參考寫成。

（三）吳聯輝、吳朝陽

吳聯輝，南投堡義首，貢生。同治元年春，戴潮春起事，全臺俱擾。二年十二月九日，巡撫徐宗幹奏簡丁曰健為臺灣兵備道，加按察使，會辦軍務，領兵三千，自北而南殺亂，十二月二十一日擒獲潮春斬之。而其黨洪欉、洪璠仍據北勢湳，頑抗如故。至三年十一月殺平，十二月二十七日上表報捷，旋行掃蕩殘黨，令王禎、凌定邦、鄭榮等，率同吳聯輝、廖傳歲、洪大舟等，各帶勇團，分赴水沙連、溪州、北投等地，大事搜捕。此役，吳聯輝率勇集團，隨軍攻剿，大為出力，經曰健保舉，請給五品銜，並賞戴藍翎。適藍田書院坍毀，同治三年正月由吳聯輝等人首倡，募款二千餘元，重建於今址，同治七年五月落成。惟未幾失修，竟遭白蟻之害，傾圮不堪，光緒十年由吳聯輝長子朝陽首倡，募款重修。朝陽熱心文教，先是光緒七、八年間，將其座落於北投堡之小租水田二十三甲，捐充白沙書院租，傾囊襄事，白沙書院得以興焉。

（四）曾長茹

曾長茹，南投堡內轆庄（今南投市內新里）人，祖籍福建漳州府南靖縣。生於道光二十年八月十五日。及長，繼承父志，築成源圳，拓墾頗力，為該庄總理，領導有方。日據初一八九六年（明治二十九年）六月，南投民軍蜂起抗日，七月六日日軍焚毀街衢，藍田書院遂罹兵燹，焚毀右廂，未幾由曾長茹首倡，募捐一千三百餘元，予以修復，正殿供奉文昌帝君像，前祀孔子「先聖尊神位」，旁祀朱熹「紫陽夫子神位」。一八九八年（日明治三十一年）擢南投辦務署參事，一九〇一年（日明治三十四年）舉為南投廳參事兼任營盤口區庄長，次年授佩「紳章」。一九〇七年（日明治四十年）九月五日卒，享年六十八。

（五）林文智

林文智，字朱聰，南投堡三塊厝庄（今南投市漳興里）人。生於光

緒十二年十一月十二日,幼喪怙,母劉氏專心撫育,素穎悟,學業日進。日據初,一九○五年(日明治 38 年)肄業「國語(日語)學校」,任教於南投公學校:一九一四年(民國 3 年,日大正 3 年)任南投區長;次年授佩「紳章」;先是,一九一二年(民國元年,大正元年)由於市區改正,藍田書院基址正當道路及水溝工程之衝,故遭拆毀。一九一五年,由文智首倡,就南投堡民募款一千八百日元,並得南投堡公學校資助二千日元,予以重建。一九一六年十二月興工,翌年三月竣工。一九二○年(民國 9 年,日大正 9 年)十月任南投街助役,頗孚眾望。一九三四年(民國 23 年、日昭和 9 年)十月十五日卒,得壽四十九。

第七節　結語

南投為臺島腹部,地處內山,峰巒重疊,森林茂密。昔犵草蠻花,鹿豕渾跡,獉狂之民狩獵為生,文獻可徵者,始自明鄭。溯鄭成功自明永曆十五年(1661)逐荷人而領有臺灣,至其子鄭經,有部將林圯將率軍屯墾水沙連(約今竹山鎮屬),時沙連堡之竹圍仔庄、林圯埔、社寮、柬埔蚋等地,為屯弁招佃所墾,屬北路墾拓區域,是為本縣最早之行政區域。

洎乎滿清治臺,康熙二十三年(1684)隸屬福建省,置臺灣府,設臺灣、鳳山、諸羅三縣。時南投屬諸羅縣,有南投社、北投社。及康熙三十二年,新附生「番」有水沙連之思麻丹社。惟我漢民篳路藍縷,出林以啓,斯土以拓,至雍正元年(1723),增設彰化縣而屬彰化,轄有南北投堡(下又轄六十五庄街);水沙連堡(轄三十五庄街),其中南投社及北投社,為熟「番」所居。此外,尚有平埔族埔里社等二十四社;另在水沙連內,為歸化生「番」所居。乾隆二十四年(1759)設縣丞駐南投,是為本縣施政教之始。

南投市區開發於雍正年間,相傳雍正三年(1725)左右,閩籍漳州府平和縣之張姓及南靖縣簡姓從彰化地方遷入,向土著平埔族阿里坤支族(Arikan)之 Savava 社購得其社南(今南投)之地,開拓萬丹庄附近。

爾後，林、吳及蕭姓等陸續移來，草萊日闢，然四周仍為先住民平埔族
所聚居，漢「番」間時有衝突，至有搶奪殺戮之事屢生。其後，漳籍墾
殖者日眾，繼而興農創商，日漸繁榮，迨乾隆二十四年間置設南投縣丞
於南投市街。至道光之季，平埔族蜂湧以入，逋逃者趨騖而來，邊疆重
吏接踵而至，沙連浮嶼，名噪一時，是以開疆之議，屢起廟堂，惜因畫
界遷民，「番」境封禁，其事遂寢。然此時除水沙連「番」境外，田園
日闢，阡陌縱橫，生民益聚，文運匹興矣！

　　南投縣文教之施，始於清初為招撫土「番」，教化「番」童堂，曾
設社學，延師教育之，如余文儀《續修臺灣府志》中於彰化縣土「番」
社學十九所中，曾載南投社（在南投堡南投街）與北投社（在北投堡北
投埔庄）二所，是為本縣教學設施之嚆矢。其時漢人入墾未幾，其師資
規劃，不得而知，惟此種設施係以教育歸附土「番」子弟為目的，由官
撥公帑而建立，於土「番」同化或有促進，再，當時教學，不僅施於「番」
童，且兼普通義塾，漢「番」混學者居多，爾後竟為漢人取而代之。

　　南投市本為原住民平埔族聚居之地，經漳籍漢人披荊斬棘，逐漸開
發繁榮。漢「番」雜處既久，「土番」漢化日甚，譬如乾隆四十二年（1777）
南投縣丞周豐為觀音亭勒石「香燈碑記」，中有「通土番必元、土目他
里罵眉目、……白番巫三甲、大武力斗六、……南投社番」等語，白番
係指已頗為漢化之原住民，此亦即表示漢「番」形勢消長之一端。從而
漢「番」教學亦逐漸消長，土「蕃」社學，曾幾何時竟為義學取而代之。
其教育宗旨及學規雖不得而知，鑒於彰化縣義學之一變為白沙書院，及
其後發展，受該書院節制與輔助，則南投義學之設置頗有可能是於乾隆
二十四年創設南投縣丞之斯時。嗣後，乾隆之末，迭有彰化林爽文及陳
周全之起事，縣境多罹兵燹，教育事業一時受阻。嘉慶之初，又有海盜
蔡牽之騷擾及閩粵、漳泉之分類械鬥、地方擾攘不安，彰邑教學設施，
僅得偏重彰化市，無暇顧及地處彰東之南投。其後，草萊日闢，民生欣
欣向榮，立學雖後他邑，人文卻蒸蒸日盛，士之有志讀書者頗多，於是
教育隨之而興，南投義學乃改為藍田書院，北投義學改為登瀛書院，是
為本縣教學設施之一大進展。道光十一年（1831），南投縣丞朱懋延請

南北投、水沙連兩堡士庶議建，卜地於街後東偏康壽庄茱園中（今南投市康壽里藍田街），是歲冬月興工，以生員曾作雲，殷戶簡俊升、柯占魁、曾協美、魏良植、廖全義等人董其事，道光十三年十月告竣，中祀文昌帝君，內祀朱子爲講堂，旁爲齋舍，兩翼廂房爲諸生肄業之地，外環以牆，結構壯麗，統計土木工費共靡四千一百餘元。眾又捐款置田，延聘山長以爲膏火諸費，時鄉進士曾作霖撰「新建南投藍田書院碑記」詳記其事。道光二十五年三月大地震，又因霪雨連綿，水浸半月，書院坍毀，之後是否有補修，史無明文，觀於其後之改建新址，即使有所補葺，亦無大用。

　　同治三年（1864）正月，由吳聯輝首倡，募款二千餘元，而改建於今三民里藍田街警察分局之北側，翌年春落成，臺澎督學使丁曰健立「奏凱崇文」匾，以示誌慶。此後，陸續添建，故又有同治七年吳聯輝所獻之「瑞氣如珠」匾，暨同治九年，彰化縣學教諭劉致中所立「丕振斯文」匾。

　　未幾又受白蟻之害，傾圮不堪，光緒十年（1884）由吳聯輝長子朝陽首倡，募款再修繕。乙未割臺，南投民軍蜂起抗日，兵燹之下，書院右廡遂遭焚毀，不久（光緒二十二年），由曾長茹首倡勸捐，予以修復。明治三十一年（1898）十月改作南投公學校分校及師生宿舍。明治三十五年，移捐給南投公學校，但祀神仍在。迨大正元年（民國元年，1912年）因市區改正，書院正當道路及水溝工程之衝，再度拆毀。

　　大正四年末，由林文智首倡，向南投紳民募得一千八百日元，並得南投公學校資助二千日元，三度遷建於今崇文里文昌街一四〇號，於大正五年十二月動工，翌年三月竣事。以後，因中日戰爭，戎馬烽火，書院逐漸荒廢，不久，太平洋戰爭爆發，局勢頓呈緊張，居民又將文昌帝君神像，移奉魚池鄉木屐蘭（今東光村），並集資興建另一藍田書院，可視爲藍田書院之分部。

　　爾後失修，至光復時，已頹圮不堪，且爲人佔住。民國四十六年（1957）三月，由南投鎮長吳振福，與地方人士彭錦華、葉在淵、蕭國治、吳重禮、蕭陳快等倡議募款重修，於四十八年正月完成，煥然一新，

改名孔子廟。五十年，前殿併設濟化堂，扶箕救世教人，增建後殿。近二十餘年，大體未變，僅添建宣講堂、辦公廳、廁所、廚房等等，並陸續收回被侵占之廂房，予以整修，或充閱覽室，或作新乩房，或作倉庫，已非原始藍田書院之面貌矣！

　　一百五十餘年的藍田書院歷經三度遷建，樓起樓傾，不免有滄桑之嘆，尤可嘆者，以一地方文運中心，於書院之學規、山長、經費、組織、修業……等等，竟史料殘闕，無一較完整記錄，寧非咄咄怪事，今所存僅餘祠祀一項，而又轉變爲民間鸞堂性質。臺灣早期鸞堂多爲文人士子會集之地，是鄉曲詩社文社之流亞，多爲文人消遣，表現文才地方，其扶箕活動目的有七：一、問試題，二、問功名，三、問命運生死，四、問國事，五、箕仙與人酬唱詩詞文章，六、箕仙與人談道及教訓，勸人爲善，七、箕仙示人醫藥及技藝[29]。鸞堂最大特色，是以文字的形式表達豐富的文化傳統，其偏重在文字宣化的扶箕活動，一般稱爲「文乩」，有別於口舌傳達的「童乩」，臺灣早期教育不夠普及，鸞堂成爲鄉間宣揚漢文的重心，亦是知識份子施展抱負場所之一，經由通靈的神聖儀式，宣揚傳統文化，並轉變爲具象化、平淺化的文化體系，調適社會變遷下之價值改變，及禮樂倫理崩壞而再創的教育理念，所以更具有傳播的普遍性與發展性，在傳統農業社會教育不普及情況下，是有其存在價值。但光復以來，學校林立，教育普及，其原有教化功能逐漸萎縮與退化，轉爲調和民俗道德價值指標之功能，不過以藍田書院之「古蹟」角度，「書院」角度，及當年南投文教發祥地的立場考慮，設置鸞堂之是否妥當，值得吾人再三審思。

---

[29] 鄭志明《台灣民間宗教論集》，（台北，學生書局，民國七十三年出版），頁96。

石頭營聖蹟亭與南部古道之歷史研究

第一節　前言

　　民國八十二年初承中國工商專科學校閻亞寧教授之囑，負責二件古蹟調查案，一為屏東縣枋寮鄉石頭營聖蹟亭，一為同縣新埤鄉建功村東柵門。當時閻教授曾提醒：資料很少，恐怕會麻煩。筆者心中倒不在意，直覺中以為聖蹟亭與柵門還是滿普通的古蹟，因此不予放在心上，等到實際著手搜集資料，及二度南下田野調查，才知棘手，不是很少，歷史資料幾乎可以說簡直沒有，透過鄉公所的科員，再透過里幹事拜會村長暨一、二鄉耆，所得資料幾乎只能歸納成一條：「清嘉慶至同治年間，曾有軍隊在此駐紮，稱石頭營，並興建了這座兼有敬字和祭祀功能的聖蹟。」

　　石頭營聖蹟亭位於屏東縣枋寮鄉玉泉村大餉營段第九四七地號。即在玉泉路與青山路之交叉東南隅，路旁一片雜草，遠處零零落落幾間低矮民房，頗為荒涼，侷立此處，猶記當時心中一片淒苦，茫茫天地，宇宙洪荒，真不知從何下手破解此一聖蹟亭。回來臺北之後，泡在臺北市文獻會圖書室中，一一詳閱搜尋史料，採取抽絲剝繭之手法，一步一步追尋，一步一步淘汰不可靠之線索，終於皇天不負苦心人，總算理出一些頭緒。

　　先是依據「石頭營」一名之線索追尋史料，考證結果證實確實有此勇營，但非在枋寮鄉玉泉村，初步線索就此一斷。繼再尋思，此地過去名「大餉營」，且開拓始於同光之際，則此「大餉營」軍隊應與同治十三年起之開山撫「番」軍隊有關。憑此線索，經過一番爬梳史料，推斷玉泉村為昔年沈葆禎開闢北、中、南三路中之南路二條古道之一：射寮卑南道的起點，並且是張其光所部福靖左營所開闢，所駐防。稿成之後，再三電詢村長，確證此地確是古道所經，方才放心。事隔數月之後，偶一閱及佳冬蕭家資料，當下狂喜，幾不能自持克制，內中竟然有關「大

餉營」及開闢古道之記載，可以佐證個人之推論無誤，真是踏破鐵鞋無覓處，得來全不費功夫。

古道、駐軍解決了，最重要之問題仍未解決，聖蹟亭何時建？爲何而建？幸在《鳳山縣采訪冊》中找到在「大餉營」設有番社學一處，及伊能嘉矩《臺灣文化志》下卷中若干資料推論應即是此番社學所置。而且因爲從光緒十年起，陸續裁撤社學、義學，所以才會剩下如今孤零零一座聖蹟亭殘跡。

略微敘述此文撰寫之源起、過程之艱辛困難，這篇文章雖已三易其稿，仍不敢斷言百分之百考證無誤，私心企盼方家學者有以教之補之，期能有所補苴改正，減少錯誤，則不勝感謝！

第二節　枋寮鄉之開發

三級古蹟「石頭營聖蹟亭」位於屏東縣枋寮鄉玉泉村大餉營段第九四七地號，欲探討此一古蹟須先從其大環境著手。枋寮鄉位於屏東縣南部，東接春日鄉，西臨臺灣海峽，南通枋山鄉，北界新埤、佳冬兩鄉。本鄉概爲平地，唯東境高山綿亙，是昔日所謂番界地區，原爲平埔族放索社（又名阿加社）活躍地域。本鄉在清代是隸屬於鳳山縣，明鄭時代初隸萬年縣，後隸萬年州。鄭氏領臺之始，南在鳳山（約今左營一帶），北在嘉義地方駐屯營兵，以半農半兵方式從事屯墾，解決糧荒問題。清領初期，明鄭文武官員丁卒與各省流民相率回歸大陸，所留者瑣尾殘黎，只見井里蕭條，民雜而貧，地疏而曠，一望蓁茅。嗣後，臺灣府知府蔣毓英與各知縣，乃大力招集流亡開墾，朝廷大幅降低稅賦，在此有利背景下，大批內地民人前赴臺灣開墾。不過，因臺灣縣轄區較小，而農田土脈漸薄，故其後續增墾不易，反之，鳳山縣則因幅員遼闊，土地肥沃，故其發展遠邁臺灣縣。而漢人之開發，從海岸地區開始，至康熙末葉，已絡繹移墾林邊溪上游，其中移民，漳、泉、客均有，以陳、潘、林、黃、李爲五大姓。

其時枋寮一地，尚未開發，被視爲毒惡瘴地，人莫敢近，以爲野「番」

嗜殺，故郁永河指稱：「諸羅、鳳山無民，所隸者皆土著番人」。[1]下淡水溪（今高屏溪）以南廣大土地，仍是蠻荒一片，有番無民，住有：下淡水社、力力社、茄藤社、放索社、上淡水社、阿猴社、搭樓社、大擇機社、郎橋社、琉球社、（卑）南覓社、加六堂社等。[2]之後，流移開墾，日趨日眾，於是利之所趨，漢人群入深山，伐木通道，雜耕番地，與之貿易，藍鼎元《平臺紀略》載：

> 前此臺灣，止府治百餘里，鳳山、諸羅皆毒惡瘴地，令其邑者尚不敢至，今則南盡郎嬌，北窮淡水，雞籠以上千五百里……今則群入深山，雜耕番地，雖殺不畏，甚至傀儡內山，臺灣山後，蛤仔、崇爻、卑南覓等社，亦有漢人敢至其地，與之貿易。生聚日繁，漸廓漸遠，雖屬禁不能使止也。[3]

於是鳳山縣所轄坊里，由七里、二保、六莊、一鎮、十二社，再增港東、港西二里，及觀音山一庄，其中港東里在縣治東南方，距城三十里。其疆界：「東以三條崙嶺與傀儡山分界，西以東溪與港西里分界，南以率芒溪與恒春縣分界，北以東溪與港西里分界」[4]。陳文達《鳳山縣志》、王瑛曾《重修鳳山縣志》諸書，猶未能詳記其時坊里所轄之範圍，然大體而言，村落營屯，碁布星羅，閩粵錯處，頗見繁榮。而枋寮一地逼近生「番」處所，更成軍隊駐防要地，乾隆初葉，王瑛曾《重修鳳山縣志》記其地：「枋寮口街：在枋寮口，縣東南六十五里。南近瑯嶠，東近傀儡山，軍匠屯集之處」，[5]及「枋寮為商民聚夥，軍匠輻輳，居然樂土。」[6]

而雍正十二年（1734），巡道張嗣昌建議，南北各番社置師一人，給以館穀，以教「番」童，使各縣學訓導，按季考察。於鳳山縣之力力社、茄藤社、放索社、阿猴社、上淡水社、下淡水社、搭樓社、武洛社

1　郁永河《裨海紀遊》，臺銀文叢第四四種，頁 32。
2　蔣毓英《臺灣府志》（北京中華書局，1985 年出版），頁 22。
3　藍鼎元《平台紀略》，臺銀文叢第十四種，頁 30。
4　盧德嘉《鳳山縣采訪冊》，臺銀文叢第七三種，頁 11。
5　王瑛曾《重修鳳山縣志》，臺銀文叢第一四六種，頁 32。
6　王瑛曾前引書，頁 65。

等八社設土「番」社學[7]，該八社屬搭樓系之平埔族，分佈於今高屏溪南方屏東縣境，南起枋寮，北至里港之平原。八社所在位置，約略是：（1）搭樓庄—今里港鄉搭樓村（2）武洛社—今里港鄉茄苳村武洛庄（3）阿猴社—今屏東市市中心（4）上淡水社—今萬丹鄉社皮村（5）下淡水社—今萬丹鄉番社村（6）力力社—今崁頂鄉力社村（7）放索社—今林邊鄉水利村（8）茄藤社—今佳冬鄉佳冬村。[8]經過數十年之努力，不僅所有鳳山縣之熟「番」力力等十二社早已內附，即南路生「番」山豬毛等五社（約今屏東縣三地門一帶）、傀儡山等二十七社生「番」、琅嶠十八社生「番」亦內附歸化，對於其時整個鳳山縣開發繁華情形，王瑛曾撰文描述：

> 按鳳處東南，地兼山海。山標鼓嶼，合魚鹽蜃蛤，常不盡夫取攜；海表瑯峰，列梓栗楩楠，復足供夫日用。觀音山五峰錯落，居然菩薩低眉；羅漢門一帶環圍，疑是落伽分侍。漯底若天荒鑿破（山頂平，上有泉湧出），半屏如巨手削成。上下赤山，丹青其質；大小滾水，渫渫其巔。蛇岫蜿蜒，半城半海；龜山蒼鬱，內郭外田。古橘樹岡山，石門群傳仙蹟（有石室，古橘一株）；圓峰羅鳳岫，彈丸夙擅奇形。傀儡諸山，聯絡而分前後（分山前，山後）；琉球禁地，平衍而盡浮沙。打鼓港巨艦可通，而旂後、萬丹，水利能生三倍；大林蒲漁家錯落，而東港、西溪採捕不下千戶。海坪、漁塭，港商掌而貼納本輕；灶戶、鹽戶、鹽埕，貨利多而徵餉從薄。龍目二井，源自天開；河流三叉（淡水有三叉河地方），工非人力。二層緣溪而下，綠野桑田（鳳界至二層行溪以下皆平原）；兩港分里而遙（淡水分港東、西），農耕士讀。山豬毛為狂獉地，今則營屯村落，碁布星羅（新設淡水營）；阿猴林為逋逃藪，今則壤僻山凹，禾青麥秀（康熙六十年，賊蹤多潛匿於此）。津渡免輸官稅（惟各廟觀香燈費准給），陂潭足補天工。上游土地瘠疏，用冀慮旱（在淡水溪上）；下游田園卑沃，不冀慮淹（淡

7　王瑛曾前引書，頁182。

8　王萬壽〈乾隆以前臺灣南部客家人的墾殖〉，《臺灣文獻》第三十七卷，第四期，民國75年12月，頁72。

水溪下夏月鮮晴）。火耨水耕，異初開之逸獲（昔稱田不糞而耕）；習紡學績，非曩昔之女紅（鳳山嘉祥等里多織布）。地角山頭，零星免課；旱田沙例（新例照同安下沙則）新墾緩徵。粟米餘資閩、粵，菁糖直達蘇、杭，絲帛雖藉中邦，瓜果亦登天府。停山樵採其業，依水蜑蛤其家。城郭村莊，荊竹、珊瑚屏障；鄉閭洲麓，覆茅、編竹室盧。牛車任重、舟楫濟人，經商便於水陸；溪漲平蕪、泥途潯淖，行旅苦於秋淋。不桑不蠶，率由地燠；無鴻無鵲，祇別土宜。山居不虞猛虎，室處最忌毒蛇。晴天風信，早東晚西；果熟花開，無冬無夏。人崇氣節，奴婢不為；俗尚奢華，富豪更甚。番黎薙髮裸飾，盡為衣冠；社師課童咿唔，粗知《語》《孟》。瑯嶠社，臺灣始為禁地；卑南覓，新例准其歸輸（乾隆十三年開禁）。見聖德之覃被日深，而大化之無遠弗屆矣。[9]

　　總之，在乾隆初葉，今之屏東地區雖仍多為「番」社，但已能達到樂苳笙、勤耕鑿、作「番」酒、服衣冠、通漢語之程度。而東港之南的枋寮地方，以富於草原與森林，始者泉州人建立木板小屋，採伐森林，再者，地近生「番」處所，係軍防要地，農工頓形繁榮，「枋寮」一名，隨之宣傳，騰播人口，尤其是被選為修造船艦所在，於此地設軍工廠，成為購料造船、軍匠屯聚之所，不旋踵，商民聚夥，居然成為一小樂土。而其開拓方向亦從海岸區之枋寮街、番仔崙、大武烈、北勢寮，漸次向北旗尾、水底寮方向。同治十二年（1783），將巡檢司移往枋寮，枋寮益增其重要性。[10]不久牡丹社事件起，事平之後，乃有開山撫「番」之舉，枋寮才有另一發展，又往新開庄、大餉營、竹仔營等地拓殖。至光緒十八年（1892），據盧德嘉《鳳山縣采訪冊》所載，其時之港東里，轄有一百七十村，莊、埔兩處，人口一萬零六百七十三戶，男二萬六千九百十四丁，女二萬五千二百十四口。[11]港東里所轄村莊其中屬於今枋寮鄉者有：枋寮街（今枋寮村）、大武烈、番仔崙（今新龍村）、北熱寮（今保生村、中寮村、安樂村）、水底寮（今天時村、地利村、人和村）、

9　王瑛曾前引書，頁10~11。

10　盧德嘉前引書，頁144。

11　同註4，頁12。

內寮莊、頂營莊、蜈蜞溝、匏仔園（今內寮村）、大北旂尾、小北旂尾
（今東海村）、新開莊（今新開村）、大莊、下寮莊（今大庄村）、大餉
營、竹仔營（今太源村、玉泉村，玉泉村乃是民國四十七年從太源村分
出）。可知枋寮鄉已於光緒中大體開發完成。

　　日人據臺後，明治二十八年（光緒 21 年，1895）設臺南縣，下轄
鳳山、恒春兩支廳，是年八月二十五日（日曆），改為鳳山、恆春兩出
張所。翌年，又改回鳳山、恒春兩支廳。明治三十年，增設鳳山縣，乃
改隸之。卅一年，裁撤鳳山縣，再改隸臺南縣，在今屏東縣境內設阿猴、
潮州庄、東港、恒春四辨務署。下再設潮州、內埔、枋寮支署。三十四
年，廢縣置廳，本縣區改隸阿猴、恒春兩廳，廢辨務支署，改設潮州、
枋寮、枋山支廳。時枋寮鄉一直沿用港東下里名稱，並將北勢寮等二總
理廢除，設置枋寮、水底寮兩區役場，轄於阿猴廳。

　　明治四十二年（宣統元年，1909），撤恆春廳，本縣區全部改隸阿
猴廳。大正九年（民國 9 年，1920），廢廳置州，改隸高雄州，在縣境
內設屏東、潮州、東港、恆春四郡。並將枋寮、番仔崙、水底寮、新開、
內寮、北旗尾、大庄、大餉營等八大字合併為枋寮庄，隸屬高雄州潮州
郡轄。迄光復後，廢庄改鄉，名曰枋寮鄉。隸屬屏東縣，直到今日。[12]

第三節　石頭營之考證及古蹟名稱之商榷

　　「石頭營聖蹟亭」之得名，據鄉公所簡介說明：「清嘉慶至同治年
間，曾有軍隊在此駐紮，稱石頭營，並興建了這座兼有敬字和祭祀功能
的聖蹟亭」，此說有待商榷。

　　按，枋寮鄉在清代隸屬於鳳山縣，清代對鳳山縣之防戍，在營制上
來說，分成水師營和陸路營。水師營乃安平水師協右營分汛鳳山洋面；
陸路營則有專設的臺灣南路營及雍正十一年（1733）分設的下淡水營，

---

[12] 以上據（1）志賀格編《潮州郡勢要覽》（日本大正十三年排印本，民國 74 年 3 月成文出
　　版翻印），頁 5。（2）《臺灣通志》卷一地志疆域篇（民國 59 年 6 月出版），頁 137，二
　　書參酌寫成。

雍正十年新設城守營左軍共同負責鳳山縣之防汛兵備。其中下淡水營之設置，乃因下淡水之地，離邑既遙，地近生「番」，賊匪潛藏要衝，奸宄易以竊發，所以駐紮正五品都司一員，隨防把總一員，目兵三百名，所防戍的汛塘有：新圍汛、萬丹汛、舊船頭汛、新船頭汛、新東勢汛、阿猴汛、武洛汛、阿里港汛、大林蒲汛、淡水溪汛、枋寮口汛、茄滕汛、放索汛，以上諸汛，俱由淡水營撥兵分防，而枋寮口汛，據《重修鳳山縣志》卷七〈兵防志〉：「枋寮口汛：縣東南八十里，地邇瑯嶠，奸匪所匿。駐防外委把總一員，目兵一十八名。」[13]

　　清代汛塘的設置，有因地理形勢險要而設，也有隨著土地的開發而置，故汛塘時有變更裁改。根據上引「地邇瑯嶠，奸匪所匿」之說法，可知此時的枋寮是因軍事要地，因地理形勢而設防汛。不僅如此，此時枋寮亦因是修造船艦之軍工廠所在，益增其重要性，《重修鳳山縣志》記：

> 在縣治東南六十里枋寮街，購料造船、軍匠屯聚之所。按臺、澎各標營戰船，初俱分派通省內地廳員修造，康熙三十四年改歸內地州縣。其尚可修整而不堪駕駛者，內地之員辦理工料，赴臺興修。迨通省按糧議派，臺郡三縣亦分修數隻。後定在近道、府監修，統計閩省船隻勻派通省道、府，乃將臺、澎九十八船，內派臺灣道、府各十八隻，餘俱派入內地。既而仍歸內地修造，惟未至朽爛而不堪駕駛者留臺修補。至康熙四十四、五年間，仍俱改歸臺屬；而派府船數倍於道，令其與福州府分修，議於部價津貼運費外，每船捐貼五十金，續交鹽糧廳代修其半，道、鎮、協、營、廳、縣共襄厥事。嗣又專責知府，並將道船亦歸於府。雍正三年兩江總督查弼納題准，設立總廠於通達江湖、百貨聚集之所，鳩工辦料，較為省便。每年派道員監督領銀修造，再派副將或參將一員公同監視，務節浮費，均歸實用。部價不敷銀兩，歷來州縣協貼，仍應如舊。復經總督覺羅滿保會題：將臺、澎戰船九十八隻，就臺灣設廠，委令臺道、臺協監督修造；因設廠於此。

13　王瑛曾前引書，頁196。

14

　　依上引史料，修造戰船軍廠設置所在條件要「通達江湖，百貨聚集之所，鳩工辦料，較爲省便」，此所以枋寮經過這一番的兵備佈置，「內山有阨塞之繁，海港有巡遊之制，商民聚夥，軍匠輻輳，居然樂土」之寫實。

　　更番迭戍，固若金湯。不料時日既久，兵虛將惰，官多離汛，兵多聚賭，有汛防之名，無守望之實，多兵亦奚益乎？於是歷經同治八年（1869）、光緒元年（1875），光緒五年（1879）之三次陸續裁兵，鳳山縣駐防之綠營兵人數銳減，且因營伍廢弛，戰鬥力差，只擔任防守汛塘之工作，以後作戰之任務，全交由新設立之防營來代替。而枋寮汛先由下淡水營防守，道光中葉以後由臺灣南路營防戍。盧德嘉《鳳山縣采訪冊》丁部〈規制營汛〉記其時的枋寮汛：

　　　　枋寮汛，在港東枋寮街，縣東南六十里，屋二十二間，同治十二年巡檢司胡震建。光緒十九年，被風損壞，現租民房。駐額外一員，兵二名。[15]

　　可見枋寮汛此時之沒落，不被重視。而開山撫「番」之事，則由新設勇營負責，此時鳳山縣新設防營有：防軍營、防軍營右哨（俗呼鳥松腳營）、石頭營、打鼓山營，其中的石頭營，據《鳳山縣采訪冊》載：

　　　　石頭營，港東里三條崙嶺，縣東五十里，同治十三年，屯兵於此。現駐都司一員、兵二百名（內分札歸化門、力裏社、樹林口、浸水營、出水陂等處，各駐兵三十名，惟大營五十名，合二百名）。[16]

　　按，三條崙位於縣東南四十五里，乃險隘所在，設有「番」屯（放

---

[14]　王瑛曾前引書，頁 192~193。
[15]　同註 10。
[16]　同註 10，頁 143。

索屯），駐有外委一員，兵三百名。[17]同書乙部〈地輿諸山〉記三條崙嶺：

> 三條崙嶺，在港東里，縣東五十里，脈由南崑崙山出，同治十三
> 年屯兵於此（營地即在嶺上，現有營官鎮守），上有新開石路可
> 通卑南覓。[18]

據此，可知前述簡介所謂自嘉慶年間以來駐有軍隊云云，實為揣測
之詞，不足憑信。石頭營之得名乃因此地駐有軍隊，壘石為牆環繞軍營
而來，並且此營始自同治十三年（1784）之屯兵，而非早自嘉慶年間。
而可怪者，石頭營大營營地在今春日鄉三條崙附近（清代仍隸屬鳳山
縣），駐紮地點有歸化門（今歸崇）、力裏社（今力里村），樹林口、浸
水營、出水陂，而無今枋寮鄉玉泉村，則此地「石頭營」地名之從何而
來，頗成一疑問？[19]並且玉泉村原屬於太源村，於民國四十七年才分出
另設，而兩村過去皆名為「大餉營」，則此聖蹟亭名稱實應改為「大餉
營聖蹟亭」較為妥當。

至於石頭營駐紮之地，「上有新開石路可通卑南覓」，此一新開之路
線，《鳳山縣采訪冊》竟然未有詳確記載，而胡傳《臺東州采訪冊》反
倒有所記載：

> 今前後山相通只三條崙一縷之道，乃光緒八年以後提督周大發，
> 張兆連相繼開通者。自鳳山東港東南行三十里至三條崙，上嶺十
> 五里至歸化門，又東南七里至六儀社，又南十三里至大樹前，又
> 南下嶺十五里至大樹林，又南下嶺十八里至出水坡，又東七里下
> 嶺至溪底，沿溪東行七里至海，曰巴塱衛，折而北沿海行十五里
> 至大得吉，又北十五里至虷仔崙，又北二十里至知本社，又北二

17 盧德嘉前引書，頁147~148。
18 盧德嘉前引書，頁40。
19 按王元穉《甲戌公牘鈔存》收〈游擊王開俊稟報〉，文中稟報：「去枋寮三里之北勢寮莊
　口有一地址，名曰石城，係嘉鹿、楓港通衢。聞乾隆年間，福中堂於此立案，遺蹟宛然。
　於二十一日黎明，興工動土。二十三日，粗經成壘，計營地周圍七十五丈，牆高六尺許，
　皆砌以石，外濠深廣各六、七尺。」則不知是否因時日湮久，村民張冠李戴，以訛傳訛，
　將北勢寮之石城名及駐軍，誤導至今玉泉村之石頭營地名！

十里至埤南。[20]

　　尤其可喜者，光緒十八年應聘爲胡傳幕府之池志徵，由臺北至臺南，再到臺東，前往履職，舉凡山川之扼要、人物之蕃昌、風俗之奇異，以及社寮險阻、民番雜處之情況，莫不記之，成《全臺遊記》一卷，其中有經三條崙古道之詳細記載，此一資料足爲臺灣割讓前夕之寫照，令人倍覺可貴，茲摘錄如下：

　　明年（按即光緒十八年）正月，張公轉薦余於臺東營刺史胡公幕府。……廿二日由雞籠上船，自雞籠至澎湖……澎湖至安平一百五十里，次早謁臺南道顧公，……在道署二日，欲訪友人孫君巡檢於大武壠。……留三日，仍回臺南道署。查安平到臺東，尚有九站山路。……十二早出安平城，南行二十里曰大湖……再二十里曰阿公店……十三早，由阿公店二十里曰楠梓街……再行六、七里，爲鳳山縣城……十四日出鳳山城，東行十五里曰林仔邊……過溪爲東港，宿焉。……十五日，兩轎夫不肯行，遂止東港。……十六日，由東港行約五里……再行十五里曰蕭家莊。……再行二十里爲石頭大營，即東州界，止焉。營官譚鎮軍以余統營幕府，即以官銜手版聲砲，飭隊而迎。欲於次日上三條崙，譚營官曰：「去此數里皆番山險社，地僻人稀，非多隊不能行，必須敕營先飭知各分棚，以便派差伺侯」。遂勉留一日。

　　十八日，譚營官即派哨官一人、洋槍隊二十人、刀叉大旗對號各二人，護余上嶺。十五里至歸化門營，換隊焉。又十五里至六義社營，又換隊焉。又八里至大樹前營，止焉。營官歐君曰：「自三條崙至此，雖峻嶺，馬轎皆可行，過此四十里，凶巖峭壁，草木蒙茸，非番轎不能涉，故敕營半番兵焉」。十九日歐營官即備番轎一乘、番兵三十人，皆執槍矢以行。歐君復曰：「此去二、三里煙瘴甚屬，歲不見天日，六月非重棉不暖，公須含檳榔數口，以避氣焉」。番人每行數十步，輒長嘯一聲，作老鵰鳴，其聲甚裂，群山皆應。復前行數武，見高峰數重，果皆壁立，番人屢以指語。不能轎，遂下轎攀援而上，屢涉屢仆，不得已復命兩番兵

20　胡傳《臺東州采訪冊》〈疆域〉（國防研究院，民國57年10月出版），頁3~4。

挾掖而行。煙霧淋漓，十步之外不見人，鹿啼猿吼，遠近俱聞，如是者十八里到大樹林營焉。大樹林十里，兩旁皆合抱大樹，樹黑如山，人怕樹中行，兇番往往匿此以槍矢殺，人，月必數發。番兵過此，砲聲不絕。屢以番語告人曰：「隔隔莫」，又曰：「麥溜溜」。隔隔莫，謂小心也；麥溜溜，謂快走也。再行十五里，為出水坡營，遂下嶺焉。下嶺較上嶺愈險且竣，余既不能步，祇得面山背坐，閉目任扛。八里為溪底營。谿底亦為番社最險之區。谿闊數里，冬春水涸可涉，秋夏颶風暴雨，往往漂人入海。兩山谷壁，皆作奇形。獼猿數百，見人不避。忽聞砲聲，群焉升木，林樹遂震震有聲。有一哨兵告余曰：「數日前有兇番於此殺二人焉」。時日未暮，陰風怒號，巖壁半黑，鴉鳥無聲，余心悚焉。今晚遂回舍谿底營。

十九日，出谿底營，四里皆海岸行，北風捲面，塵揚接天，怒濤拍岸，倒捲如山。回視昨日所過諸峰，或霧或日，皆矗立萬疊，不知昨日何以能過之。天地之色，至今日又為一變矣。十五里到巴郎衛。二十里到大竹篙，飯焉。又二十里到蛤仔崙。又八里到大麻里，亦大營，宿焉。

二十日，自大麻營復遵海而行，數里遙見野番數人，皆卉服佩刀、騎牛高嘯而來，余心復驚。哨官曰：「此皆已撫之良番，毋慮焉。前途山麓東西，茅穴纍纍，皆其寮社也」。余自十八日上三條崙，被凶茸、歷瘴毒，旁行四百里，上升崖懸，下墜壑窨，夐不見人，至今日茅荒沙渚，始遇島夷，則此行險苦可知矣。二十里到知本營。有番兵四人適殺鹿刺血而飲。李哨官留余午飯，遂煨鹿脯以待。飯後約行五里，遙見海中兩嶼對峙。哨官告余曰：「彼火燒嶼也，縱橫二十里，天清斯見，見者次日必大風；離此約六十里，居民五百餘家，商船避風，間有至其地者。其一則紅頭嶼也。此嶼皆番族穴居，不知耕稼，以捕魚、牧羊為生，形狀無異野番，而性較馴。牧羊於山，剪耳為誌，無爭奪詐虞之習。民人貿易至其地者，攜火槍至，則知其能傷人也，輒望然避之。語音頗類太西洋，然實莫測其所由。統島周圍約五、六十里，島有高至六、七十丈者，而男女大小不及千人。光緒三年，恆春縣周有基嘗率

船政學生至其地」。又行十里，則埤南大營焉。[21]

胡傳前揭書〈兵事〉項又復詳記此條古道開發始末：

> 三條崙現在通行之道，訪聞係八年周提督大發屯兵三營所開，九年裁去，調張提督兆連鎮海後軍中營接開。十年，張提督移駐埤南，乃募南路屯兵二哨分駐防。[22]

關於南路屯兵二哨，同書〈營汛〉有記載：

> 南路屯兵二哨；管帶官一員……正哨長二員…副哨長二員…什長十五名……親護兵三十二名……正勇一百四十名……伙勇十七名……長夫五十六名……查南路屯兵，光緒八年原設三營，九年裁去。十年復募二哨，共二百一員名。十八年正月，裁正勇八名，長夫十六名，以親兵及左哨七隊駐防三條崙；五、六隊分駐出水坡，七、八隊分駐溪底。十八年秋，調溪底防勇併歸三條崙。[23]

據此項記載，與前引《鳳山縣采訪冊》「石頭營」記載相對照，可發現分防地點，兵勇人數恰相符合，可知石頭營者，即是光緒八年周大發所募屯兵三營，九年裁去，十年復募二哨，共二百一員名。而且胡傳在「營汛」下特別註明：「經制額兵，營汛未設，僅列防營人數、餉數及駐防處所」，[24]可知石頭營非經制額兵（即綠營），乃募勇而得之勇營，是以餉銀優厚，則地名「大餉營」之由來，殆與此有關乎？

總之參考胡、池二氏記載，可知此路線是由東港東行至今枋寮鄉，再上三條崙，入山東南行，經歸化門（今歸崇），上稜線，經六儀社（今力里村）、大樹前（今具馬奴山）至大樹林山（今大漢山）；復走稜線至出水坡（今浸水營），順稜線東南下坡，至溪底（約今姑仔崙新社）再沿今大武溪東下至巴塱衛（今大武），接臺九線公路，以下折而北行，經大得吉（今大武鄉大竹）、虷仔崙（今歷坵）、知本，至今臺東卑南。

21　池志徵《全臺遊記》，收於諸家《臺灣遊記》，臺銀文叢第八九種，頁 9~15。
22　胡傳前引書，頁 67。
23　胡傳前引書，頁 16。
24　胡傳前引書，頁 14。

　　此條路線，所有「番」社、民莊皆在山之麓、水之濱，所謂山路，不過鳥道一線，旋開旋塞，地多曠土，草生甚茂，山頗陡峻，兵民無所憑依，防不勝防，不得不壘石爲牆，以作營盤之固，可想見甚爲艱辛危險之狀況，是以舖遞路線所經，「凡二十二處，皆防營所駐之區，其遞送公文，皆由營派勇夫，未設舖遞，亦無額設舖兵也。」[25]，前引池志徵之遊記內文亦可爲佐證之一。也因此，胡傳對於開山撫番一事，頗有異議：

> 臺東僻在後山，拊全臺之背。用兵經營其地，以杜外夷窺伺之萌……然由前山陸路勞師鑿險，冒瘴深入，扼要設防，剿番撫番，招民墾荒，不遺餘力已二十年，糜餉已數百萬，而兵猶不撤，歲費尚需十餘萬金，……而至今民不加多，地不加廣，如耕石田，徒費財力，且將成爲漏卮，無所底止。……今我開後山，乃反其所爲，舍海道、棄舟楫，專事陸路，道踰山嶺，穿番社，力求深入。處處設防，處處爲番所牽制，徒自罷其力於荒山窮谷之間，如羝羊觸藩，不能退、不能進。師老財費，夫何怪焉！[26]

其致邵班卿書函亦認爲：

> ……皆同治十三年以後，用重兵，糜鉅餉之所開，今已阻塞不復能通，前功盡棄矣，目今通行之道，只有鳳山枋寮之東十五里三條崙新路，一縷可達後山之巴塱衛，乃光緒十四年所開。……自議開山以來，十有八年矣！所辦剿、防、撫、墾四大端，弁勇之死於此者以萬計，國帑之糜于此者以千萬計。[27]

池志徵本人也持相同看法：

> 沈公以海途風信靡常，輪舟不能停泊，始議由鳳山、恆春鑿山而進。其途凡三出，而總以三條崙爲通衢，然亦左山右谿，鳥道一線，側足乃通。余甚怪當時官吏拔山通道，斬棘披荊，糜國家金

---

[25]　胡傳前引書，頁 17。

[26]　胡傳前引書，頁 5~6。

[27]　胡傳《臺灣日記與稟啟》卷一〈致邵班卿〉，臺銀文叢第七一種，頁 66~67。

　　錢數百萬，僅開此三百里無益之巖疆，亦可為失計較矣！[28]

　　可見同治末年以來，耗費鉅餉所開闢之越山道路，由於多沿山胞番仔路之簡陋小徑，路況十分不理想，再加上魯凱、卑南、排灣三族之未平服，常為所阻，或塞或廢，不能常通，不得不派駐軍隊，據險隘鎮守，以維持山路之通暢，但效果不彰，又不得不覓路新開，清代如此，日據時期亦復如此。

　　大正六年（民國 6 年，1917），日人闢建警備道路，越嶺而過，西起枋寮，經水底寮（今枋寮鄉天時村）、崁頭、歸化門、力里、大樹林、浸水營，越過出水坡、姑子崙南坡，再東下大武溪，路沿溪谷而開，以至大武，稱為浸水營橫斷道，是為控制排灣族而建。光復後因浸水營附近列入軍管區，東部越嶺路段受阻而荒廢。[29]不過最近經楊南郡先生探勘結果，發現古道的西段仍保留不少路段，偶爾會與大漢林道重覆，至於東段則有許多路因為大武林道之開闢而被破壞。但令人興奮的是在浸水營右道上，發現了樹林口清代營盤址的石砌駁坎。[30]

　　總之，綜合上文所考：可知此條古道是由東港東行，經今枋寮玉泉村石頭營、三條崙，入山東南行，經崁頭、春日鄉之歸崇、力里村、具馬奴山、大漢山、浸水營、姑子崙至臺東大武，折而北行至卑南，與日據時期經由水底寮入山略有不同。此條古道始於光緒八年（1882）周大發率領屯兵三營開鑿；九年，續由張兆連率鎮海後軍中營接開。光緒十四年，埤南番社亂，路況不穩，一度中斷，劉銘傳調大軍往剿，諸叛「番」乞撫，方得又開。之後，以三條崙石頭營為大營營地，駐都司一員，率領親兵、左哨五十名，並分札歸化門、力里社、樹林口、浸水營、出水坡等處，各駐兵三十名。古道上少者五里，多則一、二十里，安置防勇，築壘棚，以避風雨，以安民番，以送郵遞，兼作行旅往來，軍民歇息之所，考其功能，實與清代綠營制度下之汛塘功能相同，具有巡防稽察、捕匪防盜、傳遞消息之作用，惟一異者，且為其貢獻者，兼負有開山撫

28　池志徵前引文，頁 15。

29　黃炫星《臺灣的古道》，（臺灣省政府新聞處，民國 80 年 9 月出版），頁 200~201。

30　見中國時報民國 82 年 8 月 16 日第八版報導。

「番」之大任也。

第四節　大餉營軍隊及南部古道之考證

石頭營之考證已略如上節，今則進一步考證大餉營。

前文已述今玉泉村原名大餉營，此地之開拓始於同光年間，且同治十三年（1874）始屯兵於三條崙等線索，可推知「大餉營」應與同治十三年起之開山撫番軍隊有關。

沈葆楨在牡丹社事件後，全力闢闕北、中、南三路，北路即蘇花古道，中路就是有名的八通關古道，其中南路築有二條，一條是赤山卑南道，由南路海防兼理番同知袁聞柝率兵三營監督築造而成，長約一百八十華里，《鳳山縣采訪冊》記：

> 崑崙坳山，在港東里，縣東五十五里，即南太武、南崑崙二山之凹折處。內有崑崙坳社、烏鴉石村、內社生番居之。其上新開石路，可通卑南覓。按縣治出東門八里至芎蕉腳莊，又七里至鳥鼠洲莊，又至兩魚山，又十五里至雙溪口，又五里至內社，又十五里至崑崙坳，又十里至大石巖，又四十里至諸也葛，又二十里至干仔崙，又十三里至大貓裏，又四十五里至卑南覓，綜計一百八十三里，入卑南覓界。[31]

胡傳《臺東州采訪冊》也記：

> 謹按舊通臺東之道有六……一由鳳山東三十里之下淡水東行十二里至赤山，又十里至雙溪口，又五里至內社，又十五里至崑崙坳，又十里至大石巖，又四十里至諸也葛，又東二十里至虷子崙，此同知袁聞柝所開之道也。……以上六道，皆同治十三年秋冬以後，督辦臺灣海防大臣沈公葆楨建議用重兵，靡鉅餉所開，穿番中以行，處處築堡設防，剿撫兼施，不遺餘力。然兵甫撤，而道即為番所阻塞。今皆不復能通行，前功盡棄矣！[32]

31　盧德嘉前引書，乙部〈地輿〉〈諸山〉，頁38。
32　胡傳前引書，〈疆域〉，頁2~3。

　　此條古道爲南路主線，姑且稱之爲「赤山古道」，其路線西起鳳山縣治，經赤山、雙溪口、內社、崑崙坳、大石巖、諸也葛，至虷仔崙，再南接大貓裏至卑南覓，綜計約一○五公里。路線所經今地名，古道專家楊南郡先生研判：（一）「內社」應是排灣語 Rai 的臺語讀音，今譯「來義社」。（二）「崑崙坳」即「古樓社」，排灣語唸：Kunanau 或 Kulanau，日本人類學者鳥居龍藏曾將古樓社寫成日文：コソロナソウ（Konlonnau），非常接近「崑崙坳」的臺語讀音。（三）「虷仔崙」就是金崙的舊部落，即金崙溪終點站。路線是從今屏東縣萬巒鄉萬金村南下，進入山區第一站便是庫瓦魯斯溪與來義溪的匯流處「雙溪口」，經舊來義社、舊古樓社，從古樓社東方的大石巖獵場，升到中央山脈衣丁山的南鞍，翻過主脊後，沿大里力山支稜北側溪谷，斜升至支稜末端的諸也葛，再下降到金崙溪主流，沿溪岸東行，最後抵達金崙舊部落「虷仔崙社」。於是楊南郡、林古松兩位先生率領一批大學生，在民國八十三年（1994）1 月，入山實地踏勘，證實了此一路線，除了古道、石階、浮築橋外，還尋獲了六處清軍的營盤址。[33]

　　此路之開墾，極爲艱辛，不僅地形險惡，又須防患疾疫及山胞之攻擊，胡傳同書記：

> 七月，沈公遂命袁聞柝募綏靖軍至鳳山之赤山開道，由南路進……南路袁同知之兵，八月由赤山入雙溪口。沈公復派臺灣鎮總兵張軍門其光撥所部副將李光；十月，進紮諸也葛社；十一月，抵埔南。張軍門之軍亦進紮諸也葛、虷子崙、大麻里一帶。十二月，袁同知染瘴回郡就醫，通判鮑復康接帶綏靖軍。[34]

羅大春《臺灣海防並開山日記》也記載：

> 「……我二起准軍，於（八月）十四、五、六等日，以次由旂後抵紮鳳山。張奎垣、吳霽軒兩鎮軍所募粵勇三千餘亦到，擬駐郡

---

[33] 詳見中國時報人間副刊「南路大發現」專輯，於民國 83 年 5 月 3 日～6 日所連載之：（1）楊南郡〈南路探勘前夕〉，（2）林古松〈南路小檔案〉，（3）林學聖〈崑崙坳古道初探〉諸文。

[34] 胡傳前引書，〈兵事〉，頁 63。

城。同知袁聞柝親督卒徒自赤山步步為營，跨獅頭山，入雞籠坑，距崑崙坳──蓋諸山之脊也。卑南番目牙等、陳安生等，已自率番眾由本社循山闢路，出至崑崙坳相迎；其附近番社各繳倭旂多面，以示輸誠。八月初八日，復有崑崙坳及內社番目率二百許人來袁營，請領開路器具，願為前驅，分別賞賚訖。詎其旁有望祖力社兇番，其土目名武甲，與卑南社素仇，率眾伏殺之。番與抵禦，殺武甲等三人。袁聞柝急馳至，排解之。星使慮袁軍之深入無助也，以副將李光率勇三哨紮雙溪口，遊擊鄭榮率一營駐內埔莊應之。十一日以後，內山風雨暴作，棚帳皆飛，為之停工者數日。然一過崑崙坳，則近卑南地界，經諸番墾荒闢穢，雖未必合法，然從而擴充之，沿途尚易施工也。……此八月以前南路大概也。」

「南路自八月……袁丞聞柝開山已越崑崙坳，更八十餘里即卑南界，憑高俯瞰臺東海色，如在几前。惟山徑愈深，番社愈雜，沿途留隊扼險，兵力漸單，星使檄張奎垣以新到粵勇兩營濟之。」

「（十一月）……南路一帶，自袁聞柝九月間率綏靖一軍越崑崙坳而東，張奎垣派李光領隊繼之，李營至坳東，袁軍乃得拔而前進。自崑崙坳至諸也葛，計程不過數十里，而荒險異常，上崖懸升，下鑿智墜。山皆北向，日光不到，古木慘碧，陰風怒號。勇丁相顧失色，只得中止。……既而都司張朝光、張天德分率營哨至大石巖、諸也葛，袁軍乃得前進卑南。諸也葛以下平坦，但榛蕪未剪，焚萊伐木，頗費人工。而袁丞累夜露宿空山，感受瘴癘，亦抱恙甚重。星使當以候補通判鮑復康暫領其軍，俾歸郡就醫。未至，而袁丞已興疾率旅徑抵卑南。張天德一軍亦趨大貓貍，與之犄角。崑崙左近兇番，懲儆之後，雖無敢生心，惟山道險遠，糧運艱難……幸派營分布，聲勢尚屬聯絡耳。」[35]

沈葆楨〈南北路開山並擬布置琅璚旂後各情形摺〉有更詳細的記載：

茲疊據報稱：南路一帶自九月間袁聞柝率綏靖一軍越崑崙坳而東，張其光隨派副將李光領前隊繼之；十月初一日，李營至坳東，袁

35 羅大春《臺灣海防並開發日記》，臺銀文叢第三〇八種，頁 25、26、29、34、35。

聞柝乃得拔營前進；初七日至諸也葛社。自崑崙坳至諸也葛，計
程不過數十里，而荒險異常：上崖懸升，下壑賢墜，山皆北向，
日光不到，古木慘碧，陰風怒號，勇丁相顧失色，不能不中途暫
駐，以待後隊之來。當袁聞柝駐營諸也葛之日，正張其光在內埔
辦理兇番之時。內社地有老鴉石者，崑崙坳之西境也。初八日，
張其光左營有勇丁五人，暮經該處，草間突起數番截殺何禮一名、
槍傷譚大一名，旋經都司張欣、守備周恩培等派隊追趕，該番逃
散無蹤。隨傳內社頭人陳汝玉，查係七家蛋社兇番，正在勒限緝
辦。二十四日，參將周善初出哨雙溪，路見無首勇丁橫臥血地；
方深疑駭，旋見兇番多人執械向山坡狂竄。揮勇追之，適周恩培
出哨，橫截坡前，槍斃其一、兜擒其三，餘悉散走。訊供：被殺
者曰拉立、被擒者曰亞利目、曰蘇拉、曰白牛，俱為陳阿修社番，
即割路旁勇丁之首者。譚大、何禮之死，亦該番糾同七家蛋社所
為不諱。張其光即將三人就地正法，以快人心。二十日，都司張
朝光率兩哨營於大石巖、都司張天德亦率隊至諸也葛，袁聞柝乃
得拔營前赴卑南。諸也葛以下地略平坦，但榛蕪未翦，焚萊伐木，
頗費人功；而該丞累夜露宿空山，感受瘴癘，染病甚重。臣等聞
信，即委候補通判鮑復康馳往暫領其軍，俾歸郡醫治；未至，而
該丞已興疾率旅徑抵卑南，張天德一軍亦趨縶大貓狸與之猗角。
目下卑南一路業已開通，甚崑崙左近雖有兇番出沒，已分別懲儆，
諒無敢生心。惟山道險遠，糧運殊難，而卑南一帶海口，當此東
北風司令，波濤拍岸，倒捲如壁，船隻不能攏泊。現聞袁聞柝病
體漸輕、鮑復康亦已到軍，自內埔至卑南均已派營分布，聲勢尚
能聯絡：此南路近日開山之情形也。[36]

　　並於光緒元年九月二十八日之〈請獎剿番開山出力人員摺〉中總結
開山撫番之艱辛與功勞，稱道：

　　至去年五月以來開山撫番，南路則由內埔、崑崙、諸也葛、大貓
　　釐等處而入卑南；北路則由蘇澳、大南澳、三層城、馬鄰溪、鯉
　　浪港等處而抵加禮宛、秀姑巒；中路則由大坪頂、大水窟、鳳凰

36　沈葆楨《福建臺灣奏摺》，臺銀文叢第二九種，頁5~6。

山、茅埔、東埔等處而抵霜山。計三路開地各數百里、百餘里不
等，均係束馬懸車，緪幽鑿險，隨地隨時創碉設堡，勦逆撫良，
艱苦勞瘁亦比尋常行軍過之，其或襄贊機密於風鶴動心之日，或
建築城壘於驚沙烈日之中，或涉重洋以購軍需，或冒奇險以籌接
濟，或率偏師以扼要隘，或捕積匪以靜內訌，或司偵探以濟兵謀，
或聯鄉團以固邊圉；均能始終勤奮，著有成效。[37]

　　據上引史料，知此條古道，由今鳳山市東行，經今屏東縣萬丹鄉下
淡水，東行至萬巒鄉赤山村，南行至該鄉新置村雙溪口。入山，溯今林
邊溪而上，至來義鄉的內社（今稱來義莊），再溯內社溪及支流瓦魯斯
溪而上，經泰武社，走山稜線，抵北大武山南鞍部（即崑崙坳）。越嶺，
經方屯山（昔大石巖），順諸也葛溪（今金崙溪）東下，抵溪畔之諸也
葛（今新興社）。由此順溪而下，地勢平緩，經虷仔崙（今歷坵），抵達
海口之金崙，再沿海岸北上，經大貓裡（今臺東縣大麻里鄉）、知本，
而到達今臺東卑南。現今崑崙坳尚存清代營壘，壘中有一小祠，作為登
北大武山者的休憩處及擋風牆。然而此路開通後竟影響波及恆春之繁
榮，實始料未及，屠繼善《恆春縣志》載：

　　其平時出入，則惟以楓港、四重溪兩處為要道。西南沿海一帶，
　　以及縣東之射麻里、萬里得、牡丹灣等處，先為卑南商民通衢，
　　旋以崑崙坳、諸也葛一路拔木通道，則恒春遂成偏僻矣！[38]

　　南路另一條古道是射寮卑南道，長約二百多華里，始於同治十三年
八月動工，十二月告一段落，由臺灣總兵官張其光督造而成，《鳳山縣
采訪冊》記其路線：

　　南崑崙山（亦名廊亭嶺山），在港東里，縣東七十三里，高出雲
　　表，其大亦與南太武相埒。內有本地社（即冀箕社）、頂望仔、
　　立下望仔、立加礍社、陳阿修社、沙里老社、北力力社、加無朗、
　　古阿崙等社。所產樹木（附近粵民與平埔番、山番熟識者，往往

37　沈葆楨前引書，頁78。
38　屠繼善《恒春縣志》卷一〈疆域〉（國防研究，院，民國57年10月初版），頁8。

相邀上山伐木，放火燒炭，搬運下山，每夜望見火光一團，即知為山麓人在彼焚炭。漢人名為番山夜火云），金線蓮（性極涼，能治熱症，漢人皆珍貴之，縣城有購自藥圃者，其價頗昂，洋銀一元僅得一兩五錢。若內山則一元可買數兩）及番黍、番芋，生番賴之。上有新開山路，可通卑南覓。按縣治出東門，五里山仔頂，又三里芎蕉腳，又七里頂鳥鼠洲，又五里新園街，又十二里崁頂，又八里射寮，又八里半紅泥嘴，又十六里力裏社，又八里半南崑崙，又二十里古阿崙，又二十三里春望巖，又十里大鳥萬溪口，又四十三里大貓裏，又四十五里卑南覓，綜計二百十四里，入卑南覓界。[39]

胡傳《臺東州采訪冊》亦載：

> ……一由鳳山之下淡水東行三十里至射寮，又八里至紅泥嘴，又十六里至立里社，又九里至南崑崙，又東二十里至古阿崙，又二十三里至春望巖，又東十里至大鳥萬溪，又北十里至虷子崙，此總兵張其光所開之道也。[40]

《臺灣輿圖》之〈恆春縣輿圖說略〉記載：

> 而卑南之途，又凡三出，其闢自通判鮑復康者，自楓港、射不力、圓山、雙溪口、大雲頂、魯木鹿、阿郎壹而至者，計程二百三十六里。又自鳳山縣之下淡水，歷射寮、南崑崙、大鳥萬而至者，計程二百四十里，總兵張其光所闢也。又自下淡水歷崑崙坳、諸也葛而至者，計程一百七十五里，同知袁聞柝所闢也。[41]

《臺灣地輿全圖》之〈鳳山縣輿圖說略〉亦記：

> 邑東二十里為下淡水，設縣丞。該處通埤南有二路：一由三條崙歷巴塱衛至埤南，計程二百二十二里。一由赤山歷崑崙坳至埤南，計竹程一百九十五里，皆光緒元年新闢之路。近年多由三條

---

[39] 盧德嘉前引書，乙部〈地輿‧諸山〉，38~39。

[40] 同註32。

[41] 夏獻綸《臺灣輿圖》，臺銀文叢第四五種，頁50~51。

崙行走。[42]

可知南路此條古道乃自鳳山縣治起，經射寮、力里社、南崑崙、古阿崙、春望巖，至大鳥萬溪口，再南接大貓裡至卑南覓，綜計約一二三公里。

總之，這二條新闢之路不僅是在光緒元年所闢，前述恒春通埤南之路，由楓港翻山，歷雙溪口，達阿朗壹至卑南，也是光緒元年新闢之路。不過此路少人行走，多由鳳轄之東港三條崙一帶往來，影響所及，竟造成恒春一邑之蕭條，亦始料未及。蓋恒邑地處偏僻，山海交錯，陸行則有「番」患，舟行則有風險，且無貴重土產，是以商賈罕至，往來僅營勇、墾民、小本商販而已。若能各處荒郊，全行開闢，種植農產，地利非不可興，而三條崙通路之後，竟成僻境，行旅稀少，屠繼善《恒春縣志》卷一疆域記：

> 臺南郡城至埤南覓，向由鳳山之東港沿海南行，越楓港、車城，入恒春縣城西門；出東門，過射麻裏、高仕佛、牡丹灣等處，而至埤南覓。自三條崙通路以後，往來皆由東港分路北行，而恒春縣城至牡丹灣一帶遂成僻境。[43]

同書卷十九〈兇番〉亦記：

> 光緒初年，夏筱濤觀察建沿海碉堡一十九座，堡有土勇，實為防番良策。自卑南改走三條崙以後，則恒春遂為偏僻，而碉堡亦不駐勇矣！[44]

---

[42] 《臺灣地輿全圖》，臺銀文叢第一八五種，頁 70。

[43] 屠繼善前引書，頁 38~39。

[44] 屠繼善前引書，頁 298。

圖 1：清代臺灣府鳳山縣分圖

　　此三條崙古道即前述從射寮至卑南之道路，「射寮」一地絕非今車城鄉之射寮，然而究竟在那裏，成一疑問，坊間一般提及古道之書籍，多簡略記述在今枋寮鄉附近，未明確指出位置，伊能嘉矩《臺灣文化志》中卷第十一篇〈交通沿革〉第六章「道路」中提及此路，於「射寮」地名下注：「屬港東下里大餉營庄」，[45]經查《臺灣輿圖並說》之〈鳳山縣圖〉（光緒六年刊本，如附圖 1），射寮位於紅泥嘴西南方，正是昔日大餉營庄之所在，今日玉泉村左右之位置。則可知此路大體係由今枋寮鄉玉泉村起，東行至力里溪出山口的紅泥嘴（土音泥寮，今稱禮寮）入山，溯力里溪而上，至今春日鄉力里村（即立里社），至七佳，上稜線，經南崑崙、姑仔崙山。下山，經春望巖（今臺東縣大武鄉加奈美山），下山至大鳥萬溪（今大溪大鳥村），沿海邊北行，至虷仔崙（今歷坵），銜接袁聞柝所開之赤山古道。此三條崙古道並經前述楊南郡先生等人於同年三月踏勘，尋獲了排灣族姑仔崙大社舊址附近的清軍古阿崙營盤址及五角形碉堡，這些史蹟遺物為此條古道提供了直接證據。[46]

　　三條崙古道路線之稽考略如上述，則可確知經過大餉營庄，且是張其光所部開闢，則大餉營地名之由來應與張其光部隊有關。是時總兵張其光所部營勇稱福靖前營、左營、右營三營，係粵軍，由張其光、吳光亮等粵系將領統帶，王元穉《甲戌公牘鈔存》有記此批粵軍招募拓墾始末：「鎮臣張其光原部一營，因廖有富尚未就擒，分駐彰化之三哨，一時未便撤動，只得先帶兩哨，於本（五）月初四日前赴鳳山，其新募五營，派員赴粵開招，到臺尚需時日。」[47]其後順利招募成軍，「鎮臣張其光與前南澳鎮吳光亮所招粵勇二千餘人，亦僱輪船於（八月）十七日到旂后，雖已登岸，以風濤顛簸，人力饑疲，俟暫息一、二日調來郡城分紮，一時兵勇聚增，聲勢頗壯。」[48]但此批粵勇後來卻調為別用，王元穉前揭書記：

[45]　伊能嘉矩《臺灣文化志》中譯本中卷（臺灣省文獻委員會編譯，民國 80 年 6 月出版），第十一篇〈交通沿革〉第六章「道路」，頁 446。
[46]　同註 33。
[47]　王元穉《甲戌公牘鈔存》之〈欽差大臣沈葆楨等奏〉，臺銀文叢第三九種，頁 98。
[48]　王元穉前引書〈欽差大臣沈葆楨等會奏〉，頁 134。

南路開山據袁聞柝稟稱：已越過崑崙坳，再八十餘里，即卑南之界，憑高俯瞰。臺東海色如在几前。惟入山愈深，番社愈雜。沿途留隊扼險，兵力漸單，請添營濟之。臣等飭張其光親率新到粵勇兩營，於（九月）十二日馳赴內埔察看情形，調度前途各軍，挨次進紮，使無後患。若工程順手，下月當能東達海濱。此臺南一帶之情形也。[49]

事實上，在這之前，張其光已先期展開撫「番」之作業，同書記：

當臣（潘）霨至舊城之日，鎮臣張其光業自鳳山，周巡下淡水之麟樂、上元等莊。同知袁聞柝派往卑南之弁回報，卑南番目與西路各社生番素無往來，仍須從下淡水一帶，先行設法招徠開路，方有把握。適張其光到彼查勘，詢自土人，咸以由潮州莊開通，路直而坦。現擬招徠後再行動工。當張其光之到鳳山也。千總郭占鰲帶崑崙鐃、望祖力、扶圳、鹿坡角四社番人遮謁，已經慰遣還山。迨抵下淡水，都司丁汝霖復稟稱，山豬毛社番之總頭人，亦願出山求見；張其光遂駐騎待之。[50]

羅大春前引書亦記：

（六月）……張奎垣鎮軍自鳳山周巡至下淡水之麟樂、上元等莊，同知袁聞柝駐卑南……將為開路之舉，必自下淡水入手，商諸張鎮軍，又以為由潮州莊開通，路直而坦。當鎮軍到鳳山時，千總郭占鰲、都司丁汝霖等先後率崑崙鐃、望祖力、扶圳、鹿坡角、山豬毛等社番目遮謁求撫，均慰受而遣之，此五、六月間南路所辦大概也。[51]

而且「張其光之經下淡水也，扶里煙六社番目，率百餘人迎謁，諭以薙髮開山，該番目等亦俱點頭遵照」[52]嗣後，張其光並調派部勇協助袁聞柝，如「臣等恐該同知孤軍深入，後援無資，札副將李光帶勇三哨

---

[49]　王元穉前引書〈欽差大臣沈葆楨等會奏〉，頁148。
[50]　王元穉前引書〈欽差大臣沈葆楨等奏〉，頁104。
[51]　羅大春前引書，頁19。
[52]　王元穉前引書〈欽差大臣沈葆楨等奏〉，頁112。

進紮雙溪口，遊擊鄭榮帶勇一營進紮內埔莊，節節相銜，庶入山日深，後顧無虞。」[53]袁聞柝率綏靖一軍越崑崙坳而東，張其光隨派副將李光領前隊繼之。十月初一日，李營至坳東，袁聞柝乃得拔營前進，初七日至諸也葛社。開山撫番，榛莽廓清，按隘設碉，步步為營，「其原駐琅璚之淮軍、原駐崑崙坳之粵軍，仍照常堅紮，以鎮民番。」[54]、「卑南一帶，署臺防同知袁聞柝，現方招集屯丁建築碉堡，為經久之計。內埔、崑崙坳、諸也葛等處，鎮臣張其光仍駐營彈壓，地方均稱安謐。」[55]、「至卑南等處，自內埔以至大貓釐，張其光諸營分布其間；袁聞柝病痊後，業再馳往經理番情，尚稱安帖。」[56]

關於南路此兩條古道，時任福建巡撫之王凱泰於《臺灣雜詠》之續詠十二首中吟道：「雙溪迤邐轉崑崙，直向卑南問水源；正是艱難初著手，如何此事不推袁！」並在原註中作一評論：「袁警齋司馬南路開山，由雙溪口至崑崙坳入卑南，山徑崎嶇。緣上年時勢，不能不於此路先開。嗣鮑吉初通守開楓港，張奎垣鎮軍開射寮，路較平易矣！」[57]此論可稱公允，可見公道自在人心。

要之，此批招募之弁勇，有事則當勇，無事則開山，山路既開，即可分移各處墾荒。諸營之中，又以福靖左營為主，故傷亡特重，如「張其光在內埔辦理兇「番」之時，內社地有老鴉石者，崑崙坳之西境也。初八日，張其光左營有勇丁五人，暮經該處，草間突起數「番」，截殺何禮一名、槍傷譚大一名……」[58]、「管帶福靖左營、溫州右營遊擊王開俊，本年（光緒元年）正月初八日以入剿獅頭社番，遇伏陣亡。」[59]、「連日福靖左營之勇被殺者五，南勢湖之勇殺者一，含沙射影，防不勝防。」

---

[53] 同註48。

[54] 沈葆楨前引書〈商辦獅頭社番摺〉（光緒元年二月十七日），頁28。

[55] 沈葆楨前引書〈北路中路情形片〉（光緒元年五月二十三日），頁49。

[56] 沈葆楨前引書〈北路中路情形摺〉（光緒元年三月十三日），頁35。

[57] 陳漢光編《臺灣詩錄》（臺灣省文獻委員發行，民國73年6月再版），第九卷所收王凱泰〈（臺灣）續詠十二首〉，頁920。

[58] 沈葆楨前引書〈南北路開山並擬布置琅璚旂後各情形摺〉（同治十三年十二月初一日），頁5~6。

[59] 沈葆楨前引書〈游擊王開俊請卹片〉（光緒元年二月十七日），頁28。

[60]、淮軍攻破內外獅頭社後「抄出福靖左營旗幟十餘面，抬砲十桿……隨於前後溪壑覓得白骸甚夥，千總郭占鰲指爲王開俊及勇丁等捐軀之地，無貴無賤，同爲枯骨，慘目傷心，購木匣殮之。」[61]

淮軍完成圍剿「番」社工作後，將士勞苦之餘，疾疫病苦，遂全數移回鳳山老營，自光緒元年六月初旬，十三營淮軍，陸續內渡凱撤。而所留防衛，「先飭署臺防同知袁聞柝馳往接辦招撫事宜，復飭鎮臣張其光於前駐崑崙坳等處之四營內抽出六哨馳往會辦，總兵朱名登、副將王福祿兩營留紮刺桐腳，千總郭占鰲一營留紮南勢湖。」[62]可知三條崙古道原張其光所部駐軍，幾移調換防殆盡。而原王開俊統領之福靖左營委由王福祿接帶[63]，福靖營名號裁撤後，倂入鎮海軍，稱鎮海前營[64]，於光緒八年三月，副將王福祿與恒春縣知縣蔡麟祥，奉文會建起造鵝鑾鼻燈塔及守備署。及燈塔建成之後，回駐郡城，並添募營勇。在中法之役中，與劉璈舊部的岳營、鎮海左營，成爲劉璈直轄三營，負責曾文溪以南防務。光緒九年底，劉璈派岳營暨鎮海前營弁勇分段挑築臺南至安平道路，及大路旁建一砲營堅壘（今臺南市民生路二段前空軍醫院之永固金城），幾乎成爲專事工程的工兵營。光緒十年正月，永固金城完成，後移駐鳳山之大林仔邊（今高雄市大林埔海邊），量築營壘，以期居中策應。[65]至於以後之演變，已非本文範疇，茲不贅述。

要之，射寮卑南右道是張其光所部福靖左營所開闢、所駐防，至於「大餉營」地名之由來，或與「餉銀」優厚有關，「現時淮、楚各軍月餉均四兩二錢，魁桀者未嘗不爭趨若鶩。」[66]「蓋勇之得力，在於辦事容易，一切由營官主持，但能殺賊立功，即可兼食數名之糧，是以勇敢超群之士，多樂爲勇。」[67]況且此條古道又是運送鹽米、火藥、餉銀之

[60] 沈葆楨前引書〈報明南路剿番情形摺〉（光緒元年三月十三日），頁 30。
[61] 沈葆楨前引書〈淮軍攻破內外獅頭社摺〉（光緒元年四月二十三日），頁 42~43。
[62] 沈葆楨前引書〈臺南撫番就緒淮軍陸續凱撤摺〉（光緒元年六月十八日），頁 54。
[63] 同註 54。
[64] 石萬壽《甲仙鎮海軍墓勘查研究》，（民國 80 年 5 月定稿），頁 48。
[65] 石萬壽前引書，頁 52。
[66] 羅大春前引書，頁 38。
[67] 林豪《澎湖廳志》卷五〈武備〉，臺銀文叢第一六四種，頁 146。

撫番路線，一再招募土勇，調派弁勇，以供開山之役，無事以之開路，有事以之防「番」，而「番社愈進愈險，施工亦愈深愈難。且開通一層，便須分紮一哨，衛以碉堡勇夫，方無意外之虞。雖營頭愈多，餉需愈鉅，大局所係，何敢坐失機宜。」[68]

在此，舉一實例以說明開山撫番之鉅大花費，便可知曉，《臺案彙錄壬集》收有負責開闢中路之吳光亮〈擬上丁中丞片稟〉，詳述開山經費：

> ……緣自前年五月奉文募勇一千名來臺防海，其時必情慇投效者擁躋不開；然皆勇於打仗、勤於辦事舊人，不得不帶同東渡，共計逾二百七、八十名之多。其間臺灣軍務重大，多帶二百餘人，自無不可安置之處。迨抵臺以後，稟求至再，概不准行；思必負累不了矣。幸遇唐副將守贊募勇前赴北路尚未成軍，因得撥去一百名，以足該軍之數；其餘多係舊部保有官階員弁，不願往投別軍，祇得墊給口糧，帶隨差遣。嗣後瀝情，再三稟懇。至是年十一月十五日，幸蒙沈憲准補親兵一百五十名，每名月給薪水銀四兩二錢；尚有二、三十人，在營候遣。因念遠涉重洋，情慇報效，不得不公同喫飯，並各給親民口糧一名以示體恤。計自同治十三年七月二十由粵啟程起、至十一月十四日止將近四閱月，已墊去銀二千餘兩；又墊來臺時船價五百餘兩。迨奉文督辦中路開、撫事務，自移紮內山以來，如墊給番人來營飯食酒菜，不下千餘兩；又買備二營半藥材，亦將一千兩；又墊給員弁、通事、社丁人等入山查探、招撫及編造番冊等事用費未報銷者，亦約有一千兩；又查淮軍及北路羅提督兩處文武隨員俱有支食薪水，卑營文武隨員在營出力辦事者約有四、五十員，以及文案書手均未給請得項，亦墊二千餘兩。舊臘核數，業已虧累七千餘兩之鉅，人所共知。後因深入內山，勇額不敷派紮；請將原撥唐副將之勇一百名調回，議准另開一哨，以資分紮。原□每營營官，按月應給公費銀一百五十兩；卑營親兵一百五十名，並添開一哨，合成半營，月亦應支公費銀七十五兩，以資添補旂幟、號衣、醫藥、紙張、

---

[68] 王元穉前引書〈欽差大臣沈葆楨等會奏〉，頁127。

文案、書手一切費用。卻因○○公事紛繁，忘未請領，計墊一千兩有奇。其三節節賞，卻係發給二營半之數。惟墊給至於如此深重，勇足數實，術乏補苴。□□統領是軍，乃起服候補之員，非張鎮、羅提督之有俸廉可墊者比，不免東挪西扯；至於今，已屬告貸無門矣。乃薪水既無支食，而公費亦無絲毫；時恐愈累愈深，再四稟咨。無如沈憲度量寬宏，自不作主；致任唇焦額禿，均不准行。直至王中丞到臺後，洞察負累情形，函稱「致使閣下賠墊，弟等於心何安！容與支應局相商，再行回報」等語。候至舊年十月，方蒙議准按二營半自前年八月十七到臺起，每月補給統費銀一百兩。杯水車薪，終屬無濟。即今按月支領，亦祇敷油鹽、柴炭之需。然非王中丞見諒用情，亦斷難有也。辰下抱虧彌鉅，誠有不得了之勢；較之南北路情事，不啻天淵。緣沐垂青，用敢上瀆。[69]

支出如此浩繁，連沈葆楨亦難免感慨道：

淮軍雖已凱旋，而各路分布之勇約三十營，兵力猶嫌單薄，軍餉業已不貲，然尚有常額也。既防海，則砲臺有費、城邑有費、輪船有費；既開路，則橋樑有費、亭坊有費；既撫番，則碉堡有費、賞犒有費。應崖斗絕，糧道維艱，則儲運有費。荒谷招耕，農民裹足，則墾本有費。其餘棚帳、軍裝，則有歲更之費；瘴癘痍傷，則有醫藥之費、賙卹之費。似此者不一而足，俱難裁減。……而所謂金沙、銀礦，都屬影響之談，即使有之，亦苦費人力煎煉而成，所得不償所失。非無材木也，出運不得津塗；非無煤礦也，挖取尚須機器。……夫既創辦之甚難，而又無利源之可濬，當此帑項支絀、疫癘繁興，必有謂以不急之圖，勞民傷財，殊非善策者。臣等經營後山者，為防患計，非為興利計。為興利，儘可緩圖；為防患，必難中止。[70]

可知其中甘苦辛酸非局外人所能稔悉。既已開山通道，沿途山路不得不派勇營常川駐守，其間耗資「大餉」，自是驚人，加上此地又為新

---

[69]　見《臺案彙錄壬集》（臺銀文叢第二二七種），卷三第三十件〈擬上丁中丞片稟〉，頁99~101。
[70]　羅大春前引書，頁59~60。

闢之地，民少「番」多，識字者亦鮮，問以山水地名，往往瞠目不知，或舉「番」社之名以對，而又語焉不詳，譯之不確，不但山脈、川源難紀其實，而地名名稱亦無定焉，故清末名之爲「大餉營」，嗣後名之爲「石頭營」，皆因此故。

　　除上述諸史料之考證外，尚有一傳說可供旁證，加強本文之論點。屏東佳冬蕭家古宅名列三級古蹟，聞名南臺灣，關於蕭家的由來和事蹟，邱秀堂小姐曾訪其後裔蕭秀利、蕭福應兩先生，在民國六十七年九月號《臺灣》雜誌，發表過一篇特寫〈屏東的蕭家古厝〉，敘述其事，其中與本文有關者，茲摘錄其要點如下：

> 蕭家松源始祖派下第十九世達梅公來臺，先到臺南，一度居住在打狗、鳳山一帶，最後定居下六根（今佳冬村），以釀酒為業，刻苦經營，善用腦筋，因此不到幾年就購置田產。長子清華（號蘭斗），曾襄助當時駐紮大餉營之營官李光將軍撫番，並開恆春、車城、枋山等地因而知名，後由染布業改為米穀生意，財富累積上升，遂開始興建蕭家大宅。

　　又據淡江大學建築研究所主持之《第三級古蹟佳冬蕭宅之研究與修護計畫》（民國 83 年 4 月出版），第二章第二節「佳冬蕭家發展概述」頁十七中據蕭家世代傳說所述：

> 咸豐十年（一八六〇）李洸將軍（按應即是李光副將）分遣「振宇」（或是綏靖之誤）、「福清」（應是福靖之誤）兩營軍往佳冬地區，清華公與其子啟明同往。至李將軍換防才回鄉，及籌建忠英祠與設防。初遇當地原住民「力力社」大頭目「阿比丹」之頑劣抵抗，後得其歸順，並經同意始得於石頭營、后山建堤防，及開石頭營→力力社→浸水營→大武之路，但此路未成即遇豪雨於浸水營，時死亡營兵勇丁達千人。光緒五年（一八七九），將建路亡故勇丁改葬，新建忠英祠，由清華公次子光明公承接奉祀。

　　後文雖較前文詳明，可惜時代錯亂，人名錯誤，而軍隊番號亦復有誤，不過，該文卻提供了福靖營軍隊開闢古道另一佐證。

　　總之，文獻有缺，傳說有誤，姑誌於此，他日若得更詳確史料，復考證之。

第五節　聖蹟亭創建之背景及年代

　　石頭營之建置，射寮古道之開鑿，已略如上二節所考證，但聖蹟亭之設置，則未必與彼有必然之關係。古道之開鑿於同治十三年，石頭營之得名始於同治十三年之屯兵，但就此兩事聯想推敲，則聖蹟亭應與其時沈葆楨之開山撫「番」事業有關連。

　　牡丹社事件之後，沈葆楨大力推動開山撫「番」事業，開山之後，繼之撫「番」，撫「番」後又繼之以開山，沈葆楨言：

> 夫務開山而不先撫番，則開山無從下手；欲撫番而不先開山，則撫番仍屬空談。今欲開山，曰屯兵衛、曰刊林木、曰焚草萊、曰通水道、曰定壤則、曰招墾戶、曰給牛種、曰立村堡、曰設隘碉、曰致工商、曰設官吏、曰建城郭、曰設郵驛、曰置廨署；此數者，孰非開山之後必須遞辦者。今欲撫番，曰選土目、曰查番戶、曰定番業、曰通語言、曰禁仇殺、曰教耕稼、曰修道塗、曰給茶鹽、曰易冠服、曰設番學、曰變風俗；此數者孰非撫番之時必須並行者。[71]

　　故於光緒元年四月攻剿內外獅頭社後，總統淮軍提督唐定奎「示約七條：曰遵薙髮、曰編戶口、曰交兇犯、曰禁仇殺、曰立總目、曰墾番地、曰設番塾。……於枋寮地方先建番塾一區，令各社均送番童三數人，學語言文字，以達其情，習拜跪禮讓，以柔其氣。各番聞之，無不俯首帖服等因。」[72]、「又中紋、永化二社，各送番童二名，願入官學，擬於枋寮創建義塾，延師教導，俾通言語文字，有以自達其情，所有膏火口糧由官發給等因。」[73]

---

[71] 沈葆楨前引書〈請移駐巡撫摺〉，頁2。
[72] 沈葆楨前引書〈番社就撫布置情形摺〉，（光緒元年五月二十三日），頁47~48。
[73] 同註62。

　　沈葆楨於光緒元年七月離臺，赴兩江總督任，經營臺灣事務改由閩撫王凱泰負責，惜在任僅五個月即病卒，改由丁日昌接理。丁日昌對臺灣之重要性認識甚早，也是視撫「番」開山為急務，故於光緒三年三月，擬定撫「番」開山善後章程廿一條款，交由臺灣道夏獻綸頒行，其中有關「番」社義學有：「附近番社市鎮均宜廣設義學，選擇善於勸導塾師，講說禮義，導以尊親。各番社目尤應勸令，多選子弟入學，如有讀書明禮者，准其應試上進。」[74]所以在此撫「番」設學之大環境下，遂有「番」塾社學之設，乃進一步於社學內建惜字亭，此聖蹟亭之所以創建背景也。

　　按，清代學制為省設提督學政，總攬文教；另設提調，協理學政事務。府設府儒學，由教授掌管；縣設縣儒學，由教諭掌管；另設訓導，為教授、教諭之副員。儒學為地方政府之最高教育行政機關，掌管文廟、指導與監督生員，舉行士子月課，均為儒學主要任務。儒學之外，尚有書院，書院為主持地方文運機構，旨在補助府縣學之所不逮。故書院既是生童、士子受基本教育之所在，亦為文運中心，當時生童受教與士子研習，並有義學、社學與民學三類，輔助官學之不及者。義學由官方設立，以教貧童；社學由士子結合設立，為敬業樂群之所；民學則係私家延聘教師，設帳授徒，以為應試之準備。

　　各級學校之設施，尤以義學、民學、社學等為重要，且遍設全臺各地。他如在清代中葉以後，在較開化之「番」社中，亦設有土「番」社學，各派社師一人，教授「番」童讀書寫字，並定期派縣儒學之訓導執行考察，並酌予選授《四書五經》、《三字經》、《千家詩》及〈化番俚言〉等。

　　鳳山縣之有土番社學，早在雍正十二年（1734），巡道張嗣昌建議下，設有八所社學，《重修鳳山縣志》卷六〈學校志〉載：

> 雍正十二年，巡道張嗣昌建議各置社師一人，以教番童，令各縣訓導按季考察，一在力力社、一在茄藤社、一在放縤社、一在阿猴社、一在上淡水社、一在下淡水社、一在搭樓社、一在武洛社。

[74] 溫吉編譯《臺灣番政志》第一冊（臺灣省文獻委員會，民國46年出版），頁268。

75

其所教內容及方式，《臺海使槎錄》所收〈番俗雜記〉「馭番」項提及：

> 肄業番童，拱立背誦，句讀鏗鏘，頓革咮離舊習。陳觀察大菫有司教之責，語以有能讀四子書、習一經者，復其身，給樂舞生衣巾，以風勵之。癸卯夏（雍正元年），高太守鐸，申送各社讀書番童，余勞以酒食，各給四書一冊，時憲書一帙。不惟令奉正朔，亦使知有寒暑春秋。番不紀年，或可漸易也。[76]

所記即是。至於據同書所錄事例，其效果為：

> 南路番童習漢書者，曾令背頌默寫。上澹水施仔洛讀至離婁，人孕礁、巴加貓讀左傳鄭伯克段于鄢，竟能默寫全篇；下澹水加貓、礁加里文郎讀四書、毛詩，亦能摘錄，加貓讀至先進，礁恭讀大學，放縤社呵里莫讀中庸，搭樓社山里貓老讀論語，皆能手書姓名。加貓於紙尾書「字完呈上，指日營陞」數字，尤為番童中善解事者。[77]

乾隆二十五年（1760）鳳山縣學訓導林紹裕於其〈巡社課番童〉詩云：

> 宿雨初收澗水渾，閒騎款段過蠻村，檳榔交暗青圍社，椰子高懸赤映門。卉服授經通漢語，銅鐶把未識君恩，三年來往慚司教，喜見番童禮讓敦。[78]

至道光年間，「臺、鳳諸邑，番丁歸化已百餘年，甫能略通漢語，粗識文字。」[79]要之，清代當道有關臺灣原住民之教化，係承荷人、鄭氏之遺蹤，專以平埔熟「番」為主，對於未歸附生「番」，其教化政策

75　同註7。
76　黃叔璥《臺海使槎錄》卷八〈番俗雜記〉，臺銀文叢第四種，頁171。
77　黃叔璥前引書，卷七〈番俗六考〉，頁149。
78　盧德嘉前引書，癸部藝文「詩詞」，頁449。
79　陳淑均《噶瑪蘭廳志》卷七雜識「紀文」，臺灣文獻叢刊第一六〇種，頁342。

似完全闕如，僅消極地置於化外之間，施行若干安撫手段，求其逐漸順導歸附。其轉而為積極手段，始至光緒元年確立開山撫「番」方針之後。當時沈葆楨，在其條奏中所擬撫「番」綱要，揭示設「番」學及易冠服，變風俗等要目。其時撫「番」委員所採用之教化方法，乃先置剃頭匠，定期巡迴「番」社，令薙髮結辮，給予剃頭銀，以示獎勵，作為改化之標榜。並製簡易曆書，頒給「番」社各戶，以收「番」人奉行正朔之實效。[80]

因此，光緒元年（1875），分巡臺灣兵備道夏獻綸，基於有養不能無教之旨趣，於鳳山縣添設若干義學，伊能嘉矩《臺灣文化志》下卷〈番人教育〉記有十四所：蚊蟀埔（永靖里）、虎頭山（仁壽里）、射麻里（永靖里）、龍鑾（宣化里）、響林（長樂里）、四重溪（成昌里）、統埔厝（嘉禾里）、莿桐腳（嘉禾里）、枋寮（港東下里）、糞箕湖（港東中里）、赤山（港東上里）、北勢寮（港西下里）、加蚋埔（港西中里）、杜君英（港西上里）[81]。後裁去大半，僅六所番社義學，《鳳山縣采訪冊》記此六所為：

> 一在港西里杜君英莊，縣東北三十二里，脩脯百二十元。一在港西里嘉獵埔莊，縣東北五十里，脩脯未詳。一在港東里北勢寮莊，縣東南六十一里，脩脯未詳。一在港東里枋寮莊，縣東南六十里，脩脯未詳。一在港東里糞箕湖社，縣東四十六里，脩脯未詳。一在港東里赤山莊，縣東四十五里，脩脯未詳。[82]

此外，在港東、港西二里另有番社學八學：大餉營社一處、向潭社一處、放索社一處、蜜婆山社一處、溝仔墘一處、漏陂莊一處、舊隘寮社一處、舊寮社一人處。[83]其中除了「番」童外，亦兼收漢人子弟，概以「番」童佔多數，多者十三、四人，少者不逾三人。至於鳳山縣邑之

---

[80] 伊能嘉矩《臺灣文化志》中譯本下卷（臺灣省文獻委員會編譯，民國 86 月出版），第十五篇番政沿革第二章番人之教育，頁 317。

[81] 同前註引文，頁 316。

[82] 盧德嘉前引書，頁 161。

[83] 同前註，頁 164。

「番」學，因其位置距「番」社遠，故一律實行寄宿，若不願「番」童一人單獨離山者，亦准其兄弟之一，伴同住宿。每月每名「番」童給與學費五十錢乃至一兩，口糧米三斗左右，除教師一員爲定額外，另有通事掌翻譯，膳夫理「番」童伙食，且屢勸「番」童父兄前來義學參觀，以資鼓勵。以上諸「番」學中，其規模較完備者，應舉枋寮義學，就學「番」童亦最多，故教師亦破例聘用二人，據當時紀錄，存有該義學廨舍平面圖，茲列示如後：[84]

---

84 同註 80。

圖 2：清末枋寮義學平面配置

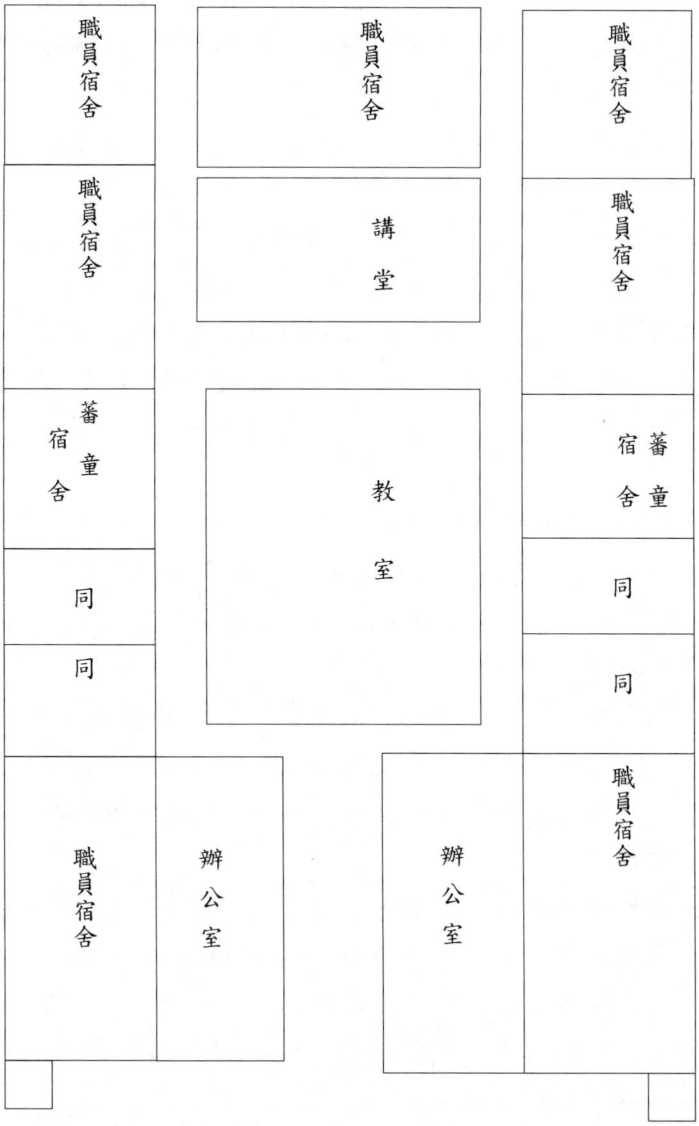

職員宿舍　職員宿舍

職員宿舍　講堂

蕃童宿舍　教室

同　同

職員宿舍　辦公室　辦公室

社學課目以讀書、習字為主，其詳不得知，不過，與鳳山縣鄰近之恒春縣知縣周有基擬有學規八條，或可供參考：[85]

一、延請塾師，無論生童，務擇老成自愛，始可延請。每歲以正月中旬開館，十二月中旬解館。如教讀認真，由縣分別獎勵；若督課懶怠，由縣查明另延。

二、義塾學生，每塾以二十人為度。如三十人以內者，仍歸一塾；三十人以外，則須添設。

三、館若教三十人之塾師，可否每歲加送脩金六八銀二十元？

四、義塾內各設敬惜字紙鼎一口，以代爐化；並多備收字紙簍，散給各村，近者由塾內伙夫五日往收字紙一次，遠者令各村自收來塾。每斤給錢二文，所收字紙，由塾師督令伙夫，查有污穢。須用清水洗淨晒乾，再行焚化；字紙灰，隨用紙包好，年終送之於海。

五、塾師教迪學生，先以《三字經》，繼以《朱子小學》，再讀《四書》。每逢朔望清晨，謹敬講解《聖諭廣訓》及《陰騭文》等書。月終，塾師將每學生名下，註明所讀何書？至何章、何節、何句？列單報縣備查。

六、學生每日來塾，塾師宜設小簿一本，分清晨、上午、下午按名登記。月終，核計來學之日多者，以三名列為上取；每名，賞花紅錢二百文。來學之日少者，以三名列為下取，每名薄責示儆；如有事故者，免議。

七、塾師今日與學生開講，來日欲再講解時，須先問明學生記得前日講說否？一連兩次，忘記者責懲示儆。

八、義塾開館三年以後，宜於縣城設立大學一所。將各塾聰明勤學子弟，移入其中；撰擇品學兼優之師，格外教訓。十年之後，文風可盛，頹俗可變。

其中值得我們特別注意者是第四條「義塾內各設敬惜字紙鼎一口，以代爐化」，此雖是恒春縣之規定，但揆之常情，鳳山縣應不例外，前述大餉營社學自是極有可能也有敬惜字紙之規定，至於一開始是設「鼎」

85　屠繼善前引書，卷十〈義塾〉，頁 199~201。

或是設「爐」，依常情推測，應該也是「鼎」，其後才改設正式之「聖蹟亭」。

社學之設，原為啟迪民「番」子弟，使其領解誦讀，漸知禮義，於作養童蒙之中，寓轉移漢化之意，故最初執事諸人都能認真講求辦事，如「侯選縣丞莫廷璋，上年（同治十三年）九月派往崑崙坳東彈壓路工，本年（光緒元年）六月間，委赴刺桐腳軍營幫理撫番事務，督同通事人等，親走各番社勸諭番童出山就學，衝冒嵐瘴，於七月十六日病歿。」[86] 在諸人實心任事之下，頗能達到涵濡漢化之目的，如光緒五年，鳳山縣屬下淡水之放索社諸熟番，竟能主動捐輸，倣官方祀典，組成私祭孔聖之團體，該會之議祀典合約字內容為：

> 立設合約字、下淡水社放綀屯千總劉天水，俗生邱貞吉、陳飄香、王有祥、土目王力良、劉盈科、番耆趙三貴、劉振元、潘有義、劉登貴、潘三光、潘阿妹、趙紅孕、潘肇基、潘紅孕、邱仕開、趙應開、潘貴生、林海生、並林開賢、潘阿望等，為崇祀典，以振文風事。竊維孔聖德配天地，道冠古今，刪詩書、定禮樂、作春秋、鑄史鎔經，萬世師表，百王維欽，朝廷崇禮，況我番黎，向化日久，已蒙學習，憲取入黌宮，即稱斯文之風，豈可依前無知，不效先生崇祀乎？予等故以設席公議，將頓物庄公租粟四百八拾餘碩（疑為石之誤），抽出壹百碩，交付殷實妥人，經理收貯，放生立業，一為孔聖祀典饗祭之費，立功建業之源，二為社番子弟延師修業，俾番童上進有階，文風日盛，萬代留存勿墜，神人兩得，豈不美哉！其餘租粟，仍交通土，收繳番丁餉，自立約以後，務必照約而行，不可有違規心情。日後祀典，盈豐不息，再行舉議，永遵，毋違施行。同立合約字參紙壹樣付執。蠡斯振振，瓜瓞綿綿，存照。
> 大清光緒五年歲次己卯，再置新合約，開會名人總列于左（人名省略）[87]

---

[86]　沈葆楨前引書〈吳鼎變等請卹片〉（光緒元年七月二十一日），頁76。
[87]　同註80前引文，頁299。

　　誠可窺見漢風儒化，已漸深及「番」黎之一面，則大餉營社學之設有聖蹟亭更是勢所必然。

　　然而，久而生玩，其間竭盡心力者，固不乏人，而諸塾師積習相沿，不認真督課，虛應故事者，亦復不少，爲撙節經費，留充餉源，諸多社學，概行裁撤，「如埔裏社、枋寮、後山等處，不免同坐此弊，亟應一律仿照該縣之式，分別裁撤另設，庶節經費，而歸實效。」[88]從光緒十年十二月起，陸續裁撤，迨光緒十六、七年，多半義學、社學廢絕殆盡，大餉營社學亦於此時期裁撤，惟確切年代日期不可得知，於今僅存留一孤零零之聖蹟亭殘跡。

　　總之，據上引史料及考證，是可確知在大餉營設有社學一處，此社學可能是在前述淮軍提督唐定奎或臺灣道夏獻綸指示下所建。也因設有社學，及儒風涵濡之下，有了崇文敬字之活動，遂設有焚化字紙之聖蹟亭，則大餉營聖蹟亭建置年代不會早於光緒元年（1875），以光緒二、三年最有可能，並且其位置所在應在大餉營營地附近，或曰不然，有所懷疑，以下試舉若干假設以反證：

　　（一）惜字亭之設置多半附廟宇或書院，此地若有祠祀或書院，則當然不會在軍營附近，但遍查陳文達《鳳山縣志》、王瑛曾《重修鳳山縣志》與盧德嘉《鳳山縣采訪冊》所記載有關寺廟、祠廟、書院等項資料，此地均無寺觀、書院建置之記載，則此項假設自然不能成立。

　　（二）惜字亭也有附於聚落巷道、隘內者，爲聚落之地方仕紳庄民所捐建，但親履此地，便可發現這一處聖蹟亭獨自矗立在一片荒煙蔓草之中，四周空無一物。此亭位於往山地春日鄉七佳、力里兩村路旁，土地係屬於臺糖公司南州糖廠所有，早期臺糖公司曾在附近興建大餉營農場辦事處及員工宿舍，幾年前臺糖公司將辦事處及宿舍拆除後，才突顯聖蹟亭之獨立突兀，可知此項假設也不可能。地方耆宿回憶，均一致肯定此地有官兵駐紮平「番」，並無二說，可知此聖蹟亭與此軍隊有密切關連，自然位置應在營地左近，而且甚至有可能即是軍隊兵工所建。

88　屠繼善前引書，頁202。

第六節　石頭營聖蹟亭現況之調查

　　臺灣地區曾建有多座聖蹟亭，但由於部分人民認知不足，或因人為不能控制之天災留下來之聖蹟亭所剩無幾，有的直接拆毀（如宜蘭仰山書院），有的直接改建，原貌盡失（如高雄龍肚庄），而其敬聖惜字的功能也常被扭曲，構築於廟旁的聖蹟亭常被誤為金爐來燒金紙（如鹿港龍山寺之聖蹟亭）；構築於書院旁的，若此書院已被列為古蹟，則連帶聖蹟亭也受到保護（如彰化員林興賢書院），最常見到的例子是聖蹟亭被民眾誤為具神力的小祠廟，為祈求平安或好運，並以一般廟宇祭祀方式膜拜，與原敬字之意完全相左，石頭營聖蹟亭就是一極佳例子。

　　石頭營聖蹟亭地屬屏東縣枋寮鄉第 947、947－1 地號，位於枋寮鄉玉泉路及青山路之交叉處東南隅，此兩路為近年所新築，缺乏維修，路旁雜草一片，在玉泉路上南方有零星低矮民房，四週略顯荒涼。亭北有一新建圓形土地公神祉，亭之正面有一石桌，經詢問附近居民，知石桌是求六合彩時擺祭品用，聖蹟亭反成土地公祠附屬之金爐，作為燒金紙用，主從不分，乾坤顛倒，令人扼腕，啼笑皆非。

　　石頭營聖蹟亭可分作：外牆墩、臺基、亭身及亭頂四部份，燒字紙時由正面亭身投紙燃燒，煙則循內部卵石窟拱，由上方排出。觀察外表，所得印象如下：聖蹟亭外牆墩為六邊形，由於年代久遠，表面多已斷裂剝落，內部建材已完全外露。亭底之臺基亦為六邊形，以磚疊砌，外覆灰漿，現今表面已嚴重腐蝕，成鱗片狀，模糊不清。亭身是焚燒字紙主要空間，外部以清水燕尾磚疊砌，正面有一拱形開口，凹凸不整，是投入字紙之焚燒口，其左右、上方原有泥塑之對聯及匾額，皆已破壞剝落；餘五面皆為以尺磚為外框之內凹式壁堵裝飾，惜表面剝落班駁，原文字或彩繪之式樣已不可得知。

　　石頭營聖蹟亭亭頂之硬山形式屋面為最具特色部分，是現存臺灣地區倖存聖蹟亭惟一之孤例。此一迷你小屋頂，板瓦屋面，外覆灰漿，屋脊、規帶為硬疊砌，亦抹以灰漿，山牆面亦作出小小的馬背山頭，極為袖珍可愛。牆身正面有一長方形神龕，神像已不見，其上方及左右有部

份灰漿殘跡，應該有匾額，對聯才是。總之整個聖蹟亭，大體上結構完整，細部裝飾多已風化剝落，淪爲燒金紙之金爐，崇文敬字之美風已被扭曲。[89]

第七節　結語

我國人素受儒家思想之薰陶，尚文崇字觀念下，雖目不識丁之村夫愚婦亦知敬惜字紙，凡衙署、學校、城池、街庄所在，到處均設有聖蹟亭（亦名惜字亭、敬字亭、敬聖亭、字紙亭），所有大小廢棄字紙，盡行收集爐亭之內，予以火化。火化之後的字灰，美其名爲聖蹟，盛於一器，供於制字先師倉頡牌位前，卜以佳日，舉行儀式，放流河海。

鳳山縣拾紙惜字活動可以追溯至嘉慶庚申年（5年，1800）奮社同人釀金倡建。每歲傭工撿拾字紙，彙化於爐。每年正月之吉，送而投諸海。迨嘉慶十九年候選訓導歲貢生張廷欽建鳳儀書院，並建文昌祠，而復造敬字亭於講堂之左。[90]之後，邑內尚有一座由民間捐建之敬聖亭，建於咸豐五年（1855），亭已不存，惟存石碑於屏東縣車城鄉之福安宮。此外，同鄉之福安村另有一聖蹟亭，原爲當地紳士蕭重樓倡建，至光緒十六年，復經莊民鳩資重建，今存「重新敬聖亭碑記」在東柵門內。

較爲特殊者爲石頭營聖蹟亭，本文若考證無誤，此亭應是總兵張其光所部福靖營中一營，於同治十三年屯兵於此，負責守隘開山工作，翌年，於營區附近設「番」社學，教導「番」童學語言文字，習拜跪讓之儀。不久設有聖蹟亭一座，一則焚燒字紙公文，二則祭祀倉頡仙師，三則濡涵教化「番」童，使其崇文尚字，知書達禮。若然，則此聖蹟亭之意義尤值得提出一談：

臺灣自雍乾以後，移民日多，日趨漢化，地方官大多科舉出身，社會領導階層也逐漸轉爲士紳階級，民間價值判斷與社會習俗亦均以儒家

---

89 以上據筆者之調查探勘外，並參考中國工商專科學校建築工程科，民國83年6月出版之《石頭營聖蹟亭之調查研究與修護計畫》（歷史部份即為筆者所寫），頁35~41。

90 盧德嘉前引書，頁158、343~345。

道德標準爲重，唯就整個臺灣而言，此一地區究嫌過小，非僅廣大的山區仍是「番」胞所有，未曾開發，即在西部平原地區中，亦有民番雜處，豪強稱雄的現象，因此，「官吏所治衹濱海平原三分之一，餘皆番社耳」。[91]而在一般庶民觀念中，多視此等「番」胞居住地方是不隸版圖，爲王化所不及。再加以臺灣是移墾社會形態，存在不少械鬥民變、豪強稱雄的問題。故當牡丹社事起，清廷被迫禦侮抵抗，轉而決心積極經營臺灣時，所面臨的最大問題是舊制度的改造與開山撫「番」全力加速。

　　沈葆楨先後二次蒞臺，認爲臺灣是東南七省門戶，其地廣袤千里，向稱饒沃，久爲他族所垂涎，故視開山撫「番」爲經營臺灣著手的第一要事。沈氏所謂的開山，並非單指焚萊伐木，開墾道路，而是要有計劃的招募漢人移墾，促進全島的開發，故其所擬的步驟是：屯兵衛、刊林木、焚草萊、通水道、定壤則、招墾戶、給牛種、立村堡、設隘碉、致工商、設官吏、建城郭、設郵驛、置廨署。而他所謂的撫「番」，就是要促進原住民漢化，使之成爲中華文化之一份子，故其所擬的計劃是：選土目、查番戶、定番業、通語言、禁仇殺、教耕稼、修道途、給茶鹽、易冠服、設番學、變風俗。[92]因此開山與撫番兩事相輔相成，同時分頭並進。

　　沈葆楨此項政策已與傳統撫「番」政策有所差別。在此之前的傳統撫「番」政策是綏撫與保護並行。就綏撫言，限於熟「番」，設土目以治之，另設通事司理漢「番」交往事宜，並訂有利「番」民歸化之條款與社學，促其自動歸化。就保護言：多限於生「番」，其目的在防止漢人私入「番」境，或生「番」闖入漢界滋生事端，故沿山設隘，名雖保護，實兼防範，予以隔離，視之化外異類。此種政策是消極的，以番民自動漢化爲主，殊少積極作用。沈氏的主張則不然，其所擬辦法，就是要積極主動開發後山。故於光緒元年正月奉准廢除內地民人入臺耕墾禁例，廣設招墾局，招募閩粵居民來臺移墾，成爲臺灣開發史上創舉。

　　沈氏開山撫番之初步工作是交由軍隊以武力進行，即開闢通往後山

91　同註71，頁1。
92　同註71，頁2。

道路，以武力征討不服凶番，實含有武裝殖民意味，非僅開路工作由軍隊擔任，即日後之招墾亦是以武力爲其保護。開山之後，乃設招撫局，立總目、置「番」塾、墾「番」地，其撫「番」重點在於：（1）各番地設義學以教化之；（2）對「番」人授產，使其營生，俾馴化爲良民；（3）招募內地民人，開墾「番」地。[93]可見彼企圖強迫性地促使原住民漢化，不再任憑其自然發展。

沈氏於光緒元年離臺赴兩江總督之任，繼起者爲丁日昌，他亦同沈氏一樣，視撫「番」開山爲急務，全力寓撫於教化，故於光緒三年擬定撫「番」開山善後章程廿一條款，交由臺灣道夏獻綸頒行，從此一章程內涵，我們可以看出，丁氏仍是企圖強迫原住民漢化，要原住民薙髮穿衣，送子弟入學（兼有爲人質之意味），爲使其甘心教化，則輔以種植，增加收入，改善生活，設醫施藥等措施，對於不受招撫凶「番」，則力予攻伐。在沈、丁兩人努力之下，於中部埔里、南部恒春、東部臺東、花蓮一帶，廣設義學，以教番童，石頭營聖蹟亭之設置之出現，便在此開山撫「番」的大環境下創建的。因而我們認爲石頭營聖蹟亭有其特別的紀念性：

（一）本省的惜字亭，多半出現於書院、寺廟、聚落，很少附於營區左右，此爲其特殊性之一。

（二）有關沈、丁兩人開山撫番事業的史蹟見證，大多是古道、碑碣，很少是惜字亭，而本聖蹟亭，位在射寮古道的起點，恰是最佳見證之地標，此爲其特殊性之二。

（三）惜字亭多是漢民儒家思想下產物之一，主要針對漢人子弟的教化，但本亭代表了當年企圖使山胞漢化證據之一，此爲其特殊性之三。

（四）本亭造形特殊，亭頂之硬山形式屋面及馬背山頭，迷你袖珍，精緻可愛，在比例與細部作法上完全符合傳統屋面形式，其樸實造形不同於其他聖蹟亭華麗之燕尾脊之造形，不僅成爲全臺灣倖存聖蹟亭之獨一孤例，更反映了石頭營番社學之樸實背景，此爲其特殊性之四。

---

[93] 同註 74 前引書，頁 258。

　　有諸如以上所言之特殊性，則評定石頭營聖蹟亭為三級古蹟，恐還不能突顯其特殊意義的價值！餘如「石頭營」之名稱是否妥當，也有待學者專家進一步之討論。

附錄：臺灣地區已知或現存聖蹟亭整理表

縣市	名稱	地址	現狀
屏東縣	枋寮鄉石頭營聖蹟亭	枋寮鄉玉泉村大餉營段 94 地號	現存
	佳冬蕭宅聖蹟亭	屏東縣佳冬鄉佳冬溝堵 1 號	現存
高雄縣	瀰濃庄聖蹟亭	高雄縣美濃鎮中山路與永安路交叉口	現存
	萃文書院聖蹟亭	高雄內門鄉觀亭村 117 號	拆毀無存
	鳳山市鳳儀書院聖蹟亭	高雄岡山鄉鳳岡里中正路 129 巷 3 弄內	拆毀無存
彰化縣	員林興賢書院敬聖亭	彰化縣員林鎮三民路 1 號(員林公園內)	現存
	和美道東書院聖蹟亭	彰化縣和美鄉和鄉路 10 號	現存
	鹿港龍山寺聖蹟亭	鹿港鎮龍山里金門街 81 號	現存
雲林縣	西螺振文書院字紙亭	雲林縣西螺鎮廣福里農西路 6 號	現存
南投縣	集集明新書院聖蹟亭	南投縣集集鎮永昌里東昌巷 4 號	現存
	竹山社寮聖蹟亭	南投市竹山鎮社寮里集山路一段 1738 號	現存
	草屯鎮登瀛書院聖蹟亭	南投縣草屯鎮史館路文昌巷 30 號	現存
	藍田書院聖蹟亭	南投縣崇文里文昌街 140 號	非原貌
	鹿谷鄉新寮村聖蹟亭	南投縣鹿谷鄉新寮中正路 164 之 1 號	拆毀無存
臺中縣	磺溪書院聖蹟亭	臺中縣大肚鄉磺溪村文昌路	拆毀無存
苗栗縣	英才書院聖蹟亭	苗栗市中正路	現存
桃園縣	蘆竹五福宮聖蹟亭	桃園縣蘆竹鄉五福村 55 號	現存
	大溪觀音亭敬聖亭	桃園縣大溪鎮康定里 49 號	現存
	龍潭西烏林村聖蹟亭	桃園縣龍潭鄉凌雲村竹窩子段	現存
	中壢新街國小旁之聖蹟亭	中壢市延平路 176 號	現存
臺北縣	板橋林本源聖蹟亭	臺北縣板橋市流芳里西門街 42 之 65 號	現存
	泰山鄉明志書院聖蹟亭	臺北縣泰山鄉明志路二段 184 號	非原貌
	樹林鎮奠濟安宮聖蹟亭	臺北縣樹林鎮潭底里中山路	現存
臺北市	學海書院聖蹟亭	臺北市萬華區環河南路二段 93 號	拆毀無存
	士林芝山岩惠濟宮聖蹟亭	臺北市士林至誠路二段	拆毀無存
臺南市	蓬壺書院聖蹟亭	臺南市赤崁街 2 號	現存
新竹縣	芎林文林閣聖蹟亭	新竹縣芎林鄉文林村文山街 30 號	拆毀無存

清代澎湖海防經營與西嶼東砲台的歷史研究

第一節　引言

　　閩海汪洋之東，有島曰澎湖。澎湖爲列島組成，自北而南，矗立於臺灣海峽之中，號稱澎湖列島。依其地理形勢分爲二系，北以澎湖本島爲主，及其環週島嶼，統稱爲澎湖群島或大山群島，南以望安島爲主，及其環週島嶼，稱爲下嶼群島或八罩群島。島嶼數目，古人志書，記載不一，近經詳細勘察，島於滿潮時，露出海面者，計六十四島嶼，其中以澎湖本島最大，占全縣總面積二分之一強。

　　澎湖雖蕞爾彈九之地，因介於福建、臺灣之間，爲台閩咽喉，爲我列祖列宗拓殖海外之首站。隨大業中遣虎賁陳稜略地至澎湖，其名始見於中國。自唐代以後，迄兩宋之時，移民相當發達。迨元末時，遂置巡檢司以官斯地，隸屬泉州郡同安縣治，此建置之所自始也。惜以海道險阻，未遑加意經營，澎湖僅成爲閩南漁人作息場地，並有定居耕種於其間者。明初雖沿襲置巡檢，繼而廢墟其地，淪於海寇出沒之所，走私貿易之巢，且一度曾遭荷蘭所竊據。明末鄭成功退居台澎，於澎置安撫司，統有三世。至康熙二十二年（1683）施琅攻克台澎，明鄭投降，澎湖遂改隸台郡，臺灣縣屬焉，澎湖海防歷史進入一新階段。

第二節　清中葉以前的澎湖防務及西嶼砲台

　　清代澎湖海防經營可以以牡丹社事件作一分水嶺。這之前可分爲兩階段：第一個階段爲海禁時期，始自明永曆十五年（1661）鄭成功退據台澎，至清康熙二十二年（1683）明鄭投降，爲時約二十三年。此一階段，因清廷水師攻擊力遠不如鄭氏，乃以封鎖台澎應對，下令沿海居民遷界，斷絕明鄭對大陸的關係爲政策，自不可能對澎湖海防建設有所貢

獻與建樹。

因此之故，清廷治台政策與明鄭治台政策，因目標不同而相反。[1]明鄭對內，以安平爲根本，以鹿耳門爲門戶，以澎湖爲屏障，專恃舟楫以戰以守，轉運百貨，厚自封殖，故明鄭時代，劉國軒以澎湖爲臺灣屏障，設安撫司，屯駐重兵萬餘人，並於衝要處築砲台十四座，[2]對澎湖地位十分重視。

第二個階段爲防範內變時期，始自康熙二十三年領有台澎應對，至同治十三年（1874）牡丹社事件發生。此一時期乃是依據施琅的〈臺灣迄留疏〉爲台海經營的核心，設計出爲防台之海防政策，以防範、鎮壓臺灣島內的反清運動及維持治安爲考慮，因此其佈防著重在廈門、澎湖、安平三地，以爲重鎮所在。

由於清廷崛起於關外，爲一陸權國家，難以師法明鄭治台政策。當初得台，便有遷其民而墟其地之議，後雖勉強納入郡縣，實非爲理台而治台，乃防台而治台，以防其尾大不掉，反嚙清廷。所以不作興利之舉，往海洋拓展，反而爲消極、閉鎖之局面，處處扞格形禁。

此所以清廷在康熙二十三年得有臺灣，因彼爲一邊疆民族，邃爾發展成一大陸國家，並未有統治海外大島之經驗，何況在內陸控制臺灣既屬不易，臺灣又能對內地沿海諸省有所威脅，於是清廷首先考慮者爲「海防」之防台。其軍備制度設計，多所參考海南島，如臺灣設臺灣府，海南島設瓊州府；各隸分巡台廈兵備道，分巡雷瓊兵備道；及各置臺灣鎮總兵官，瓊兵鎮總兵官。並爲防止臺灣「內訌」——亂自內生，而有各種禁令；如渡台禁令、入「番」界禁令、禁私運米穀出洋、禁私煎硝礦、禁販賣鐵竹等等。

而澎湖群島散佈臺灣海峽，爲閩、台衝要，控制澎湖既可左右臺灣，

---

1 詳見張世賢〈清代治台政策的發展〉（收於黃富三、曹永和主編《臺灣論叢》第一輯，眾文圖書股份有限公司，民國 69 年 4 月出版），頁 222~223。

2 鄭氏澎湖砲台計有：（1）媽宮嶼上下砲台二座，（2）風櫃尾砲台一座，（3）四角嶼砲台二座，（4）雞籠嶼砲台一座，（5）東西蒔裡砲台四座，（6）內外塹砲台二座，（7）西嶼頭砲台二座，（8）牛心灣頂砲台一座。（見連橫《臺灣通史》一卷十三〈軍備志・砲台〉「鄭氏澎湖砲台表」（臺灣文獻委員會，民國 65 年 5 月出版）頁 310~311。

因此澎湖之防務在康熙時自會受到必然之重視，當時設有水師左右二營
駐防，計有副將一員，游擊二員，中軍守備二員，千總四員，把總一員，
千把五員，步戰守兵共二六一〇名，戰船卅六艘。墩台二，一在媽祖宮
山巔，一在澎湖西嶼頭山巔。[3] 其中又以媽宮澳為中心，其他各汛駐防
兵力不能相比，例如和西嶼比較，媽宮駐兵二千人，各種戰船卅六艘；
而西嶼頭汛僅有守兵二百名，戰船二艘，相差懸殊，重此輕彼。又如康
熙五十七年（1718）澎湖曾大規模修築砲台，遍及各衝要口岸，共計築
砲台十二座，安砲四十五尊，其中西嶼所在內塹澳：砲台一座（原有基
址，康熙五十六年奉文重修，安砲三位），墩台一座。外塹澳之砲台（原
有基址，康熙五十六年奉文重修，安砲三位）。[4] 為清代澎湖砲位最多時
期，突顯出清初對澎湖防務之重視，以監控臺灣軍事。

　　雍乾時期，澎湖兵力配置略有調整，余文儀《續修臺灣府志》卷九
〈兵備〉記：

> 澎湖水師協標左、右二營；副將一員（駐紮澎湖）。左營游擊一
> 員（駐防內海媽宮汛）、守備一員（分巡八罩洋面）、千總二員（一
> 員駐防媽宮汛；一員分防外海嵵裡汛，兼轄雙頭跨、風櫃尾、文
> 良港、龜鼈港等汛）、把總四員（二員駐防媽宮汛，一員輪防媽
> 宮澳、新城內海港口；一員分防八罩汛，兼轄外海八罩、挽門、
> 水垵、將軍澳等汛，並將軍澳砲臺），步、戰、守兵一千名，內
> 地按班撥戍（內以二百二十七名，駐防內海媽宮汛；以二十八名，
> 輪防內海媽宮澳、新城、東港並港口；以二百八十四名，分防外
> 海八罩汛，兼轄外海八罩、挽門、水垵、將軍澳等汛並將軍澳砲
> 臺；以一百三十五名，分防外海嵵裡汛，兼轄雙頭跨、風櫃尾、
> 文良港、龜鼈港等汛；以一百一名，撥隨副將出洋總巡；以一百
> 四十七名，分巡八罩洋面）。戰船一十七隻；媽宮汛七隻，撥防
> 內海媽宮澳、新城、東港並港口一隻，分防外海八罩汛二隻，分
> 防外海嵵裡汛二隻，撥隨副將出洋總巡二隻，分巡八罩洋面四隻
> （乾隆二十五年內裁一隻），……砲臺六座（媽宮澳一座、八罩

[3] 周元文《重修臺灣府志》卷四〈武備志・水路營制〉（台銀文叢第一二一種），頁 112。

[4] 陳文達《臺灣縣志》卷四〈武備志〉「澎湖砲台、墩台」（台銀文叢第一〇三種），頁 113~114。

汛三座、嵵裡汛二座）、煙墩六座（八罩汛三座、嵵裡汛三座）；
游擊一員（駐防內海媽宮汛）、守備一員（分巡西嶼頭洋面）、千
總二員（一員駐營巡防媽宮汛；一員分巡外海大北山、瓦硐港、
赤嵌澳、通梁港等汛）、把總四員（二員駐防媽宮汛，一員分防
媽祖灣港口；一員分巡外海西嶼頭、內外塹，兼轄竹篙灣、蝟馬
灣、小門等汛），步戰、守兵一千名，內地按班撥戍（內以三百
三十三名，駐防內海媽宮汛；以五十六名，撥防媽祖澳、新城並
內海新城西港；以五十名，分防內海媽祖澳港口；以一百七十三
名，分巡外海西嶼頭、內外塹，兼轄竹篙灣、蝟馬灣、小門等汛；
以一百名，分巡外海大北山、瓦硐港、赤嵌澳、通梁港等汛；以
九十名，撥隨副將出洋總巡；以一百九十八名，分巡西嶼頭洋
面）。戰船一十六隻（媽宮汛九隻、媽祖澳港口一隻，分巡外海
西嶼頭、內外塹等汛一隻，分巡外海大北山、瓦硐港等汛一隻，
隨副將出洋總巡二隻，分巡西嶼頭洋面四隻（乾隆二十五年內裁
二隻）……砲臺三座（外海西嶼頭）、煙墩六座（外海西嶼頭五
座，大北山、瓦硐港一座）。[5]

　　據上述，可見澎湖兵力已明顯減少，戰船減為三十三隻，砲台只剩
九座（媽宮澳一座、八罩汛三座、嵵裡汛二座，西嶼頭三座），整個軍
備汛防仍以媽宮汛為中心。值得注意的是，就整個台澎海防武備佈防作
一觀察，新建了許多海防砲台，三十四座砲台涵蓋整個臺灣西部口岸，
但仍以澎湖最為突出，約佔三分之一弱，兵力似較能合理配置。

　　雍乾以降，澎湖防務無甚大異動，惟因承平日久，兵虛將惰，加以
實施班兵制度，產生一連串治安、軍防問題，如班兵包娼、放債、開煙
館、開當舖、設局取利、開賭場等平日惡行惡狀，餘如拆毀民房、私載
偷渡、索賄、械鬥、搶劫、調戲婦女、毆殺民人等等，所在多有，[6]以
致有汛防之名，無守望之實。至同治七年（1868）遂推行裁兵加餉，左
右兩營廢游擊，裁守備、千總、把總等，兩營改設都司一、千總一、兵

---

[5]　余文儀《續修臺灣府志》卷九五武備營制（台銀文叢第一二一種），頁373~375。
[6]　詳見許雪姬《清代臺灣的綠營》下篇〈臺灣的班長〉（中央研究院近代史研究所，民國76
　　年5月出版），頁257~265。

營把總四，右營把總二，外委各二，額外外委各一，兵則左營四百零二名，右營三百六十名。[7]

此次裁軍加餉固然一則整頓班兵疲敗，一則提高兵員待遇，改善若干弊端，但試思僅以七百餘名之兵力，欲守衛防汛澎湖島嶼及鄰近海域，自是不可能達成，於此可見清廷輕待澎湖之態度，但也說明了清廷海防政策之轉變，由清初澎湖監控臺灣，剿撫海寇的功能，一變為防止偷渡的功用，是以至中葉淪落於無關緊要的地位，我們從其防務的安置便可了然於心。直至同治十三年，日本藉牡丹社事件侵略臺灣，清廷命沈葆楨度台統理軍備，加強防務，募兵分汛，並築砲台於澎湖。澎湖之防務，才再度受到重視。

不過，如前所述，澎湖群島設有多座砲台，砲台之行至規模是如何，則有待進一步之探討，尤其是本文主題所欲探討之西嶼砲台。

按中國舊有砲台多係磚石構築，其形式多為方台，如臺灣知府蔣元樞在乾隆四十三年（1778）修建的臺灣府城北砲台，形制為方台五級，上覆以亭，周遭扶有石欄[8]。不過也有人認為以磚石構築砲台，若遭砲擊，則石碎四飛，極易傷兵，而且砲下墊石，推動不順，因此建議以土易石，如關天培以為[9]：

> 砲子打上石牆，係以堅擊堅，則石碎四飛，必致傷人。一兵受傷，眾兵氣沮。若改用三合土築成砲洞，須用內外八字式，庶柔能剋剛，堪期有濟。至砲下墊石本系粗石，高低不平，一砲放出，砲與座均退後四、五尺不等，以三五千斤大砲，欲推歸原位，石既不平，粗尤滯澀，非十二、三人不能運動，逐砲如此，難期迅速，必須以土易石，而土面又加細沙，俾挪移滑溜，四人即可攢回。此必不可緩之事也。

---

[7] 林豪《澎湖廳志》卷五〈武備・兵制、汛防〉（台銀文叢第一六四種），頁140~142，及頁150~151。

[8] 蔣元樞《重修台郡各建築圖說》之「附北砲台圖說」（台銀文叢第二八三種），頁112。

[9] 關天培《籌海初集》卷一（華文書局，道光刊本影印，中華文史叢書之九十五），頁22（總頁92）。

　　然而砲台建於海邊，海灘沙性浮鬆，砲台根腳不固，難以經久，若置於堅實之地，則去海較遠，砲火之力，遂不能及，因此也有人提出一較簡便的砲墩構築法，如祈儁藻建議[10]：

> 用麻布袋，每個長四五尺，徑尺餘，實以砂土，層層推積，高低自五層以至十餘層，厚薄自兩層至三、四層，長短自十餘丈以至百餘丈，相地勢之遠近、廣狹斟酌為之。沙墩之外，用舊小漁船則豎，船底向海，船艙向內，緊貼沙袋，牢固栓縛，以為沙囊保護。砲位安於墩內，砲口出於船外，其兩船夾縫處所，即是天然砲洞。我兵在內瞄準施放，可以克敵，而全身藏於墩內，敵人砲子不能致傷。

　　麻布袋、沙土、漁船等，都是各沙汕口岸容易取得材料，此外，尚有許多優點[11]：

> 沙性最柔，非如磚石，可以摧烈，彈子打穿船底，遇沙即止，不能穿過，極為穩固。且砲墩設於灘上，可退可近，可高可低。沙土取之海灘，以兵五百名，肩沙囊五百，頃刻可成。堆成之後，以五人管一砲，兵五百名，可管砲百門。即抽出守墩瞭望一、二百名，亦可放砲數十門。何處衝要，即移置何處，亦易為力。所需購者，止布袋漁船，籌款亦大可節省。

　　此後也有進一步改良，將麻布袋改為竹簍，護牆作用的小船改用竹筒，以適合臺灣產竹的特性，如姚瑩建四草砲台時的作法是[12]：

> 麻袋儲砂之法，更以竹簍儲砂為之，稍為耐久。其上仍用麻袋為垛口，高一丈、厚一丈，長自十丈至三、五十丈不等。……惟於砲墩外，加樹大粗竹筒，長一丈五尺，埋地五尺，其上一丈，竹節打通，中灌以水，編連排插重重，以為外護。夷砲雖猛，穿沙較難，見水亦可減力矣。更令多備牛皮、網紗、棉被，隨時以避槍砲。……

[10]　《籌辦夷務始末》第一冊道光朝（中華書局，1964 年出版），頁 291。
[11]　同前註。
[12]　姚瑩《中復堂選集》卷四〈臺灣十七口設防圖說狀〉（台銀文叢第八三種），頁 74~84。

除砲台、砲墩之構築外，另有針對土鬆難築砲台的地方，建築「砲架」取代傳統式砲台，黃叔璥《台海使槎錄》中曾提及這種砲架的作法：

> 鹿耳門砲臺，今圮。砲十五位，中、左、右三營各五位；以木架之，中有一樞，隨向轉動，名曰轉輪砲。雍正甲辰，總兵林亮新修砲架，上橫梁前後各長四尺，中實三尺，下橫梁前後各長五尺，中實三尺，上下直梁各長四尺，梁柱各五寸，四方直柱各高四尺，接榫處俱裹以鐵，下座板厚三寸、橫八尺、闊七尺，柱腳木九根，圍一尺八寸、長五尺、入地四尺五寸。蓋以木為之，如屋頂式，可以避風雨剝蝕；兩邊用環勾牽，燃砲時掀下極易。[13]

至於大砲形制，傳統之中式火砲，從數百斤至數千斤不等，率為前膛鑄鐵砲，壺口、滑膛，三層尖錐形砲尾。砲身前弇後豐，環箍六至七道，有錐形砲耳。至若數千斤以上，形制稍有不同，砲尾是覆笠形，砲身或平直，少環箍，或剛好相反有八至十之繁複箍圈。[14]砲座之安置則為橫列式，彼此之間無法互相掩護，其攻擊法為消極性的，只能俟敵人近海或登岸之後，先以大砲轟擊，繼以圍殺。

綜合上述，澎湖諸砲台，究竟是屬於「砲台」、「砲墩」？抑或「砲架」？實在難以斷言，以較不可能之「轉輪砲」砲架而言，由於林亮曾於康熙、雍正年間擔任過澎湖水師協標右營中軍守備，臺灣水師協標中營副將，及臺灣鎮標中營總兵之全台最高武將，也不無可能在澎湖任職時，採用砲架式。不過，僅以西嶼砲台為例來探究，則應該是「砲台」較有可能，蓋西嶼砲台所在方山台地，由玄武岩層與堆積岩層疊組而成，四周多為懸崖峭壁，居高臨下，形勢險峻，安置砲墩或砲架皆不適當。

第三節　牡丹社事件後的澎湖防務與西嶼砲台

---

[13] 黃叔璥《台海使槎錄》卷二（台銀文叢第四種），頁34。
[14] 詳見楊仁江《臺灣地區現存古砲之調查研究》第六章（內政部，民國86年6月出版），頁127~148。

（一）鴉片戰爭前後

澎湖海防經營，歷經康、雍、乾、嘉，道道光年間，其重點始終在防制內變與海盜騷擾，始終不知「海權」為何物，也未真正建立一支強大海軍。道光二十年（1840）中英鴉片戰爭爆發，由於英軍企圖侵占臺灣以要挾清廷，使臺灣在東南沿海的海防地位逐漸凸顯出來，這是台澎海防經營中「防台變」轉向「防外夷」的一個契機。當時負責台澎防務的臺灣道姚瑩在〈上督撫言防夷急務狀〉中提出六大重點以防衛台澎：一是募壯勇以添兵防，二是派兵勇以衛砲墩，三是練水勇以鑿夷船，四是習火器以焚賊艘，五是造大艦以備攻戰，六是雇快船以通文報，七是添委員以茲防守。在第六項要目中他指出：「逆夷來去無定，洋面倏息千里，偵探消息，必須內外相通，不容遲誤。應飭澎湖、台防、鹿港、淡水有口四廳，各雇快小漁船二隻，往來台廈、蚶江、澎湖，偵探逆夷動靜，一有警信，立即飛報，並請憲台飭令廈防、蚶江二廳，一體雇備馳報台澎。」[15]

綜觀姚瑩文稿中的〈臺灣水師船砲狀〉、〈上督撫言防夷急務狀〉、〈臺灣十七口設防圖說狀〉、〈臺灣不能堅壁清野狀〉等文章來分析，他的海防經營著重在：（1）以防守澎湖為首要，（2）以守口岸為重心。對於澎湖的重要性，他以為：「臺灣孤懸海外，南北道里綿長，口岸分歧，防禦誠非易事。澎湖為台廈中流鎖鑰，亦屬最要之區。」[16]因此建議朝廷應急速派大員協守澎湖。在〈上防夷急務第二狀〉中指出：「查澎湖西距廈門水程七更，東距臺灣水程六更，四面大洋……倘不先期預備，一旦遇警，則重洋間阻，內地縱有熊羆之師，百萬之餉，不能飛渡。」[17]

姚瑩雖能夠對臺灣防務作一全盤規劃，但是由於缺乏強大海軍，無法爭鋒於海上，僅能消極地守住口岸，被動地擊退來犯敵軍，要想進一步掌握臺灣海峽，甚至掌握東南沿海的制海權，事實上是不可能的。更

---

[15] 姚瑩《中復堂選集》，卷四〈上督撫言防夷急務狀〉，頁 68~71。

[16] 姚瑩《東溟奏稿》（台銀文叢第四十九種），卷二〈會商臺灣夷務奏〉，頁 29。

[17] 姚瑩《中復堂選集》，卷五〈防夷急務第二狀〉，頁 85~88。

糟糕的是,中英戰後,清廷以撙節經費及英人已受撫為理由,對於兵勇漸次裁撤,整個台澎海防又回復到以防內變為主的策略。

(二)牡丹社事件後

同治十年十月十五日(1871年11月27日),有琉球宮古島人六十六名,因船隻遇颶風傾覆,漂至臺灣南端之八瑤灣(今屏東縣滿州鄉),八日後誤入牡丹社(今屏東縣牡丹鄉),其中五十四人為當地先住民殺害,餘十二人得居民楊友旺之助,幸得安然保全[18],後經鳳山縣護送臺灣府,轉往福州,由閩省當局優予撫恤,再俟琉球便船,附搭回國。

日本素有侵台野心,藉機生端,以琉球為其保護,三年後(同治十三年二月十八日,一八七四年四月四日),任陸軍中將西鄉從道為臺灣番地事務都督,率兵犯台。三月二十二日,日軍至琅𤩝,由社寮(今屏東縣車城鄉射寮村)登陸。四月七日,與牡丹社原住民大戰於石門(今屏東縣牡丹鄉石門村),又分兵風港與四重溪,侵擾其他番社,毀牡丹社。其後日軍在統領埔(今屏東縣車城鄉統領村)紮營,並建都督府,設病院、築木城、修橋道、蓋兵房、掘壕溝,作屯田久駐之計,且圖謀征服後山諸社。[19]

三月三日,中國由英國大使威妥瑪(Themas Wade)函告,始知日本運兵臺灣生事。四月,清廷派遣福建船政大臣沈葆楨為欽差大臣,來台辦理籌防與交涉各項事務。沈葆楨奉命渡台後,開道後山招撫諸社,修城垣,築砲台,練營勇,備器械,並得直隸總督李鴻章全力協助,派遣淮軍協防,在此實力籌防之下。再運用外交談判,與國際間調解,終在九月二十二日清日兩國互換修約,和平解決。日本乃於同治十三年十一月十二日(1874年12月20日)撤兵,結束犯台八月有餘之紛擾,是為牡丹社事件。而澎湖海防也邁入第三階段:海防西化時期。

此次事件,沈葆楨奉旨巡視籌防,來台之前已先提臺灣防務四事:

---

[18] 藤崎濟之助《臺灣全誌》第二編,明治七年日本征台史(中文館書店,1931年12月發行),頁236~240,文中詳列宮古島六十六人姓名。

[19] 藤崎濟之助,前引書,頁545~547。

聯外交、儲利器、除人才、通消息。[20]五月初一,沈氏乘輪船渡台。初三日,抵澎湖登岸,隨即踏勘砲台水口形勢,了解澎湖爲臺灣門戶之重要性。初四日,抵安平後,展開了一連串籌防交涉事宜。五月中,沈氏上奏宜行三事:理諭、設防、開禁。[21]其中海口佈防,除擇定於安平興築砲台外,六月中,命令副將吳奇勳於澎湖興築砲台,由於洋式砲台一時難以遽集完事,改用巨筐裝砂土小石堆垛,暫作藩籬,並命張其光派人赴上海購買大鐵砲十尊以加強澎湖兵防。[22]七月二十九日,羅大春監督之蘇澳南風澳砲台開工;[23]九月十五日,安平三鯤身洋式砲台開工;[24]十一月初三日,旗後砲台開工。[25]除此,羅大春原擬於滬尾、雞籠興築洋式砲台三座,以沈葆楨不合意砲台設計圖而作罷。[26]

　　從來談牡丹社事件者,很少提到福州船廠製造的輪船在這一事件中所提供的貢獻。當時船廠全部完成下水的十五艘船艦中,實際參與台澎防務的有十二艘。其時沈葆楨調派揚武、飛雲、安瀾、靖遠、鎮威、扶波等六艘兵船常駐澎湖,加強澎湖防務,確保臺灣與大陸的暢通,這六艘兵船並且配合凌風輪演習合操陣式。沈氏另派砲艦福星輪駐台北,運輸艦萬年清駐廈門,濟安輪駐福州,以鞏固各海口。而永保輪、琛航輪、大雅輪,則派去迎接淮軍,並裝運炮械軍火,往來南北各地。至於傳遞消息,則由上海開來的測海輪負責。[27]總之,有的運兵轉餉,有的投遞消息,有的梭巡臺灣各口岸,有的集中澎湖操練,嚴陣以待,儘其可能發揮效用,牽制犯台日軍,終使野心勃勃的日本不得不鎩羽而歸。我們可以說,福州船廠的造船成就使日本佔領臺灣延遲了二十多年。[28]

---

[20] 《同治甲戌日兵侵台始末》第一冊〈五月壬寅福州將軍文煜、閩浙總督兼署福建巡撫李鶴年、總理船政前江西巡撫沈葆楨奏〉(台銀文叢第三十八種),頁17~28。

[21] 同前註前引書,頁27~28。

[22] 同前註前引書,頁64。及林豪前引書,卷十一舊事,紀兵,頁364~365。

[23] 參見羅大春《臺灣海防並開山日記》(台銀文叢第三〇八種),頁16。

[24] 同註前20引書,第二冊,頁199。

[25] 參見沈葆楨《福建臺灣奏摺》〈南北路開山並擬布置瑯璚旂後各情形摺〉(台銀文叢第二十九種),頁9。

[26] 同註23,頁19、22、27。

[27] 《海防檔》(中央研究院近代史研究所,民國46年9月初版),乙「福州船廠」上,頁526。

[28] 林崇墉《沈葆楨與福州船政》(聯經出版公司,民國76年12月初版),後編第七章〈船政

　　沈葆楨爲海口砲台佈防地點之選擇，皆爲歷來臺灣海防要點，可見沈氏對臺灣整個海防形勢已有透徹之了解。先是，道光二十年（1840）中英鴉片戰爭爆發，時臺灣道姚瑩籌備臺灣防務，建設十七口砲台，以爲臺灣海口砲台設防地點立下典範，其分佈如下：[29]

　　（1）臺灣府城——安平大港口、四草海口、鹿耳門、二鯤身；

　　（2）鳳山縣——打鼓港、東港；

　　（3）嘉義縣——樹苓湖；

　　（4）彰化縣——番仔挖、王功港、五汉港；

　　（5）淡水廳——大安港、中港、香山港、竹塹、滬尾、大雞籠、蘇澳。

　　而在此之前已毀壞海口炮台有：八里坌、後瓏（屬淡水廳）、鹿港、水裡港、三林港、海豐港（彰化縣），笨港、蚊港、清風闕（屬嘉義縣）。中又以澎湖砲台最多，有新城東港口、新城西港口、挽門澳、水垵澳、將軍澳、嵵裡澳、風櫃尾澳、文良港澳、內塹澳、外塹澳、小門澳等。[30]

　　牡丹社之役所修建的澎湖砲台，只有金龜頭，新城二座。先是，副將吳奇勳條陳防海事宜，建議於新城、金龜頭、蛇頭、西嶼等處，築造砲台，安設大砲，添募勇軍二千，分布要害。時以經費維艱，乃擇新城、金龜頭毗連處所，就舊址改建砲台，極爲堅穩。光緒元年秋七月，沈葆楨還由臺灣至澎湖閱視砲台。[31]新造兩台，僅容數百兵，但與前比較，式樣較高，林豪《澎湖廳志》卷五〈武備下〉「海防」詳記其形制[32]：

　　　　新城砲臺一座，就西城舊址改建；前面砲墩八個，上下俱用石板，周圍築有外牆；凡一十五丈六尺。旁開隧道出進，內有官廳、兵房、馬道之屬。金龜頭砲臺一座，略如前式，俱同治三年副將吳

　　總評〉，頁 546

[29] 同註 12，頁 77~87

[30] 此是沈葆楨《福建臺灣奏摺》〈北路開山並擬布置琅嶠旂後各情形摺〉（台銀文叢第二十九種），頁 9

[31] 同註 22，林豪前引文。

[32] 林豪前引書，卷五武備略海防，頁 154~155。

奇勳建，共費銀一萬六千八百七十餘兩（據同治間案牘。今廢）

此文之「同治三年」建砲台說有誤，按：吳奇勳，字柱臣，廣東合浦人，軍功記名總兵，建勇巴圖魯。同治六年九月陞補副將。同治九年閏十月回任，以功記名提督。光緒四年十一月陞山東登萊總兵，移鎮海壇。吳奇勳其前的澎湖水師副將，分別是同治元年之陳國銓、同治三年之劉文珍、同治五年之張顯貴、同治八年之黃錦雲；其後是光緒五年四月之李定勳、光緒五年十二月之蘇吉良、光緒十一年正月之周善初，及光緒十一年六月回任之蘇吉良，十二年四月休致，由陳宗凱代理。[33]是知「同治三年」乃筆誤，時為同治十三年。同書卷二〈規制〉「城池」更明確寫出：「光緒元年，副將吳奇勳於媽宮港以西之金龜頭增築砲台，皆為防海而設。要之，或高不盈丈，或僅容數百兵，貯砲數門以守隘口，均不得為之城也。」[34]可知金龜頭砲台是同治十三年至光緒元年期間所建。

牡丹社事件雖和平解決，事後日兵退去，但所受威脅依然存在，李鴻章，沈葆楨等人認為「洋人論勢不論理」、「倭人習慣食言，難保不再生枝節」、「彼退而吾備益修、則帖耳而去；彼退而吾備遂弛，則又抵隙而來。」[35]於是開山撫番、築城設郡、增官添兵、購置炮械等等一切善後事宜亟待展開，而沈葆楨慎重其事，認為「台地之所謂善後，即台地之所謂創始也；善後難，以創始為善後則尤難。」[36]澎湖防務與砲台也在新人新政下有所更張。

先是同治十三年牡丹社事件時，澎湖協鎮吳奇勳稟奉欽差大臣，沈葆楨覆准，添募勇多線槍手、兼募本地精於泅水熟識港道者，約共五百名。仿楚軍營制（即淮軍），營分四哨，哨分八隊，名建勇營。吳氏自

---

[33] 林豪《澎湖廳志稿》，卷六〈武備略上·武職表〉「水師副將」（中國方志叢書臺灣地區第一九號，光緒十八年修，抄本影印，成文出版社，民國72年3月台一版），頁413~436。

[34] 同註7前引書，卷二規制池，頁56。

[35] 李鴻章《李文忠公全集》（光緒乙巳金陵刊本）譯署函稿，卷之二「論臺灣兵事」，頁33稿，卷二十四，「籌辦鐵甲兼請遣使片」，頁26。朋僚函稿，卷十四「復沈幼丹節帥」，頁9

[36] 同註25前引書，頁115

為統帶，分駐新城、金龜頭二處砲台。迨光緒四年（1878），始將全軍調往臺灣。五年秋八月，候補都司梁憬夫奉檄管帶粵勇二百名由臺灣抵澎，仍駐金龜頭、新城炮台，管理洋砲，以資防守，後遣撤。[37]汛防方面，自同治七年裁兵加餉，各汛兵額，屢經改易，大體上左右兩營汛防，配把總三員、外委一員，裁缺外委二員、目兵一十九名、戰兵六十三名，守兵一百一十四名。[38]是可知此一時期澎湖防務重心在募勇，而非舊有班兵營伍，班兵反而日趨減少，所以總兵吳光亮深不以為然，曾指出：
[39]

> 天下無不敝之法，為貴有守法之人。國家擇險設營，自係為巡緝地方起見。自國初以來，遇有征調，未嘗不取力於兵。嗣以剿平髮捻，皆藉勇力；雖由時事變遷，亦人事之不逮也。大抵有事，則陷陣衝鋒宜用勇，無事則緝捕巡防當用兵。蓋勇之得力，在於辦事容易，一切由營官主持，但能殺賊立功，即可兼食數名之租；是以勇敢超群之士，多樂為勇。而其弊在招之易，撤之難。遣散之後，聚而為賊者，所在多有；且稽查不力，難保無處冒口糧。至於兵，則弊在包差，患在積弱；惟鎮協深悉情弊，善為之防，一洗從前積習，以其兵歸實用而已。均是人也，並非為勇則強，為兵則弱。假令以勇營之制移之練營，如練營之制，則未必盡出於弱也。

而林豪也以為「故談海防者，皆以本地熟諳水務之人募充水師，較為得用」、「若澎湖素鮮遊民，情形殊別，而四面環海，島嶼紛歧，外嶼皆無城可守，則師船不可不精，水軍不可不練，更未可徒恃陸勇。」[40]

較能提出週延計畫者，有協鎮吳奇勳之幕僚梁純夫（後升任基隆通判），建議防守事宜四條：一曰砲台宜建置，一曰勇丁宜添募，一曰輪

---

[37] 同註 7 前引書，頁 145~146。
[38] 同前註，頁 150~151。
[39] 同前註，頁 146。
[40] 同前註。

船宜厚集，一曰糧糧宜廣儲，其中有關砲台建置，要點如下：[41]

> 砲臺宜建置也。竊惟海防之要，莫重於砲臺，築造之宜，尤貴乎
> 擇地。澎湖海中屹立，寔赤崁之屏藩。緣其中有數處港澳，可以
> 泊船，故為歷來之有事於臺灣者，所必爭之地。蓋天生澎湖以為
> 臺灣也，自應於各握要處所，仿築外國砲臺，俾資防範。查澎湖
> 握要之區，以金龜頭為最，西嶼次之，將軍澳蒔裡又次之。此數
> 處均有澳可以泊船，似宜擇要添築砲臺，配足砲位，以利攻擊。
> 其最要者，約配五、六千觔以上洋砲十餘尊。次者，亦配以七、
> 八尊。砲台建置得宜，砲位分配齊備，自然有恃而無恐。倘或急
> 於待用，慮仿築外國砲臺，有稽時日，則或先以堅緻篾篡裝貯沙
> 土，雜以長大木樁，層疊堆築，累成砲臺之形似亦可以，暫濟日
> 前之急，但得砲臺預能建置，則險要有備，聲勢相聯，庶幾守禦
> 完，而疆圍固矣。

其後海防通判鮑復康（字吉初，安徽歙縣人），附監生，光緒六年
補澎湖通判，七年八月實任），更提出籌防芻言，詳述其構想：一曰辨
論形勢，二曰修築營寨，三曰布置水險，四曰籌備砲船，五曰屯積糧餉，
六曰杜絕向導。[42]其中籌備砲船隻要點如下：

> 四曰籌備砲船。今昔不同局，前此無火輪之船，無二尺徑口之砲
> 也。今議殲此類，船固不可少，巨砲尤不可少；惟不必船中始用
> 大砲，有砲尤必築臺耳。二者俱宜活用，是在臨機；而船砲製備，
> 實不可緩。中外不同勢，澎湖一隅，安得多號輪船；且請無論何
> 項戰船，至少亦必需三、四十號，水陸氣勢，乃能貫聯。此急應
> 籌備，不可缺也。現有西龜山砲位，中洋參半，不下二十尊，分
> 防西嶼、蒔裡、豬母水；北山、蛇頭等隘，則一無所有。議者總
> 以購自西洋為詞。無論不必得精器且曠日持久，大不足恃也；船
> 政工程巍然，鑄鐵大廠數萬觔之錨舵可鑄，豈巨砲不能鑄乎？管
> 見開洪爐、冶精鐵，築巨模而鎔注成之，止車滑其砲膛，以期利
> 用，不必外面光也。如無車膛大件機器，估量定購一幅，亦不過

---

[41] 林豪《澎湖廳志稿》卷七〈武備〉下海防險要「防守事宜附」，頁 516~520。
[42] 鮑復康〈籌防芻言〉（收於林豪《澎湖廳志》卷五武備海防附錄），頁 164~167。

萬餘金，何吝此機器，不自鼓鑄，而以大款購彼之廢砲耶？通省各府營縣蝕不堪用之鑄砲，約三、四千尊，通飭盡送馬尾，充為廢鐵；再購出壙新鐵，參之以入爐，提淨為度，未必不堪用也。是思後膛砲、打鐵砲未入中國之先，所謂紅衣大砲克敵制勝者，非即今之鑄鐵砲乎？後膛砲孤彈；前膛可配三彈，攻堅破敵，實勝後膛。惟鑄鐵遜於打鐵耳。巨砲若成，何仿於砲身喫藥緊處，加熱鐵箍條幾道，即為穩慎。所望急興船廠，鼓鑄三、四萬觔大砲之議，速行試鑄。果能適用，將可遍之海疆，無俟擲金於外也。澎湖之防，應添請巨砲四、五十尊，勉強敷用。

綜合上述，牡丹社事件之後，澎湖新建砲台僅有二座：金龜頭、大城北，高不盈丈，貯砲數門，各汛兵額則屢經改易。迨光緒七年副將蘇吉良又造小砲圍一所，如半月形，貯大砲一門，計費五百十一兩，不十餘年亦廢棄。[43]

另一方面，主持台政者也有若干變動。光緒元年（1875）沈葆楨調昇為兩江總督。同年五月由王凱泰接辦沈氏所遺應辦各事。不久，王氏巡台歸閩後，於十月病卒，接任者為丁日昌。丁日昌字雨生，廣東豐順人，平素留心洋務，思想頗為進步，光緒二年十一月，丁氏離閩渡台，至三年四月，始以健康欠佳，返回福州。這期間，他曾巡視臺灣北路、南路，並巡視澎湖等地，由於親歷目睹，丁氏於臺灣了解愈深，所望於臺灣之興革者，亦益為迫切。他以臺灣海防戰略位置重要，應速籌備防禦之方，主張整飭吏治、購新式船艦大砲、設電線、築鐵路、興礦務等等著手，其中與澎湖有關者，如同治七年（1868）之〈海洋水師章程別議〉中主張「將撥給臺灣之南洋海防經費，盡數先行購辦鐵甲船三號，無事之時在澎湖操練，有事之時則駛往南北洋聽調」[44]以後又以在澎湖看過李鴻章所購三十八噸砲之鐵甲蚊船兩艘，轉動靈便，費用不多，而鐵甲船費用鉅大，購置有所困難，遂建議少買鐵甲船一、二艘，將其經

---

[43] 同註32。

[44] 《清季臺灣洋務史料》，（台銀文叢第二八七種），〈福建巡撫丁日昌奏請將議撥臺灣辦理輪路經費變通購辦鐵甲船，而於臺灣先行舉辦馬車路以利師行摺〉，頁30~32。

費轉購較小型之鐵甲蚊船十餘艘，以之布置全台海口，認為「此船雖在臺灣操防，南北洋大臣遇有事時，亦可一律調度差遣，庶幾南北洋與台防連為一氣，上拱畿輔，下衛台彭」。[45]在建鐵路與開礦務的重要性中，他指出不興建的「十弊」裡也指出澎湖地位之居中影響，「澎湖離安平一百五十里，為臺灣之咽喉，有口可以泊船。凡船自閩來台郡者，皆須路過，既靠安平起清入貨，又必須駛回澎湖避風。但澎湖實一絕地，攻者易而守者難，若澎湖一有疏虞，則台郡輪船將行駛無路。」[46]此事果然在中法戰爭應驗，真如丁氏所憂慮者。

　　丁氏雖然提出完整的計畫，可惜並沒有獲得各有關方面充分支持，甚至遭受福建同僚的反對，再加上健康理由，便於巡台回閩後不久，請假回籍，並於次年辭卸閩撫之任，徒留一段惘然。

（三）中法戰爭前後

　　由於外患日亟，澎湖守備力量在此時期得到許多加強，也是兵輪船操練要地。光緒三年（1877），記名總鎮吳世忠，奉命督輪船，練舟師，駐澎防海並舉行練兵。同年四月，船政大臣吳贊誠親赴澎湖校閱各船操練，適丁日昌來澎會晤，見其病體難支，遂與同舟回省籌商。[47]年底，「揚武」兵船因久經風浪，機艫損蝕，由澎湖調回福州船廠，上塢大修。[48]

　　光緒八年五月，張兆棟署理福建巡撫，至十年九月，共計二年四個月之久。適時中法為越南事起衝突，海防頓時緊張。而福州船廠所製造各船，或須修理，或船齡太久，馬力太小，或屬商輪，祇能供轉運、遞文報而已，所以張兆棟只有堅築營壘，固守砲台。九年十一月補強海防，改築台北、滬尾砲台；將臺灣分為南、中、北、前、後五路分兵設防，互為救應；另外加強澎湖防務除舊有的金龜山、新城兩處砲台外，又在

45　同前註。

46　《清季臺灣洋務史料》，〈福建巡撫丁日昌奏統籌臺灣全局擬開辦輪路、礦務，請簡派熟悉工程大員駐台督理摺〉，頁8~13。

47　《臺灣海防檔》（台銀文叢第一一〇種），〈俄股抄付船政大臣吳贊誠函陳接辦台防籌餉購器，並船政經費支絀情形〉，頁39。

48　同前註前引書，〈軍機處交出船政大臣吳贊誠奏遵旨籌撥輪般由滬赴津轉運糧米摺〉，頁47。

西嶼及蛇頭兩處進口要隘建新砲台，藉資守禦。[49]同時，臺灣兵備道劉璈，也在該年正月親自勘察後，於澎湖西嶼、蛇頭兩處建兩座砲台，並添購砲位。[50]因此光緒九年，澎湖通判李嘉棠奉何璟、劉璈之命，築砲台於西嶼。西嶼內外塹為澎湖口門第一要害，至是李嘉棠築東台、西台二砲台。十年投竣，雖然砲台堅穩，惜尚未能安砲配兵，而中法戰爭遽作。[51]

　　光緒九年，中法為越南之爭，爆發戰爭，閩海成為主要戰場，詔命各省籌備防務，臺灣戒嚴，清廷分調劉璈、劉銘傳守台灣南北。法方因雞籠有良質煤炭，故於十年六月、七月兩次進犯雞籠、滬尾（今新北市淡水區），不勝而去；九月，法軍改採封鎖政策，宣佈封鎖臺灣海口，範圍北自蘇澳，南自鵝鑾鼻，凡三百三十海哩，禁止船艦出入，以阻斷大陸對臺灣的接濟救援。但由於時日曠久，雞籠煤礦又遭到破壞，法軍以澎湖為台廈出入門戶，輪船來往必經之地，決定攻佔澎湖，則不但港內可多泊軍艦，也可伺機攻擊由大陸赴台船隻。

　　當時澎湖所有防守重心全擺在媽宮，守媽宮即所以守澎湖，西嶼之西台、東台砲台即是在此緊急情況下促建，此外尚有金龜頭砲台（北砲台）、蛇頭山砲台（南砲台）、四角嶼砲台、測天島砲台，形成縱深配置。依照砲台佈署地點判斷，西嶼砲台是第一道封鎖線，阻止敵人進入馬公內海。測天島砲台與南、北砲台構成交叉火網，是為第二道封鎖線，而四角嶼砲台則為此線之前衛。陸上的兵力部署如下：[52]

（1）通判鄭膺杰募水勇四百名守文澳，
（2）游擊梁璟夫帶粵勇二百名守金龜頭砲台，
（3）媽宮港口之蛇頭、四角仔小嶼，各築砲圍，分兵防守，

[49] 《道咸同光四朝奏議》（國立故宮博物院輯，臺灣商務印書館影印，民國五十九年六月出版），第十一冊，光緒九年「籌辦閩防續募勇營疏」，頁 4981~4982。

[50] 劉璈《巡台退思錄》（台銀文叢第二十一種），「稟請撥換輪船由」頁 143。另到了光緒十年正月，台海緊張，劉氏除請求撥調新造快船「開濟」輪移駐澎湖，定期巡洋外，更力求將南北洋中的蚊子船，擇要駐防於台澎地方，惜不果，被南、北洋大臣以「不敷分布，無可移撥」而拒絕。頁 143~145。

[51] 同註 22。

[52] 同註 22 林豪前引文，頁 365~366。

（4）前路勇軍綏靖副中營副將陳得勝，帶台勇守豬母水，時裡
　　為前敵，

（5）綏靖前營守備馮楚燊帶台州勇守大城北，

（6）德義後營同知銜關鎮岳帶廣勇守東衛

（7）澎湖協副將周善初帶綏靖後營台州勇守媽宮，居中調度；
　　右營都司鄭漁帶練營三百名協守，

（8）另，諭令紳士郭顎翔、蔡玉成、黃濟時等舉辦民團，皆自
　　備資斧，以資守望。

另外我們根據《法軍侵台始末》的法方記載，當時澎湖的海防設施
如下：[53]

（1）馬公要塞

a.北砲台：這是一座有七個砲眼的裝甲砲台，裝備著 Armstong 式
10cm 砲三門。在這座砲台前方的砲座上，備有 Armstong 式 23cm 砲一
門和 14cm Voruz 旋條砲（Nantes 公司製造）一門。

b.穹窖砲台（三砲眼）：這些砲眼在戰爭時被毀。不知道砲的種類。

一在 2 北砲台和 3 穹窖砲台之間，有 14cm　Voruz 旋條砲（Nantes
公司製造）一門。

c.在一片高地的砲座上有有 14cm　Voruz 旋條砲（Nantes 公司製造）
二門，在這片高地之麓有 16cm 同上的砲一門。

d.向島內射擊的土砲台：16cm 滑腔砲一門，13cm 滑腔砲一門，和
10cm 滑腔砲二門。

在上述 b、c、d 砲台的後方，在市街的北面，有一個塹壕營舍，供
中國正規兵駐防之用。

（2）南砲台（別名荷蘭砲台）（按即金龜頭砲台）

該砲台隔著港口和北砲台對立著。它的裝備為 23cm 及 14cm 滑腔
砲各二門。

（3）四角嶼砲台

---

[53] 黎烈文譯《法軍侵台始末》（台銀臺灣研究叢刊第七十三種，民國四十九年十月出版），第
八章，頁 99。

是一座露天砲台，備有 19cm 國砲二門，14cm 英國砲二門，10cm
中國砲一門和 14cm 歐洲砲一門，全部都是舊式砲，並且幾乎都已不堪
使用。

（4）測天島砲台

是一座露天砲台，和北砲台及南砲台構成交叉火網。它備有 20cm
中國砲一門，和 14cm Armstong 式旋條砲二門。

（5）漁翁島砲台：又稱西嶼砲台，備砲不詳。

總計共有五處砲台，總兵力大約有八營，三千餘人，最高統領是澎
湖協副將周善初。由上述各項砲台與兵力部署研判，清軍重點全在媽
宮，而澎湖本島南半部偌大地區，只有陳得勝率台勇防守豬母水澳與蒔
裡一帶，佈屬空虛，輕忽之至，其後果不其然法軍順利攻占，由蒔裡登
陸。

先是十一年二月十三日法艦進攻澎湖，當企圖經過西嶼砲台，直逼
媽宮澳，先發砲轟擊西嶼砲台，但東、西砲台無兵無砲，毫無反擊，法
艦揚長通過，停泊於澎湖外海，佔領有利位置，向清軍諸砲台實施砲轟，
有效地控制了海上軍事後，繼之而起發動登陸，展開陸上攻擊行動。法
軍順利由蒔裡登陸，其進攻路線是由圓頂山─雞母塢─萬蕭─大城北─
東文等地，而攻佔媽宮。整個陸上攻擊過程中，法軍艦都是擔任掩護，
協助海軍步兵隊，和各登陸部隊的攻擊行動，此種海陸雙管齊下的戰
術，果然成功，三日內即佔領澎湖。

由於缺乏兵船的支援，及平常弁兵訓練鬆散，砲臺既不合度，砲也
老舊不夠犀利，澎湖的防禦是不夠強大的。因此，當法軍在滬尾受創，
又無法適應基隆的天氣，也無法達到占領基隆以獲得煤礦的利益，以及
威脅清廷議和時，法軍於是轉而進擊澎湖，順利地加以佔領。而反觀清
軍的表現，實令後人讀之憤悶至極，舉其犖犖大端如下：[54]

（1）見西嶼內外塹有砲台，夷船開炮擊之不中，而砲台不回一
炮，知其無備，乃直指媽宮港。夷炮蔽空而下，各地台階損壞不

可守。

（2）（陳）得勝分兵接戰，殺傷過當，時鎮管港德義營廣勇出社觀戰。得勝馳往乞援，不應；乞發子藥，不許。

（3）（周）善初至東衛，向梁岳英長跪求助，不許。……德義勇多線槍，能及遠，發槍一輪即退。諸軍陸續接仗，皆無戰心。

（4）諸生陳維新、許棼請收拾潰勇，……願鳩助軍食，不聽，乃搜民船，載勇渡台，以避敵。……是夜廣勇，台州勇大掠媽宮街，放火延燒店屋殆盡。法酋釘我大炮，毀我廟宇。

　　中法戰爭自光緒十年六月至翌年六月結束，而澎湖一役，不過三日即下。三月廿七日中法天津條約訂立，割捨越南，以換取台澎安全。至六月二十四日，法軍始撤出澎湖，佔領澎湖達四個月之久，而孤拔也於西曆六月十一日病死澎湖，葬於馬公城北門外，今僅存衣冠塚，徒供後人憑弔。台澎解嚴，而築城改鎮之議遂起矣。

　　同治末日軍犯境是改變臺灣經營之契機，海防建設成為第一課題。然而光緒十年中法越南戰爭，無異給清廷一當頭棒喝。十年來的臺灣積極經營，結果落得雞籠、澎湖被法軍攻佔，臺灣被封鎖。所以中法戰後，劉銘傳懷著「以一島基國富強」，「以一隅之設，為全國樹立典範」之雄心壯志，多方擘劃，實力經營，其中籌設海防，尤為最重最急之需，所以劉氏克服重重困難，快速興辦，使臺灣防務初具規模，其中要項有三：（1）興築新式砲台，（2）整頓軍營，（3）興辦軍器局和軍械所。[55]

　　不可否認，中法戰爭時，劉銘傳固守重心是放在基隆與滬尾，澎湖的籌防是劉氏最感不足的地方，不過這並不表示劉氏不重視澎湖，早在他受命離開天津赴台時，上奏稱：「澎湖、基隆各砲台，聞皆不能合度，急需次第改修，槍砲尤須早辦，雖臨渴掘井，勝亡羊補牢。……現值海防急迫之時，故應速籌舉辦，即海疆事定，亦未可視為緩圖。」[56]抵台後，發覺臺灣海防薄弱，奏稱：「臺灣孤懸海外，一舉一動，皆非兵艦

---

[55] 詳見李時岳〈劉銘傳與臺灣建省〉，收於黃康顯主編《近代臺灣的社會發展與民族意識》，香港大學，一九八七年十二月初版，頁143~144。

[56] 陳澹然編《劉壯肅公奏議》（台銀文叢第二七種）卷三「恭報自津起程日期並遵旨會商情形摺」，頁164。

不行。且澎湖一島，地處要衝，尤非兵船不能設守。」[57]又說：「臺灣孤懸海外，爲南北洋關鍵。……綜計全台防務，台南以澎湖爲鎖鑰，台北以基隆爲咽喉，澎湖一島，獨嶼孤懸，皆非兵船不能扼守。」[58]

劉銘傳非常重視澎湖防務，因此中法戰後，清廷在會商善後事宜時，閩浙總督楊昌濬、臺灣巡撫劉銘傳皆曾親履澎湖勘查，認爲「本爵部院查澎湖一島孤危絕險，爲閩台門戶，必須緊築堅厚砲台、購置精利大砲、選派勁旅駐紮，方足以守禦。」[59]並多次奏請加強澎湖的海防建設，他曾說：[60]

> 澎湖一島非獨全台門戶，實亦南北洋關鍵要區，守台必先守澎，保南北洋亦須以澎廈為笇鑰。澎廈駐泊兵輪，設防嚴密，敵船無能停泊，萬不敢懸軍深入，自蹈危機。此澎廈設防，實關全局，非僅為臺灣計也。……此防務不容緩也。

又奏稱澎湖爲海疆第一要隘，棄之則海防不得安寧：[61]

> 澎湖當南北洋關鍵，閩臺要樞，凡有心時事者，無不以該處設防，至重且急。若不及時辦防，一有兵爭，倉皇束手，前車覆轍，能不寒心。……事關軍國大計，若畏難苟安，就此徘徊諉宕，將海疆第一要隘，棄等石田，微特外國垂涎，關此更將睥睨，一旦外人襲踞，臺何以存？臺若不存，萬里海疆，豈能安枕？

當時楊昌濬及澎湖紳民即有建城之議，以保衛媽宮澳及海口。[62]果然，在光緒十三年動工興築，十五年完工，城周長七百八十九丈二尺五寸，城垛五百七十個，厚二丈四尺，設有東門（朝陽門）、西門（大西門）、南門（迎薰門）、北門（拱辰門）、西門（順承門）、小南門（即敘

---

[57]　同前註前引書，第二冊〈請飭南洋遣回四輪片〉，頁 167~168。

[58]　同前註前引書，卷三〈恭報到台日期並籌辦台北防務摺〉，頁 165。

[59]　《劉銘傳府台前後檔案》（台銀文叢第二七六種），〈臺灣府轉行督府諮商福建巡撫改為臺灣巡撫後澎湖管轄事宜〉，頁 72~73。

[60]　同註 56 前引書，頁 146。

[61]　同前註，頁 246。

[62]　陳澹然編《劉壯肅公奏議》卷六〈澎湖建城立案片〉，頁 293。

門），東城內安設砲位一尊，城牆內蓋兵房四間，花費兩萬三千兩左右。[63]媽公城東南緊臨海邊，以海爲天然防線，西接金龜頭砲台，北面護城河，可知偏重防禦，是屬於軍事性質的城堡，故城牆厚度較臺灣其他城厚約六尺左右。爲了加強媽公衛護，清廷也在附近設置了幾座砲台，設勇加強防守。

並鑒於澎湖爲由閩赴臺要隘，非特設重鎮，扼紮勁旅，認眞操練，不足以資守禦並濟緩急。於是劉銘傳和閩浙總督楊昌濬會銜，奏請把澎湖副將和海壇鎮對調。光緒十三年，劉銘傳奏謂「將澎湖副將與海壇鎮對調，各就現有弁兵略爲變通」，其原因有四：（1）澎湖爲閩台門戶，非特設重鎮，不足以資守禦。（2）萬一海上有事，聲援隔絕之際，稍可自立。（3）澎湖副將受制於鎮道、通判，處處牽制，不能有爲。若歸統兵將領辦理，副將一缺，又成虛設，且恐主客不能相安。（4）澎湖副將與海壇鎮對調，無須再添額兵，所費無幾。[64]清廷採納其議，設立澎湖總兵，海壇改設副將，使澎湖總兵在軍事體制上與臺灣總兵職權相埒，並以吳宏洛爲首任總兵，率淮軍宏字營四營負責澎湖的戍防。吳氏抵任後，奉命建造媽宮城，並拆建澎湖砲座以固海防，這就是今日西嶼東台砲台的由來（詳下節）。至於汛防方面，則仍然輕忽，《澎湖廳志》[65]載：

> 專防媽公汛：千總一員，戰兵三名，守兵八名。
> 蒔裡汛（兼管文良港、風櫃尾）：把總一員，戰兵四名，守兵八名（文良港戰兵三名，守兵七名。風櫃尾戰兵二名，守兵二名），
> 八罩將軍澳汛（兼管挽門、水垵）：把總一員，戰兵五名，守兵八名。—以上左營。
> 專防媽宮汛：千總一員，戰兵四名，守兵六名。
> 西嶼內塹汛（兼管外塹、小門）：把總一員，戰兵三名，守兵四名（外塹汛戰兵二名，守兵三名。小門汛戰兵二名，守兵三名）。
> 北山汛（兼防吉貝汛）：外委一員，戰兵二名，守兵三名。吉貝

---

[63] 林豪《澎湖廳志》卷二〈規制・城池〉，頁55。

[64] 楊昌濬、劉銘傳〈籌議澎湖海壇鎮協互調事宜奏疏〉（收於林豪《澎湖廳志》卷十二藝文），頁398~401。另見陳澹然前引書，頁247。

[65] 林豪《澎湖廳志》卷五武備汛防，頁154。

汛配兵同。一以上右營。

可知汛兵大量減少，汛防地區，近如新城、虎井，遠如赤嵌、鎮海，未配汛兵，大概裁兵之後，不敷調派原故。劉銘傳除加強澎湖海防外，以爲：「善後以辦防爲第一要務……。澎湖、基隆、滬尾三海口，均須長泊快兵船一隻，將來修造砲台，運辦各料，尤須裝貨船二隻。」[66]因此將「海鏡」號兵艦撥歸澎湖駐軍差遣，[67]並從有限經費中抽出相當款項，先後添購了威利、威定、飛捷、駕時、斯美、南通、北達、前美，如川等兵輪商船，以供台澎防務和運輸之需要，另又雇洋匠自造駁船一隻，來往澎湖、廈門等地，駁運砲械及安裝水雷。[68]此外，並敷設澎湖與臺灣間電線，連通安平，以聯絡台澎，加強澎湖防務之完備。[69]可惜的是劉銘傳曾與閩浙總督楊昌濬奏請規劃海軍爲三路，以津沽爲北洋、吳淞爲中洋，台澎爲南洋。但因爲當時無法同時編練三支艦隊，故先全力編練北洋艦隊，連原定向英、德購置之四艘鐵甲快船專備台澎防務用，也編入北洋艦隊，[70]因此使台澎防務產生極大缺陷，蓋言防海者，不在守城守岸，而在守大海爲長城，守城守岸，則守不勝守，防不勝防，一或被據，將有反客爲主之勢，其理可知也。

第四節　東台砲台的興建與配置

中法戰爭法軍犯台，戰火以澎湖、基隆、滬尾三海口最爲猛烈，使得原有砲台大半被燬，雖然西嶼砲台法軍「擊之不中」，但形制已嫌老舊，不符時代需求，所以劉銘傳鞏固海防措施，就以此三海口新建砲台爲優先，以強化攻防能力。爲防範未然，劉銘傳積極執行「購砲築台」之防務，先後在澎湖、基隆、滬尾、安平、旗后建造砲台十座，計有澎

66　陳澹然前引書，卷五〈請撥兵商各輪船片〉，頁252。
67　陳澹然前引書，〈添購輪船片〉，頁253。按：海鏡號專供差遣運輸，船由船政局製造。已逾二十年，屢修屢壞，除逐年小修外，隔年即須大修，且船身朽敝，修理頗難，勉行海上。
68　同前註前引書，卷五〈構造小船片〉，頁256。
69　同註62前引書，參見卷五設防略所收諸奏疏，頁251~256。
70　同前註前引書，〈請撥兵船並請同購魚雷船專備台急片〉，頁254。

湖之西嶼西台、東台、大城北、金龜頭等四座；滬尾有滬尾、關渡二砲台；基隆有仙洞、社寮二砲台；旗后有大坪山砲台一座，另只是修葺而已的有安平二鯤身砲台一座。[71]新造的砲台均仿洋氏圖形，用鐵水泥層累堅築，兵防也仿外洋圖形，十座砲台，計需用鐵水泥二十萬桶，以每桶二兩九錢計，需款太鉅，不得不變通減省，例如「其子牆不當敵砲之處改用土牆，外用鐵水泥敷面；砲基亦多用石子與鐵水泥參合以期減省」，[72]整個估計，需用二十萬桶，經此減省，至少還要用到十五萬六千桶，花費驚人。

綜合各文獻及現況調查，劉銘傳所修建的砲台，期設計上有下列幾項特色：[73]

（1）以港口地理形勢做整體性配置，並兼顧港內外之防衛，因此在岸上左右側皆建造大小不同之砲台，如基隆、打狗、滬尾。

（2）講究「明台」與「暗台」的設計。將砲台建於隱密處，致入侵者不易發現，以利奇襲。如澎湖西嶼西砲台、東砲台、基隆、滬尾砲台。即所謂「互為犄角」。

（3）砲台四邊皆疊以高厚土垣，以吸敵砲，減低砲彈爆破之威力。有的築有兩重外垣，如安平二鯤身砲台、西嶼東砲台、西砲台、滬尾砲台。

（4）砲台內部設操練場，砲台中央築水池，以減輕敵砲的爆炸威力，兼可救火。兵房、彈藥庫、倉庫皆至於土垣下，即所謂地下式者。如安平砲台、西嶼砲台、滬尾砲台、旗後砲台、西嶼東砲台等皆是。

（5）大量使用洋式的鐵水泥。因此堅固異常。

（6）聘洋人設計監造，華員辦工料的方式施工。

（7）大量裝配西洋大砲，主要以英國製的 Armstrong 大砲（譯名有阿姆斯脫郎、阿姆斯壯、阿馬士在、安蒙士塘、阿墨斯得郎等）德製

---

[71] 同前註前引書，頁 266~267。

[72] 同前註。

[73] 詳見周宗賢《清代臺灣海防經營的研究》（渤海堂文化公司，作者發行，缺出版年月），頁229~230。

Krupp 大砲（克虜伯）。而一座砲台常使用兩、三種不同規格的砲，具不同射程，收不同的效用。

（8）刻意將砲台大砲的採購，來自不同的國家，以收保密，以防被敵所乘。例如法人監造的砲台，就刻意安裝英製的大砲或德製大砲。

十座砲台中，劉銘傳最重視的是澎湖砲台，早在中法戰後，劉氏即派吳宏洛前往澎湖察看情形，嗣後劉銘傳也親至澎湖探察，提出他的看法：[74]

> 臣（劉銘傳）到台一年，綜觀全局，澎湖一島，非獨全台門戶，實亦南北洋關鍵要區，守台必先守澎，保南北洋亦須以澎廈為菀鑰。澎廈駐泊兵輪，設防嚴密，敵船無能停泊，萬不敢懸軍深入，自蹈危機。此澎廈設防，實關全局，非僅為臺灣計也。

其他奏摺中也常常提到：「澎湖一島，特立孤懸，不獨左右閩、台，亦南北洋緊要關鍵」、「澎湖當南北洋關鍵、閩台要樞，凡有心時事者，無不以該處設防，至重且急」[75]等等，均可想見劉氏老於軍務，洞悉戎機，深以澎防為急。

澎湖諸砲台中，又以西嶼東、西砲台為要，蓋西嶼內外塹為澎湖口門第一要塞。西嶼即今之漁翁島，橫在澎湖本島西方，距馬公最近處約四海浬。島形略如長靴，南部內垵、外垵（即內外塹）似靴底，前後有山，海拔五二公尺。全島地勢高峻，海岸岩石壁立，又有竹篙灣、大果葉灣、牛心灣、內垵灣、外垵灣、蝟馬灣、小池角灣、大池角灣等眾多優良港灣。而他島諸山，皆不甚高，故西嶼高阜突起平陸，目標顯著，於高阜建立砲台，居高臨下可以控制海口，因此清末澎湖海防構想，以西嶼東、西兩砲口及拱北（即城北）砲台分別控制澎湖內海出入口之兩岸；東角（即東城）、天南（即金龜頭）兩砲台則用以鞏固馬公城之防務，其中西台乃是防衛之最前線，為防守澎湖必爭之地。

不過整個砲台工程浩大，花費也鉅大，劉銘傳曾預估：「姑就澎湖

---

[74] 陳濟然前引書，頁 146。
[75] 同前註前引書，頁 243、246。

而論，若云設防，要當不惜重資，認真舉辦。縱兵船一時難集，……必須多購大砲，堅築砲台，製辦水雷，聚薪屯粟。計買砲築台諸費，約需五十萬，全非一、二年不能竣事。」[76]而且還有種種困難，如澎湖「地皆砂石，修築砲台，黃土皆須由別島購裝，需費較鉅」[77]修造砲台，運辦各料，也須貨船載運，於是劉氏特別撥出「海鏡兵船，專供澎湖差遣」，以運載木料磚瓦，辦理砲台城署各工，[78]以免工程繁急之時，無船運輸，待料停工，所糜甚鉅。此外駁運砲械也成問題，因「澎湖起砲碼頭，難於築造，復與英商議定，另造屯船二隻，包起上岸，加給規平銀五千兩。」[79]凡此種種困難，亟待一一解決，但也說明了劉銘傳對澎湖防務的特別重視。

西嶼東、西砲台即是在此情況下興建，光緒十三年（1887）春正月，總兵吳宏洛拆建西嶼東、西兩砲台，至十五年正月工竣。[80]整個砲台是由德人鮑恩士（Bonus）設計，新任澎湖總兵吳宏洛督建。由於此時期新建十座砲台，率多是鮑恩士所監造，因此各砲台規劃雖因地形不同而互異，但其規劃意念，構造方式、材料、機能安排、武器配備等等，頗多雷同之處，特別是如西嶼東台、西台與滬尾砲台極為近似。

大體言，東台砲台主體結構為磚拱之筒狀結構，上置土石，再覆水泥。整個營建特色及配置佈防觀念略如下述：[81]

（1）整個砲台採用凹下式，高者列砲以攻，低者設營房、彈藥庫等，使得砲台隱藏在自然地形中，不易暴露。

（2）設有內、外垣，外垣為高起之自然土堆，與週遭地形配合、以利隱蔽屏障。內垣為砲台設施，疊土石成壇，壇上置砲以求堅固。內外垣間有壕溝，一則排水，一則形成第二道保護。

---

[76] 同註74。

[77] 同註75。

[78] 同註67。

[79] 同前註前引書，〈買砲到防立案片〉，頁二六四。

[80] 同註32。

[81] 見臺灣大學土木工程學研究所都市計畫室《澎湖縣西台古堡修護保存計劃》第二章〈西台古堡的建築研究〉（民國75年6月出版），頁16。另，筆者也增補一二意見於本文中。

（3）砲座間設有突出掩體，以作為儲藏之用。

（4）設有甬道連結內部營房，一則供戍守及長官值勤辦公之作用，一則經由掩體保護，能夠安全自由出入連絡。

（5）有可從營房直接通至上方砲位之開口，並有掩體保護，以備戰時緊急或平時操演之用。

（6）於砲座周圍牆上有數個砲彈形狀之儲彈凹口。

砲台築好之後，自然要安置大砲，否則有砲台等於無。劉銘傳以為「細閱澎湖地方，必須實力辦防，方能保固海洋，惟一島孤懸，四方受敵，必須多購後膛精利大砲，方能設防」，[82]所以托淡水英領事，電詢英國阿姆斯脫郎砲廠砲價，「統計澎湖、基隆、滬尾、安平、旗後五海口，至少需添購大砲三十餘尊，價約需銀六十餘萬兩。」[83]剛開始時，上海洋行開價八十餘萬兩。利之所在，各洋商相爭承辦，往返磋磨，英國阿姆斯脫砲廠減至六十餘萬兩；美商旗昌洋行又搶標，願意減三萬有奇，並將砲位運至臺灣，不支運費，花洋不折；最後是由英商怡和承辦，願減價銀四萬兩，於是「旋與英商怡和洋行議購阿馬士莊新式後膛鋼砲三十一尊，隨配砲彈架具等件，包運到台，通計裝箱、上船、水腳、保險、行規，共規平銀六十萬兩，三期付給，訂立合同」、「並因澎湖起砲碼頭，難於築造，複與英商議定，另造屯船二隻，包起上岸，加給規平銀五千兩。茲據英商於光緒十四年六月間至本年二月底，已將所辦砲位陸續運台，一律起岸，由各防軍驗收，砲價……其起砲費……一並給清。」[84]由於這批新式大砲實在便宜，當時香港洋報與日本報紙謠傳：「各洋商議其價過廉，終手必然虧折，將來辦到貨色，恐未能與合同相符。」劉銘傳為防洋商偷工減料，還特別致函駐英大使劉瑞芬委派參贊知府李經芳親赴砲廠查勘，並雇熟習砲工、妥實洋人駐廠監視，劉銘傳更在砲位全數運抵臺灣後，親自勘驗，結果認為「製造精利，體質堅剛，洵為海防

---

[82] 同註 62 前引書，頁 260。

[83] 同前註。

[84] 同註 79。

利器」[85]。

其中澎湖運到大砲十七尊，並由洋人鮑恩士監工，並由原砲廠派來總兵聞德詳勘，均能合度。[86]不過根據林豪《澎湖廳志》之記載，僅有十四尊：[87]

（1）西砲台，安設後膛砲四尊（在西嶼外垵，十吋徑口兩尊，十二寸、六寸徑口各一尊）。

（2）東砲台，安設後膛砲三尊（在西嶼內垵，七寸、八寸、十寸徑口各一尊）。

（3）金龜頭，安設後膛砲三尊（在媽宮隘口，十二寸徑口一尊，十寸、七寸徑口各一尊）。

（4）大城北大砲台，安設後膛砲三尊（在大城山頂，六寸、七寸、八寸徑口各一尊）。

（5）東城，安設後膛砲五寸徑口一尊（在大東門之東南方）。

據日本東洋文庫藏抄本《台島劫灰》所記改隸前夕清軍在台之武力配備，關於澎湖砲台記載則少了東城砲台一尊，只有十三尊，其統計如下：[88]

（1）西嶼西砲台
十二寸徑口英後膛阿姆斯脫浪砲一尊
十寸徑口英國後膛阿姆斯脫浪砲兩尊
六寸徑口英國後膛阿姆斯脫浪砲一尊
（2）東砲台
十寸徑口英國後膛阿姆斯脫浪砲一尊
八寸徑口英國後膛阿姆斯脫浪砲一尊
七寸徑口英國後膛阿姆斯脫浪砲一尊
（3）大城北砲台

---

[85] 陳澹然前引書，卷五「英國購砲請獎監辦參贊片」，頁 265。
[86] 同前註前引書，頁 267。
[87] 同註 32。
[88] 轉引自吳密察編《日據時期臺灣北部施政紀實》軍事篇（台北市文獻委員會，民國 75 年 10 月出版），頁 556~557。

八寸徑口英國後膛阿姆斯脫浪砲一尊

七寸徑口英國後膛阿姆斯脫浪砲一尊

六寸徑口英國後膛阿姆斯脫浪砲一尊

（4）金龜頭砲台

十二寸徑口英國後膛阿姆斯脫浪砲一尊

十寸徑口英國後膛阿姆斯脫浪砲一尊

七寸徑口英國後膛阿姆斯脫浪砲一尊

又據《明治廿七八年日清戰史》所記澎湖列島之清軍佈署中，已完成的五座砲台，計爲：[89]

（1）拱北砲台：位於澎湖本島中部，八吋、七吋、六吋安式砲各一門。

（2）天南砲台：位於馬公城西南金龜頭岬上，十二吋、十吋、七吋安式砲各一門。

（3）東角砲台：位於馬公城壁東部中央，五吋安式砲一門。

（4）西嶼東砲台：位於漁翁島南端，十吋、八吋、七吋安式砲各一門。

（5）西嶼西砲台：位於漁翁島南端，安式十二吋門、安式十吋二門、安式六吋一門，舊式砲若干門。

另外，在圓頂半島豬母水及井仔垵附近有舊式砲台。依此紀錄，與《澎湖廳志》所載完全相符，不但砲的型式大小相同，合計十四尊也相同。然而又據王國璠編《臺灣抗日史》所記澎湖海岸砲所置輕重砲，一律爲英國安式砲（安式即阿姆斯脫郎之簡稱），其數量列表如下[90]

表一：清光緒年間澎湖砲台與砲架數量綜理表

---

[89] 同上註，另參見許佩賢譯《日清戰史‧臺灣篇》（改名爲《攻台戰紀》，遠流出版社，1995年12月初版），頁96。

[90] 王國璠編《臺灣抗日史》第三章第二節（台北市文獻委員會，民國70年出版），頁75。按，此書專輯資料豐富，惜全書章節均未註明出處，僅於書末附參考資料，實在可惜。本條資料應出自日本明治二十七年參謀本部編《日清戰史》，及堀江八郎著《南征史》，日本明治三十年出版。

砲台名稱	砲種	數量	口徑	附註
西嶼東砲台	英製英式	三	十吋一尊、八吋一尊、七吋一尊	配有塡藥式銅砲二尊
西嶼西砲台	英製英式	四	十一吋一尊、十吋二尊、六吋一尊	配有塡藥式銅砲二尊
天南砲台	英製英式	三	十二吋一尊、十吋一尊、八吋一尊	
東角砲台	英製英式	一	七吋	配有塡藥式銅砲二尊
拱北砲台	英製英式	三	十吋一尊、八吋一尊	
紗帽山砲台	英製英式	一	七吋	配有塡藥式銅砲二尊
圓頂砲台	英製英式	三	不明	尚在建造中

　　其中砲位口徑與上文有所出入，但就數量而言：西嶼東、西砲台、天南砲台、東角砲台及拱北砲台合計十四尊，與《澎湖廳志》、《日清戰史》二書所記相符，加上紗帽山砲台、圓頂砲台，共計十八尊，反多出一尊。各項資料互有出入，孰爲正確，已難考定，幸好有關東台砲台記載並無衝突矛盾之處，即：西嶼東台砲台安置有新式英製阿姆斯脫郎後膛砲三尊，（十吋一尊、八吋一尊、七吋一尊），另配有老式火砲二尊。

　　所謂阿姆斯脫郎後膛砲（Armstrong），中譯或稱阿墨斯得郎、安蒙士郎、安蒙士唐、阿馬士莊、阿姆斯壯、阿姆斯脫浪等等不一，簡稱安式。是英人阿姆脫郎（William George Armstrong 1800-1900）改良研發成功。他於西元一八五四年（清咸豐四年），製成閉鎖機構完善之後膛砲，次年又製成以鋼爲內管，熟鐵爲箍之層成砲身。這種砲身加上閉鎖機構，以及可以和膛線密合之包鉛長彈，使得火砲威力大增。成爲一大利器。他因此項成就，被英國皇家封爲爵士，同時受聘爲烏理製兵工廠皇家火砲廠之線堂砲工程師。除此，他又私人獨自經營新堡火砲工廠，也即是專門替英國陸軍製造阿姆斯脫郎砲，並外銷世界各國之愛斯維克火砲公司（Elswick ordnance company）的前身。西元一八六二年由英國政府轉投資於阿姆斯脫郎公司（Sir W.G. Armstrong Co.），大量製造阿姆斯脫郎系列各種槍砲。清廷當時即由這家公司買入，經由上海轉運臺

灣、澎湖各砲台裝配。[91]

至於前、後膛砲的優劣好壞，沈葆楨曾提及他的經驗：[92]

> 揚武所用多英國之前膛砲，催堅及退，迴異尋常，而靈巧則不如
> 飛雲所用之布國（即普魯士）後膛砲。蓋前膛砲築藥、裝子、洗
> 砲，均須人出艙外，身當砲口，既慮敵砲見傷，又防餘藥遺患。
> 後膛砲則裝放之時，敵人無從望見，而斤膛螺絲中有無渣滓黏
> 滯，從後窺之，便一目了然；惟打放數十次之後，即須暫停，否
> 則恐其熟而炸裂。蓋靈巧與堅實，互有短長。

可知後膛砲雖有輕巧隱密優點，但有炸裂之虞，不如前膛砲結實耐
久。反之，前膛砲則在裝填彈藥、洗砲時，有暴露砲勇之弊端，互有短
長。此外，採購新式洋腔大砲，也有種種困難所在，譬如採購廢時，經
費過高，器械次等皆是，湖南巡撫卞寶第曾指出花費鉅款購買洋槍洋
砲，也未見得利：[93]

> 自設海防以來，購買外國槍砲及子藥等項，出洋價銀不下千餘萬
> 兩，而所購器械，或係伊國另造新樣，將舊樣售與中國，或即伊
> 國舊物打磨見新，售與中國。在中國得之，方以為新奇可喜，而
> 在彼則以上等自用，次等與我，新樣自用，舊樣與我，與之接仗，
> 仍彼利而我鈍也。

其後的澎湖海防通判鮑復康也指出採購洋砲「不必得精器且曠日持
久，大不足待也」，甚至進一步建議中國自己來建造：[94]

> 船政工程巍然，鑄鐵大砲數萬觔之錨舵可鑄，豈巨砲不能鑄乎？
> 管見開洪爐、治精隨，築巨模而溶注成之，止車滑其砲膛，以期
> 利用，不必外面光也。如無車膛大件機器，姑且定購一副，亦不

---

[91] 參見臺灣大學土木工程學研究都市計畫室《澎湖縣西台古堡修護保存計劃》，頁24。及楊仁
江前引書，頁105。按，二書均未註明出處。

[92] 吳炳元編《沈文蕭公政書》卷四〈七號八號輪船出洋並以次下水酌改船式各情形摺〉（近代
中國史料叢刊第六輯，文海出版社，民國6年出版），頁51（總頁804~805）。

[93] 《道咸同光四朝奏議選輯》（台銀文叢第二二八種），頁281。

[94] 同註42。

過萬餘金，何吝此機器，不自鼓鑄，而以大款購彼之廢砲耶？

甚至還有「各省委員承辦外洋槍砲、子藥等項，暗與洋商勾結，收買廢棄之物，浮冒開銷，侵吞巨款，虛糜錢糧」等之弊竇，貽誤軍事，實堪痛恨！[95]

可知採購槍砲還有如許之困難，並非端是有錢便能買到，即使能買到，率多非尖端先進之武器，多是次級甚至是欲淘汰之舊武器，與今日臺灣國防之有錢卻買不到武器，或是只能買到次級之武器的採購困境，正是相同。而劉銘傳能在採購困難，經費支絀之下，東挪西借，順利完成築台安砲之海防偉業，實在令後人感佩不已。

至於澎湖東台這些安式大砲砲架之形式均採用半圓或小於半圓之磨心式。所謂磨心式的磨心均為一鋼質圓筒體，徑約兩公尺，上置裝匣砲架及滑動雙層轅架，砲架後端安輊輪，以供在弧形軌道上迴轉。砲架右後側有鋼梯供砲手上下，操砲平台有鐵欄杆，以防摔落；左側安鉤形吊砲桿，上置滑輪，以利吊砲和裝砲。砲位與砲位間，多設有彈藥庫，側牆石砌上覆石板及厚土。砲位前之胸牆視砲管高下俯昂製作，約有一到二公尺高，（例如十二英吋及十英吋砲身及撐架高達六英寸左右，加上軸心基座，大多超過二公尺；六英吋砲較低，約一點五公尺左右），牆內有儲彈孔，孔作錐形或拱形；牆基有排水小溝，匯雨水向兩側流散，以免泡溼輊輪及磨心。[96]不過，另在砲座周圍有用水泥築成崁在彈藥庫房頂前端之集水坑，係供冷卻砲管之用，其設計為利用地面排水收集，滿溢之後，再排水至內垣外側，這對少雨的澎湖地區倒是一項因地制宜之作法。[97]

而西嶼東、西砲台大砲之射程及防守重心亦是值得吾人注意。由於阿姆斯脫郎後膛砲是當時最具威力之大砲，十二英吋之射程最遠是一萬碼（約十公里），半徑涵蓋桶盤嶼、虎井嶼及馬公市區；最小六英吋砲射程約七千五百碼，亦涵蓋桶盤、風櫃、金龜頭等內海及馬公港進港必

---

[95] 同註 59 前引書，〈臺灣府轉行上諭各將軍督撫嚴察各省委員承辦外洋槍砲等項〉，頁 69。
[96] 楊仁江前引書，頁 115。
[97] 同註 81 前引書，頁 25。

經之水域，故很明顯地可以看出整個海防重點放在防衛澎湖之內海海域、媽宮城及其港口。兼有控制候角東方及西嶼東方海面之作用。[98]只是砲台只能防守要津，必需與水師配合，當時沿海又無布置木樁、水雷、浮壩等設施以攔阻敵艦，使敵艦行動不便，易於受砲，因此砲台功能自然減低許多，所以後來胡傳巡閱澎湖防務，不客氣地指出其缺點。

胡傳是個鼎鼎大名學者胡適先生的父親，於光緒十八年（1892）調派來台。來台後，於六月奉檄巡閱全台各處營伍，曾視察基隆、滬尾、澎湖沿海各處險隘，及新竹、淡水、宜蘭、恆春、台東各處營戍，往來於炎蒸瘴鬱之中，幾已遍歷全台疆域。以足跡所至，察見歷年所辦剿、防、撫、墾四者利病得失所在，約略言之有四端：一則砲台員弁宜教以測算，一則後門槍子宜預令儲備，一則番勇入伍宜教以禮法，一則前門舊槍宜時使修換也。[99]胡傳於七月初一行抵澎湖，初三察竣澎防各營，初四回程抵台。短短三日，就能洞悉澎防，不能不說老於軍務，他的視察報告中，首先說明澎湖駐兵佈防概要：[100]

> 查記名提督署澎湖鎮總兵統領宏字各營王鎮芝生，自統宏字正營及果毅軍練營，駐澎湖城內及金龜頭砲台，為守城之兵；宏字左營及前營親兵前、左、右哨駐澎湖東門外之紅木埕，為守海岸及策應陸路之兵；宏字前營後哨駐城東十五里之大城北砲台，則防敵以小舟載兵登岸至我路之處也。澎湖之西隔海水程約二十里，有島曰西嶼。其北曰哮門，水淺，大船不能入。其南曰花嶼，其東南曰八罩，皆大船通行之路。而西嶼為二路入澎必經之總口。宏字副營於嶼之外灣築砲台，曰西砲台，駐親兵及前哨、左哨。於嶼內灣之北築砲台，曰東砲台，駐右哨；並分後哨駐內灣，則又守海口之兵也。

[98] 同前註前引書，頁 24。

[99] 胡傳《臺灣日記與稟啟》卷一〈光緒十八年六月稟為條陳補益營務四端稿〉（台銀文叢第七種），頁 43~46。

[100] 同前註前引書之〈光緒十八年七月初八日申〉，頁 54~55。

並進一步分析澎湖諸砲台之優劣：[101]

> 又查該處所築砲台，地勢均頗扼要。台內弁勇居止之所，或鑿山
> 為穴，或以磚捲砌，如城門之式，頂皆以塞門德土築之使堅，預
> 防炸彈飛落，毋令傷人，均頗得法。惟西嶼西砲台內有瓦房兩所，
> 似尚未得宜。各砲台砲架後向弁勇站立之處，未建夾垣以護其
> 後，似稍有未備。然堅頂房多，而瓦房少，臨時可自拆去夾垣，
> 工費無幾，添建甚易。即不添建，而能多備麻袋，臨時滿裝砂土，
> 堆之如垣，亦可猝辦濟急。商之該統領，亦以為然。應由該營自
> 行酌奪。

對於澎湖防務、砲台評價頗高，不過對於全台防務，語重心長地說
道：「弟查閱全台客勇、士勇共三十一營，二十八哨，防海者三之一，
防番者三之二，皆係陸營，並無水師，且無戰艦。」[102]而澎湖防務缺失
尤在：[103]

> 論者謂澎湖之得失，為臺灣存亡所係。若為敵舟所據，誠可絕臺
> 灣南北海道之應援。然地形散漫，可以登陸之處甚多；且不生五
> 穀，亦無草木，乃不毛之地；無水師而僅恃陸兵，恐難守也。

從上述種種情況得知：劉銘傳對於台澎海防有關之海軍、兵船、砲
台設置、大砲更新、弁勇訓練、人才培育、經費籌措、臺灣南北與前後
山之聯絡支援等等，均有所著手與加強，只可惜這些洋槍大砲、西式砲
台，到底是由外國設計和購入，因此嚴格講，已無國防機密可言，遑論
制敵機先，達成海防要務。而經費不足與派系門戶之見是整個洋務運動
與海防佈署缺乏大成就之主因，由於清廷始終沒有為台澎海防建立一支
海上雄軍，台澎海防只靠著「守口守岸」，依恃海口砲台拒敵於海岸之
外，欲求固若金湯，恐有所不恃，胡傳洞燭機先，一針見血指出其弊端。
果不其然，一語成讖，中日甲午戰爭甫起，胡傳就料定日人之戰術，必

---

[101] 同前註。
[102] 同前註前引書之〈致邵班卿〉，頁66~67。
[103] 同前註。

採飄忽遊弋，決不於嚴防之處登岸，[104]澎湖之役，短短四日，全島淪陷，正是種因於此。

第五節　澎湖失陷與砲台荒廢

光緒二十年（1894）甲午，日本以朝鮮東學黨之亂爲藉詞，出兵進犯朝鮮，引發中日甲午之戰，結果黃海、牙山、平壤諸戰役，清廷均告敗北。二十一年一月十三日，日軍襲擊威海衛，盡殲北洋艦隊，當時日本早有「南方作戰」計劃，一月十四日，決定進行澎湖作戰，遂由聯合艦隊司令官海軍中將伊東佑亨領軍南下，三月二十日下午抵達澎湖將軍澳嶼海面，澎湖之戰一觸即發。

時澎湖守備軍隊，除了二營左右汛兵外，尚有澎湖鎮總兵周振邦統領之宏字正營、宏字前營、果毅軍練營等三營，人數約一千五百人左右，實嫌單薄。中日情勢日趨緊張，清廷加強南洋各口及台澎防務，從各地增調募勇援助澎湖，佈防兵力增至步兵十二營、砲兵一營、水雷一隊，截至二十年十二月底、澎湖群島所駐屯清軍有十三營三哨，總兵員在五千人以上，其佈防守備情形如表二。[105]

表二：清光緒二十年澎湖佈防守軍綜理表

指揮官	駐屯地		部隊名稱	統領	合計
總兵周振邦	澎湖本島（圓頂半島除外）	馬公城內	宏字正營（缺三哨）	管帶葛海圖	五營（缺一哨）
			宏字左營（台南新募）	營官繆瑞祥	
			果毅練軍		
		馬公北端兵營	防軍左營（臺灣新募）	營官林福喜	
		東衛社	宏字右營（缺三哨）	營官黃增猷	
		大城北社	宏字右營之一哨（廣東新募）		
		隘門社	宏字右營之二哨（廣東新募）		

---

104 同前註前引書之「上臬道憲顧」，頁 228。
105 吳密察前引書，頁 537~528。另，筆者也添補統領姓名於表內。

		天南砲台	宏字正營之一哨		
		東角砲台	果毅練營之一哨		
		拱北砲台	宏字正營之一哨		
	漁翁島	內垵社東南兵營	宏字前營（缺二哨）	副將劉忠樑	三營一哨
		外垵社	宏字副營（台南新募）	營官龔鳳章	
		蝐馬灣小池角	防軍右營（臺灣新募）	營官梁恩浩	
		西嶼東砲台	宏字前營之一哨		
		西嶼西砲台	宏字正營之一哨宏字前營之一哨		
知府朱上洋	澎湖本島圓頂牛島	雙頭掛社鳥嵌社	定海右營（臺灣四營）	統領朱上泮	五營
		鎮管港鐵線尾	定海衛隊營（挑選組成）	管帶解得標	
		豬母水雞母塢	防軍後營（湖南新募）	營官郭潤馨	
		井仔垵	防軍前營（湖南新募）	都司朱朝貴	
		嵵裡社	防軍砲隊營（廣東新募）	管帶朱尙傑	
備考	本表之外，馬公城有水雷營三哨（福州調來），保護糧臺親兵一百人，嵵裡社有水雷營一哨，均歸周振邦指揮。				

由於法軍曾由嵵裡登陸，這次清軍將防禦重點置於圓頂牛島沿岸，其主陣地也位於大城山一帶。至於砲台之安置，其情形如下：

（1）西嶼東砲台，配砲三尊，口徑十吋、八吋、七吋各一尊。

（2）西嶼西砲台，配砲四尊，口徑十二吋、六吋各一尊，十吋兩尊。

（3）天南砲台（金龜頭砲台），配砲三尊，口徑十二吋、八吋、十吋各一尊。

（4）東角砲台（東城砲台），配砲口徑七吋者一尊。

（5）拱北砲台（大城北砲台），配砲二尊，口徑十吋、八吋各一尊。

（6）紗帽山砲台，配砲二尊，口徑五吋一尊，另外一尊則不詳。

（7）圓頂砲台，尙在工事中。

由砲台佈置位置可知，西嶼東、西砲台爲澎湖內海第一道防線。天

南砲台與東角砲台是防衛媽宮城之主力。拱北砲台是唯一內陸砲台，主要是爲阻止敵人由媽宮城背部攻擊。紗帽山砲台和圓頂砲台則是鑑於法軍當初由圓頂灣登陸成功而做之加強防務，可惜尚未完成，便已爆發戰事。

　　西元一八九五年三月二十三日（光緒21年2月17日）晨，日本軍艦侵入侯角灣，拱北砲台哨兵發覺，發砲攻擊，日艦受創離去。午後，又犯龍門之裡正角灣，裡正角灣水淺沙淤，風強日酷，戍守兵勇難得一至，日艦未受任何阻礙，順利登陸，並集中火力，猛轟紗帽山、大成山要塞。日軍進佔尖山（在今湖西鄉），進軍太武山，清軍力戰不勝，太武山遂陷。二十四日，日軍攻大城北，別以一隊進攻拱北砲台，清軍撤退於媽宮城外，拱北砲台爲日軍佔領，日軍乘勝進迫媽宮城，歷三小時戰鬥，城破入城，城兵立潰、媽宮陷落，日軍旗幟高懸城樓，西嶼東、西砲台守軍頻以巨砲遙轟，日軍未料到，死傷頗多，紛避城外曠野之地。

　　二十五日，西嶼砲台續開砲轟擊，日艦亦群攻西嶼，下午一時，忽一彈擊中彈藥庫，砲台轟然，白煙飛揚，副將劉忠樑當場陣亡，其部下見狀潰散，西嶼即被日軍佔領。時清軍將領或退往臺灣，或則投降；島上居民趁亂入內搶掠，一時不察，誤燃火藥庫，火藥庫爆發，死傷數十名，或云是清兵逃走之際，不願武器裝備留予日軍，遂將線香點燃，插入火藥引爆。又有一弁目陳連陞（閩人，曾隨從至德國克虜伯廠購砲），不願見砲台落於敵手，乃以其在北洋水師所學得之拆砲、裝砲技能，將存留砲位一一拆卸，尤其是緊要機件之閉鎖機部位，予以掩埋，另把武器彈藥等，紛紛投棄海中。[106]

　　三月廿六日下午，槍砲聲停，澎湖於四天之內淪陷，悉入日軍之手。日軍在馬公設置澎湖列島行政廳，由海軍少將田中綱常擔任廳長。不久，清廷與日本議和，簽訂馬關條約，台澎卒於是年五月割讓。

---

[106] 以上參見（1）井田麟鹿《澎湖風土記》一三〈戰紀〉（日本明治四十三年油印本附排印本），頁57~58。（2）陳衍總纂《臺灣通紀》卷四（台銀文叢第一二〇種，民國五十年八月出版），頁245。按原文有「僧伺塔燈西人拆之……僧西人至廈門，西人言於稅務司，稅務司又言於水師提督黃少春云」，可見此事屬實，不過此西人是誰不得而知？又「伺塔燈」之「伺」應是「司」之筆誤，燈塔指西嶼燈塔。

澎湖之戰，日軍虜獲軍械武器，其中大砲有安式十二吋砲及海岸砲十五門，機關炮四門，野戰砲十三門，海岸砲彈一千一百二十二發，野戰砲彈八百六十八發，機關砲彈六萬八千五百發，子彈九十六萬五千發，及許多火藥與裝填藥。[107]就軍械而言，不可謂不豐，惜當時諸公，不知戰略戰術之運用，又怯敵遁逃，四天之內，失地又失物，良可痛心。以西嶼砲台為例，作一檢討，便可了解。

西嶼東、西砲台在中法之戰時，因來不及裝砲配兵，使得法國軍艦乘虛直入媽宮澳，肆無忌憚砲轟清軍陣地，絲毫未發揮防禦功能。在甲午之戰，日軍由南方和東方之海岸登陸，沒有對馬公採行正面攻擊，轉而由陸路攻擊媽宮城的背部，而西嶼砲台只是在日軍攻陷媽宮城之後，亡羊補牢的炮轟日軍。因此西嶼砲台雖能控制船艦出入澎湖內海的有利位置，然而當敵人改變戰略，採取另外攻擊路線，也就無法發揮預期效果了。[108]

日據時期，澎湖號稱「帝國南門鎖鑰」，設有要塞司令部、水雷敷設部，重砲兵大隊，憲兵分隊等等，海陸警備嚴謹，西嶼砲台守備如何？其詳不可得而知，想必仍有日軍駐防。不過據在地澎湖耆老告知當地被列入軍事管制區，當地所有住民均被遷移走。光復初期國軍駐守亦是如此。有關砲台資料，曾去函國防部史政局查詢，如同往例，回函皆以「查無資料」或「已銷毀」應付，無可奈何，無能增補近現代沿革歷史。光復後，東、西砲台均由國軍接管，除原有設施外，添建若干，保存尚稱完整，其中東台砲台改建之現況最為明顯部位有三：

1.砲位與子墻：

原有南側三處砲位，在此時僅存左右二處而將中央部位的護垣和砲座推倒，並以混泥土將子墻連成直線；目前僅由外廓廣場上的殘存圓形砲座痕跡可以研判出原始形貌，並與原十、八、七吋三座砲位之記載符合。

---

[107] 同前註，及許佩賢前譯書，頁88。
[108] 郭貴明〈西台古堡修護保存計劃補遺〉（收於《澎湖開拓史學術研討會實錄》，民國78年6月出版），頁57。

2.營房：

國軍移駐後繼續使用營房，但功能已變為居住性營舍之用，添加部分隔間牆並將主入口左右拱形通道封起；內部則大加粉刷使得原有清水磚面被遮掩，亦不復有支援上層砲位的功能。

3.環境：

受近代戰爭觀念與武器系統的改變，原有的砲台功能大幅降低，而清代砲台設施已多廢置不用，乏人保養的情況下，外垣、土壕、護牆、地坪等多已傾倒破壞，亟待修護以回復景觀。

民國六十一年，軍方始將西台交給西嶼鄉公所，開放供觀光之用。近來亦有打算交還開放東砲台，以供觀光，但願早日實現。

第六節　小結

澎湖群島散佈臺灣海峽，為福建、臺灣之衝要，由澎湖歷次戰役，可知荷人攻台、明鄭復台、施琅迫台，乃至法軍、日軍之侵台，皆以澎湖為首要目標，澎湖之存亡，實關係臺灣得失。是以清代初期，清廷極重視澎湖防務，分防汛塘，並置戰船，按季汛防海面，且在各據點設置砲台，康熙末葉曾一度築砲台十二座，安砲四十五尊，達到最頂點，突顯此時期清廷對澎湖防務之重視。

雍乾以降，海晏承平，綠營營制廢弛，兵虛將惰，防戍轉趨消極，此種方式僅對維持地方治安、緝捕海賊、防止偷渡或許有用，但當面臨外敵挑釁窺探時；必定束手無策，任憑宰割。兼以（1）航海船隻日益進步，過去老式帆船需在澎湖候風決定行止，改用新式輪船，自然無此考慮，不必再停泊澎湖。（2）臺灣重心本在南部，與澎湖成唇齒之勢；而自從重心北移，即使防守住澎湖，也無法解雞籠、滬尾之禍。[109]所以同治七年有裁軍加餉之舉，足以說明澎湖地位之降低，不被重視。

同治十三年爆發之牡丹社事件，使得清廷由「內訌」治安之挑戰，

---

[109] 蔣師轍《臺灣日記》卷四「六廿四日」（台銀文叢第六種），頁114~116。

一變爲「外侮」國防之挑戰，也由防範臺灣之種種消極閉鎖之治理政策，一變爲如何確保臺灣，以免爲列強侵奪之積極開展政策。於是沈葆楨展開一連串籌防交涉事宜，開山撫番，增闢郡縣舉措，而澎湖再度受到重視，增加兵勇，修建砲台。此種防務措施，歷經中法戰爭，劉銘傳撫台，均是如此。只可惜的是此一防務措施全從「陸防」觀念出發，意在以陸制海，使敵人不得入港，不得進城。此一錯誤觀念，自始至終，均未改變，不知言海防者，不在守城守岸，而在守大海爲長城，故林豪曾慨嘆：[110]

> 所謂以戰爲守，而以海爲戰；防海之要，孰要於此。且今日言防海者，動稱鐵甲船、開花砲矣，要之，有船而駕駛不知法，與無船同。有砲而不能命中，與無砲同。即能駛矣，能中矣；而士卒不爲用，與無兵同。推之砲台必仿洋式，無非爲設險計；而所以守此台、演此砲者，則視乎其人。即朝廷不惜鉅費，造此船砲，何難另籌款項爲操演資？而領此款項以爲操演者，仍視乎其人。夫此船也、砲也、台也，皆防海之要務也。苟用之不得其人，猶爲虛器，又何論區區沙汕之險之出於有形哉！

所以其後清廷不設南洋水師以衛台澎，反倒將艦隻調防北洋，不知以巡洋艦隊巡弋外海，控制水陸，遏之於門庭外，徒恃兵勇、武器、砲台爲制勝工具，結果據守島嶼，坐待包圍，空有利器也無從發揮作用。中日甲午澎湖戰役之慘敗之淪陷，根本原因在此。澎湖之腹地在大山嶼，大山之結聚在媽宮港，爲澎湖要地，所以澎湖歷來防禦工事均在守衛媽宮。而西嶼位在澎湖本島西方，其南是花嶼，其東南是八罩（望安），皆是大船航行之路，而西嶼爲二路入澎必經之總口，可見西嶼控制澎湖內海之出入。何況西嶼全島地勢高竣，前後有山，（反之，他島諸山皆不甚高），居高臨下，形勢險峻，所以燈塔、砲台均設在此，自有其不容考慮之因素。簡言之，西嶼乃是澎湖防衛之最前線，位防守澎湖必爭之地，因此早在明鄭時代，西嶼即設有內、外塹砲台二座。清平台澎，

---

[110] 林豪《澎湖廳志》卷五〈武備〉「武備略總論」，頁170~172。

自不例外，於內外塹也設有砲台，其形制，或許是磚石構造之方形台座，配有老式前膛鑄鐵砲。其後因防務鬆弛，漸漸荒廢。

　　同治十三年牡丹社事件起，當時澎湖水師副將吳奇勳曾建議沈葆楨在新城、金龜頭、蛇頭、西嶼等處，築造洋式砲台，安設大砲，不過一時難以遽事，改用巨筐裝砂土、小石堆垜，暫作藩籬。事後，僅在新城、金龜頭新建砲台，高不盈丈，僅容數百兵，貯砲數門以守隘口。此時期澎湖也常為兵船操練演習之處。

　　光緒九年，中法為越南之爭，爆發戰爭，台閩緊張，澎湖通判李嘉棠奉閩浙總督何璟之命，「在西岸之西嶼、東岸之蛇頭，進口要隘，各建砲台，藉資守禦」[111]在劉璈的督促下，總算在翌年完成，雖云「堅穩」，可惜還來不及安砲配兵，法軍已經打來，結果在毫無反擊之下，法艦揚長通過，控制澎湖內海海權，法軍順利由嵵裡登陸，攻佔媽宮。此一新建西嶼內、外塹砲台形制如何，史無明文，不過「夷船開砲，擊之不中」，砲台未被轟毀，今日東、西砲台或許有當時殘留遺蹟在。

　　中法戰後，劉銘傳積極整頓澎湖防務，築媽宮城，改設澎湖總兵官以外，新建砲台尤為重視。在經費短缺，建材難買，運輸不便的種種困難之下，興建了西嶼東台、西台、大城北、金龜頭四座洋式砲台。

　　西嶼東、西砲台是由德人鮑恩士設計，澎湖總兵吳宏洛督建，於光緒十三年春正月，拆掉原砲台新建，於十五年正月竣工，也即是今日所見西嶼東西砲台之由來。東台砲台形制是以磚拱筒狀為主體結構，平面均為矩形，四圍繞有重垣，形成內外垣。外垣是疊土而成的土石屏障，有隱蔽性；內垣由於擔負功能不同，形成厚重不一的剖面。內外垣間有壕溝，利於排水，利於保護。砲座位於子牆後，疊土而成之高台，並有突出掩體，作為貯藏之用。砲座後方有彈藥庫，有兵房，有甬道，互相銜接，利於保護，利用出入連絡。而高築之平台，和整體砲台設施連通成環狀，氣勢相當雄偉。並且從英國採購阿姆斯脫郎大砲，安置了七寸、八寸、十寸三尊後膛砲，射程遠達九公里之遙，半徑涵蓋桶盤嶼、風櫃、

---

[111] 臺灣銀行經濟研究室編《道咸同光四朝奏議選輯》之〈籌辦閩防畜募勇營疏〉（台銀文叢第二二八種），頁218。

金龍頭等內海及媽宮城。

　　光緒十八年七月，胡傳奉派來澎巡視防務，報告中曾提到當時東砲台駐有宏字副營之右哨，也頗為稱讚砲台之設計，但也指出弁勇在砲架後站立之處，未建夾垣是其缺點。更憂慮的指出澎湖未設水師，僅恃陸兵守護，恐怕很難守住澎湖，果然不幸被他言中。

　　光緒二十年，中日爆發甲午戰爭，日本派聯合艦隊司令官伊東祐亨率軍南下攻打澎湖。二十一年二月十七日（西曆三月二十三日），正式點燃戰火，日軍在龍門的裏正角灣登陸，以後節節進逼，次日拿下媽宮城。西嶼東、西砲台稍稍發揮功能，頻頻以巨砲轟向城內，造成日軍頗多傷亡。第三天，西嶼砲台終被攻下，副將劉忠樑英勇成仁，弁目陳連陞破壞大砲機件，不使淪於敵手，尤為愛國表現。澎湖戰役於四天之內結束，由於這次日軍不採正面攻擊，轉由陸路攻擊媽宮城的背部，使得西嶼東西砲台未能發揮預期效果，是一大遺憾。

　　日據時期，西嶼東砲台應有重砲兵大隊駐防，詳情如何，由於當時事涉軍事機密，附近居民被迫整村遷移，一般人也不容易得知，所以至今無留傳有關資料可以察知；但是由砲台外東南側平台上，留有玄武岩砌平房壕溝等設施觀察，日軍在此地除了繼續使用外，並作了部分添加設施。此外外垣，東南角上的機槍堡也應該是此時所增築。光復以後，由國軍接管，也是列入軍事管制區，一般人也不容易進出，其詳不可得知。不過，除原有設施外，並有若干補建。近年來，乏人保養下，外垣、土壕、護牆、地坪等已多傾頹，亟待修護，以恢復原貌。

士林市場歷史沿革考略

第一節　士林新街的興建與市場的形成

　　士林區位在臺北盆地北方，爲北市十二行政區中面積最大者，西連北投區，西南臨淡水河，南臨內湖區，北界臺北縣，東北接新北市萬里區、汐止區，因此地當臺北入北投、淡水、金山、三芝要道。區內東北爲山脈，以七星山爲最高峰；東南有大崙山及大直諸山爲界，西南一帶爲河谷平原，分布在磺溪、雙溪下游者爲士林平原；基隆河、淡水河之間者即社仔平原，得地利之便，因此漢人入墾此區頗早。

　　士林昔爲平埔族毛少翁社、瓦笠社所棲息，原稱「八芝連林」或「八芝蘭林」，係譯自平埔族語 pattsran 音，即溫泉之意，再加其地森林蒼鬱，故稱「八芝蘭林」，其後有省稱「八芝林」、「八芝蘭」或「芝蘭」之地名。乾隆五年（1740）本區已出現淡水保八芝蓮林莊、瓦笠莊之村落名；至乾隆二十五年（1760），隸淡水廳淡水保，有石角莊、八芝蘭林莊、瓦笠莊、毛少翁社，另有八芝蘭林街。嘉慶年間隸屬淡水廳芝蘭一堡，迨及同治年間有芝蘭堡石角溝莊、芝蘭街、毛少翁社莊、毛少翁社、及大加臘堡社仔莊、溪洲底。光緒五年（1879）隸屬台北府淡水縣，有大加臘堡溪洲底莊、溪州尾莊、芝蘭一堡林口莊、員山仔莊、福德洋莊、棋林厝莊、社仔莊、州尾莊、石角莊、南雅莊、三角埔莊、東勢莊、番行仔莊、莊仔頂莊、公館地莊、菁碧莊、雙溪莊、番仔嶺莊、平頂莊、毛少翁社莊，及芝蘭二堡中州莊、溪水莊。光緒十三年隸臺灣省臺北府淡水縣芝蘭一堡，莊名不變，直迄乙末割臺，仍如其舊。[1]

　　咸豐年間，北臺械鬥屢起，咸豐九年（1859）九月七日，漳州同安

---

[1] 此段參考下列諸文改寫而成：（1）林萬傳，〈士林區地名沿革〉《臺北文獻》直字第七十七期（臺北文獻會，民國七十五年九月），頁65~83。（2）洪敏麟，《臺灣舊地名之沿革》第一冊（臺灣省文獻會，民國六十九年四月），第二篇第二章十一節（士林區），頁225~231。（3）盛清沂，《臺北縣志》卷五〈開闢志〉（臺北縣文獻會，民國四十九年），第三十三章「士林鎮」，頁51~52。（4）黃得時，〈臺北市的疆域與沿革〉，《臺北市發展史》第一冊（臺北文獻會，民國七十年十月），頁137~144。

分類械鬥，「是日枋寮街火，彰同互鬥。並燒港仔嘴瓦窰、加臘仔等莊，旋而擺街、芝蘭一、二堡亦鬥，縱毀房屋。」[2]「芝蘭街」即在此次械鬥，慘遭焚燒。按，相傳雍正二年（1724）九月，有鄭姓彰人即在此建有十餘間茅屋式店鋪，竹牆周繞，稱爲「店仔街」，及雍正五年十月，又有業戶吳廷誥、曹朝招、賴玉蒼等人，增建店鋪，益見繁榮，稱爲「八芝蘭林街」。乾隆六年（1741）十月，吳廷誥、曹朝招、李應連、黃振文、張國瑞等捐獻建神農宮於街界，嗣後神農宮成街肆中心，廟前廣場變成農產品、日常消費品交易買賣之所，宮之周遭亦形成前街（指西側街道，可通雙溪，有和尚橋通德行，在街肆被毀前，爲士林最繁華地方）、後街（在前街西邊，今捷運線東側）、大厝內（在神農宮後，約今中山北路五段七三一巷至七五一巷間，昔日有吳姓大厝得名）、平埔溝（宮前方福榮街）、下湖溝（在宮東側）、新店仔（今文林路郭元益餅店一帶，乃繼前、後街後再形成之店鋪而得名）。[3]

芝蘭街既被焚毀，事後有意重建，是時街民倡議復興，有三種意見，一在原址，一在芝山巖山麓，第三是縉紳潘永清力主遷至下樹林，其理由一則「是時舊街之地點，已感不便矣。」[4]二則建新市街於芝山巖，萬一泉州人再度攻來，只能退守石角，石角不守，勢必退到山邊的下東勢，會被逼入山區。[5]而且有次士林地區淹大水，經潘氏調查，發現只有下樹林一帶沒有淹水，其地勢像一只倒覆炒菜鍋，中間高，四周低，該地座北朝南，後面即七星山、大屯山、風水極佳、眾人遂決定中間這塊地作爲後來慈諴宮建廟基地。[6]因此力主於下樹林處建設新街。按，下樹林一帶原泛指今捷運線以西，基隆河舊河道以東地點，約今仁禮、義信、智勇三里，及福文、福林二里部分之地，其地因係荒埔，樹林叢

---

[2] 陳培桂，《淡水廳志》（臺銀文叢第一七二種）卷十四〈詳異考〉，頁 366。

[3] 同註1。

[4] 潘光楷，〈芝蘭新街移建及其他〉，《士林鎮誌》（士林鎮誌編纂委員會，民國五十七年七月），頁 480~482。

[5] 蔣秀純，〈耆老個別訪問記〉，《臺北文獻》直字第七十七期，頁 15~29。

[6] 徐裕健，《士林慈諴宮調查研究與修復建議》（徐裕健建築師事務所，民國八十二年六月），頁 23、110~111。

生而名，日後因建新街而繁華，於是下樹林遂成今福樹里代稱，至日據時期，日人將原稱下樹林地方劃入福德洋，而將今新佳里東半部地方為下樹林。[7]後略「下」字簡稱「樹林」，閩南語「樹林」之音同「士林」，「士」字易寫，字義又佳，寓有「士子如林、文風鼎盛」之意，所以後來新街被改稱為「士林街」，而成為日後士林區名之由來。

　　主意既定，眾人共襄盛舉，時大東街曹厝、大北街板橋林厝（即林本源家族）、石角的楊厝、魏厝都願意割地出來建設新街；某張姓人士亦一馬當先欲起蓋屋宇，潘永清允諾提供建材，故張氏住家是新街最早蓋好一間，位於今慈諴宮左邊，[8]而板橋林家不僅擁有今文林路一帶田地，亦提供資金借貸，所建屋鋪，先租後賣，方便鄉人。[9]新街之建，始於咸豐十年（1860）庚申，庚屬金，申屬猴，乃食果之猴，遂認為是「猴歡樹林」之吉年，更鼓舞眾志成城。計畫之初，先定路線、水溝，再劃定店鋪，使新街市方正平均，整齊不紊。中央規劃為廟址，廟前設大廣場，作為農漁交易場所，即今士林市場部分。另外又再河邊種竹以擋風。續造碼頭、渡船以利舟楫行人，又在街市東西開運河兩條，一頂下水擋，位於今文林北路一〇一巷道路；一下水擋，位大南路，俗稱「水棟」，既可防盜，又可供船隻進出泊停。接著又鋪造通舊街大石路及頂下水擋橋，設塚於西運河外緣等等。[10]關於新街之遷建始末，潘光楷有〈芝蘭新街移建記及其他〉詳述，茲引錄如下[11]：

　　「士林舊街，古芝蘭街也。前清中葉，此地四通八達，集散地方土產，兼販運海魚，遠自金包里淡水、基隆，或自桃園方面，負販者肩挑來去，當時不愧為臺灣北部，物資集中地區。及至道光年間，臺北商埠漸次宏開，河運之利用亦逐漸頗多，是時舊街之

---

[7] 同林萬傳前引文。

[8] 同註5。

[9] 蔣秀純，〈士林區耆老座談會紀錄〉，《臺北文獻》直字第七十三期（臺北市文獻會，民國七十四年九月），頁185~188。

[10] 張明雄，〈士林城舊址調查記〉，《臺北文獻》直字第七十三期（臺北市文獻會，民國七十四年九月），頁185~188。

[11] 同註5。

地點，已感不便矣。

咸豐九年，鄉中發生械鬥之後，街市被焚毀殆盡，是時街民倡議復興，縉紳潘永清先生力主遷地之說，得多眾之贊同，立刻進行籌備，擇地於下樹林之處只（址）建設新街，即今之士林也。

永清先生，不佞之先伯父也。生平豪爽，仗義勇為。新街移建之議既成，慨然負責經始，乃先之以相地為急務，踏破芒鞋，慶獲大地主曹七和派下之同意，允個人自由租借，並獻廟地若干以作公用。

次為計劃市區，開文化之先例，先定路線、水溝，然後劃定店鋪，使之方正平均，整然不紊，中央劃為廟址，廟前設大廣庭，以做內外農漁交易之所（即現在菜市場之一部）既見民房、商戶，櫛比為鄰，特設隘門，以防盜賊，又在河邊插竹，以阻風洪；造碼頭，以利舟楫，設渡船，以濟行人；並於街之東西，開鑿兩條運河，稱頂下水擋，用以防盜，用以入船（或可避風）；他如造路（通舊街大石路）鋪橋（頂下水擋橋）；以及崇神設塚等等，一切設施，盡備其完善而後已。更因欲使街市之速成，自己負責多蓋店屋以為示範，然後勸導鄉村殷戶義務建房，不數年間，居然已成嶄新市肆，為遠近所稱揚。

雖然，就現在觀之，不過是一個舊式市街，然而在古代有此整然橫直之形式者，為臺灣地方所僅見，即如現代市區改正，尤可不受摧毀之憂者，實令人追念。（下略）」

總之，新街建設，在板橋林家出錢，士林地主捐地，潘永清、盛清兩兄弟居中策劃之下，新街建成一長方形城市，以慈誠宮為中心，四面設有街道，即今之大北路、大東路、大西路、大南路。在兩條街之交叉點皆設有隘門，北隘門座落在大北路、小西街交會點；西隘門設於小西街；東、南兩隘門設在大北路與小東路交會點。另外，新街房屋皆以丈八寬度興建，非常整齊好看，特別是各道路街角率由潘家先建，然後再獎勵他人興建。因為屋宇排列成四方整齊，加上四角落有隘門遂讓人有種錯覺，誤以為有「士林城牆」，新街隘門後在明治四十年（1907）左

右拆掉，不復痕跡。[12]也因此次合作愉快順利，板橋林家與士林潘家此後相結聯盟，「板橋出錢幫助士林建築新街，士林建築新街，士林壯丁幫助板橋守衛拓地，因此士林及板橋曾合作開闢淡水、石門、三芝等地。」[13]此即前引潘光楷宏文，指潘永清：「先生以儒者出身（恩貢生），富有建設經驗，曾與臺灣大富豪林本源合作，在北部蕃山一帶（馬武督等地）辦造林、製腦、撫蕃、墾田諸龐大事業，著有相當業績。又在淡水、石門、三芝等鄉，自力投資，從事墾拓，開鑿水圳三條（名成渠圳，現歸公營），延長數十里，開闢良田萬頃，利農利國。」[14]

　　新街既成，盧舍且置，濟以設施，求其完善，人群絡續來到，潘氏「更因欲使街市之速成，自己負責多蓋店屋以爲示範，然後勸導鄉村殷戶義務建房，不數年間，居然已成嶄新市肆，爲遠近所稱揚。」同治十三年（1874）曾普查淡屬各庄人丁戶口，芝蘭保一十八庄中有關今士林地區一帶數字如下：「劍潭庄閩籍二十二戶，男三十二丁、女三十四口、幼孩十七口、幼女二十一口；角溝庄閩籍二十七戶、男三十二丁、女□（原缺）十三口、幼孩十二口；幼女十二口；芝蘭庄閩籍三十一戶，男四十二丁、女三十二口、幼孩二十一口、幼女二十三口」[15]芝蘭庄應大體指今新街一帶（舊街後來雖經重建，然在同治六年再毀於地震），則男女人口計有一一八人，平均一戶約四人；加上其他庄社，合計一一二戶，男女人口四三九人（或四二九人，角溝庄女口估算爲三十三口或二十三口）。以今日眼光來看，四百多人自不算眾多，若以當年社會情況視之，自然不算少數，況周遭若干庄社並未計入。因此市集的形成自是極自然不過的事，何況原本計畫在慈諴宮前設一大廣場，作爲內外農漁交易場所，加上因河道、巷道的曲折，造成許多小空間容易吸引攤販聚集叫賣。久之，物以類聚，大東、大西兩街以肉類貨品爲主，大南路爲

---

[12] 同註 9 前引文，頁 9。

[13] 同註 10 前引文，頁 186。

[14] 同註 4，另參見拙文〈清代士林潘家之發展〉，收入《從古蹟發現歷史》（台北，蘭臺出版社， 2004 年 8 月），頁 27~52。

[15] 《淡新檔案》第三冊（臺灣大學，民國八十四年十月），第一篇行政〈民政類〉，檔案編號：一二四○三・四九「同治十三年分淡屬各庄人丁戶口清冊稿」，頁 348~350。

瓜果花菜，大北路為菜市、藥市，廟前是菜市、漁市。基隆河當時還有水運之利，也有從水路運載貨品到此販賣，而且基隆河那時水質乾淨，盛產魚蝦蚌殼，漁民通常一早去漁撈，滿載而歸，迅速轉運至此販售。不過因慈誠宮興建較晚，一開始大東街才是士林熱鬧的商區。

　　因此，總的說來，清代時期在咸豐十年興建新街以來，士林並未有如今所謂的「市場」。只是在街路兩旁，或者廟宇近旁、廣場等人潮交通往來頻繁場地，零售商人擺攤趕集在一起而已；而士林近郊農人或住家也會在深夜挑載農產品等，一早至此處販售叫賣，或採買所需，尤其在神誕廟會時更為熱鬧。基本上，清代時期所謂的士林市場只是一個類似市集式的集貨、販賣場，並無固定的攤位，及管理機關與制度、設施，直到日據時期才有固定設施建物，設立市場管理。

　　本節末了要作一解釋者為士林市場昔年有「鬼仔市」之稱，顧名思義頗多書籍以為是指附近郊區農人住家在「深夜」此一「時間」就挑著農產品下山販售，非也。按，士林新街與外界往來，昔年是靠北隘門到舊街的大石路，大石路又稱大馬路，是從小西街經小北街、大西路、福德路，然後順文林北路可到達後街的神農宮。而現今的小北街至大北街中間一段的大西路是日據時代才開鑿的。[16]而北隘門內外，西運河邊緣，約昔士林造紙廠，今士林夜市一帶卻是墳墓區，夜晚「鬼火」（磷火）磷磷，附近郊區住民往來士林均須經此處，遂有「鬼仔市」之稱，是指周遭環境非指「深夜」之意。

第二節　日據時期紀實

　　日本據臺後，為便利日人之採買及保護日人之健康，遂撥出公共衛生費，在明治二十九年（1896）在西門外興建西門市場，九月落成開張，販售魚肉、蔬菜、水果等貨品，為臺北市公營市場之開始，同時廢止祖師廟市場。此後陸續設立綠町（今雙園區內）、永樂町（大稻埕，今延

---

[16] 同註10。

平區內)、千歲町(今古亭區內)、太平町(今大同區、延平區內)、幸
町(昔三板橋、今城中區內)、松山、入船町(昔艋舺、今龍山區內)
等食品零售市場。大正九年(1920)在大稻埕、艋舺設立家畜市場,後
以大龍峒家畜市場為本場,萬華市場改為分場,不久廢止,另添設松山、
三張犁分場。昭和四年(1929)九月在壽町(今城中區內)設立中央批
發場,內分魚類、蔬菜水果、雜貨、及製冰冷凍等四部。此外,為供米
穀之交易,於明治三十年(1897)三月在大稻埕建昌街公會堂(今西寧
南路)成立臺北米穀市場,後改組為全臺性之臺灣米穀市場。[17]

　　隨著公設市場之建立,日貨推銷,商品種類日趨增加,臺灣已成為
日本之商品市場,及食品、原料市場。不過全臺大大小小,類似士林如
此之傳統市場,並未因此而衰廢,仍然繼續營運,甚至因傳統習慣、居
民稱便、價廉物美、貨暢其流等因素,更受附近居民歡迎。

　　對於台灣傳統市場,日人田中一二印象不佳,約略歸納,有以下問
題:

　　1.吵雜喧囂

　　2.討價還價

　　3.不衛生

　　4.貨品雜亂堆放

　　5.路邊攤特多

他在《臺北史・昭和六年》中有若干片段描述[18]:

　　「本來在臺灣如今日所能見之市場,在領臺之前,完全缺如,尚
　　未設有,唯有在街路兩側或者廟宇近旁等,交通頻繁場所,銷日
　　用雜貨或食品之零售商人擺攤趕集在一起,擺露天之路邊攤,在
　　灰塵隨風飄落之場所,若無其事陳列各種商品在銷售者,店頭亂
　　七八糟堆放貨品,飄落灰塵之商品,看來就令人感覺到非常不衛

[17] 黃耀鱗等,《臺北市志稿》卷六〈經濟志・商業篇〉(臺北市文獻會,民國四十七年十二月),
　　第三章「攤販、市場」,頁7~23。

[18] 田中一二著,李朝熙譯《臺北市史——昭和六年》(臺北市文獻會,民國87年6月,原一
　　九三二年三月,臺灣通信社出版),第三章第五節,頁173~182。

生，但由於一般人甚為缺乏衛生觀念，因而並沒有看到有何不方便與沒有效果之情形，均以為便利而積極加以利用」

「領臺之前，有如前述之狀態，雖然俗稱為市場，但並沒有市場設備或取締，僅僅露天式零售攤販，將路邊攤擺起作生意者，可說蹩腳簡陋不堪之商場」

「內地人（指日本人）所出入之市場，均相當清潔，但臺灣人所出入之市場，或許因建物關係，均令人有雜亂之感，且不清潔，臺灣人所特有之一種氣味，充滿於彼處，集在一起即要吵嚷之臺灣人，市場內乃有擁擠囁雜，甚為混亂而殺風景者。而且所出入者幾乎均為男人，此乃因為食品須由男人買回去之故。然而市場內則從早到傍晚，均不斷有人出入，是故市場內外附近，常成為雜亂擁擠與喧嚷之世界，此現象完全令人百思不得其解。不過在市場內各店面，在顧客面前所呈現者，即頗有精力，頗有活力在做生意之活動狀態，均令人想到臺灣人確係善於做生意者。況且夜間亦不開市場，因為市場附近則在白晝之熱鬧場所熱鬧滾滾，人群極為擁擠，因而據說種種違警事故亦層出不窮。不過臺灣人並沒有內地人般積極喜歡利用市場，但時勢所趨，乃亦漸漸利用以求方便。內地人均會將市場當作寶貴設施善加以利用，尤其近來交通機關顯著發達，市營公車營運開始以來，離市場稍遠地方，亦有人乘坐公共汽車來利用市場等，亦有增加之傾向。近來更有夫人等上流社會婦女，亦看到有親自步向市場購物之情形，市場風氣景觀亦逐漸發生變化。」

「然而，臺灣人或中國人之行商，無論賣任何商品均很有耐性，經過長時間交涉之後，將予以折扣，致力於拍賣，亦即亦將儘量虛報價錢，買方亦了解此點，將儘量給予討價打折，因對象為臺灣人，大部分係婦女，尤其內地人將豪不客氣大大殺價談判，此現象亦頗有趣之街頭風景之一，此則顯示臺灣人或中國人之氣質。」

「然而在臺灣人之行商中，賣小吃者非常多，他們在街頭到處卸下貨物，擺攤子，大多以所謂苦力即搬運之勞動者為顧客，以薄利多銷方式，忙碌在工作，尤其在臺灣人街特別顯眼。」

　　反之，對於日人新設的公設市場，則稱讚有加，如：「此公設市場係基於最初承接保健衛生及不完全之清國時代，領台當初，萬事有待開創，保健衛生設施爲當務之急，依此觀點始開設銷售日用必需品，主要爲果荣魚肉銷售機關，由官方支出公共衛生費，在各地開設大大小小之公設市場，委實方便且衛生之設施，從內地或外國來臺者均對此稱讚不已，被指爲在內地未嘗見，可以誇耀之機構。」、「（紅樓）樓下則從以前起，即有各種販賣店，靠近於八角堂西邊部分係受青荣類商店，與此成爲 T 字形售魚肉類店一字擺開，每家商店店面均既明朗且美麗，令人有既美且明朗之感，對於整頓得宜之事，任何人均讚口不絕。」、「在此等市場內所銷售商品價格，除須將每日公定行情，就各物品在市場內店頭明顯標示之外，自從台北廣播公司開播以來，亦須依收音機廣播市場之行情銷售，在其他市場，就隨時巡迴官員，前去視察監督，聽取市民之聲，以致力於改良與擴充。」[19]

　　而士林市場之舊況，在地人曹永和、潘迺楨曾有深刻印象，曹永和回憶道：「士林市場有『鬼仔市』之稱。以前士林市場每天清曉經銷大批發，在士林近郊的農人及住在山區的人都在深夜即挑農產品、水果及各種物品至山下，再用車運到士林市場或挑擔走路至市場。那時士林設有小賣市場使用卷，可貼在竹籠和車上，作爲課稅之計量，所以農民都於天亮之前到廟前廣場（現慈誠宮前市場），街內小賣商先到市場批發商品，再到四處販賣。早上七點左右才開始小賣。當時大東、大西兩街以肉品爲主，大南街爲瓜類和花果，大北街爲柴市，廟前也有賣荣、魚等民生食品。由於市場接近商店街，農民便利用空竹籠裝載一些日用雜貨回家，當時大東街是士林的商業中心，而舊街則爲交通要道。早上九點左右爲士林市場生意鼎盛之時，至十一時已是接近結束營業時候。市場歇業後接著就由飲食攤子營業，類似現在的夜市。每逢節日和過年時，市場人潮洶湧，極其興盛。」[20]

　　曾迺楨更撰文〈士林市場紀實〉詳述士林市場的由來、買賣、夜市、

---

[19] 同前註。
[20] 同註 5。

慶典，據彼述，清末至日據初，大東、大溪兩街是肉市，大南街是瓜、花市，大北街是藥市，廟前有菜市、魚市、士林市場之變成今日型態則是大正三年（1914）以後之事。至於士林市場在一日間營運販售情形，清晨可分為卸貨、小賣兩階段：[21]

一、卸貨階段

清晨四點一過，士林近郊的種田人及山頂人（住在山上的人）就會運來季節性農產品、蔬果、副業加工品、家畜、雞、蟹、鳥、花等物，他們是以竹籠裝好，用車運來市場，於入口處，管理員在市場使用費的票據上蓋戳記後，將其貼在竹籠貨車上，證明已繳過稅了。而在天未亮之前，隨著農民之後，臺北近郊或街內的小販也陸續抵達，互相議價還價，進行交易，好不熱鬧。價格依供需之情況而定，大體上是依臺北市中央市場及市民消費狀況（前日）而定，愈早市則價格越好，這大概也是農民早到的理由之一吧！待價格談攏後，農民及小販就進行正確數量的交易，以前有魚類大批的叫賣，稱為「話鈴瑯」或「話魚」，現在因數量少，均以一斤為單位計算，相當迅速。

二、小賣階段

早晨七時左右小販即開市，有些小販會至臺北以外地方販賣，街民和小販的買賣就此展開，還有長春畜產出產的鮮乳。飲食店也很熱鬧，杏仁茶、油炸粿等點心供應買賣者方便實用。

早上八時左右，一些賣食器、花、竹製品、日用品、雜貨、線香、士林刀（刀名）、賣藥（弄獅、搏拳、弄關刀等）等等生意人也來狹窄的街道販賣，農民均會帶一、二樣東西回去給等待的家人。此外還有鞋店、床店、搖鼓的、麥芽膏（小餅乾夾心的貽）等，廣場還有販小孩的玩物，其他如九重炊、煔仔粿、粉粿、紅龜仔粿、花生糖、米苔目等、

---

[21] 潘迺楨，〈士林市場記實〉，《民俗臺灣》第一輯（武陵出版公司，民國七十九年元月初版），頁一九六一一九九。

應有盡有，相當熱鬧。交易結束後，農民挑著空擔子放到車上載回家，小販也會將購自農民的東西運至臺北以外的地方販賣。

農民大多居住於山間偏僻之處，難得二、三天甚至一星期才至街上買一些食品、日用品、雜貨等，因此接近市場的商店就會顯得很熱鬧；店鋪、走廊到處都是竹籠，農民也和認識的店家互相寒暄之後才踏上歸程。商店街內，自重新擴建以來，大東街已成為商業之中心，原來因舊街道之交通而繁盛，現在更因買賣之熱絡而昌榮，此外又曾是農產品加工地、肉市等。因此早上九點左右就是市場的尖峰時刻，十一點過後即顯得冷冷清清了。

至於白天情形為：「白天時分在廣場榕樹下乘涼、吃冰、甘蔗、水果、點心的人很多，到處充滿著熱鬧的氣氛。此外，包子、麵、炒蝦、米粉、粉條、四果湯、綠豆湯、芋圓、石角芋（士林名產）、魚丸、魚翅、香腸等食品種類繁多，應有盡有，熱鬧情景大約至下午六時才漸漸平靜。」到了夜晚仍然熱鬧：「晚上大家吃飽飯後也很喜歡到廣場散步，廟前欄杆、石階上到處都是人，攤販很多，排骨湯、餛飩都有，此外，賣藥的、賣唱的人也都出現了。」而節慶時之市場，成一廟會，尤為熱鬧：「市場在年終祭典之日或前一日會有野臺戲，因此特別熱鬧；新年、元宵節、土地公生、清明節、迎媽祖、端午節、做半年、中秋節、重陽節、水仙尊王生、冬至、尾牙送神等這些重要節日，廟市均很熱鬧。」

歸納上引資料，可知其實店鋪林立，生意殷盛，但攤販亦多，且有不少固定攤位者，其餘多為挑販與小販。販售貨物不外乎：水果類、農產類、海鮮類、糕餅類、日用雜貨，士林特產，及飲食類等等，其中較特殊的是飲食類中多了清代所沒有的冰品，至於新式飲料牛奶、可樂、咖啡、未見提及，或是尚未普及形成風氣吧！

按士林昔時飲食習慣，據《士林鎮誌》記[22]：

> 每日三餐，以飯及粥為主，大多一粥二飯。農忙期間則有五餐。農家多吃半白米，市面始多食白米，此外尚有番薯飯、金瓜飯、

---

22 《士林鎮誌》，第十五章第一節第一段〈飲食〉，頁 427~429。

鹹飯、芋仔飯、麵仔飯等；粥則有稀粥、鹹粥，名目頗多，惟喜慶弔喪之事，有所忌用之。代用食料或副食品，以番薯粉、芋仔、麵類最為普通。麵類有大麵、麵線、麵干、雞絲麵、薏麵、米粉、冬粉等。以芋仔煮白糖成甜芋，可做點心；番薯粉加水、醬油、中放牡蠣、豬肉、芋菜等，炒成蕃薯粉凍，可當菜用；他如藕粉、麵茶、飯乾、甜粿、菜乾等皆是。肉類以豬、牛、羊肉及海、淡水魚，均為常食之品。油類以食用豬油為主，他則有花生油、麻油、茶油、豆油等。蔬菜視季節有蘿蔔、芥菜、白菜、菠菜、韭菜、番茄等不一而足，除新鮮現炒燙外，餘多作鹹菜，內分醬漬或鹽漬等。至日據時期，日式食品，亦每為街市人所樂用，而且帶「便當」之風，亦成習慣，因便利適用。

　　而士林之名產，如芝山巖四周田園所產之蓮霧、田雞、鱔魚等；陽明山之桶柑；八芝蘭米糕、紅桃、柚子、芭樂、石角芋；郭家之士林小刀，亦於潘文中有所提及，可見日據時期士林市場所販售之物產，除增加日式食品外，變化不大。

　　至於利用祭典廟會，舉辦各種買賣活動，以促進商貿，吸引顧客，賺取利潤，更為常見。士林每年較大規模的拜拜有「迎媽祖」，與「普渡」兩種，以慈諴宮為例，廟內除奉祀主神媽祖外，另配祀土地公、地藏王菩薩、文衡帝君、廣澤尊主，每逢神誕舉行慶典，形成廟會，特別熱鬧。另每逢年頭年尾求平安、謝平安，則要祭拜天公，七月半普渡亦在廟內舉行。而日據時期廟會祭祀遊行路線，大體上是與芝山巖惠濟宮、舊街的神農宮合成一體，慈諴宮媽祖巡行路線大致南以陽明戲院一帶為界（昔東運河），西以小西街（昔西運河）為鄰，加上區域內之士林市場，匯集成生活、物資交換之中心，廟埕更為本區主要開放空間之一，廟前榕樹下建有公共休憩所，設有「標準計時臺」與「放送機公眾聽取設備」；也即是說，在社會功能上，慈諴宮除作為公眾祭祀場所外，亦是地方公眾事物中心，街民會在廟內討論與地方社區有關事務，昔日廟旁有大樹、港口，是聊天、納涼、喝茶、賭博、娛樂、買賣之公共場所，直到今日，廟埕亦是作為祭典、廟會、演戲酬神之戶外空間，而三

川殿前之台階及步口，不僅正對戲臺，可觀賞演戲，附近攤販食客或將飲食端坐於此食用，附近居民也在此聊天休息，此種功能歷經百年來並無甚大變化。將廟會與商業結合，不僅對促銷活動，製造商機，頗有助益，而且舉辦廟會活動，對提升市民娛樂，保存傳統，灌注現代文明亦有助益，也形成地方文化特色。

日據時期士林市場商業活動，略如上述紀實。末了，尚須對其創建年代，作一小小考證。士林市場創建於何時？諸書記載參差不一，有如下諸說：

1.據臺北市市場管理處提供之權狀資料記載「建築完成日期：民國二年二月四日」，民國二年即大正二年，西元一九一三年。

2.前引潘迺楨大作為大正三年。

3.《士林鎮誌》記：民國六年（即大正六年）。

4.林萬傳《士林區地名沿革》寫：「至日據民國四年（按大正四年），日本當局開始成立士林市場，設置五十四個攤位。」[23]

5.《臺北縣志》卷二十三〈商業志〉引昭和二十三年《臺北州統計書》記七星郡士林食料品零售市場創設年月為大正四年三月。[24]

綜合上引諸書，並依據兩列拱廊式磚造店鋪先建，隨後幾年再建中央木桁架大屋頂的市場，及在當地耆宿說法，似可斷為：士林市場創設於大正四年（1915）三月，至於其建物有可能創建於大正二年二月，或大正三年，可能在大正三年年底落成，加上後來的添加設施，籌設人事管理，招募攤位等等事項，籌備妥當，方才遲至大正四年三月正式成立食料品零售市場，展開營運。

第三節　光復以來的盛況

光復後，臺灣各鄉鎮原有零售市場仍由各鄉鎮公所接管經營。《士

---

[23] 林萬傳前引文，頁 66。
[24] 王世慶，《臺北縣志》卷二十三〈商業志〉（臺北縣文獻會，民國四十九年），第一章第二節，頁 16~20。

林鎮志》記士林市場固定攤位數量擴增爲一五〇位，光復初期經營管理
方式爲：[25]

一、人事方面

管理員一名，承鎮長之命，財政課之監督，負責綜理市場事務，因
事情繁多，約請臨時僱員三名，協助辦理催收各項稅款，另派駐警一員，
維護交通與秩序以及不法之取締。臨時工三名，負責清潔。

二、攤位方面

由鎮公所建設課設計劃定攤位編號，居民請准承租後，訂約期間爲
一年，屆滿換約，抽籤換位。本市場乃屬公有，每攤位租金爲定額，按
月收繳。臨時攤位按日收費，全數列入鎮總預算支應。復於民國四十八
年（1959）正式設置士林鎮公共造產委員會，經向士林寺廟委員會洽商，
租得慈誠宮廟邊與廟後大廊改建爲士林商場，東西兩巷分設飲食部，在
大廊二十四位，東西巷攤位二十七位，建地一五〇坪，每月可收租金新
臺幣五千五百元，年收租金六萬六千元，惜未立租約，後產生若干糾葛，
另爲考慮民族戲院觀眾進出安全計，將東巷攤位拆除，僅存民族戲院及
西巷攤位。該戲院亦在民國八十年燒毀，幸無人傷亡，而僅波及到慈誠
宮正殿後方，事後戲院無條件歸還廟方，且添油奉獻。市場復在民國五
十五年（1966）有過整修，工程花費計新臺幣拾壹萬玖千元。[26]

另一方面，光復之初，臺北市政府即接辦西門、永樂、南門、新富、
照安、直興、松山、龍安、東門、大安等公有食品零售市場，努力維護
公共衛生，加強市場秩序管理。民國五十七年（1968）七月一日，臺北
市升格爲直轄市，並將木柵、景美、南港、內湖、士林、北投等六鄉鎮
編入北市，新劃入市區的公有零售市場亦有六家：南港區之南港、玉成
市場，木柵區之木柵市場，景美區之景美市場，北投區之北投市場，士
林區之士林市場，內湖區則無。其中士林市場固定攤位有一五〇位，至
民國七十年底，固定攤位增爲五二七位，營業攤位爲五四二位，年度營
業額高達新臺幣二千八百餘萬元。而市場管理權責劃分，以臺北市市政

---

[25]　《士林鎮誌》，第五章第三節〈士林鎮公有市場〉，頁 227~229。
[26]　同前註引書，頁 363。

府建設局爲主管機關，臺北市市場管理處爲執行機關；市場外圍攤販取締及公共秩序維持，由市府警察局辦理；市場環境衛生之督導，由市府環境清潔處辦理；市場食品衛生，由市府衛生局管理。販售商品不外乎果菜類、獸肉類、魚蝦類、家禽類、糧食類、雜貨類、花卉類；及其他經建設局核准者。[27]

　　收歸臺北市府後，經過近三十年來之演變，士林市場形成一繁榮夜市，且有凌駕臺北市其他眾多夜市之趨勢，愚見以爲其原因主要有三：

　　1.擴大以學生爲消費對象

　　周遭高中高職學校有士林、至善、明德、陽明、華興、泰北、華岡、衛理、百齡、及美國學校；大專有銘傳、東吳、文化、北市商專、中國海專、臺灣神學院等；若再加上早年的一些工廠，如士林紙廠、士林發電廠、新光紡織廠等等，形成下課、下班的一群龐大消費人口，甚至有些學生更在市場擺個攤位賺取學費、生活費。

　　2.交通便捷，人潮匯聚中心

　　臺北市聯通北投、淡水、與陽明山之交通路線，均經過此地，據調查統計基地周遭公車路線，其中有九家客運公司經營四十八條一般市區公車路線，市公車處有五線小型公車行駛，而且捷運公車有八條路線，中長程之域際運輸則有七條路線，交通便利，帶來人潮。附近之名勝古蹟更是吸引遊人，如士林園藝試驗所、芝山巖、故宮博物院、雙溪公園、圓山飯店、天母、陽明山、社子島等、加上過去的圓山動物園、兒童中心及北淡線火車（民國七十七年拆除），今日的北淡線捷運，加上周圍之基河路、中山北路、文林路、承德路、大東路與大南路，均爲交通要道，並設有士林、劍潭兩出入口的捷運站，截至九十年六月底，據統計劍潭站進出旅運量既有八、三〇七千人次，而士林站有七、六二〇千人次，可以想像每天從清晨到夜晚，從夜晚到白日，汽車、公車、捷運，私家車、遊覽車川流不停來回行駛，帶來多少人潮。

　　3.都市計畫的開發

---

[27] 羅文華，《臺北市志》卷六〈經濟志‧商業篇〉（臺北市政府，民國七十七年六月），頁82、176~186。

　　二十多年前，士林尚是相當僻遠郊區，據工商普查資料顯示，早期臺北市工業活動，大多分布在都市發展邊緣地區，民國五〇、六〇年代，中山區與士林區工廠數量為臺北市之冠，各超過五百家工廠，士林區以機械、金屬製品、化學三項工廠最多，亦為服飾、紡織業集中區。[28]其後因文林路加蓋成為街道，舊基隆河道填土為陸地，近年更因捷運的經過與設站，許多市民沿著這些路線向外延伸擴散，尋找新的居住空間與經濟活動空間，不僅帶來大批人潮，也帶來無限商機，是臺北人平時及重要節慶假日活動所在，近年陸客大增，更是促成夜市的發展與繁華。

　　士林夜市的發展是漸進的，從其範圍大小，販賣種類、人潮往來均有駸駸然超越大臺北其他夜市之姿。士林夜市可略分為二：一是慈誠宮前市場小吃，一是陽明戲院為中心，包括安平街、大東路、文林路所形的弧形區塊。近年以慈誠宮及新建市場為活動主軸，配合現有夜市集中區，已向外延伸，東以文林路，西南以基河路，西以小西街，北以大北路為範圍，含括了小吃、商品、遊樂、展覽等不同特色之夜市活動，如士林地攤、文林路家具街、大南路銀樓街、基河路藝術品街、承德路水果攤等。而小吃則以位於慈誠宮對面的市場為最大聚集處，幾乎臺灣所有種類的小吃都可在此吃到，至於陽明戲院周遭小吃攤，多以冰品、飲料為主。由於士林夜市的消費對象主要是學生與年輕人，因此消費額是經濟實惠，貨品亦不是趨向高貴華麗，而是時髦新潮的。小吃中經過學生品嚐，推薦出名的有大餅包小餅、豆花、豆干、廣東粥、木瓜牛奶、豬肝湯、蚵仔煎、生炒花枝、鼎邊趖、大香腸、蜜豆冰、蜜薯等等。而小吃攤位因是菜市場中原有攤位，形成一攤一小塊空間營業，因公共空間擁擠，照明昏暗，空氣不佳，不免擁擠雜亂，人聲喧嘩吵雜，也是臺灣夜市特有之吵雜、熱鬧、閒逛、踏夜、溫馨之矛盾色彩。

　　據《中國時報》八十九年三月十六日十九版記載：臺北市場管理處去年（指八十八年）委託中興大學企管學系針對北市現有五十四處公有傳統零售市場進行調查，發現多數傳統市場確已面臨轉型、改建、輔導

---

[28] 嚴勝雄，〈都市發展與計畫〉，《臺北市發展史》第三冊（臺北市文獻會，民國七十二年二月），頁 410、422~430。

調整，或停止營業情形。但其中除了士林日夜市、建國、東門、大直、……等等市場營業狀況較好外，其餘近四十處市場不僅空攤率較差，且績效不佳，有待改善。可見士林市場的發展正方興未艾，指日可待；不過今後若能做到整齊、乾淨、無臭味，在環境、衛生與管理方面善加輔導改進，更是廣大消費者的盼望與期待了！

第四節　小結

士林舊街，古稱芝蘭街，位於今舊佳里神農宮一帶。咸豐九年（1859）發生械鬥，原有街市慘遭焚毀，時在地縉紳潘永清力主遷地下樹林地區新建街市，眾人咸同，得板橋林家出錢，在地地主捐地，潘永清、盛清昆仲居中策畫，先訂路線水溝，再劃店舖規格，不數年居然形成一街肆。新街成一方形，四面設有街道，即今之大北路、大東路、大西路、大南路；中有慈誠宮，廟前設一廣場，作為內外農漁交易之所。市街四角有隘門，防止盜賊侵襲，東西開鑿運河，以利船隻進出，另鋪設通達舊街之大石路，即進出運河之便橋，且設塚於西運河外緣。

街肆既成，濟以設施，自是廣招人群，吸引攤販，形成一市集，時大東、大西兩街以反售肉品為主，大南路為瓜果花茱，大北路為藥材木柴，廟前則是菜市兼魚市。惟此時形式仍不免屬於傳統擺攤趕集之形式，並無固定攤位及管理機關與設備，直迄日據初期並無多大改變，而慈誠宮也有抽取秤稅之舉，做為添助廟中香火之資。

日人據臺，有見傳統市場之髒亂不衛生，陸續設置公有市場以加強管理，大正二年（民國 2 年，1913）創建士林市場，先是兩拱廊式磚造店舖先建，隨後幾年再建中央木桁架大屋頂的市場，大正四年開始營運，設有五十又四個攤位，大體而言，市場本體係一磚造木架的建物，在整體配置形態上，面對慈誠宮為市場入口處，入口由兩座短圓柱組成，柱頭飾有圓珠。進入後，左邊有一間日式歇角小屋，應是昔年管理辦公室之所。再往前是由兩棟長列建築物所圍閉之市集廣場，東邊以賣麵飯等炊食類，西邊則販售肉類為主。時士林近郊農民住家亦紛紛在清

曉挑運農產至慈誠宮周遭廟口旁進行買賣，須經墳場，鬼火燐燐，士林市場遂有「鬼仔市」之稱。慈誠宮在當時可抽取市稅、天秤稅、協議費，年收入約二百日元，供廟中香火祭祀開支，而販售貨物小販亦須在入口處納費繳稅，於竹籠、推車貼上小賣市場使用券戳記，方可入內出售販賣。昔時士林市場已如今日一般熱鬧繁囂，從清晨一早之批發，早晨之小賣，直至中午十一點告一段落。午間街民至廟前廣場或乘涼，或閒聊；夜晚則散步閒逛，其中穿插賣藥、走唱、叫賣，益顯熱絡情景，士林市場與慈誠宮匯集成一生活、物質交換中心，形成與住在近鄰居民密不可分之關係，展現人與生活的空間，呈現傳統市集的商業活動，與隨意輕鬆自在的休閒活動。光復初期，士林市場攤位增至一五○位，由臺北縣士林鎮公所管理。民國四十八年（1959）設置公共造產委員會，一度欲在慈誠宮廟邊與廟後大廊改建為士林商場，東西兩巷分設飲食部。後不果行，商場改為民族戲院。而士林市場因年久失修，也在民國五十五年予以整修。民國五十七年士林市場併歸臺北市政府，遂由建設局市場管理處管理直到今日。而經過三十年之演進，因周遭學校雲集，交通暢達，及都市計畫之開發，士林市場成一繁榮夜市，凌駕北市其他眾多夜市，範圍也擴及陽明戲院一帶。

　　除了士林市場外，約同時期興建的新式市場，當時臺北地區尚有西門新起街市場、大稻埕市場及南門市場，如今大多已改建，碩果僅存者僅士林、西門二者，士林公有市場為年代僅次於西門者，且是傳統廟口與近代公有市場結合之代表者，深具歷史與民俗之價值。士林市場已成地方文化特色，展現人與生活的舞臺，有著昔日市集的回憶，與今日繽紛熱鬧的夜市，但今後面對交通混亂壅塞，動線的失序爭道，攤販的不衛生，與垃圾管理清運，及公廁的增設、災難的逃生設備與空間，在在都需要加強改進，期盼創造出一個更舒暢、更便利、更悠閒的逛街遊憩的環境。

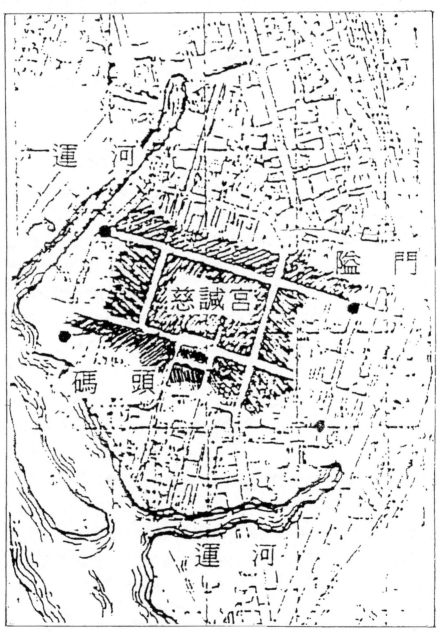

圖版 1：取自《士林舊市區地區發展與都市設計之研究》中原大
　　　學建研所

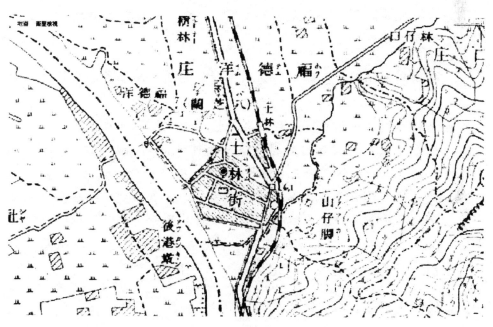

圖版 2：出處同上。

鹿港金門館——一座清代班兵伙館的新發現

第一節　金門館創建之背景

金門館創建淵源，一向的說法是清代金門人在鹿港的同鄉會館兼廟宇，因主祀之神明蘇府王爺是從金門縣金湖鎮分香而來，金門又稱浯洲、浯嶼，故又稱「浯江館」。金門館的創建，坊間頗多著述，或杜撰或臆度，以訛傳訛，輾轉抄襲，誤導至今，幸今留有一道光十四年（1834）之「重建浯江館碑記」，可以提供吾人追索考證，明瞭其創建之背景、因由與經過。碑文記：

> 凡物開創為難，而繼承實易；然開創尤易，而繼承則更難也。彰之西，有鹿溪市焉。其地負山環海，泉廈之郊、閩粵之旅，車塵馬跡不絕於道，而後知台陽之利藪畢聚于斯也。曩者浯人崇祀蘇王爺之像，由淡越府，過鹿溪，而神低徊不能去。卜之曰：「此吉地也，余將住留於此。」然有是神，必有是館。顧為之考其始，則係浯人許君樂三所居之宇，遺命其子薄賣改建。時在嘉慶乙丑（按即十年，1805）鳩眾而成之，修其頹敗，補其罅漏，相與祈求禱祀焉……故凡官斯鎮及弁丁輿夫、彼都人士，無不憩息其間。蓋是館之建，由來遠矣！……（下略）

這段碑文需要詮釋說明者約有三端：

一、蘇王爺之信仰及神明來歷

有關蘇王爺之來歷，鹿港坊間一般著述係抄襲舊《金門縣志》，不清不楚，又謂分香自「浯德宮」，按事實上是「伍德宮」不是「浯德宮」，且光是「伍德宮」在金門就有同名寺廟多座，如金寧鄉伍德宮：在古寧頭南山，祀蘇、秦、金、何王爺及廣澤尊王。金湖鎮有二座伍德宮，一在新頭，祀蘇王爺及邱、梁、秦、蔡諸姓之神，民國六十五年（1976）

重修。一在林兜，祀蘇王爺等[1]。試問是從哪一座伍德宮分香而來的？
新修《金門縣志》對蘇王爺由來有詳盡確實之稽考，茲引述如下：[2]

> 蘇王爺：合從祀邱、梁、秦、蔡稱「五王爺」，為清代水師營兵
> 供奉於內校場觀德堂之神。後有營兵移防臺灣鹿港，隨營將蘇王
> 爺神像帶去，僅餘四王，故訛稱為「四王爺」。今鹿港有金門館，
> 即蘇王爺廟也。又台南安平、台北艋舺，各有金門館祀蘇王爺，
> 亦清營兵移防時自觀德堂乞求香火，隨往奉祀者。舊志云：神屢
> 著靈異，咸豐三年（1853），廈門會匪傾眾來犯，神先期乩示，
> 令各戒備，賊果大敗。被獲者供稱：在海上見沿岸兵馬甚多，賊
> 各奪氣，以是致敗。其祖廟在新頭，兩營官兵奉之甚謹。又云：
> 相傳神係隨牧馬王陳淵來者，然《浯洲見聞錄》謂同淵來者十二
> 姓，獨無蘇姓。俗傳神名蘇永盛，係出自乩巫之口，文獻無徵，
> 不足信也。據清趙新出使琉球還，為神請加封號表云：臣等查詢
> 閩省士民，據云：神蘇姓，名碧雲，係福建同安縣人，生於明季
> 天啟年間，讀書樂道，不求仕進。晚年移居海島，洞悉海道情形，
> 海船均蒙指引平安。歿後於海面屢著靈異，兵商各船均祀香火。
> 每歲閩省巡洋，一經籲禱，俱獲安全。此次復屢叨護佑，可否援
> 照海神之例，一併頒給匾額，用答神庥。是前清水師營兵奉之蘇
> 王爺乃蘇碧雲。然趙亦僅據地方士民之言，未足為徵。按神像英
> 姿勃發，有正氣凜然之慨，應為宋英宗皇城使在邕州抗敵殉難之
> 同安人蘇緘。

上引文作者考據精詳，只不過因過於相信志書所記載人物，非要從
中徵考得蘇姓人物不可，因而否定民間傳說之蘇碧雲其人，未免犯了刻
板錯誤。殊不知地方人物未必一定都會列入志書採錄，正如同民間某些
祠廟，地方志書也未必都會採錄，不可因志書無記載，遂因此據之而否
定該人物或該寺廟不存在，此與若干學者呆板的只據志書否定寺廟初始
之創建年代的道理相同，所以在此筆者倒是較偏向神是蘇碧雲之民間說

[1] 李怡來，《增修金門縣志》，卷三〈人民志〉四篇〈宗教〉三章「民間信仰」（金門：金門
縣政府，民國八十三年），頁493、頁495。
[2] 李怡來，《增修金門縣志》，頁488~489。

法。

要之，據此可知鹿港、台南、艋舺之金門館蘇府王爺均是分香自金門後浦東門內之內校場的觀德堂，雖然其源頭可追溯至新頭伍德宮。

二、許樂三其人其事初探

許樂三其人其事，遍查諸志書及文獻，目前只檢索到三件資料，一是道光十一年（1831）之「重修龍山寺記」碑文中提及「乾隆丙午（按即五十一年，1786），都閫府陳君邦光始偕其郡人改建今地，林君祖振嵩、許君樂三實經營之。厥後……遇警中止，今踵而修之……」。林振嵩為鹿港日茂行大郊商，許樂三得以與其並列董理龍山寺重建工役，可以想見其人之社經地位，絕不是沒沒無名之升斗小民。其二是《金門縣志》〈人物志〉「義行傳」，引《竹畦文抄》載許樂三事蹟：「後浦人，善畫貓采，灑落好結客。東遊臺灣，名籍甚。念同鄉標兵遣戍至，無棲所，棄齋宅聚（居？），舍之，即今鹿港金門公館也。臘杪，故交貧人，多藉其力度歲。比林爽文作亂，招募義旅，從官軍擊賊，以功授六品職銜。」[3]

另一件資料則是鹿港民間之傳說，《鹿港傳奇》一書內收許漢卿〈鹿港鎮龍山寺一對石獅由來〉文中亦有提及許樂三其人，茲摘述如下：[4]

> 乾隆五十一年（1786）林爽文之亂，清廷派福康安由金門率水師來台鎮壓。時部份水師游擊官兵駐紮於鹿港龍山寺旁之營地，今金門館為當時辦公署衙（按以今之軍事術語即是前進指揮所），其統領許樂三為福氏之幕佐，奉命率軍鎮守鹿港。許氏乃浯江後浦鄉（現金門金城鎮）人，攜族侄許克京隨侍歷練。乾隆五十三年（1788）亂平，樂三隨福氏班師返回大陸。臨行前樂三留下數百兩予族侄命克京留在鹿港發展，從事商貿生理。後克京以此銀兩義助某婦女，蒙觀音菩薩庇佑，賭博贏得鉅款，遂以此資本經

---

[3] 李怡來，《增修金門縣志》，卷十二〈人物志〉，頁1506。

[4] 許漢卿，〈鹿港鎮龍山寺一對石獅由來〉，《鹿港傳奇》（彰化：左羊出版社，民國八十六年），頁92-95。

商創「綿盛堂號」，從事兩岸貿易，屢蒙神佑，不僅往返平安且賺錢，嘉慶三年（1798）與友人劉華堂，在唐山以重金禮聘名匠雕刻一對青斗石石獅，置在前埕作為龍山寺守護寶獸，克京子孫繁昌，為鹿港許氏望族。

此則民間傳說，可信度頗高，一方面人、時、地皆對，二則可以解釋許多疑點。金門館流傳故實疑點頗多，舉其要有四：按前引「重建浯江館碑記」內文提及金門館原係許樂三「所居之宇」，「遺命其子薄賣改建」，既用「遺命」一詞，則嘉慶十年（1805）許樂三已亡故，何來所謂嘉慶十年許樂三親題的「浯江館」匾額，此其一。既已便宜賣出（薄賣），產權屬於他人，又何能據以改建？而且不過是將舊屋宇「修其頹敗，補其罅漏」，則只是修繕修補，談不上「改建」二字，此其二。其三，既然是金門官兵所居之會館，為何「凡官斯鎮及弁丁輿夫、彼都人士，無不憩息其間」？其四，既然只是金門會館，何以以後幾次修建捐獻者遍及全台水師諸官兵及將領？而這些人又不全是金門人？

根據此則傳說，若可靠，以上諸疑點大體可以解惑，一言以蔽之，此金門館原為許樂三之住宅，乾隆五十二年平林爽文之亂時，作為福康安（或大軍）所駐紮指揮辦公的衙署，此宅第自有其尊貴象徵意義與地位（民間傳說福康安為乾隆帝之私生子）。再次，所崇奉之蘇府王爺不僅為金門人所虔拜，亦是福建沿海水師舟夫所崇拜，何況蘇府王爺向為水師隨營護神，故凡水師調動汛地，每新至一地，必隨營恭迎，並設專人供奉，也即是說蘇府王爺非獨一地一時一營之人所供奉而已，此所以有這麼多官兵與民人願意捐獻修建。再，許樂三為福氏幕佐，難免有挾權使勢之便利，所以薄賣之後，居然還能據之改建。不過「改建」一詞，個人以為應該是指將其住宅裝修改成恭奉蘇府王爺廟宇之意。第三，可以說明何以以許樂三如此重要人物，除上述「重修龍山寺記」碑文中見其名，其他鹿港地區清代大大小小眾多石碑中居然未見其名姓，而且志書未詳載其事蹟，蓋因許樂三或是隨軍來台平亂，亂平即班師回去，在鹿港只有短暫時期之居留。

三、清代駐台班兵之防戍與調動

　　「重建浯江館碑記」記載內容有「曩者浯人崇祀蘇王爺之像，由淡
越府，過鹿溪，而神低徊不能去」，所謂「由淡越府」即指班兵移防，
由下淡水（今屏東地區）到臺灣府（今台南市）再調到鹿港，其間涉及
清代臺灣班兵之制度與防戍，這不能不話說從頭了。

　　康熙二十二年（1683），清廷收台灣入版圖，由於臺灣孤懸海外，
又是明鄭故地，加以當時兵餉繁重，在全國一片裁兵之聲中，施琅遂建
議由福建各營額兵中抽調兵丁萬名到台防戍，既可守台，且使「兵無廣
額，餉無加增」，獲得聖祖採納，制定班兵制度。最初臺灣綠營分成水
陸十營，即：臺灣鎮標中、左、右三營，臺灣水師協中、左、右三營，
澎湖水師協左、右兩營，南路營、北路營、水師、陸路營各半。陸營諸
將弁兵丁多由漳州、汀州、建寧、福寧、海壇、金門等六鎮標，及福州、
興化、延平、閩安、邵武等五協標抽調而來。水師則由福建的海澄、金
門、閩安三協標，及廣東水師南澳鎮標抽調而來，三年輪班更替，故謂
之班兵。班兵戍台前後約二百餘年，兵額數字，升降不一；原抽調營數，
歷代不一；但皆由閩、粵各營抽調而來，則無二致，其中由汀州、福寧、
建寧、海壇、延平、閩安、邵武、興化抽調來者，謂之「上府兵」；其
他各營，稱為「下府兵」。由內地諸營抽調來台，復將每營之兵，分散
安插，每營數百名、十餘名，或數名不等，分散零星如此，意在防兵丁
分類結黨，不令彼此私相聯絡，虞生不軌而然。有利必有弊，久之，產
生諸多流弊，如訓練不齊、私相頂替、調撥弱兵、班兵冒濫、參與械鬥。
爾後屢有改革，奈何積弊難起，形同贅疣，而海疆有事，率調用勇營，
洎劉銘傳巡台，乃汰其老弱，以汛兵改為隘勇、郵丁，班兵之制不廢而
廢矣！[5]

---

[5] 李汝和，《清代駐台班兵考》，一章〈班兵之設置〉（臺灣：臺灣省文獻會，1971），頁1-2。
　　另，以下諸引文述要，皆出自此書，若非必要，茲不再一一詳註，特此申明，一則不敢掠
　　美，二則謹表敬意！
　　另有關班兵與移民籍貫分佈情形，可參見余光弘，《清代的班兵與移民─澎湖的個案研究》
　　（台北縣：稻鄉出版社，民國八十七年）；諸般整體之研究可參見許雪姬，《清代臺灣的

　　臺灣班兵，約萬餘人，三年輪替，制以瓜代之年，分一、四、七、十，四個月份，踵繼配運來台。而兵船之調撥、兵員之點驗、弁卒之盤費、船戶商民之騷擾，歷年視為大役，頗費籌謀，屢有興革。初由鹿耳門一口，配舟內渡。至嘉慶年，嘉義以北班兵，改由鹿港登舟，既而港門淤淺、船少兵眾，候配需時。迨及道光初年，再改為三口對渡：鹿耳門與同安、廈門對；鹿港與泉州、蚶江對；八里坌與福州五虎門對。至於配運船隻，初由水師營哨船配渡，後混用商船，商民困擾，官與兵、商三者皆不便。道光以降，班兵廢弛，及洪楊之役而後，更戍之期已廢，同治後配運之事，遂絕於記載。

　　再敘班兵之防戍：據康熙三十三年（1694）《臺灣府志》載，臺灣防戍，共為十營，班兵萬人，防戍地區，向北僅及半線（今彰化縣境），南向可達下淡水（今屏東縣境），大軍集守府城，南北二路顯然守兵不足。康熙中葉以後，北路漸闢，康熙三十五年（1696）有吳球、朱祐龍之役，康熙四十年（1701）有劉備之役，康熙四十三年（1704）北路參將、守備，始移駐諸羅山。康熙五十年（1711），海上有鄭盡心之役，始以守備移駐半線，且調佳里興分防千總移淡水，駐八里坌。康熙五十七年（1718）設淡水營，仍駐八里坌，每半年輪防基隆，仍隸北路參將營。康熙六十年（1721），朱一貴反清事起，全台郡縣一時俱失。既平，以臺灣兵力薄弱，不足守衛，有增兵之疏，不允；續有減兵之議，不可，遂仍舊制。

　　雍正元年（1723），略有調整，如鎮標右營抽調駐岡山（高雄縣境），鎮標左營抽調駐下茄冬（今台南縣境），再令台協水師抽調駐鹽水港，台協左營抽調駐笨港。雍正九年（1731）又添設淡水汛守備一員（按此指下淡水而言，非北部之淡水）帶武洛把總一員、新東勢汛外委一員，駐山豬毛口。雍正十年（1732），北路「大甲西番亂」，乃有改革營制及增兵益防之舉，南路駐紮地點有山豬毛口、阿里港、新園、萬丹、鳳山縣治、鳳彈、下埤頭、攀桂橋、觀音山、石井等處。北路地點有諸羅縣

　　綠營》（台北：中研院近史所，民國七十六年）。由於本文主旨不在探討研究班兵史及其制度，有興趣讀者或學者可自行參閱二書，此處不多加徵引。

治、斗六門、竹腳寮、笨港、鹽水港、貓霧揀、篷山、竹塹、中港、後
壟、南崁、淡水等汛。雍正十三年（1735）增添臺灣府治駐兵，復增駐
小南門。

　　乾隆初年，仍有變革，略焉，下迨乾隆二十八年（1763），據余文
儀《續修臺灣府志》，其時防戍分佈，如安平水師協標左營，內把總四
員，一員分防內海鹿仔港汛，兼轄鹿仔港砲台；戰船十八隻，中鹿仔港
二隻；砲台七座，中鹿仔港一座；煙墩十一座，中鹿仔港一座。此乾隆
五十一年（1786）林爽文亂之前概略情形也。

　　再據周璽《彰化縣志》摘述如下：彰化未設治之先，原屬諸羅。但
於諸羅參將營內，撥千總一員，駐防半線，嗣以守備駐紮半線。迨雍正
元年，增設彰化縣治，乃設副將駐紮彰化，南馭諸羅，北控淡水。臺灣
水師，向設副將駐安平，而彰化各港，但以千、把總分防。至乾隆五十
三年（1788年），始分安平水師左營遊擊一員，移駐鹿港。以大將軍福
公平台之師，多從鹿港登岸也。時駐守鹿港汛，兼轄水裏港汛、三林港
汛、海豐港汛。對於兵防，志書作者有一番議論，足供參考了解道光年
間詳情：[6]

　　　　查鹿港未設以前，水師雖有汛防，不過一千把總駐劄，以嚴出入，
　　　　司斥堠而已。迨乾隆四十九年（1784），福州將軍永公，奏開鹿
　　　　仔港口，對渡蚶江，其時文員祇一巡檢，武弁祇一千總，帶兵數
　　　　十名，何足資巡哨備彈壓哉？越三年冬，大將軍福公征剿林逆，
　　　　兵船數百，俱由鹿港登岸。削平後，始議將安平水師左營遊擊一
　　　　員，移駐鹿港，隨帶弁兵分防海豐、三林、水裏各汛……惟鹿港
　　　　最稱利涉，故丙午以後，蚶江、廈門，通行配運，洵足與鹿耳門
　　　　相埒。乃滄桑之變，令人莫測……港口既以遷移，汛防亦宜通變，
　　　　名雖沿舊，地已易新……蓋臺灣之正口有三：八里坌在北，鹿耳
　　　　門在南，惟鹿港為居中扼要之地……故口岸所在，必鎮以官兵、
　　　　建以營汛、設以哨船，而又築砲台、堅煙墩、造望樓，歲糜糧餉

---

[6] 周璽，《彰化縣志》，卷七〈兵防志〉（台北：臺灣銀行經濟研究室，民國五十一年），頁
　　189~203。

數千金，年運米穀數萬石，其不惜多費，而設口置汛者，蓋欲通
商惠民，非徒徵關稅以裕國課，詰奸匪以耀兵威也……況鹿港口
岸，較之鹿耳門、八里坌，其形勢之險夷，又相懸絕也……何如
鹿港之往來習熟，郊商之蓄積饒多，水程亦甚直捷，船戶莫不爭
趨……獨鹿仔港口，駐劄水師遊擊，統兵七百餘人，分防番仔挖
者，僅三十人；分防水裏、海豐兩汛者，各二十人；又分三分之
一，歸笨港守備統轄；則駐防鹿港之兵，未及五百……且鹿港之
口，向距營汛不過數里，今港澳日徙日南，已在番挖之下，其離
鹿港營汛也，旱程三十餘里，一旦有事……三十名之兵丁，其力
尚足恃乎？……如今之大港在番挖，商船泊此最多，則番挖之口
岸，宜以重兵守之，非二百餘人，不能獨當一面之衝也……他若
海豐港汛，其港已無泊船，而番仔挖港，現成小口，小船亦堪停
泊，此處胡可無兵？……至水裏汛，昔本無口，設兵何用？今水
裏以北，有五汊，邇來始成港口，雖巨艦難泊，而小艇可停……
徙水裏於五汊，斯亦必然之勢也……（下略）

筆者之所以不憚辭費，摘述徵引如此多之文獻，目的在於要考證追
索金門館之創建背景與年代，及蘇府王爺信仰之傳入鹿港之初始年代與
原因。綜括上引文獻，筆者可歸納為下列數項析論：

第一，金門館前身為許樂三住居之屋宇，許樂三在當時之社會地位
聲望，既然足以與日茂行林家匹敵，居住宅第料不致過於寒磣簡陋。觀
碑文中用「宇」字形容其住屋，及其整修，嗣後之破敗，用「棟宇、垣
墉」等字眼形容，並且在平林爽文亂時作為辦公指揮衙署，在在均可見
其必然規模形制寬敞壯大。

第二，許樂三與日茂行林振嵩在乾隆五十一年（1786）林爽文亂前，
負責經建重修龍山寺，則可以說明金門館之前身（指許氏所住屋宇）在
乾隆五十一年（1786）前就已存在。

第三，金門軍人信奉之蘇府王爺信仰傳入鹿港雖可勉強追溯至康熙
四十三年（1704）撥千總一員率兵弁駐防半線之時，但更穩當更確切的
說法，應是乾隆五十二年（1787）福康安率滿漢水陸大軍進抵鹿港平林
爽文之亂以後。亂平之後，或有感於神蹟靈驗，庇佑平亂，信仰愈盛。

尤其乾隆五十三年（1788）分安平水師左營遊擊一員移駐鹿港，帶來許多金門營水師兵丁，遂有建館奉祀之急迫性與必要性。因此金門館之創建年代，雖據碑文說爲嘉慶十年（1805），但因其前早有屋宇，且僅是修補一番而已，毋寧提前說是乾隆五十一年（1786）即有，也無不可，含糊地說是乾隆中葉也可以！

第二節　清代金門館之修繕興築

一、碑文人物考釋

如前文之綜合探究，金門館前身爲浯人許樂三所居屋宇，在乾隆五十一年（1786 年）前既有，乾隆五十二年（1787）福康安率大軍平林爽文亂時，曾充爲辦公衙署，或蒙神庇亂平，乾隆五十三年（1788）分安平水師左營遊擊一員，移駐鹿港，其中必有抽調自金門鎮之營兵，金門人素信蘇府王爺，官兵尤奉之甚謹，有是神，必有是館，因此嘉慶十年（1805），許樂三遺命其子，鳩眾合力整修，命名爲「浯江館」。名爲「浯江館」，並非只有金門兵丁與人士方得允許休憩，「故凡官斯鎮及弁丁輿夫、彼都人士，無不憩息其間」。惟歷年既久，不免有所殘傾，遂有進一步之規劃修建，「重建浯江館碑記」續載：

> 蓋是館之建，由來遠矣！前任鹿港遊府溫公欲重修經理，未及舉事，旋即陞遷。辛卯（按即道光十一年，1831）余抵任，每見棟宇摧殘、垣墉傾圮，心竊傷之。欲為之改舊更新，又恐獨立難支，不克以濟。爰集袗耆、董事人等公同議舉，并於浯人之有身家者勸其捐帑，而余則傾囊相以濟。壬辰（道光十二年，1832）花月（即二月）經始，今茲落成。然余非敢論有功於浯人也，實欲以誌明神之赫濯，長垂於不朽云爾，是為記。敕授武翼都尉台協水師左營鹿港遊擊劉光彩敬撰。董事進士鄭用錫、薛鳳儀、張朝選、薛紹宜、王高輝、楊淵老、歐陽建、郭溪石、蔡宗榮仝勒石。道光歲次甲午年（道光十四年，1834）梅月（四月）吉日立。

此碑文提及諸多人物，茲就志書檢索所得，列傳如下：

鹿港遊府溫公：應即是溫兆鳳，鄭喜夫《官師志‧武職表》記溫氏為福建龍巖州人，行伍出身，道光七年（1827）四月由委署本標（即水師協標）中營遊擊本標右營都司陞任。道光十二年（1832）（一作道光十三年，1833）陞任艋舺營參將。[7]據此碑文應補充改正為：道光十一年（1832）調任鹿港水師遊擊，同年旋升任艋舺營參將。

劉光彩：福建同安人，行伍出身，生平不詳，道光十二年（1832年）調任安平協水師左營鹿港遊擊，道光十四年（1834）在任[8]。據此碑文則調任年代應改成十一年。

鄭用錫（1788-1858）：先世福建漳浦人，乾隆年間由金門遷居苗栗後龍，後避分類械鬥遷竹塹。父崇和，監生。用錫字在中，號祉亭，嘉慶二十三年（1818）中舉人，道光三年（1823）中進士，為首位臺灣本籍出身進士。道光七年督建竹塹城，敘功加同知銜。復捐京秩，籤分兵部武選司，補授禮部鑄印局員外郎。咸豐四年（1854）在籍協辦團練，給二品封典。晚築「北郭園」，著有《北郭園全集》八卷。用錫家族在

[7] 鄭喜夫，《臺灣地理及歷史》，卷九〈官師志〉第二冊「武職表」（南投：臺灣省文獻會，民國六十九年），頁115。

[8] 張子文等，《臺灣歷史人物小傳──明清時期》（台北：國家圖書館，民國九十年），「鄭用錫」條，頁327~328。按，該書之人物小傳，採納近年學者研究成果，予以融會改寫，且經過學者審查定稿，此為個人採用之原因。讀者若有興趣可自行參考陳培桂《淡水廳志》卷九列傳二〈先正〉的「鄭用錫」則。近年出版的足校本陳朝龍《新竹縣采訪冊》卷十鄉賢「鄭用錫」有較詳細記載，茲轉錄於下，謹供參考：「鄭用錫，字在中，號祉亭，崇和子。少穎異，淹通經史百家，尤精於易。好吟詠，先後主明志書院講席八年，汲引後進。淡自開闢，志乘無書，乃纂薈藏之。嘉慶戊寅，舉於鄉，道光癸未，成進士。開台北百餘年，通籍自用錫始。丁亥，督建廳城，功加同知銜，復捐京職，籤分兵部武選司，補授禮部鑄印局員外郎。在官三載，精勤稱職，旋因母老乞養，時母年八旬，置田租三千餘石，為戚屬無後者立嗣，並資養贍，以祝大年。壬寅甲寅，在籍與台南進士施瓊芳等協辦團練，勸捐津米，給二品封典。咸豐三年，南北漳泉粵人各莊互鬥，用錫躬詣各城村竭誠開導，並手書勸和論，遍貼各莊，人皆悅服，其變遂止，全活甚多，皆用錫養望素隆有以感化之也。凡倡修學宮、橋渡及賑饑恤寒，悉力為之。治家最嚴，所編家規，子孫猶恪守之。晚築北郭園以自娛，著述日富，有《北郭園全集》，文鈔一卷、詩鈔五卷、制藝二卷、試帖二卷，已刊行。咸豐八年二月初七日卒，年七十一。子三：長如松，道光丁酉優貢，丙午舉人，賞戴藍翎，員外郎銜候補主事。次如梁，賞戴花翎候選道。孫六：景南，廩生。義南，六品翎頂。北南，附生。同治九年，請祀鄉賢祠。十一年，福建巡撫王凱泰具題，十二月十六日，禮部奏准。」

新竹擁有大量土地，且擁有船隻販運於天津、上海、東南亞等地。[9]

此段碑文值得注意及解讀者有三：

第一，從嘉慶十年（1805）至道光十一年（1831），經歷二十六年，金門館已是棟宇摧殘、垣墉傾圮。前後兩任鹿港武職最高之長官（水師遊擊）溫、劉二人都有意改建。兩位長官之有意改建，一方面有感神明赫濯，崇報功而隆祀典，同理說明蘇府王爺兼為他籍異營之水師官兵武將所虔拜，所以不能只單純解釋為溫、劉兩長官為討好方便金門人與營兵而有意修建，如前所引文獻，道光時駐防鹿港營兵未及五百人，金門籍營兵不過數十人，焉有是理為討好少數營兵而忽略其他眾多營兵，而且劉光彩還一度有意獨自負擔，傾囊重建，若說原因只是單純的討好照顧少數金門籍營兵則更無是理。關鍵在金門館其實是開放給眾多軍民官兵所休憩，因此與其說金門館是金門會館（按金門會館與金門館意涵不同），不如說是軍人會館或班兵伙館更為妥切，正所謂事不盡一端，這是必須先說明辯駁清楚的。

第二，此役修建從道光十二年（1832）二月至道光十四年（1834）四月，計經過二年有奇，花費二千六百銀元，惜不知其規模形制。以清代臺灣寺廟工程而言，多半一年左右，要經過二年工程期且用銀二千六百多元，則可以想見已是大廟之規模作法了。

第三，此次捐輸助修者有「衿耆、董事」及「浯人有身家者」，可見其時金門館之組織管理已有董事一職，而所謂浯人有身家者，指的是一般金門籍居民，正反映金門籍營兵之普遍拮据（亦可參見後文之修建捐款金額可佐證）。而金門籍居民不僅指住在鹿港一地而已，吾人觀看今新竹市之鄭用錫列名首位，亦可想見勸募對象，廣及臺灣各地，惜其他幾位董事生平不詳，不能做進一步徵信析論。但至少反映了在台金門人之團結與熱心公益。

「重建浯江館碑記」旁有二方副碑，乃捐題碑，茲將捐獻諸人士分成將弁、兵丁、士紳三類整理，並據鄭喜夫前引書《官師志》補充諸將

---

[9] 周璽，《彰化縣志》，頁189~203。

弁之基本資料，以便進一步之析論。 首先說明諸將弁的部分：

1.福建臺灣水師協鎮府黃印　貴（福建閩縣人，道光十三年任，十六年二月十四日陞任廣東碣石總兵）捐銀貳拾大員。

2.陞授艋舺營水陸參府溫印　兆鳳（仝前）捐銀伍拾大員。

3.原臺灣艋舺水陸參府周印　承恩（福建同安廈門人，行伍出身，道光九年五月以台協中營遊擊署）捐銀貳拾大員。

4.臺灣協水師右營都閫楊印　武鎮（又名楊振武，福建同安金門人，行伍出身，道光十年四月回任）捐銀陸大員。

5.臺灣艋舺滬尾水師副府郭印　揚聲（字騰圃，福建同安金門人，行伍出身，道光十年以台協右營千總署）捐銀參拾大員。

6.署臺灣艋舺滬尾水師副府林印　淂義（字謙亭，福建淡水廳人，原籍福清，行伍出身，道光十四年由台協右營守備調任）捐銀拾大員。

7.台協水師澎湖右營守府鄭印　起麟（按有作鄭起良、超良，皆誤，福建同安廈門人，咸豐十一年五月署）捐銀拾貳大員。

8.台協水師左營守府崇防廳林印　日光（按鄭喜夫書將其列入澎湖水師協標左營守備，記其：福建澎湖廳人，行伍出身，以本標千總委署，以疾卒於任）捐銀拾貳大員。

9.金門鎮標左營左廳守府黃印　祿（按據《金門縣志》：清初設金門鎮總兵官，標下中、左、右三營，兼轄銅山、楓嶺、雲霄、詔安、海澄等五營，後改革只領標下三營。康熙二十七年，裁去中營，嗣又兼轄閩安、銅山。嘉慶間，再改，仍只轄左右二營。左營守備一員，駐防後浦。同書職官表卻記：黃金絡，同安金門人，道光十四年署左營守備，又記：黃全絡，道光二十年八月署。究竟是黃全祿？黃金絡？還是黃全絡？其中必有二誤，此非本文主題，暫闕待考）捐銀肆大員。

10.新拔澎湖右營左司廳陳印　得顯（按鄭書缺此人，待查補）捐銀陸大員。

11.台協水師左營左哨頭司盧印　明生（按職位不高，故志書及鄭書皆未記錄，以下諸人，同樣皆缺記載）捐銀肆大員。

12.原台協水師左營崇防廳周印　名揚捐銀肆大員。

13.台協水師左營崙防水裏楊印　騰蛟捐銀四大員。

14.金門鎮標右營協司廳李印　朝法捐番銀貳大員。

15.銅山營班政廳孫印　光明捐銀肆大員。

16.新拔銅山營協司廳楊印　其山捐銀壹大員。

17.金門鎮標右營右司廳陳印　士輝捐銀壹大員。

18.金門鎮標右營協司廳張印　進發捐銀壹大員。

19.金門鎮標左營左司廳許印　連科捐銀貳大員。

20.金門鎮標左營左司廳曾印　國華捐銀貳大員。

21.台協水師左營協左司廳許印　熊飛捐銀貳大員。

22.福建台協水師左營鹿港副總府劉印　光彩捐銀壹仟捌佰陸拾員。

23.福建台協水師左營中軍府翁印　芬春捐銀拾大員。

此捐題碑有助於了解當時台協水師左營與金門鎮標左右營之官銜職守與秩祿升遷之人事動態，對於清代武職之職官制度不僅有助了解，尤其可以補正志書中兵防志與職官表，對於鄭喜夫《官師志》亦可補其疏漏與錯誤。然此非本文要旨所在，重要者在於：

1.捐輸官員全是水師將弁，獨缺陸路官兵，職銜高至副將、遊擊，旁及軍中文職幕佐，下至守衛鹿港、水裏汎的哨頭，可謂大小將弁，全體總動員捐輸修建金門館，若謂金門館僅是金門會館，專供金門營兵或金門人士住宿休息聯誼之用，他籍將弁何以如此踴躍捐輸豈不可怪，不符常情？

2.捐輸之水師駐守單位，遍及今台南、澎湖、鹿港、艋舺、滬尾、金門。

3.除金門鎮標左、右營不論外，其他將弁大都非金門籍人，金門籍將弁所捐金額亦薄少。

根據此三條歸納，很顯然證實了筆者前面論證的一項說法：金門館不僅是金門會館，而是當時的水師會館或水師伙館（用今日說法即海軍會館），提供當時來往鹿港水師官兵祭祀蘇府王爺，及休憩聯誼的場所。

二、碑文中反映的班兵問題

其次說明兵丁的部分：

1.烽火門撥戍艋舺營，頭起戰餉（碑文原作「洄」字又像「饷」字，應即「餉」之俗字，以下皆同）四名，每各（名？查碑文字跡確是作各字，以下皆同，或即個的俗字）捐銀貳錢。

2.烽火門撥戍艋舺營，頭起守餉拾四名，每各捐銀壹錢伍分。

3.烽火門撥戍滬尾營，頭起戰餉貳拾貳名，每各捐銀貳錢。

4.烽火門撥戍滬尾營，頭起守餉拾陸名，每各捐銀壹錢伍分。

5.烽火門撥戍滬尾營，二起戰餉參拾伍名，每各捐銀貳錢。

6.烽火門撥戍滬尾營，二起守餉貳拾七名，每各捐銀壹錢伍分。

7.烽火門撥戍滬尾營，三起戰餉參拾貳名，每各捐銀貳錢。

8.烽火門撥戍滬尾營，三起守餉貳拾參名，每各捐銀壹錢伍分。

9.烽火門撥戍滬尾營，四起戰餉肆拾名，每各捐銀貳錢。

10.烽火門撥戍滬尾，四起守餉貳拾六名，每各捐銀壹錢伍分。

11.金門右營撥戍台協左營二、三、四起戰餉拾陸名，各捐銀捌錢。

12.金門右營撥戍台協左營二、三、四起守餉貳拾參名，各捐銀陸錢。

13.頭起屆滿，戰餉七名，各捐銀貳錢。

14.頭起屆滿，守餉六名，各捐銀壹錢伍分。

15.金門左營撥戍艋舺營，戰餉貳拾名，各捐銀貳錢。

16.金門左營撥戍艋舺營，守餉貳拾九名，各捐銀壹錢伍分。

17.金門右營撥戍艋舺營，戰餉拾壹名，各捐銀貳錢。

18.金門右營撥戍艋舺營，守餉貳拾八名，各捐銀壹錢伍分。

19.金門左營撥戍滬尾營，戰餉拾壹名，各捐銀貳錢。

20.金門左營撥戍滬尾營，守餉拾壹名，各捐銀壹錢伍分。

21.金門右營撥戍滬尾營，戰餉拾名，各捐銀貳錢。

22.金門右營撥戍滬尾營，守餉拾壹名，各捐銀壹錢伍分。

23.金門左營楊仕生捐銀參拾員（空缺）二石，合共捐銀肆佰柒拾
　　員。

此段碑文，值得吾人解讀與注意者有：

第一，這些兵丁捐獻金錢數目頗為一致刻板，絕大部份都是貳錢或
壹錢伍分（其中戰兵率捐餉貳錢，守兵捐餉壹錢伍分，則可以覘知戰兵
薪餉收入應比守兵稍高），顯然是事先眾兵丁彼此約定，或是長官硬性
規定從薪餉扣下的不樂之捐。

第二，捐輸金額極少，可見這些班兵薪餉薄少。按清代臺灣班兵之
流弊已如前文所述，但班兵亦有其自身痛苦之困擾，概要地說，其一：
薪餉薄少，嗷嗷度日。雖然清廷對班兵調戍有旅費之補助，但其數戔戔；
渡海之際常須候風，俟氣候許可方能登舟起程，況且船少兵眾，候配需
時，為此稽延時日，虛耗盤費。其二：戍守班兵，初到台澎，無房舍可
住，兵丁大半在民間租房而住，或支架帳篷，搭蓋草寮，暫時棲住。即
使兵房建好，使兵有居所，但一直到清末，台澎兵房大半都是官建的茅
屋，而台澎風雨多，時有地震，所以「甫造旋坍，既坍復葺，葺完住暫，
去則又空，輾轉虛糜，累公不少」，故營房常須修葺，並不合用。因此
在澎湖產生「伙館」，主要目的即為幫助各營班兵，解決調防駐紮的食
宿問題。澎湖媽宮的「提標、海壇、南澳、銅山、閩安、烽火」諸館，
即因此而創。[10]不僅如此，由清代駐台澎班兵伙館演變而成的廟宇，是
台澎地區民間宗教較少見的個案，這類廟宇名稱一律都用「館」而非一
般所習見的「宮」、「殿」、「廟」等稱呼[11]。所以，鹿港「金門館」之取
名是由此而來，「金門館」創置的主要目的也是為解決班兵駐紮的食宿
問題。明乎此，自然會明白何以金門館此次的重建會有大大小小的將弁
官兵，全體總動員的捐獻。而且根據此副碑諸班兵之捐輸金額之如此戔
戔，正可以證明清代調台班兵薪餉之微薄與生活之困苦。此碑之價值與
意義，不輸金門館本身，廟方千萬要妥善保存。

---

[10] 卓克華，《澎湖施公祠及萬軍井之研究與修護計畫》，第一章〈施公祠、萬軍井的歷史研究〉
　　（澎湖：澎湖縣政府，民國八十二年），頁9~11。

[11] 卓克華，《澎湖施公祠及萬軍井之研究與修護計畫》，頁9~11。

　　第三，烽火門即指清代福寧府（今福建省霞浦縣）福寧灣外之四礵列島、福瑤列島、烽火島等水師駐兵，烽火營兵向以勇悍聞名，可見清廷對鹿港兵防與治安之重視。而且捐獻者，金門左右營與烽火門各居一半，可見道光年間駐守鹿港水師主要是金門兵與福寧兵。澎湖有「烽火館」，在鹿港卻未聞見，而烽火營兵願捐獻修建金門館，又為作者論斷金門館非僅是金門人或金門兵之會館，又得一條有力證據。此更加強了金門館是水師會館（或可同澎湖之稱呼為「伙館」）之確證。

　　第四，碑文中有「戰餉」、「守餉」諸名目，此乃其本俸薪餉與津貼恤賞之細目。臺灣班兵糧餉，初從內地舊制。然以班兵遠渡大海，邊土苦惡，且拋家去鄉，眷屬待哺，情形特殊，不僅養贍家口，甚至自身用度，在所不敷，故頻施恤賞，以安軍心，較之內地綠營，為獨厚焉。雍正年間，臺灣鎮總兵王郡更奏准在台地購置田園、糖廍、魚塭等業，各協營遴員經理，於冬成徵收租穀、糖斤、稅銀，除應納各縣正課外，所獲租息，以六分存留營中，四分解交臺灣府劃兌藩庫，備賞戍兵、眷屬等巡遊、紅白吉凶事件。乾隆五十三年，朝廷諭旨「以林爽文案內，所有抄沒田園家產，遞年租息，給加台澎戍兵糧餉」。

　　臺灣班兵，除上述加餉、償恤外，尚有官莊及隆恩莊租息之津貼優遇。「官莊」之制，由來已久。康熙二十二年，既克臺灣，以台地肥沃，土曠人稀，施琅奏設官莊，召民開墾，按其所入，以助經費，為文武養廉之具。因此台澎水陸各營官兵，俸餉歲多不敷，每年兩次會委文、武各員，並赴庫請領，可歲省動支司庫之二、三。嗣後流弊滋生，鎮將大員，無不創立莊產，侵佔番地，召佃開墾，以為己業，乾隆初葉遂廢其制。「隆恩莊」之制，肇自乾隆五十一年，時林爽文之役甫平，福康安治軍臺灣，尚餘兵餉五十餘萬兩，乃奏設隆恩莊，募佃耕之，或購大租以收其益，以充賑恤班兵之款。其田多在彰、淡兩屬，租制與官莊同，所收租息，除完納正供外，餘款由營造冊送司，按年在請領餉內扣存司庫，入撥充餉。然歷年既久，或無造冊存案，或案氼煨失，遂瓜葛不清，帳目混淆，流弊叢生。此外，又有「抄封」者，抄封亦官租也，其租有二，曰叛產，曰生息。林爽文之役，凡與事黨人者，皆籍其田，或被株

連，所抄在數萬石，多在嘉、彰兩縣。自是每有亂事，援例以行。叛產
之業，贌之於民，而收其稅，為官署歲入之款。「然抄封之中，有撥支
兵餉者、有充地方公費者、又有鬻供軍需者。其業散在各縣，統歸臺灣
府遴派佃首，代為徵收，多屬富紳攬辦。」[12]

第五，最重要者，從捐題的諸將弁、兵丁，背後反映了道光十二年
（1832），金門館改建的原因，表面上看，此次改建原因是因棟宇摧殘，
垣墉傾圮，這是粗淺的、表面的說法，真正的原因，涉及當時班兵配運
出現的諸多問題，必須急迫的重建金門館以解決眼前問題。按，道光時，
分巡臺灣兵備道姚瑩（字石甫、明叔，號展和、幸翁，安徽桐城人，嘉
慶十三年戊辰進士），著有〈改配台北班兵〉一文，敘述明詳，可藉知
梗概，文曰：[13]

> 臺灣一鎮，水陸十六營，班兵一萬四千六百五十六名，自內地五
> 十三營遣戍，三年更替。至台分入各營，戍滿由鹿耳門，配舟內
> 渡，此舊制也。台北各營至郡，道遠跋涉維艱。嘉慶十五年
> （1810），總督方公維甸奏：嘉義以北班兵，改由鹿港登舟，時
> 以為便……定例：班滿出營，即停給糧餉，雖准借支盤費，回本
> 營坐扣，而所借無多。其初調戍也，皆至廈門，提督點驗；惟水
> 提、金門兩標最便，上府各標自五、六站，至十七、八站不等，
> 點驗配船，候風東渡。至台後，中營、北協兩次點驗，然後入艋、
> 蘭兩營歸汛。道遠時久，沿途已有借貸，三年戍滿，每不能償。
> 瀕行借支盤費，輒以償還，依然枵腹；群環帶兵官乞借，為之賠
> 墊無以給，至或被毆；以故帶弁畏之尤甚。所在廳縣，常為所呶；
> 而船戶之騷擾，無敢言者，商亦苦之。

觀上文，知悉：嘉慶十五年後，嘉義以北班兵，改由鹿港登陸，減
少道途跋涉，眾以稱便。但基本上弁卒調動報到或回歸本營之沿途食宿
交通盤費等等開銷問題仍未解決，以致常出現帶兵官弁被迫同意屬下兵

---

[12] 李汝和，《清代駐台班兵考》，三章四節〈班兵之賞恤〉，頁 24~39。

[13] 姚瑩，《東槎紀略》，卷一〈改配台北班兵〉（台北：臺灣銀行經濟研究室，民國四十六年），
頁 11~18。另，此時期班兵諸問題可參看同書卷四〈臺灣班兵議〉（上、下），頁 93~102。

丁借貸賠墊之苦，若不肯借貸，甚至有被毆打之事發生。情急之下，班兵居然敢到廳縣衙門呶叫騷擾，而船戶、行商因須負配運之責，亦是苦不堪言。到了道光年間，鹿港一地「既而港門淤淺，船少兵眾，候配需時」，所以「道光三年（1823），鹿港行商，求與淡水之八里坌口分船配載，趙文恪公（指閩浙總督趙慎畛）行鎮、道、府議。四年正月，方傳穟署台道，以問鹿港同知鄧傳安，署淡水同知龐周，皆言兵商之困，傳穟乃與總兵觀公喜（指臺灣總兵官觀喜）議覆曰：臺灣三口對渡，鹿耳門與同安、廈門對，鹿港與泉州、蚶江對，八里坌與福州五虎門對。戍兵往來，本可量地配載，徒為向例廈門、台郡點驗之故，跋涉迂途。臺灣北協、中、左、右營兵三千一百十名；艋舺參將水、陸二營，並蘭營新舊兵二千二百一十四名；凡五千三百五十四名，盡由鹿港一口配舟，八里坌並無配載。商人苦樂不均，且帶弁有賠墊之苦，亦難責其鈐束。官與兵、商三者皆不便，亟宜量為變通。請以蘭、艋、滬尾、北右四營中，上府兵二千二百四十一名，改由艋舺參將點驗，自八里坌配渡，徑入五虎門。四營中，下府兵與北協三營兵仍由鹿港如故」。後來閩浙總督趙慎畛乃據以入奏，朝廷從之。班兵之制，改成三口對渡之局。

　　可知在還沒有三口對渡成定制之前，嘉義以北之班兵出入登船，是由鹿港進出，再分批調往噶瑪蘭、滬尾、艋舺等地。這說明了金門館此次的改建，何以有臺灣協、艋舺、滬尾等地水師諸將領願意熱烈捐獻的背景。茲再以三年更替為一基準，即每三年，進出鹿港的班兵約有五千三百五十四名，平均每年約一千七百八十四名，若再以每年一、四、七、十等四個月，班兵調動配渡，進出鹿港來算，換句話說，平均每季進出鹿港的班兵約有四四六名，這與此次改建金門館捐獻的所有兵丁總數四三二名對比，差相符合。簡單的說，鹿港每年進出的班兵，若以調往臺灣，或戍滿回本營的來回總數估計，每年約有三千四百名，每季約有一千二百名班兵在鹿港等候風汛船期進出，面對這龐大的班兵人數來來往往，食宿、交通盤纏、抽兵分汛、廉俸糧餉及秩序管理，在在皆成大問題，尤其因港門淤淺，船少兵眾，候配需時，眾兵萃集，更增加人心浮動，管理困難。且班滿出營之後，多不遵約束，紛紛滋事，帶兵員弁既

畏之如虎，地方廳縣更難於治問。明白了這些背景，才會明白在捐題碑中，捐獻人士出現了許多郊商、行商、船戶、帶兵哨弁，及管理班兵業務的諸營文案吏員（即碑文中的班政廳、協司廳、崇防廳等等，負責造冊移報、補革案牘諸業務），以及諸高級將領與基層的兵丁，因為這與他們有切身的利害關係，才形成了這次水師官兵總動員的捐獻。

同理為謀長遠計，此次改建金門館固然提供兵弁的短期食宿聯誼等候配運的場所，但為支付龐大的開銷，也乘機修建館邊的店舖、房室，以及購買新興街、地藏王廟口的店舖、灰窯等（見下文），以其租息收入，作為龐大開銷的經費由來。這也是這次修建金門館共花了二千六百多銀元的最大原因。不僅如此，劉光彩捐助了一千八百多元的錢數，我們有理由相信，他頗有可能是動用了公帑，才有如此的大手筆，他不是獨愛金門籍營兵，更不是偏愛諸營班兵，他多少是為己身謀，提供一場所供班兵短期住宿等待配渡，否則因缺盤纏或無處住宿，造成班兵騷動惹事，形成社會問題，這對他是不利的，身為長官他要連坐負起責任的。當然我們也不能因而否定他的作為也有一定的貢獻。若以上的分析並無錯誤，在此，不僅可解決道光十二年金門館改建的背景，以及為何水師諸營全體總動員熱列捐獻的真正原因，更重要的，又多了一項證據，證明金門館的的確確是「班兵伙館」。

總之，透過此碑文，可間接了解清代臺灣班兵制度、調防動態、餉恤薪俸、職官升遷等等情形，此碑之大有益於全台史、鹿港史之研究，其價值與意義幾希哉！

三、碑文中所反映的紳商階層

接下來討論士紳商號與船戶的部分：
1.賜進士鄭印　用錫捐銀參拾大員。
2.廩生洪印　清渠捐銀陸大員。
3.薛紹宜捐銀參拾員。
4.協振號捐銀肆拾員／許達世捐銀拾大員／德勝號捐銀參拾員。

5.楊淵觀捐銀參拾員。

6.同利號、合利號、張出觀以上三條，每各捐銀捌員。

7.薛鳳儀、金菊號、郭溪石、王高輝、張朝選，以上五條，每各捐銀拾參員。

8.郭恆利、羅德春、忍順號、葉簡觀、陳仕晚、陳仁記，以上六條，每各捐銀拾員。

9.利源號、協記號，以上貳條，每各捐銀陸員。

10.陳江記、薛炎觀、許廣泰，以上參條，每各捐銀伍員。

11.歐陽進、陳海觀、寶源號、陳環琢、東利號、陳恒觀，以上六條，每各捐銀肆員。

12.蔡青焜捐銀參員。

13.福隆號、陳媽愛、辛習觀、明利號、吳開元、辛竭觀、梁水觀、康文柿、張高陸、歐康觀、藏興號、陳月德、和元號、鄭福全，以上各捐銀貳員。

14.周杭觀、許略觀、同興號、張舉觀、鄭海觀、勝隆號、李聰明，以上各捐銀壹員。

15.溝仔墘劉頭家喜助岑石三片。

16.許臨觀捐銀參拾員。

此段碑文須解讀析論者有：

1.董事有新竹鄭用錫，且掛首名，捐獻名字排在黃、溫二將之後，列名第三，自可想見彼其時社會地位，而且捐銀三十元，亦可知貲產之富有及熱心同鄉之公益。其他如楊淵老、歐陽建、蔡榮宗等列名董事卻未見捐輸，頗為可怪，不合常理。但不知碑文中之「楊淵觀」、「歐陽進」、「歐康觀」是否與彼等有關，抑或即其另一名號。另，其他董事或捐銀三十元或十三元，也不能算少了，亦可想見道光年間鹿港街民之富饒及熱心。

2.廩生洪清渠不過捐區區陸元，卻排名在前，一則或可見其人之社會地位與聲望，二則亦凸顯擁有科舉功名士紳之在鄉梓的地位聲望。

3.士紳商戶大體所捐單筆金額，高於水師諸將官，反映商人階層之

較有錢，與其時鹿港商戶居民之饒有家產。

4.郭恆利、羅德春爲新竹之郊商，新竹郊商頗多同安金門人，此次捐助或許是因同鄉之誼，但更重要的，也許可反映新竹與鹿港行郊有生意貿易之往來，因此熱心參與襄助地方公益。

捐題碑末尚有一小段碑文：「一買杉木磚瓦岑土木工及油漆，計共用銀貳仟陸佰員……對除題用外，尚不及銀壹仟捌佰陸拾員。」此段碑文有助於了解道光年間鹿港之建築用材（岑石即矽石，指台基收邊石。其他建材尚有杉木、磚、瓦，「砳」字經筆者查諸字書並無是字，經詢問閻亞寧、林正雄二友均謂有可能是指泉州白，但查其他契字文書，有作「砳」字者，則也有可能是指舊石。凡此皆有待進一步查考研究）及匠師有土、木、油漆工之屬，對清代建築史研究能提供若干助益，最重要的是確定此次重建用銀二千六百元，可謂大手筆，惜未記載其規模形制，不免是一遺憾！再，此役工程缺款一千八百六十元，結果是由劉光彩全數義助，劉光彩在碑文提及「而余則傾囊以濟」，確是實言，而不敢居功，謙稱「然余非敢謂有功於浯人也」，則未免過份謙虛，有所矯情了。

總的說來，道光十四年金門館的重建意義與內涵（其實嚴格定義說應該是新建），反映了其時的班兵抽調防戍制度與清中葉鹿港水師守備的強化，此其一。其二，嘉道年間正是鹿港鼎盛時期，俗諺「一府二鹿三艋舺」，正是其最佳寫照，從碑文中諸多舖號船戶的大力捐獻正可作爲佐證。其三，正因捐獻者有不少普通之居民，是否能反映或說明金門館之性質已漸漸從班兵伙館（或水師會館）轉向一般地緣性角頭的廟宇呢？其四，金門館位於龍山寺的南側，原爲水師汛與理番同知署等官兵居住區，以金門館爲中心，形成街廓型聚落，四周通路鹿港人俗稱金門巷，和其四周的單元沒有淵源存在，此種聚落頗類似光復後台灣之「眷村」、「營區」型態。[14]

四、咸同年間的重修及反映的諸多問題

---

[14] 林會承，《清末鹿港街鎮結構》（台北：境與象出版社，民國七十四年），頁82。

　　除了道光十四年之重建外，清代尚有咸豐五年（1855）、同治四年（1865）的兩次重修。咸豐五年的重修留下了一方捐題碑，碑文中亦是眾多捐題人名、頭銜及金額，茲為省篇幅，不再一一錄出，而其中某些武職人員及地方士紳之出身履歷，有心者儘可查閱鄭喜夫《官師志》及眾志書的相關列傳，也不再予以詳細註釋介紹，本段只就與金門館有關者，及反映其時鹿港歷史發展與社經背景者予以解讀析論如後：

　　捐獻人可分成軍民兩大類，其中軍職人員高級將領有：（1）福建台協水師協鎮府吳朝良。（2）台協水師中營副總府鄭世勛。（3）護（理）台協水師中營副總府蔡朝陽。（4）護台協水師左營鹿港副總府陳光福。（5）護台協水師左營鹿港副總府潘高陞。（6）護台協水師左營鹿港副總府祝延齡。（7）護台協水師右營都府曾傍蘋。（8）台協水師中軍府劉文珍。（9）署（理）台協水師左營中軍府吳朝宗。（10）署台協水師右營中軍府陳致昌。（11）安平協轄巡捕廳林茂生。（12）台協滬尾水師副府陳沂清。（13）台協水師右營守府吳朝臣。（14）台協水師右營守府葉得茂。（15）台協水師左營鹿港崩防廳李振輝。（16）台協水師左營把總蕭永發。（17）台協水師中營外委沈春暉。（18）台協水師左營外委劉士淵。（19）管帶金門右營三起班兵班政廳蔡登超。（20）管帶金門左右營滬尾四起班兵班政廳林章榮。

　　另，屬於吏員或聘用之文職佐理人員，有：（1）安平候補分州林芝田。（2）艋舺水陸武口許邦忠。（3）金門效用洪肇元。（4）金門營用洪得貴。（5）閩安營用林飄香。

　　屬於兵丁者，有：（1）台協水師左營鹿港金門館眾目兵丁伍拾名。（2）艋滬烽火眾目兵丁頭起貳拾玖名、貳起伍拾柒名、參起肆拾玖名、肆起陸拾陸名。（3）艋舺金門館眾目兵丁。（4）安平左營戰目兵柒拾玖名、守目兵陸拾柒名。

　　這其中有許多職銜須做一疏解，才會明瞭他們肯捐輸之原因或背景：

　　1.清代商船出入掛驗，須經海防同知稽查舵工水手之年貌、箕斗（即指紋）、籍貫，旅客之姓名，及貨物種類。此中又有文口、武口之分。

所謂文口，是文職海防人員，專司查驗船籍、船員、搭客及載貨等，初
設台江之西定坊，後移安平口。所謂武口，乃武職之水師汛弁，專於船
隻出入之時，臨時抽驗，設於台江口外之鹿耳門[15]。嗣後隨著諸口岸陸
續開放為正口，也分設文武口，由駐地水師專責查驗。久之，產生掛驗
陋規。船戶怕被留難，須先交掛號錢六百；另有驗船之「規禮」，公然
收之，文口例銀五元，武口例銀三元，號稱以資巡哨、紙張、飯食等辦
公費，稱為「口費」或「口稅」；更有地方官私收口費，充作津貼，納
入私囊，與官府公事無涉。據此碑文，知咸豐五年（1855）前已在艋舺
設有武口，既稱「水陸武口」，即指水汛與陸汛，查驗對象，恐怕除查
驗水上船隻外，也稽查陸上行旅出入與行商之載貨等事項。

2.「署」指署理，「護」指護理，也就是「暫代」。清制，通常因本
官接受差遣或生病等事故，以及當事官調遣別地，替代官還未任命，須
臨時委託別的官員進行署理或護理的。[16]據此，知咸豐初年台協水師眾
官員調遣頻繁，暫代者眾多，譬如駐鹿港之水師遊擊前後就有陳光福、
潘高陞、祝延齡，且皆是暫代之護理，但不知這是否與咸豐初年眾多內
憂（如漳泉械鬥、李石、林恭、黃位之變等等）外患（如美國有意侵佔
或收買臺灣等等）有關？[17]

3.捐獻人等中又有「艋舺金門館眾目兵丁」及「安平左營戰目兵、
守目兵」等稱呼，是知咸豐五年（1855）已有艋舺金門館，坊間一般書
籍、雜文率稱艋舺金門館創建於咸豐七年，顯然大謬，亟應改正。按清
林焜熿《浯洲見聞錄》記：「康熙十九年間……於是設中、左、右三營。
每營戰守兵各五百名。二十三年，每營抽出戰守兵各五十名，撥歸澎
湖……二十七年裁去中營，所遣兵勻歸左右兩營，每營戰兵各六百
名……（乾隆）五十四年各裁戰守兵五十名，撥戍臺灣……（嘉慶）十
六年，各裁戰兵十一名、守兵十三名，撥戍臺灣之艋舺。兩營共存戰守

[15] 卓克華，《清代臺灣的商戰集團》（台北：台原出版社，民國八十八年），頁 119~120。
[16] 郭松義等，《清朝典制》（吉林：吉林文史出版社，一九三九年），頁 266。
[17] 《臺灣省通誌》，卷首下〈大事記〉，卷九三章二節〈兵制〉（南投：臺灣省文獻會，民國
五十七年），頁 87~88。

兵一千七百三十八名，內弓箭兵……烏槍兵……籐牌兵……大砲兵……舵工……字識……」。[18]據此知水師營內有戰兵守兵之分，下又細分爲弓箭兵、烏槍兵、籐牌兵、大砲兵、舵工（即水手）、字識（指文書、文案），前碑所述之「戰餉」、「守餉」，顯然即指戰兵與守兵之糧餉薪俸。

4.「安平協轄巡捕廳」一銜，亦充分說明了其時的水師也介入協助維持地方治安保防之工作，亦反映道咸年間鹿港地方治安之複雜。

5. 與前碑比較，此次修建之台協水師將領遍及左、中、右三營，且人數眾多。戍地有安平、鹿港、艋舺、滬尾等，少了澎湖。兵丁來地多了閩安，少了銅山，而且每起兵丁人數多於道光十四年，這不知該說清廷在咸豐年間更加重視臺灣的「守備」呢？還是爲因應臺灣一連串的內憂外患而加強「戰備」呢？

總之，根據以上捐輸諸官兵之職銜，及駐防地區，又再度佐證了金門館非單純的金門會館，且出現了「金門館眾目兵丁」，亦佐證了金門館實具班兵伙館的內涵與功能。

士紳階層捐輸者主要有：（1）欽加四品銜禮部副郎鄭用錫。（2）頭前蒙庄生員陳嘉章。（3）竹塹貢生鄭用鈺。（4）監生鄭用謨。（5）貢生洪清渠。（6）生員許洉觀。（7）生員陳丕祺，另又有新竹郊商羅德春等人。據此可知新竹之金門人與鹿港金門館（或金門人）平時往來之密切，其中固有同鄉之誼，更重要的是商貿生意之往來。且比前碑還出現許多有功名之士紳，似可反映道咸年間新竹、鹿港文風之盛、科名之隆。但可怪者，前碑中僅鄭用錫首列董事，此次修建捐獻，增加三員家族，這其中關係，不知是否能解讀推測爲：（1）新竹鄭家往來鹿港，常利用鹿港金門館作爲住宿、休憩、辦公、商談之場所，故熱心捐獻！（2）抑或金門館蘇府王爺曾顯靈庇佑過鄭家之原因？

其他尚有眾多民人與商舖，但較引人注目者，有標明地區的「郡城、鹿溪、草港、吳厝庄、澎湖厝、冲栖港、沙轆」等，這說明此次捐輸除鹿港街民外，尚有新竹、台南、台中、沙轆等地居民，而「冲栖港」之

---

[18] 李怡來，《增修金門縣志》，頁1225。

出現更反映鹿港港口之變遷滄桑。按，鹿港居臺灣南北之中，上與艋舺，下與府城，共扼臺灣北中南三個出入口脈，其地理位置正對峙福建泉州之蚶江，腹地囊括大肚、西螺二溪之間大小城鎮市場。故自乾隆四十九年（1784）正式開港以後，即成為臺灣中路要津，舟車輻輳，郊商雲集，貿遷發達，乾嘉年間盛極一時。鹿港在清領初期原為一天然良港，可泊巨艦。惟因屬一河港，砂汕遷徙靡定，且未加以疏濬築港，易受河川流砂影響，時為良港，時為砂壅，港道深淺變化無常。因此至康熙末年已為砂壅，港口淺狹。而雍正年間，雖因潮漲大船可至內線，但已不能抵港，外線水退則去口四十餘里，不知港道出入，不敢進出。乾隆中葉至嘉慶年間，則港門寬大，水復深廣，帆檣麕集。至嘉慶末道光初，鹿港口門又被沙淤，下有暗礁，港路淺狹迂曲，復無停泊之所，是以商船仍改由王功（亦作王宮）港出入。道光以後，王功港又淤，商船改由番仔挖（即三林港）出入，於是王功港成為鹿港之內口，而番仔挖成為外口。咸豐同治年間，濁水溪氾濫，支流流向鹿港港口，流沙淤塞，大船不能出入，遂在港西二里處，新設一港，名為「冲西港」，然水口沙淺，沙痕盤曲，港外沙積，實非良港，故巨舟難攏，商船漸少。光緒二十一年（1895），日人據台，復因濁水溪氾濫，水門日淺，港口乃移至冲西港，而鹿港之廈郊、糖郊於日據初期先後倒閉，與此有莫大之關係。明治三十一年（1898）又因大洪水，使得冲西港壅塞，乃在距鹿港街西北六公里處之洋子厝溪下游溪口，設一新港，名為福隆港。至日據末期，則沙洲貫連，低潮時為一片泥沙，小型船舶亦無法碇泊，遂成廢港，鹿港繁華從此走入記憶！[19]

　　捐輸人尚有「職員楊啓泰」，加上碑末落款之「總理職員楊啓泰／董事陳清福、陳深江、許成金、許進法」下有董事兩印，惜印文模糊不清，無法辨讀，卻可見其處事慎重，蓋印昭信之用意。亦知陳許兩姓對金門館的影響力。比對前碑，除了董事，多了總理及「值年爐主」（見後）二職，亦可見金門館之組織及管理，愈益完備。只是不知彼等是筶

---

[19] 卓克華，《清代臺灣的商戰集團》，頁207~208。

選？推選？還是指派而產生的？（按清代習俗，廟內真正掌權管理者為總理，董事平時不管事，僅負責推選總理，或在修建廟宇時才會積極介入。）

此次捐款合計「共捐收銀伍佰參拾肆大員」，比之前次「合共捐銀肆佰柒拾員」（劉光彩之捐款不算），多了六十四銀元，亦可見諸將弁兵丁及眾善信商舖熱忱，虔信不減，或可反映至咸豐五年（1855）鹿港之經濟仍未衰退，尚能維持盛況。

此碑最重要者為碑末之花費事項紀錄，對整個金門館之規劃營建可以深入清楚的了解，茲先迻錄如下：

一、買杉木磚瓦□□及油漆土木大小工□連邊旁□□□計共開用銀□佰貳拾肆大員（□為字跡不明者，一□代表一字，以下同）
一、館邊劉公光彩□□□□□□□□□□□經鳩資□□□起□□計共開用銀□佰貳拾大員
一、訂金公議重修起□瓦店出□（租？稅？）在新興街頭計共開用銀玖拾大員／計合共開□用銀伍佰參肆大員
一、輪訂新興街頭公店每月稅錢貳仟文每月抽出稅錢捌佰文貼□□餘者留在公用不許侵漁如違簡眾鳴官追究
一、訂館邊公店出稅每年收稅留為劉協台捌月二十二日華誕之費用不許派用開費
一、訂重起館邊旁室參間原以接用往來官員不許擅自私稅違者公議
一、訂地藏王廟口瓦店及灰窯□所每年稅銀貳拾肆大員七月十二日公付銀貳大員買銀紙應用餘者存四月十二日王爺聖誕應付值年爐主收用
以上連買公業數處合應開明□□□□□□遵行不許混用

透過以上碑文，可以讓人了解到：

1.咸豐五年（1855）之金門館公業大約有：（1）新興街頭有瓦蓋公店，按月收稅二千文，此公店之前已有，此次只是「重修」，用銀九十元。（2）金門館邊也有公店，按年收稅，此稅金收入專門用在慶祝劉光

彩華誕之用，不許他用。（3）地藏王廟口有瓦蓋公店及灰窯若干所，每年稅銀二十四元。此項收入專供祭祀費用。另，據此可以統計分析出咸豐初年時鹿港店舖之租金，姑且不管是否熱鬧地段，平均每月二元，正表示其時鹿港之繁華，店舖租金並不便宜。

2.祭祀部份可知者有：（1）四月十二日蘇府王爺聖誕。（2）參與普渡，每年七月十二日舉行增普。按鹿港之普渡每年從七月一日起至月底止。這一個月間，或在自家或在廟宇的神像前供祭品，而在供奉靈鬼的大廟中，則豬、羊、果品等堆積如山。於選定之日，擁有田園之地主，或命其佃人供奉米穀，於祭拜結束後，再分與佃人拿回家中。而七月十二日有街民之「增普」（全體居民共同參與普渡之意）和放水燈，甚為熱鬧。今鹿港尚流傳七月普渡歌，其中有「十二輪來龍山寺，寺內主普附近隨；寺口金門（按指金門館）當然是，場所廣闊難比擬」之語，正是其寫照。透過此碑文，知此習俗早在距今二百多年前之清代咸豐年間已流行，此碑文之珍貴可想而知。（3）八月二十二日劉協台華誕，據此知劉光彩此時仍活著，故用「華誕」一詞，並且由遊擊（從三品）升為副將（從二品）。而且此役在金門館邊鳩資新建一室或一祠（碑文不清）紀念劉光彩，館邊公店之租稅收入，還專門指定為紀念劉公華誕之用，不許他用，在在均凸顯金門人與鹿港人之飲水思源，有情有義，紀念劉光彩之功德。另，綜括上述，知此時金門館人事組織有董事、總理、爐主三職，董事負責決策或修建，稽查帳目，總理總管事務，爐主專門祭祀，彼此分工合作，經營管理。

3.坊間一般著作謂道光十四年重建之役，金門館增闢拜亭、左右廂房，此說不知何所據？但至少根據咸豐五年（1855）四月之碑文，知其前館邊有公店若干間，及三間旁室專供接待往來官員，並新建紀念劉光彩祠宇。因此可知道光十四年之修建之所以花費二千多元，除了修建金門館本身外，還包括旁邊之店舖及三間房室，另也含括購買新興街、地藏王廟口之店舖及灰窯等公業之費用。再據「金門館眾目兵丁五十名」：則可推論其時金門館內至少要提供五十人之住宿休息，其規模形制殆不算小。

4.此次工程之收支，花費項目除了支付建築材料費、油漆、土木工資外，並新建紀念劉光彩祠宇、重修新興街頭瓦店，及重起館邊三間旁室，計用銀五三四元，收支剛好相抵，與上次修建花費二千六百元，僅及其五分之一，實不能相比。而開銷項目中並無金門館建物自身修繕或新購公業等項，可知此次工程修建不是金門館本身，而是旁邊之祠室四間及新興街頭之公店。再，碑文立於咸豐五年（1855）四月，則此次工程之動工，不外乎始於咸豐四年年底或五年年初吧！

本段末了，個人想進一步申論金門館的建築形制與格局所反映出來的一些問題，一些建築學者專家誤會金門館為「金門會館」之偏差觀念，不明其歷史背景，遂以會館為核心觀念論述探討，致產生許多誤解。[20]昔年筆者前往澎湖做伙館及施公祠調查研究，曾撰文寫道：「撥戍台澎班兵以地緣關係各分氣類，他們抵達澎湖之後，以祀神為名，建立伙館，一則做為調差之時落腳暫棲之地，一則充為在澎駐防期間聯誼社交之所。為擴大伙館功能，維持長久，往往購買房屋店業，以其租賃收入作為祀神香資，及其他事務工作之開支。這些清代班兵伙館，除了主要館舍建築是『中祀神明，廊樓戍兵』外，又陸續增建許多附加建築，或提供兵丁眷屬居住，或出租與居民居住。這些建築以廟館為中心，往往四周擴展，形成各營兵丁以廟館為中心的『角頭』。（下略）」[21]以此例彼，透過金門館兩次修建的碑文的解讀與析論，吾人很顯然的可以發現，金門館的發展過程，完完全全與澎湖的班兵伙館一樣。明白了金門館的創建背景與歷史淵源，才會明白金門館的若干特色：

1.位在鹿港邊陲，自成生活圈域：鹿港眾多廟宇坐向多朝向昔年的河口位置，有官式建築坐北朝南之特徵，宣示象徵機能超過廟宇祭祀功能。金門館位於昔日板店街末段，龍山寺南側，屬清末鹿港街鎮邊陲，自昔為清代水師官兵活動及住宅區，為與民眾區隔，自成「金門館生活圈域」（或可逕稱清代海軍眷村或營區），此生活圈域以金門館為中心，

---

[20] 如賴明當，〈鹿港古蹟及史蹟調查研究──金門館與民宅之部〉，《臺灣文獻》，三十七卷一期，頁93~127。即是，讀者可自行去查閱，此處不一一列出。

[21] 卓克華，《澎湖施公祠及萬軍井之研究與修護計畫》，頁10。

形成街廓型的聚落，與四周生活圈域單元無血緣淵源的存在，有如個人上文所言：頗似今之所謂「眷村」，祭祀圈大致以周邊住戶爲主，約今龍山街、金門街、文朗街之間。[22]

　　2.祭祀與活動空間小，內閉性空間多：金門館之平面格局，基本上爲三開間兩進兩護室之「街屋型」廟宇，即前進爲三川殿，中庭左右配以兩廊，拜殿與正殿組成後進，整座建築由兩牆相夾而成縱深式廟宇，這是臺灣常見清中葉時中型的廟宇形式。但金門館獨特之處在於房室不設於次要位置，而是設在三川殿與正殿兩側各有房間一對，因此三川殿與正殿的祭祀空間相對縮小，整座廟宇內，拜亭成爲最開闊的空間。而且三川殿之中路，在於後三架楹下方，原設有屏門，平常僅由兩側通行。此種形式不見於一般臺灣舊廟宇格局，由於此一區隔，愈發顯現該空間之內閉性。蓋因金門館爲班兵伙館，除提供水師官兵祭祀外，主要是作爲班兵調差時落腳暫棲之地，或駐防期間聯誼社交之地，因此館內會有兵弁歇腳、臥躺等休憩住宿之行爲，爲免不雅形露，須有內外隔絕之空間，另一方面也不可能允許民人閒雜人等隨意進出，更須有一隔絕內外之內閉性空間。至於正殿兩側房間應該是供中階軍官休息住宿場所，三川殿兩側房間則應是供低階軍官使用，至於中庭兩側的廊廊設有屏門封閉，顯然是供一般兵丁休息打地舖用。

　　3.沒有樂樓、耳樓或戲台：論者質疑爲何金門館內部格局沒有一般會館所用以演戲觀戲之樂樓及耳樓，提供娛樂空間，而僅有住居空間，實非理想之同鄉會館。此乃論者不知金門館非一般會館，彼是班兵伙館，彼之所以稱「浯江館」或「金門館」乃是因爲崇奉的是金門蘇府王爺，捐宅創建的許樂三是金門人，住宿使用者主要是金門兵（而非以金門兵爲限）。除了上述個人考證、論斷諸點外，最重要的是，在本次建築物的調查測繪中，發現了正殿次間各房室之閣樓外側爲方桁之作法，經建築學者徐裕健、林正雄等人研判，爲配合夾層樓梯之施作而採用方桁，上方原來應有板材形成夾層，昔日應爲班兵住宿之通舖。而且三川

---

[22] 此參考賴明當前引文改寫修正成，以下同，茲不贅註。

殿及正殿之穿斗式作法，類似大戶民宅之門廳及正廳作法。另，金門館無一般廟宇常見的石鼓、石獅及石門枕之作法，或因是班兵伙館而無須講求廟制，此部分亦顯示其形制之特殊性，同理，亦是證明其爲班兵伙館之有力旁證。同樣從此建物角度之實證，正可作爲個人考證論斷之堅實證據。至此，既有文獻之諸多考證，又有實物之印證，當可斷定鹿港金門館前身爲清代之班兵伙館，而非一般誤傳之金門會館，應無疑義了。

　　咸豐五年（1855）之後，金門館在同治四年（1865）又有修建之舉。論者認爲此說沒有直接證物可爲確證，懷疑同治四年距咸豐五年（1855）之間僅隔十年，若非受人爲之破壞，實無須如此頻施土木之事，並推論可能受到同治元年（1862）戴潮春亂破壞之影響。

　　懷疑有理，推論錯誤。蓋戴潮春之亂並未攻下鹿港，清廷援軍反而是由鹿港登陸，並由鹿港進軍陸續收復彰化失地。而且咸豐五年（1855）之修建，前文已稽考清楚，只是修建館邊房室及街肆瓦店，無關金門館本身建物，因此嚴格地說，應該是從道光十四年（1834）至同治四年（1865）相距三十一年才再次修建，完全符合臺灣廟宇三十至四十年之重修週期。

　　復次，此次重修雖無直接證物如匾、聯、碑文等，但也非信口開河，大正年間調查之《寺廟台帳》登錄金門館的「創立緣起及改築再興事情」內容有：道光十四年四月現管理人（按指郭壽松）祖先創立小祠奉祀，後中國金門移民來者日多，信仰者愈多。同治四年郭祈盛發起募捐改築，爾來有部份之修繕，明治四十一年（光緒 34 年，1908）管理人郭文獻倡修，募集四百餘金，其中郭文獻出金最多，其他人爲金門移民，進行大修繕，直至今日。[23]是可知早在日據時期便已有此說法，但問題在於這種口述頗有可能是郭姓管理人自我吹噓其祖先之功勞，而且個人懷疑的第二個原因是因日據初明治三十年（光緒 23 年，1897）十二月底止，也有一次日人調查之寺廟紀錄：金門館建物佔地八十二坪，廟地三○七坪，附屬財產之「家屋」有 21.66 坪，「金穀」年收入二十四圓。

---

[23] 該《寺廟台帳》影本，承蒙彰化縣文化局諸同仁協助，或聯繫、或影印、或郵寄，隆情厚誼，敬表謝忱！

「建立年度」登記「建立不詳，同治十三年（1874）重修」。[24]可見清末日據初期，金門館建地變化不大，但廟地頗廣，遠超過今日所見，且附近應仍有附屬之小房間，大約十坪二間，或一間二十坪左右，頗有可能即咸豐五年（1855）碑文所記錄的「邊室」或「公店」。但這次調查紀錄中登記同治十三年重修與前項調查紀錄有矛盾，問題在於前述同治四年既曾修過，相距不過九年，同治十三年再次重修，實不合常情，而其間鹿港並未發生若何重大之兵燹或動亂而受波及，其中或有一誤，在沒有史料、傳說進一步考實下，爲穩當起見，宜說同治年間有過重修較好。

這次調查，另有一項值得吾人注意的地方，即是廟名登記爲「金門館」，也即是說在清末（光緒年）日據初期，該廟已不稱「浯江館」而名「金門館」，那麼是何時改名呢？如上述在道光年間仍稱「浯江館」，不過在鹿港流傳百年的普渡歌中有「寺口金門當然是」之句，而一般言民謠諺語內容變化不大，尤其是一些舊地名、舊建物、舊廟宇的名稱，鹿港中元普渡之習俗，如前所考證，可追溯到咸豐初年，則吾人有理由相信，在咸豐初年「浯江館」已有稱呼「金門館」之可能。

清末日據初期的金門館情況，在陳其南所譯的〈清末的鹿港〉一文中尙略略涉及，如鹿港十二座廟宇中有：「六、蘇大王廟：北頭、牛墟頭及金門館三處均有。四月十二日前後十數日之間爲開廟之日，是鹿港諸廟中最熱鬧者之一。爲漁民所崇信之廟宇，有各方寄贈之花火和演戲，其中又以北頭和牛墟頭者最盛。」[25]可見鹿港地區蘇王爺信仰之盛，反之，金門館祭祀圈仍限於附近街區居民，祭祀活動之熱鬧，遠不如北頭和牛墟頭。

金門館現存清代古文物，除上述道光十四年劉光彩親撰的「重建浯江館碑記」及兩方捐題副碑，與咸豐五年（1855）的捐題碑等外，另有據說是許樂三親署的「浯江館」匾額（上下款爲「嘉慶乙丑年春月吉旦

---

[24] 溫國良編譯，《臺灣總督府公文類纂宗教史料彙編》第一輯（南投：臺灣省文獻會，民國八十八年），頁329。

[25] 陳其南，〈清末的鹿港〉，《臺灣的傳統中國社會》（台北：允晨文化公司，民國八十二年），頁251。

／浯人許樂三敬立」，許氏前已考證在嘉慶十年已逝，則此匾若不是偽
造，即是生前早已題好之遺筆），與劉光彩親題的「過化存神」匾（上
下款是「道光歲次甲午年梅月穀旦／敕授武翼都尉台協水師左營鹿港遊
擊劉光彩敬立」），物雖不多，卻件件珍貴。

第三節　日據以來之遞嬗

　　清末日據初期，金門館之概況，已略如前引寺廟調查紀錄及〈清末
的鹿港〉一文所悉，此明治末年之情形也。日據以來，今中央圖書館分
館留存一些所謂的〈施政紀要〉、〈管內概況報告書〉、〈街庄要覽〉等志
乘，或缺鹿港一地；或有之，也幾無有金門館片字隻語；而且鹿港地區
播誦流傳之傳奇掌故，亦無有涉及金門館者，現所知所存只剩前述大正
年間調查的《寺廟台帳》之紀錄而已！

　　《寺廟台帳》之紀錄，除前已述及之「創立緣起及改築再興事情」，
尚有他項諸欄，茲簡化撮敘如下：

　　第一，信仰部份：主神蘇王爺（木像三體）、從祀將軍（紙像四體）、
配祀太子爺（木像）、南斗天神（木像）。信徒數約百五十人，祭祀圈是
鹿港支廳鹿港區鹿港街一部份（居民）。「靈顯、信仰及祭儀變遷」記：
創立當時以治病靈驗，信仰者多，較特殊者金門籍移住者，信仰深厚，
近移出者多，靈顯事蹟少，信徒日益減少，信仰亦下降，目下僅有附近
居民進香投筶等。

　　可知蘇府王爺以祈福治病靈蹟著稱，大正年間隨著附近街民遷出，
人口漸稀，信徒漸少，香火有漸趨下降之勢。祭祀之神明神像當時仍有
蘇府大王爺、二王爺、三王爺，並配祀諸府將軍、太子爺、南斗天神，
與今日金門館供奉諸神明已略有出入，最大的差異，今三王爺已移奉附
近之景靈宮。例祭日部份，今館內左側壁掛有紙匾，詳記諸神聖駕聖誕
千秋日，茲轉錄之，以供參考：蘇府大千歲／四月十二日、蘇府二千歲
／十月初十日、蘇府三千歲四月十二日、邱府二千歲／八月初二日、梁
府三千歲／十月初十日、秦府四千歲／三月十四日、蔡府五千歲／七月

十六日、六姓府千歲／三月十九日、呂山法主／十二月十五日。中壇元帥／四月初九日、天上聖母／三月廿三日、關聖帝君／六月廿四日、蚶江五府千歲／四月廿六日、三軍爺鎮符／四月十六日。兩相對比，顯然光復後金門館之祭祀供奉諸神明已與臺灣其他諸廟一樣日趨普島化（指臺灣島本地）、雜祀化，原本蘇府王爺之鄉土神、水神、戰神之信仰特色已渺乎難尋。

第二，經費管理部份：在管理組織方面，《寺廟台帳》記：數年前由附近信徒輪香來廟灑掃燒香，另設有董事及管理人兩職，管理人原為「郭壽松」，住在鹿港區鹿港街土名新興百五十五番地，後因死亡，畫線損掉，改成「陳康祺」，住在「鹿港街鹿港字新興四四五番地」則管理人前後可知者已有楊啟泰、郭文獻、郭春松、陳康祺、卓神保等人。在創修興建沿革部份，如前所敘：記載現管理人（指郭壽松）之祖先在道光十四年創建小祠，同治四年郭新盛發起改築，明治四十一年（1908）管理人郭文獻發起大修繕，是大約可知清末直至大正初年，金門館一直是由郭氏族人傳承管理，其後要不是郭氏家族遷徙離開鹿港，或是無後倒房，才會轉由陳康祺管理。

至於廟之經費收支，如同一般廟宇，收入主要是靠出租廟產之租息收益及信徒平日之香油錢喜捨，有修繕祭祀之大活動時，才由附近住民分擔釀金。

第三，建物大小部份：此時之建物坪數縮小，只有「七十七坪七合」，與前比較，少了近五坪；整個「境內地坪數」為「三百三十五坪六合」，幾無變化，可見明治四十一年之修繕改建，顯然規模形制有內縮變小之舉。惜此次改建未留下任何更多之文獻資料或紀事碑文，可以讓後人做更進一步的考證了解。

綜合上述，簡單地說，日據時期金門館內信奉之諸神明大體依舊，但香火日漸沒落，明治四十一年之修繕改建形制規模，縮小約五坪。

光復後，金門館信徒局限在龍山寺附近三十多戶人家，廟地不知何故，也縮減至 200.06 坪，因此香火不盛，勉強維持，廟貌也漸趨頹舊。民國六十一年（1972）曾有一度重修，情形不詳，時金門縣長郝成璞曾

贈匾「宏揚先緒」，前面落款題「民國壬子春月穀旦／鹿港金門館重修紀念」可資證明，而且頗有可能即從年底（六十年）動工，翌年壬子（六十一年）春季完成，金門縣長才會捐匾敬賀，此亦可想見其時金門館已和金門祖廟有所往來矣！民國六十四年（1975）管理人卓神保再度發起重修，陸續修復正殿、廟房、前殿等。民國七十二年（1983）七月臺灣省文獻委員會委託東海大學歷史系張勝彥教授進行調查研究，事後由賴明當主稿撰文〈鹿港古蹟調查研究—金門館與民宅之部〉，發表在《臺灣文獻》三十七卷一期，作爲重建整修之依據。民國八十三年（1994）由漢光建築師事務所規劃設計，慶仁營造廠進行修護工程，重修後的金門館，組成奠安香火隊，回到金門濱海的新頭社浯德宮尋祖祭拜，民國八十八年仲秋舉行安座大典。民國八十九年九月一日，彰化縣政府將鹿港金門館列爲縣定古蹟。

第四節　結語

　　行文至此，本文所佔篇幅已不少，宜做一收束終結，兼且歸納與強調。在此先將興修大事做一簡略年表（表 1-1），以清眉目。

　　表 1-1：鹿港金門館大事年表

時間	創修大事沿革
康熙四十三年 （1704）	鹿港金門館蘇府王爺之信仰與供奉大體可追溯至此年。更確切年代應該在乾隆五十二至五十三年（1787-1788）左右。
乾隆五十一年 （1786）	金門館之前身爲金門人許樂三之居宅，此時已存在建物。
嘉慶十年 （1805）	許樂三遺命其子捐宅改建整修，初名「浯江館」，道光年間仍稱浯江館，何時改名「金門館」不詳，至遲清末已稱呼「金門館」。
道光十四年 （1834）	時日既久，棟宇摧殘，垣墉傾圮。道光十一年，鹿港水師游擊溫兆鳳有意重修，未成。嗣後在續任之劉光彩主導下，從道光十二年二月至十四年四月重建完成，工程期二年有奇；另購置附近街肆之店舖與灰窯，作爲公業，耗費二千六百餘銀元，形制規模不詳。此役留下劉光彩「過化存神」匾及「重建浯江館碑記」三方。此年以嚴格定義言，爲今日金門館廟貌創建完工之始，不應視爲「重建」。

咸豐五年 （1855）	金門館本體並未修建，主要花費在修繕舊有之店舖與廟旁邊室，另新建紀念劉光彩祠堂，計花費五百餘銀元，留下一捐題碑。
同治年間	同治四年（1865）或同治十三年（1874）有一次之修建，年代不出二者，但無法確定是哪一年代，修建情形不詳。
明治四十一年 （1908）	進行大修繕，建物內縮，比前小五坪，花費約四百日元，香火漸趨沒落。
民國六十一年 （1972）	進行重修，情形不詳，可能在六十年底即已動工。
民國六十四年 （1975）	由管理人卓神保發起重建，陸續修復正殿、廟房、前殿等。
民國七十二年 （1983）	是年七月東海大學張勝彥教授受託進行調查研究，測繪原館尺寸圖樣，做為未來重建整修之依據。
民國八十三年 （1994）	由漢光建築師事務所規劃設計，六月由慶仁營造廠得標進行修護工程，因變更工程而延期完工。八十八年金門館組成香火隊，前往金門新頭社浯德宮尋祖進香，仲秋舉行安座大典。
民國八十九年 （2000）	是年九月一日，彰化縣政府將金門館列為縣定古蹟。

資料來源：卓克華整理製表。

　　接著，要強調的一點是，鹿港金門館不是一般的廟宇，也不僅僅是金門會館，更確切真實地說：它是清代流傳下來的「班兵伙館」。但是如此說，是否會減低它的古蹟價值與特色？不會，反而更增加它的價值與特色。因為台澎地區目前所知曉的清代班兵伙館有安平五館（金門、閩安、提標、海山、烽火五館）、澎湖五館（海壇、提標、銅山、南澳、烽火五館）及艋舺金門館，經過本文的考證，可確切的說多了一座：鹿港金門館。而且其他諸館不是消失或大半殘損，即是遷建，也就是說台澎地區目前僅存一座未遷建仍在原址，形制規模完整，建貌完整未殘缺者——碩果僅存的只有鹿港金門館，此其一。

　　其次，金門館位於板店街末段，即龍山寺左邊巷道南側，也即是位於清代水師營區及理番官兵住宅區，其周邊住戶與外部環境在今鹿港街區仍保存自成一區的生活圈域，也就是說，今龍山街、金門街、文朗街之間，形成街廓型的聚落，與四周生活圈域單元並無極深的血緣淵源關係，仍大體保留清代水師營區的風貌，吾人不妨也可以說是仍保留清代

海軍眷村的風貌。

其三，金門館之創建修繕，歷來率由清代之水師將弁兵丁、郊商、浯籍居民與仕紳等等相助，廟宇身分介乎官廟與私廟之間，可說是半官方的民廟。日據以來，「伙館」功能消失，但因金門館附近為長年水師官兵的居住區，因地緣及業緣關係，結合了兵丁、眷屬、金門人居住在同一角頭內，而金門館所奉祀之蘇府王爺，遂由在地水師官兵及浯籍後裔所共同奉祀，漸由軍建廟宇轉成角頭廟性質。雖然日後隨著金門水師的撤離，浯籍居民之遷散，與別籍人群的移入，目前此區域居民以陳、林二姓為多，金門館之支持者仍居住於同一角頭內，祭祀圈大致以周邊住戶為主（雖然此地居民已非全為浯人後裔），而且昔日的廟埕為水師之活動場域，今日則為金門里生活圈域的活動中心，可以確定為角頭廟的性質。這種廟宇的祭祀圈不變、場域不變，性質卻有所改變了，這在臺灣可以說是極少見的一個案例。

其四，廟內留存的四方古石碑，不僅是清代臺灣班兵制度的重要見證與重要文獻史料。而咸豐五年（1855）的捐題碑，更可印證鹿港中元普渡習俗，至少已流傳二百年以上，這也是研究風俗史的重要文獻史料。光此四點價值與特色，將鹿港金門館僅列為縣定古蹟，已有委屈之嫌，而近年的修繕，在彩繪部份有潘岳雄之門神彩繪、陳壽彝之壁堵彩繪、陳穎派之垛頭彩繪，此三人皆為中南部有名之匠師，為近代名家，此次彩繪，誠高手盡出，名家比藝，三人之彩繪拚比，可謂各擅勝場。假以時日，若干年後，三人之彩繪作品也進入歷史，不僅成了金門館古蹟要素之一，也融入積澱成為歷史文化，更成為臺灣民間藝術史之代表作，寄語廟方執事務必妥善保存保護，是所企盼馨禱！

最後再針對金門館創建歷史做一綜述：金門館之創建可分成三個面向來談：（1）信仰部分：金門館之蘇府王爺信仰固然可追溯至康熙四十三年（1704），但其信仰大盛，普為水師諸軍所信，應在平林爽文之亂以後，尤其是在乾隆五十三年（1788）分調安平水師左營遊擊移駐鹿港，帶來眾多金門營水師兵丁之後。（2）廟名部分：金門館前身為許樂三之宅第，因許為金門人，所奉祀之蘇府王爺神像又是自金門後浦東門內校

場之觀德堂分香而來，故初名「浯江館」，直到道光年間仍沿舊名，但到咸豐年間已有可能改稱「金門館」，至清末光緒年間在官方文書上已確切登錄爲「金門館」之名。(3) 建物部分：金門館之前身爲許樂三之宅第所捐獻改修而成，因此其歷史不妨可從乾隆五十一年（1786）談起，不必拘泥嘉慶十年（1805）之說。而且此宅第頗有可能是當年平林爽文之亂時，福康安曾駐紮調度指揮大軍之辦公場所，深富民間傳說與奇聞軼事之掌故。但今廟宇建築則只能追溯到道光十四年（1834），此年實爲今廟貌的創建始年，其後歷經修建，演變成今貌。

行郊、寺廟與古蹟史研究回顧

第一節　初試啼聲

　　一九七四年夏，余考上文化學院史學系，開啓個人讀史治史之生涯。翌年升大二，在一意外因緣下，糊里糊塗膺任學校社團「臺灣文化研究社」社長，當時利用寒暑假參加救國團舉辦之「臺灣史蹟源流研究會」，於臺灣歷史有了粗淺的認識。一九七六年參加史蹟年會之論文比賽，名列榜外，文屬「遺珠」，但竟刊登在《台北文獻》直字三十八期，題目爲〈臺灣寺廟對地方的貢獻〉，此文容許個人厚顏的說：應該是個人的第一篇「學術論文」吧，時我爲大二學生，二十足歲。此篇小文卅年來，觀點論述並未過時，居然常被年輕學子引述採用。就在此時個人已體認臺灣史的重心在「民間社會」，欲研究臺灣史，可從「寺廟」、「地名」、「墓園」著手入門，此一認知，至今仍深信不已。在負責「台研社」時，時常邀請林衡道教授帶隊至各地參觀古蹟，一九七七年寫下〈艋舺清代史蹟的研究〉，刊登在《華岡博物館館刊》四期，此爲個人對臺灣古蹟研究的第一篇論文，時年二十一歲，大三學生。大學畢業後，在外任職，於工作環境不甚滿意，兼欲求個人生涯再上一層樓，一九八一年再度考上母校文化學院史學研究所碩士班。兩年後畢業取得碩士學位，論文題目爲《清代臺灣行郊之研究》，指導教授是程光裕老師，順利畢業後，略加增補，逐章發表在學報期刊，後來臺原出版社的劉還月先生在一九八九年主動找上門，願意予以正式出版，並建議改名爲《清代臺灣的商戰集團》，這是我的第一本學術專書。有人願意出版，當然欣然首肯，並舉行新書發表會，不料出版以來，普受歡迎，出書不久，迅即被《中國時報》的「開卷版」列爲一週十大好書，並由中央研究院民族所瞿海源教授寫了一篇書評介紹，評語讚譽有加。我與瞿先生素不相識，至今也未正式見過面，當時他在我心中是一位「大學者」，承蒙他如此的肯定，這對一位剛出道的學子而言，是一大鼓勵，至今感念不已。

不久甚至《天下雜誌》也熱情推薦，列入冶臺灣史必讀的一百本書之林。嗣後，學界佳評如潮，凡冶臺灣行郊史者必定參考拙著，引用者比比皆是，抄襲而不註明者也不在少數。不但某些教臺灣史者採用為教科書，也被某些學校商學院教師指定為學生參考用書，至於中國（拙著在瀏覽百度網路某項信息，被推薦列入研究清史必讀一百本學術著作之一）、日本（如松浦章教授）、荷蘭（如包樂史教授）等國學者的肯定，及中央研究院劉廣京院士透過劉石吉教授特意向我索閱，更是令我汗顏，愧不敢當了。這些都出乎我意料之外，點滴在心頭，內心只有感謝再感謝。

　　此書出版，前後三刷，閱三十寒暑，臺原出版社因經營方向，不願四刷繼續出版，市面缺書已久，已被某些購書網站列入絕版書。適值業師廈門大學陳支平教授推薦，安徽的黃山書社願意以簡體字出版，列入中國經濟史研究叢書。而臺灣揚智出版社也願意接手重排發行，海峽兩岸出版社皆有意願同時再版發行，因緣殊勝，這對我個人而言，也是一項殊榮。重新排版發行，自不能以舊面目見人，除了一些必要的修訂校對外，另外正文增加兩章，附錄增加兩篇，增補十多萬字，全書近三十萬字，於二○○六年發行簡體字版，並恢復原名《清代臺灣行郊研究》。臺灣方面，出版社也向國立編譯館申請獎助出版，二○○七年發行了繁體字版。在向國立編譯館申請獎助出版時，需經二位匿名教授審查，並提供修改意見，其意見大體如下：

> 有關清代臺灣的行郊問題，以往僅有少數學者，例如方豪教授作過專題研究，全面整合而有系統的著作付之闕如，本書之作則彌補了此一缺憾。
>
> 本書稿對清代臺灣的行郊做了非常詳盡的研究。書稿中首先針對清代臺灣行郊做總體性探討，包括行郊之歷史發展與重要性、行郊組織結構與功能、其貿易營運與式微的原因等；其次書稿中也針對地方性的行郊做個案研究……，作者在有限的歷史資料中，對行郊做很豐富的鋪陳與分析，誠屬不易，而且全文文筆流暢，論述條理清晰，故極力推薦，通過審查。
>
> 作者蒐集資料豐富，除方志、調查報告外，利用碑碣文獻及前賢

回憶錄，以社會學、人類學、經濟學等社會科學觀念詮釋資料，輯成史篇，詳實記述行郊演進之史事，增益瞭解臺灣與大陸兩岸貿易情狀……凡此處處可見作者著力之深，用功之勤，全書不僅吸收了近現代眾多學者研究成果，而在原始文獻方面，亦能廣蒐博採，巨細靡遺。

第二節　投入古蹟史研究

碩士畢業後，此後數年，大體均圍繞「行郊」此一課題研究，發表數篇論文。一九八九年某一天夜晚，吳奕德兄（當時雙方並不認識）打電話至我家，邀請我與漢光建築事務所之漢寶德教授合作，共同研究撰寫澎湖台廈郊會館水仙宮古蹟歷史，由於此課題與個人比年研究有關，欣然應命。爾後，實際到澎湖調查訪問，該研究報告經審查修訂後，於一九九一年二月出版。此一研究案對個人此後學術生涯與臺灣古蹟史研究產生重大影響：（1）從此個人臺灣史研究領域轉向古蹟史；（2）行郊史的研究一時「空窗」，直到近二十年後才有林玉茹繼起，後出轉精，而且成就更大；（3）由於「古蹟史」是一個嶄新的學科領域，前無因襲，史無前例，一切都處於摸索開新，且因個人這二十多年來長期地、持續地的從事古蹟史研究，竟然在無形中成為一個模型典範，後起者，有意無意以我為靶標，為依歸，其中一些論點與研究方法，也常受到後進同道和學者學子的挑戰與回應，或承襲，或批判，或比較，不一而足，思之，令我汗顏惶恐；（4）此次研究案在田調訪談中，搜得許多重要資料，這次經驗讓我深刻體驗到治臺灣史田調工作的重要及必要性，這批資料直到五年後，一九九六年寫成〈澎湖台廈郊補闕〉，刊登在澎湖《咾咕石》二期。

說實在，當年首次撰寫澎湖水仙宮古蹟報告書時，對古蹟一詞觀念內涵猶懵懵懂懂，而且已不自覺的捲入一場聲勢浩大、影響深遠的台灣古蹟保存運動。臺灣的古蹟保存運動或可從一九七六年台北市林安泰古厝的存留問題檯面化追溯起，到一九七八年維修「彰化孔廟」開始，以

至於一九八二年的〈文化資產保存法〉（以下簡稱文資法）制訂實施，近三十年來台灣累積了古蹟歷史的調查研究、古蹟維修技術經驗，保存科學的實驗運用，近數百件個案，可惜未有人作一總整理。這其中從古蹟的開始發掘、提報，到古蹟的勘查、審議，到列入古蹟。再接著做調查研究及計畫修復該古蹟，修護施工到修復後的管理以及觀光經營或再利用，與其他相關工作，不僅牽扯含括眾多學科的專家學者，一環接一環，涉及一連貫的配套計畫。個人二十多年也一直持續的參與著，至今仍不悔不遲疑的走著。因為每一次的調查，每一次的研究，都有一種發現、學習、吸取的驚喜，那種「看得到、摸得到、走得到、吃得到、玩得到」的田調感受，是很難跟外人形容的，尤其不是躲在冷氣書房翻閱研讀歷史文獻所能比擬的，因此，二十多年來無怨無悔的走了下去，也真的走出自己的一條路。

第三節　古蹟史研究的回顧

如上所述，一九八九年我因意外因緣，應漢光建築師事務所之邀，合作研究撰寫，澎湖臺廈郊的會館──「水仙宮」古蹟，從此踏入了一個傳統史學中可稱為前無古人的新領域──「古蹟史」的研究。三十年來個人與建築學者合作撰述研究，發表近八十餘本調查報告書，其成果見附錄（一）。

這些著作集中在古蹟的調查與研究，其中的題材又含括了「燈塔」、「水井」、「書院」、「柵門」、「衙門」、「砲台」、「聖蹟亭」、「碑區」、「宅第」、「門樓」、「貞節牌坊」、「墳墓」、「古道」、「寶塔」、「水源地」、「公共浴場」、「街屋」、「火車站」、「學校」、「官邸」、「別墅」、「郵局」、「白色恐怖園區」、「會館」、「古厝」等等，其中以「寺廟」佔最多數，粗略估計高達近四十座廟宇。

尤其其中〈淡蘭古道與金字碑之研究〉是我升等副教授之主論文；〈石頭營聖蹟亭與南部古道之歷史研究〉是當年諸多古道論文中「較具學術規範的論文」（見中央研究院臺史所林玉茹研究員之評文）。《從古

蹟發現歷史──卷の一家族與人物》為我升等正教授之專書。某位匿名
審查學者評道：

> 本論文集選收了作者近年所寫的古蹟史論文十一篇，這十一篇都
> 涉及家族史與人物傳記，都先後在各種古蹟調查報告書，或學報
> 期刊中發表過，作者彙集成冊，作了一些必要的修改和增補。固
> 然了解到古蹟本體的淵源沿革，更重要地是傳主生平的奮鬥、家
> 族的發展延續、與地域社會的互動歷史，清楚的呈現出來，厚實
> 的奠定臺灣史的研究領域。

諸篇論文至少有有三項貢獻與特色；

（一）全台首次的研究與探討：11 篇論文主題，除板橋林家，其
他家族與人物都是全台學者眾多的論文專書中，第一次被研究與探討。
即使是板橋林家乙篇，有關林家何以三次遷徙的問題意識也是第一次被
提出研究，充分反映了當時社會經濟的重要史實變動。

（二）第一手史料的發掘與研究：論文集中的每篇研究，都運用到
大量的墓誌銘、行狀、神主牌位內涵、族譜等等一手史料，這些都是外
人平常不易獲得的。

（三）解決諸多關鍵性問題：例如士林潘家乙篇，不僅探討潘家對
士林開發的貢獻，也了解到潘家與當時官宦、士紳、望族、文人互動的
人際關係，更進一步解決昔年北台在咸豐年間漳泉械鬥平息的一項重大
關鍵原因。莊正乙篇，依據四方石刻史料研究，確定板橋林家並未嫁妹
與莊正，也知道林家對泉州的公益事業的善舉。以下諸篇皆是如此，或
多或少，解決問題，提出新論或新證。

另外有關金門諸論文輯成專書《古蹟、歷史、金門人》，承蒙福建
師範大學陳慶元教授謬許：

> 卓克華先生祖籍福州、文化大學碩士、廈門大學博士、佛光大學
> 教授，就個人背景而言，似乎與金門沒有更多的瓜葛，但是他研
> 究金門了，而且研究得很成功，成一家之言，新見迭出，這也是
> 我個人特別欣賞，特別欽佩的一個原因。

　　卓教授的論文的確是「小題」，但是，他卻能以「小題」寫出好文章，能解決前人沒能解決，或解決得不夠好、不夠深入的問題。不久前，卓教授從臺灣來福建，我們終於有機會見面，他認為，在臺灣研究史學，僅僅侷限於臺灣是不夠的，還要關注金門，進而關注福建，關注東南沿海，以至於整個大陸。卓教授的話，給我的啟示是：卓教授研究歷史，比不少研究文學的人要嚴謹，視野也開闊。

　　至於較通俗性的書籍有《臺灣舊慣生活與飲食文化》與《台北古蹟探源》、《北部臺灣的歷史與文化》（合著），另有一本《清代臺灣手工藝史略》已打好字，尚待擇機出版。

　　臺灣古蹟中以寺廟占最多數，因此自然我的寺廟論文也最多，這些寺廟論文，近十年先後彙集出版了《從寺廟發現歷史》、《寺廟與臺灣開發史》、《竹塹媽祖與寺廟》，去年（2012）年底又將歷年有關各地媽祖廟之研究論文合集成一冊，書名《民間文書與媽祖廟之研究》。其中《從寺廟發現歷史》又是我讀廈門大學的博士論文，是業師陳支平教授指導的，在博士論文答辯過程中，蒙七位口試委員一致肯定，最後由支平恩師總結一句「趕快出版」。果然不久，本書交由臺灣揚智出版社發行，並且向國科會申請補助出版。此書據說是當年眾多申請補助出版著作中，唯一獲得「全額」補助者（據出版社告知我）。而美籍學者康豹博士（PAUL R. KATZ）更在《Journal of Chinese Religions》31（2003 年）專文推薦，學界佳評如潮，此書居然不過半年售罄，翌年再版，說實在我內心真有「無忝母校」、「無愧師門」之得意。

　　這些研究普為學界、業界、建築界所肯定，鼓舞了我這「中過風」（我於二〇〇〇年首度中風，二〇〇八年二度小中風）殘餘人的信心與堅持，有著繼續走下去的動力，這裡我摘錄名史家尹章義教授對我古蹟史研究的若干評語為代表：

　　　　古蹟史研究難度最高，已刊文獻絕少，已刊文獻堪用者更少，一難；研究古蹟必備建築學、人文地理、宗教學等跨學科知識，二難；必須實地研究，三難；故學者能從事古蹟史研究者絕少，不

自量力之輩，灰頭土臉事小，一事無成，無法交稿而誤事者事大。作者為臺灣古蹟史翹楚，已刊文獻資料網羅一尺，論文皆以實地調查所得，與人、時、空間、事物、條件、流變與事件相關之歷史本體（實物），或反映本體之初始訊息（第一手中的第一手資料），撰寫成論文、集合成書，世罕其匹，不研究古蹟史者，不知其難，亦不知作者成就之大。

除了多數肯定外，當然也會有一些批評，這些批評多半因不明白古蹟研究案的生態與流程，在此，我簡單歸納回答如下：

（一）古蹟史定位的問題：由於古蹟的研究、修復與再利用，也不過是近三十年的事，可說是還在起步的雛形階段，起步晚、歷史淺，尚有待各學科同道的齊心努力，共同建構成一門「古蹟學」的學門，因此現階段的研究，偏重在「應用研究」，較少「理論研究」，這也是我個人在公開演講時，一再以四句話來形容古蹟史研究的特質與原則：「引經據典，立足田野，析論意涵，突出實用」的道理，也即是古蹟史研究引用理論、建構理論較少，成為現階段的問題與狀況。

（二）重複性的問題：某些批評者認為每篇開頭緒說頗有重複的現象，我也知道，這是無可奈何的困擾，因為每一地方總有許多寺廟列為古蹟，因此在撰寫研究報告時，總不免要敘述或探討該地方的開拓史實作為背景，成為認知該寺廟的時空框架，才能切入探討寺廟創建的原因，因此難免同一地區的寺廟古蹟的開拓史實背景自會重複，甚至完全相同的現象。同理，研究供奉同一主神的寺廟，在探討該神明的由來與信仰變遷，也會產生同一神明敘述重複的相同問題。簡單地說凡是碰到同一地區同一神明的寺廟古蹟研究時，必定有同地同神重複的問題，這是避不開的，我已盡可能予以詳略輕重的區隔處理，但多少還是免不了重複的困擾，知我、罪我，我也無可奈何了。

（三）非預期性與問題意識的問題：現今古蹟的調查研究修復案幾乎全部都是由建築界業者、學者去標案，得標後，才將「歷史研究」部分委託給我個人負責研究撰寫。因此對我而言，我是被動的（我常私下與好友開玩笑是「被應召的」），不是主動的，所以不知何時何人會交什

麼案子給我研究，因此這些古蹟史研究，對我而言，挑戰性極高，在沒有任何準備下去研究去調查，而且還有時間限制（多半不超過半年，有的甚至不到一個月）。因此無法像一般撰寫學術論文者一樣，在前言先拋出問題意識來，如何找資料，用何種理論，預期如何解決。這對古蹟史研究是不可能的，因為你不知道會碰到甚麼樣的案子，這案子有什麼樣的問題，只有順著時間長河的脈流，且戰且走，逢山開路，遇河搭橋，所以史學界同道長期從事古蹟史研究者絕少的根本原因——難度太高，挑戰性太強，因為以不知道會碰到什麼問題，能不能解決，有時也不知從何處找尋資料解決。更要面對期初、期中、期末三次的嚴謹審查，審查者出身學科背景又不同，有歷史學者、人類學者、地理學者、宗教學者、建築學者、考古學者、戲曲學者，每人標準不一，意見紛歧，常無法形成共識。

其中甘苦辛酸，名建築學者楊仁江教授對我曾有一段平實的敘述：

> 克華投身古蹟歷史的研究為時甚早，而且以風格一致，立論突出見稱。古蹟歷史的研究與一般的史學研究有很大的差別，後者有既定的方向和明確的目標，及問題意識，前者卻依受託標的的不同，必須時刻面對未知的挑戰。一般而言，每一個古蹟研究案的研究期限多半不超過一年，期間歷史研究還必須提早於建築的調查測繪開始之前，至少也要與現況調查相輔並進，一方面建立廣泛而正確的史觀與史實，一方面必須將結論與現況互相驗證。研究期程的壓力，與各古蹟史料的闕如，所以這一課題的研究有很大的難度，常使歷史研究者望而卻步。作為歷史學者，克華卻能從蛛絲馬跡中，抽絲剝繭，進而鐵口直斷，作為建築研究者的後盾，著實不是一件容易的事。
>
> 這些著作，對克華而言雖然只是牛刀小試，卻也是他長年浸淫在古蹟環境中的實錄。
>
> 因為，要使十二個類別相同的古蹟彙集成書，必然已累積了數十個不同類別的古蹟歷史研究經驗與成果，同時也要有能承接這麼多委託案，而且敢「放膽」給他一個人做研究的業主，更重要的當然還是克華他那隨時迎刃而解的能力與鍥而不捨的毅力。

　　好友徐裕健教授曾如此形容我二十年來的與建築學者合作研究臺灣古蹟史的辛苦:「人家馬英九總統是一路走來,始終如一;你老卓是一路『爬』過來,始終如一」。又肯定我的研究成果:

> 卓克華教授多年沉浸在臺灣史的鑽研,因緣際會地與古蹟修護建築的同道,多相往還。承其相助,對我們維修的古蹟歷史,以其生動刻劃的筆力,把殘舊的寺廟,聯結上刻板抽象的史料,霎時之間,古廟頓時成為充滿意義的所在,原本看似無關的碑文、方志、考古文獻史料,在其生花妙筆的編纂演繹之下,逐漸凝結成歷歷在目的歷史景象,經由古廟陳跡,沛然充斥在歷史空間之中,斯時斯刻,寺廟猶如承載歷史的鏡台,映射出光彩絢麗的歷史雲彩。
>
> 克華兄的歷史鑽研功夫,向來別樹一幟、不落窠臼。特點之一,對既有研究文獻以及相傳多年的定論,充滿好奇和懷疑。「探其究竟,研其根源」是對歷史用心的基調,但因一再提出新的見解和歷史的可能性,往往在抽絲剝繭中,推翻了舊說公案,發現新歷史的驚奇。例如鹿港金門館的用途,一般被視為金門同鄉來台的接待會館,克華兄在研究捐輸碑文後,發現更深一層的意義,金門館更是臺灣僅存的金門「水師伙館」,在史料鋪陳下,原本平淡無奇的「重建浯江館碑記」,呈現出清代當時的班兵制度、餉恤薪俸甚至職官升遷等等歷史佐證及趣聞,對金門館的歷史研究,拓耕一片足堪來者深入玩味的研究園地。又如新竹長和宮的研究,克華兄以其長年在「行郊史」的歷史洞見,將新竹早年墾拓的民間勢力「塹郊組織」聯結上清代新竹地區的隘墾史事「金廣福拓墾」以及慈善救濟的育嬰堂、地方自衛綏靖的平亂,突顯了行郊勢力與拓墾組織的關係……以「長和宮」蕞爾寺廟的歷史空間,詮釋出大範圍地方歷史社會力的中介,凡此種種皆為其多年,浸淫臺灣史功力的展現歷史史料陳述,如果過於關注史學範域,則不免艱澀抑且狹隘,本書的史事敘述,關心的不僅於史事的真實性,更旁及當時社會生活的描寫以及社會關係的分析。景美集應廟的史論,娓娓道出安溪人高氏一族在文山區的拓墾以及其地緣宗族展現的地方勢力;梧棲真武宮更見證了日治時期寺廟

活動「鸞堂」降筆會介入戒菸運動的史實。歷史與社會的勾聯，相當程度的拓展了史學研究方法論在社會向度的範疇，更進一步關照到常民生活的社會現象。……克華兄以其深沉的史學素養，兼以文采瀟灑的敘事筆力，豐富了我們對寺廟古蹟的參訪之路，更重要的是，將散佚不明的社會文化意義聯結上生硬的史跡建築，從本書中我們可以更進一步邁入古蹟的生命之旅。

第四節　臺灣寺廟史研究之價值與意涵

臺灣古蹟中以「寺廟」所占份量最多，也最為珍貴，但往往被有意無意的忽視。學者康豹已有「研究臺灣史的學者往往低估寺廟的重要性；即便提到寺廟，只強調他們的歷史能夠『反映』或『表徵』一個地方社會的發展」之感嘆！個人也曾在一九九五年五月十二至十三日淡江大學歷史學系主辦的「臺灣史國際學術研討會」中，發表論文，指出：「清代臺灣土地開發、移墾社會與族群關係，及近年日據時期社會、經濟建設，治台政策等等，一向是臺灣史研究的熱門話題，從日據時期日本學者，直到光復初期之學者專家，以迄近十數年，包括大陸、日本、美國與臺灣的眾多學者，紛紛研究，提出各家說法，百花齊放，百家齊鳴，燦然可觀，彼等耗盡心血，搜集整理相關史料，舉凡如土地租佃、典賣契約文書、分產鬮書，旁及官衙之檔案文書，莫不痛下功夫，反倒對於存在周遭，觸目可見，數量龐大的古蹟——寺廟，較不受青睞，不被重視。」

在臺灣綿延近四百年的開拓過程中，一批批冒險渡海而來的移民中，十之八九來自閩粵，蓋閩粵兩省瀕海，山多地瘠，開墾不易，居民迫於生活所需，以臨海之便，遂向海外發展，於是紛紛離鄉背井，渡海來台，在臺灣建立起「原鄉模式」的新天地。也就是說在這天地中，帶有移民社會的烙印，同時也保留母體文化的型態。移民們各自帶來了他們家鄉的生活習尚、宗教信仰，形成臺灣各地多采多姿，各見特色的地方色彩。其中最足以代表地方色彩的便是寺廟，這些寺廟不僅消極的是

移民精神的慰藉與寄託，更轉而爲移民斬荊棘、闢草萊、團結互助的所在。舉凡治安、產業、交通、教育、聯誼、娛樂……等等，莫不透過寺廟以推行，一部臺灣史可以說即濃縮在寺廟史中。也即是說人口移動也帶來了文化移動，我們必須將寺廟作爲移民社會中的一種文化現象來進行考察探討，才能明白臺灣開拓史真實艱辛的過程。

人類學家一向喜歡將漢人移墾臺灣過程分爲四步驟：渡海、開拓、定居與發展來說明移民開拓模式，進而析論如何運用寺廟，推進地方發展，以說明臺灣寺廟與地方互動演進之間關係的「文化權力網絡」（culture nexus of power），何況寺廟也是地方的一個「公共領域」（public sphere），地方的頭人、望族、仕紳、名流等領導階層又紛紛介入寺廟各種活動與組織的管理使用以拓展其財富、勢力，這些固然是鄉紳效力桑梓之回饋，同時更是鄉紳支配地方社會的主要管道或領域之一。

總之，臺灣寺廟不單是宗教信仰中心，它同時體現了臺灣社會諸多面貌，以及背後的深沈價值。寺廟與地方開發關係密切，先是基於宗教需要，建立寺廟以爲信仰中心，一方面祈求神明的庇佑，保護全家闔境平安，農作豐收，再一方面作爲克服種種外來困難的信仰所在，寺廟成了移民渡海拓荒初期精神上的寄託依賴。等開拓事業進展，社會日趨繁榮，寺廟又成爲地方政治、產業、交通的樞紐，透過寺廟推行運作各種公益事業，使地方的開墾工作及地域社會的運作得以順利進行，其影響可謂至大且鉅。衍變至此，地域社會的發展，已受到寺廟活動之影響，換句話說，寺廟不再屬於個人性的，族群性的，或僅僅宗教性的，它已具備多元的社會公共意義的性質，以及延伸出寺廟與周邊聚落空間互動的人文型態。

另外，臺灣大多數寺廟每隔若干年代，便會有擴建、增建，甚至整個重建之舉。建築是人類生活文化的具體表徵，寺廟建築也可反映民間信仰、生活方式、社會結構、禮制倫理、建築技術、經濟力量、分類衝突、文化水平等等層面。也即是說臺灣民間信仰，從早期的「草寮」、「公厝」發展成「祠堂」，以至正式、華麗、規模的「寺廟」，整個的社會型態與經濟條件已起了很大的變化。寺廟不僅是敬神拜佛的信仰中心，並

且蘊涵漢人社會文化的社會群的認同象徵結構，及社會文化變遷中所涉及的人文內涵，每每可以從寺廟的崇奉主神與建構的不同形制得知。寺廟從最初因陋就簡，或掛香火於樹梢、或供奉在田寮、公厝、住屋，以後醵資粗造小祠，乃至後來集資創建大廟，這些興建，多半由地域社會中核心勢力發起、贊助，而寺廟每次興建也會成為在地精英份子、領導階層或團體組織支配運作的一個角力場域。

　　也就是說，寺廟每次興建、修繕、更替，一則反應寺廟自身的歷史沿革與發展軌跡；二則反映主其事者，透過內部運作，按其期待角色來表現，因此寺廟的每次修建，不僅僅只是寺廟機能的擴充，或是外觀樣式的改變（或兼而有之），不少也是地方派系競爭運作下的改變；三則更反映了當時社會、經濟、政治、文化、社群等的變遷興衰。因此，寺廟的歷年歷次興建修繕，必須放在整個地域社會變遷，甚且整個臺灣政治發展中去考察去思索，才能瞭解真相，才能掌握其關鍵，解讀其真正意涵。另一方面寺廟為配合當時社會環境之變遷發展，除了調整運轉其功能、組織、活動外，也必須不斷修建擴充，否則即會因其神能不彰或建物狹隘老舊，導致香火沒落，等而下之，整個寺廟或因此荒廢冷落，無人理睬，終至傾頹沒落，慘遭淘汰。

　　寺廟建築既然是臺灣四百年來社會變遷的寫照，再由寺廟建築形制方面來看，臺灣寺廟之建造自有其必然的背景與對應關係，即寺廟興衰歷程正是地域社會變動過程，彼此相互對應，如前述移民社會成型後，農業發達，農業神明登場，各村庄皆有土地公廟，靠海邊之村庄漁村，則多供奉王爺廟與媽祖廟，水仙尊王廟，此又與漁業航海有關。等開拓成熟，市街出現，商鋪林立，官方控制力也趨於穩固，此時臺灣社會內部經濟力提高，土地資本轉換成商業資本，建設力量大增，有能力興建大廟，也出現許多新種類的寺廟，這種發展，很多人類學者與宗教學者曾企圖建立一個發展模式，但這些分期分階段的努力是不適合套用全台各地，臺灣之開拓雖說是由南而北，由西而東，但各地開拓歷史早晚不一，發展不同，地理、人文環境不同，尤其是還要加上斷代的分期模式論述，更是加深更多不通不適，與扞格難合。因此借重古建築學者的「跨

科合作」、「科際整合」是必然要走的一條路，這是臺灣史研究的一條新途徑，個人期許可以因而再創新局，成為一門學科新領域，為臺灣史的研究注入一股新血、新觀點、新課題、新面向；當然，個人並不是說此領域研究就可以全面的、完整的瞭解、重建地方開拓史或族群移動史，因為即使拼湊出全台數萬寺廟研究，也不一定就足以瞭解臺灣史，個人所盼望的是能夠讓臺灣史研究內涵增廣，論斷增強，少些歧誤而已，所以從「寺廟」古蹟，這一進路切入研究臺灣史絕對是可行的一條途徑。

臺灣寺廟古蹟之所以可貴，是它可以凝固時間，讓歷史的某一段紀錄忠實地表達出來。這種價值可以與文字歷史互相引証，也可以修正文字記載之偏差與謬誤。偏偏其重要性向為正統史家所輕忽，或偶爾表面上發言認為重要，但「光說不練」，少見探討論述，遑論研究。當然，寺廟建築在創建後，歷經多次的增建、重修，甚至移建、重建，據粗略估計，臺灣現存寺廟古蹟仍為清初原貌者不到十座，屬於清代中葉的約有二十座，清末約三十座，日據時期重修者亦不過五十座左右，真正具有古蹟價值的並不算多。這些古蹟遭受破壞而不得不重修的主要原因，略別之，不外乎：（1）天然災害造成　（2）建材不易耐久，日久材質劣化（3）不健康心態，每隔一段時日，便要翻修寺廟，除舊佈新，才覺得香火旺盛，美輪美奐；（4）古蹟遭竊，寺廟中神像、木雕、香爐、燭台等等「古董」，或竊賣或暗中收藏。在如此情況下，倖存的寺廟古蹟更彌足珍貴，足可供旅客觀賞、庶民祭拜與學者研究。

臺灣寺廟除可提供歷史學、人類學、社會學、民族學研究外，寺廟的建築空間與形式、方位與風水、建築的裝飾，不同流派的匠師手法等等均是古建築學者專家研究探討之重要題材，也由於寺廟建築在創建修葺發展過程中一直受到社會環境轉變影響，不論是裝飾的材料、手法、題材，抑或匠師的營造技術，肯定受到當時社會文化現象及經濟發展所影響，因此在臺灣也形成一批建築學者研究群，彼等田調勤、著述豐，已開拓成一門古建築史（或古蹟史）之學域重鎮，且方興未艾，惟此涉及極專業之建築史與建築學，非我等一般歷史學家所能置喙，他如創修改建之年代、規制、背景、次數、人物與原因等等沿革考証，亦非專業

建築學家所能勝任，也是我史家展布之研究空間，也即是說，建築學者偏重建築規制，對於重建整體歷史文化面貌有所不足，忽略了寺廟場域背後的地域、歷史、族群的脈動，過份著重建築的技術層面，輕忽了其中演進的過程。總之，寺廟古蹟正有待眾多不同科際不同學域之學者專家共同合作探討。在這方面，從一九八○年代以來建築學界研究著述成果斐然，反觀歷史學界有志者不多。

第五節　結語

　　古蹟的保存、研究、修護、再利用等諸項課題，在臺灣出現興起，也不過是近三十年事，如果企圖將它獨立成一門新的學科，它必須面臨一個重大問題，即其理論體系如何建構？根據《文資法》第三條解釋所謂文化資產包括古物、古蹟、民族藝術、民俗及有關文物、自然文化景觀等等，光是牽涉學門與涵蓋範圍已非常廣泛，隨手舉例，就已有建築、歷史、考古、人類、藝術、民俗、宗教、戲劇、動物、植物、地質、軍事、教育、風水、都市計畫……等學問與學科，這裏我們不想牽扯其他，只專門針對「古蹟」，鎖定主題焦點。但光是「古蹟」就含括龐大，《文資法》對「古蹟」所下的定義，指古建築物、遺址及其他文化遺跡，又細分為：城郭、邊塞、市街、宮殿、衙署、書院、宅第、寺塔、祠廟、牌坊、陵墓、堤閘、橋樑及其他建築物。第四條並加入遺址、即指居住、信仰、教化、生產、交易、交通、戰爭、墓葬等人類活動舊址，吾人可以想見學者、研究人員如果不是來自相關專業學科，很難適應周全，更不必奢談「研究」二字。因此這門新學科便不免涉及「全面」與「重點」兩個層次的問題，也就是說個人雖有「全面」性的企圖，扼於學識功力，不得不採取「重點」性的處理，因此將焦點鎖定在「寺廟古蹟」此一場域，此一課題。

　　古蹟在中國傳統觀念是與「名勝」並稱，從日月星辰、風雨雷電、山川河流、花草樹木、到佛寺道觀、歷史遺跡、農耕魚樵、民房炊煙、凡涉及古人古事，都能列為「古蹟名勝」，成為自然景點或人文景點，

有些是根本不存在的，但附會傳說、神話，也不免爲人津津樂道，一樣遊人如織，傳頌不已。當然，我們不能否認，其形成原因與當地的資源開發、文化建設息息相關，也確實包涵了深厚的文化底蘊。但今日，在臺灣，「古蹟」一詞，其名雖舊，其義維新，已被學術化、規範化、系統化，已非古老傳統的「古蹟」含意了！

　　學者尹章義曾撰文指出古蹟史實研究的重要性，說明古蹟史是特殊史學，與一般史學有極大差異，因爲：（1）古蹟不僅是實體的歷史，史蹟本身也是具備有機的功能；（2）古蹟史是自興造至今不可切割的歷史；（3）古蹟史必定與當地的自然景觀、人文景觀相結合；（4）古蹟是實體的歷史，要研究古蹟史，必須從事現地調查、蒐集史料。這裏，個人也提出四句話來形容古蹟史研究的特質與原則：「引經據典，立足田野，析論意涵，突出實用。」

　　誠然！古蹟是實體的歷史而不是文字的歷史，它是人類活動的遺跡，也是歷史文化的見證，而且是可見、可感，可觸、可及的實體歷史。表面上靜態無言的古蹟，就像一部活生生的空間演進史，它所刻劃的，不是單一時代的痕跡，而是歷經諸代浩劫後，所呈現的目前最終現狀，是一種來自不同時代人類生活行爲凝聚而成的集合表徵，它不僅有長年歲月的滄桑陳跡，也是時間與空間交互作用下累積生活內涵的演化結果，參觀研究古蹟，需要結合資料與實物的交互印證，透過記錄與實証交疊的展布，宛若走入時光隧道。對史學工作者而言是一種新的挑戰，也是一種樂趣。我著作雖多，也普受學界同道肯定，但學界也對我有所期許，尹章義教授曾提出針砭與期待：

> 作者個案極佳，但就學術之立場，個案既多，應做綜合性、解釋性、哲學性之分析與研究。如古蹟形成之條件（人文、自然）？古蹟得以保存形成古蹟之條件？古蹟何以評定爲古蹟？古蹟之社會、文化、經濟、教育功能？最終形成古蹟理論，應予期待！

　　總之，個人期許這些研究論文，能有組合有創新，有發揮又有承襲，但盼日後能提供自己或同道以此爲基礎，做進一步的區域性、整體性的

研究，展現更豐碩的研究與論述成果。回顧這二十多年的腳步，真有溯
前無人可依，思後則無事可準之感，知我罪我，也在所不計了。

「漢影雲根」摩崖石刻新解

——一代末路王孫的悲情

第一節　魯王歷史文獻研究之回顧

西元一六四四年，明崇禎十七年三月，清順治元年，流寇李自成攻陷明朝的首都—北京，思宗登煤山自縊身死，后妃亦皆自盡，結束了歷史上的明朝。後山海關總兵吳三桂衝冠一怒為紅顏，乞救於清，約以合兵滅賊，於是多爾袞把握千載難逢機會，率清兵急馳大舉入關，於崇禎十七年五月佔領北京，六月清世祖入關，遂定鼎於北京，宣稱代明朝而有天下，這一年即是歷史上清朝的開始。

滿清入關，一時尚不能全面統治；而明朝北都既陷，南方爭事擁立，福王在南京，唐王在福州，桂王在肇慶，中間穿插著在紹興監國的魯王與在廣州的紹武帝，形成北清與南明對抗之局勢，不到二十年，相繼破滅。

這一年—西元一六四四年，是明清政權轉移之際，中國出現短暫分裂局面，一方面是滿人征服漢人，而漢人抗爭的時代，一方面是明朝正統覆亡而宗室紛立，眾臣爭擁互為水火的時代，因此這一時代的社會、經濟、學術、文化雖有若干的發展，卻不是後代學者研究重點，相對的，南明諸王內爭的政治問題與抗清的軍事活動卻是時代大事，更為後代研究的重點所在，而鄭成功在東南沿海的抗清活動，尤其是焦點熱潮，延續多年。相反的，對南明浙東義軍擁戴魯王抗清復明之事功，則多所忽略。

對於這一段時期史書記事，雖多是執筆者親身經歷或訪求傳聞之作，屬於一手史料，卻因政治立場的不同，摻雜過多的個人感情，很少

能保持客觀的態度。「多所缺失,幾等無史」。[1]入清之後,在康雍乾時期因遺老凋零殆盡,文網愈趨嚴密,有關南明史之著述幾呈停滯狀態。少數相關著述,如全祖望《鮚埼亭集》、李天根《爝火錄》、趙義明《江上孤忠錄》等,因宣揚忠義人物與朝廷之忠君禮教尚可配合,得以免遭文字獄迫害而流傳下來。乾隆至道光時期,因前期大量焚毀明季書刊,造成史料殘缺零散,雖有官方之開禁研究,卻是在官方之觀點建構下成為主流方向。自道光中期以迄清末,在重重內憂外患下,史學經世功能再次復甦,希望透過南明抗清志士事蹟,能勸千秋忠義,汲汲正人心,以維世運,遂先後有夏燮《明通鑑》、徐鼒《小腆紀年附考》、《小腆紀傳》、倪在田《續明史紀事末末》等書出現。民國初年,雖然改朝換代,研究工作毫無禁忌,留存史籍多達三百餘種,但因歷經三百年之禁毀傳抄,使資料殘缺紛亂,產生「積之愈多,讀之愈艱,考訂編纂,更難為力」之痛苦,所以這一時期南明史的研究偏重於史書的整理、注釋、編纂,其中大家有朱希祖,柳亞子,孟森,尤其謝國楨在民國二十一(1932)年刊印的《晚明史籍考》(1964 年增補更名為《增訂晚明史籍考》)更是了解清代南明史料與研究成果,是研究南明史者不可或缺的入門工具書。[2]

在台灣,民國三十八年國民政府撤退來台,在生聚教養、反共抗俄的時代氛圍下,一時學界頗傾向於明史之研究,尤其熱衷於南明史之撰述。其中關於浙東魯王之事蹟,多附於唐、桂二王或鄭成功等人之末。至民國四十八年八月二十二日十六時,當時金門駐軍劉占炎中校奉命率部負責在舊金城東炸山採石,發現魯王古墓,鑿開一洞,入內檢視,獲〈皇明監國魯王壙誌〉古碑一座,當時待命處理,未向外吐露,不意為中華日報記者探悉,撰稿登於十月二十九日第三版,引起中外學者廣大興趣與注意。[3]一時引發對魯王事蹟的熱烈討論,胡適博士首開起端,

1 詳見(1)莊金德〈明監國魯王以海紀事年表〉,《台灣文獻》第十一卷第一期(民國 49 年 3 月,台灣省文獻委員會),頁 1。(2)葉高樹〈南明史研究的回顧〉,《中華民國史專題第四屆討論─民國以來的史料與史學》(民國 86 年 12 月,國史館主辦),頁 8。

2 葉高樹前引文,頁 8~13。

3 發現始末,見當事人劉占炎〈發現皇明監國魯王墓記〉,《台灣風物》第十卷一期,(民國

寫下〈跋金門新發現《皇明監國魯王壙誌》〉[4]，繼起撰文探討者竟達十餘篇之多。於是乎台灣風物雜誌社遂於民國四十九年一月之《台灣風物》第十卷一期彙刊〈明監國魯王文獻彙輯〉[5]；台灣省文獻委員會復於同年三月之《臺灣文獻》第十一卷第一期刊登〈明監國魯王特輯〉[6]，嗣後續有若干鴻文大作。要之，綜合上述諸文，問題不外乎集中在：(1)魯王世系、生平(2)唐、魯王交惡往事(3)鄭成功與魯王關係(4)魯王之死因、卒時與卒地(5)魯邸侍從浙東義旅抗清活動(6)對清代官私載籍之考釋辨證。

　　總的來說，明清鼎革時期為近二十年來國際漢學界研究焦點之一，而在台灣南明史之研究亦是豐碩，以《台灣文獻》為發表中心，在一九五〇年至一九七〇年代間，成為一門顯學。但時至今日，著作不但減少，甚至可說是瀕臨絕跡，主要原因在於尋找新問題之不易，與挖掘新史料之困難，在在突顯了南明史研究之瓶頸。因此如何在既有的研究成果上，一方面兼容並蓄，一方面力求突破，成為本調查報告撰述之努力方向。而論文之撰述本有「描述性」與「問題性」之著眼點與切入法，所

---

49 年 1 月，台灣風物雜誌社），頁 31~33。

[4] 詳見胡適〈跋金門新發現《皇明監國魯王壙誌》〉，《台灣風物》第十卷一期，頁 38~41。

[5] 該輯目錄如下：

　劉占炎〈明監國魯王墓發現經過〉，頁 31~33 頁。

　許如中〈魯王墓記〉，頁 34。

　絜生〈魯王真塚的發現〉，頁 35。

　陳漢光〈「皇明監國魯王壙誌」〉，頁 36~37。

　胡適〈跋金門新發現《皇明監國魯王壙誌》〉，頁 38~41。

　毛一波〈讀魯王壙誌〉，頁 42~46。

　毛一波〈鄭成功與魯王之死〉，頁 47~49。

　台南市文獻會〈魯王壙誌發現後台南市文獻會意見七點〉，頁 50~54。

[6] 該輯目錄如下：

　莊金德〈明監國魯王以海紀事年表〉，頁 1~59。

　毛一波〈魯王抗清與明鄭之關係〉，頁 60~74。

　毛一波〈浙閩公案與南澳公案〉，頁 75~80。

　廖漢臣〈魯王抗清與二張之武功〉，頁 81~105。

　陳漢光〈魯唐交惡與魯王之死〉，頁 106~114。

　陳漢光、廖漢臣〈魯王事蹟考察〉，頁 115~125。

　黃一齋〈明監國魯王與諸鄭及台澎的關係〉，頁 126~165。

　黃一齋〈明監國魯王與隆武帝及鄭成功〉，頁 166~216。

以本調查報告在魯王部份打算以排比經緯，鋪陳史實爲主，以「漢影雲根」及附近周遭之摩崖石刻文字爲探討重點，以求首尾貫通，各體兼備。

第二節　魯王世系

明監國魯王世系，依據壙誌與明史，大致可考如下。[7]

---

[7]　本節主要依據毛一波〈魯王抗清與明鄭之關係——附魯府世系考〉（頁71~74）及新刊史料《惠安王忠孝公全集》改寫而成。按，有關魯王世系、生平、論著稽考已詳，幾無置喙之餘地。近年台灣省文獻會刊行有《惠安王忠孝公全集》（民國82年12月出版）可補正一二。王忠孝，字長孺，號愧兩，崇禎元年登進士第。其後福王主事，歷官紹興知府，副都御史、兵部左侍郎總督軍務。福京破，杜門不出，成功在廈，待以賓禮，永曆十八年入台，肆意詩酒，居四年卒。遺稿爲十二卷，未刊。昔年治明鄭史者，無從取資，今得廈門大學人文學院院長陳支平教授費心點校勘誤，台灣文獻委員會付梓刊行。書中卷四〈疏奏類〉有「附載大明魯王履歷」（頁77~80）。由於爲新刊史料，爲前人所未見，今附載於后，以供參考：

監國魯王，諱以海，字巨川，號恆山，別號常石。太祖高皇帝第九子，分封魯王諱檀第十代子孫也。世封山東兗州府。王係魯肅王庶第六子，萬曆戊午四十七年（按戊午年應是四十六年，不知是原稿誤，或新刊誤）五月十五日辰時，母妾王氏生。本月十七日奏報，天啓六年七月二十三日具奏賜名。崇禎六年七月十七日受封爲鎮國將軍。

崇禎十五年十二月初八日，虜攻陷兗州府，兄魯王諱以派被虜難，第四兄鎮國將軍以衍，第五兄鎮國將軍以江，暨魯王嫡第一子，俱同日死難。山東撫臣奏請下部覆議，於崇禎十七年四月初四日冊封庶第六子鎮國將軍爲魯王。北都告陷，山東騷動，王遂南遷。弘光登極，移封浙江台州，給以全祿。弘光二年金陵不守，東浙士民，於閏六月十一日，扶王起義，翼戴監國，則閏六月十五日也。駐蹕紹興。

王力疾視師，親臨錢江載戰，躬懷甲冑。是時勳臣元老，及耆舊軍民，交章勸進，王謙讓再四，止允監國。丙戌仲夏上游告潰，王乃浮瀚至舟山。十一月勝虜伯後封建國公鄭彩北上迎王，來至泉州中左所，與諸紳復謀起義，仍尊王監國。首攻海澄及漳州，嗣出師攻福州，諸附縣俱下，獨會城未陷。適虜援騎至，一撤圍而諸縣俱失。

王又北底（抵）舟山。辛卯九月虜合蘇松寧海台溫舟師會犯舟山，王親督定西侯張名振，直往姑蘇洋截擊，已獲大勝。初，留蕩胡侯阮進守舟山，詎意寧波之虜乘虛來襲，蕩胡侯戰衄，遂陷舟山。王率勝師言旋，虜已據舟山不可救矣。

王復南來，遂謝監國，尊永曆年號，遁跡金門，永曆丙申十年，移駐南澳。永曆己亥十三年五月復來金門，於永曆壬寅十六年十一月十三日丑時，忽中痰薨逝。

元妃張氏，崇禎七年十月初八日，選到兗州府濟寧州民籍張有光第一女，原係浙江寧波府人氏。崇禎十一年六月二十四日封鎮國夫人，崇禎十二年三月初九日入府成婚，崇禎十五年十二月初八日虜破兗州，夫人碎磁器以銳觸喉死節，崇禎十七年四月初四日奉敕追封爲魯王妃。

繼妃張氏，亦寧波人。辛卯九月初二，虜破舟山，投井死節。夫人陳氏，乙未年晉爲次妃。王庶第一子，庶第三子，壬午年陷入虜中，存亡未卜。庶第二子，甲申年在南京卒。庶第四子弘桮，丙戌二月被虜難。庶第五子弘朴、庶第六子弘榡俱至北蒙難。今存第三女係嫡

　　其始王檀，為郭寧妃所出。洪武三年（1370）與秦、晉、周、燕、齊、潭、趙等九王同時受封，封予魯，諡荒王，十八年就藩兗州府。他好文禮士，善詩歌，喜餌金石藥，後毒發傷目，太祖惡之。妻為信國公湯和之女，王薨於洪武二十二年（1389）。

　　子靖王肇輝，荒庶一子，時甫彌月，母妃出自名門，撫育教誨有度，于永樂元年（1403）三月，始得嗣。成祖愛重之，過兗時，賜以詩幣。靖王亦禮賢敬士，宣宗稱之。至成化二年（1466）薨。

　　子惠王泰堪，靖嫡一子嗣位，成化九年（1473）薨。

　　孫莊王陽鑄，惠嫡一子，成化十二年（1476）襲封。莊王在位久，嘉靖二年（1523）始薨。

　　世子當漎，莊嫡一子，成化十九年（1483）封世子，弘治十八年（1505）薨，以孫觀㷆襲封，追封王諡曰懷。

　　世孫健杙，懷嫡一子，弘治十六年（1503）封世孫，正德十五年（1520）薨，以子觀㷆襲封，追封王諡曰悼。

　　孫端王觀㷆，悼嫡一子，嘉靖七年（1528）襲封。游戲無度，挾娼樂裸，左右有忤者錐斧立斃，或加以炮烙。世宗念其年幼無知，革其祿三之二，誅其典膳秦信等人。于嘉靖二十八年（1549）薨。

　　觀㷆子恭王頤坦，嘉靖三十年（1551）嗣封，有孝行，捐王邸田湖，贍給貧民。又常辭祿，以給貧苦宗室，前後七賜璽書嘉勞之。萬曆二十二年（1594）薨。

　　世子先卒，敬王壽鏳，恭庶六子，初封富平王，萬曆二十四年（1596）

出，繼妃張氏選閭安侯周瑞之子周衍昌為儀賓。尚未配第五女、第六女，俱陳氏生，茲遺腹在身。

始祖魯王檀，係太祖高皇帝第九子，諡曰荒。

二世祖魯靖王肇輝（煇）

三世祖魯惠王泰堪

四世祖魯莊王陽鑄

五世祖魯懷王當漎

六世祖魯悼王健杙

七世祖魯端王觀定（㷆）

八世祖魯恭王頤坦

襲封，二十八年（1600）薨，無子。

憲王壽鉉，恭庶七子，初封常德王，萬曆二十九年（1601）進封，崇禎九年（1636）薨，無子。

肅王壽鏞，恭庶九子，初封泰興王，崇禎九年（1636）進封，十二年（1639）薨。十三年（1640）子以派襲封。十五年（1642），兗州被圍，知府鄧藩錫，力勸以派散積儲以鼓舞士氣，以派不從，城破被清兵所殺。

清兵退後，十七年（1644），以派弟魯王以海嗣位。然襲封僅四日，京師失陷，魯王以海南奔，福王命暫駐台州。及南都陷，杭州降，鄭遵謙、張國維等迎其監國于紹興，以明年爲監國魯元年（1646），不奉唐朔。進黃宗羲造監國魯元年丙戌大統曆頒行民間，命鼓鑄大明通寶錢。

監國魯王諱以海，字巨川，號恒山，別號常石，生於萬曆四十六年（1618）五月十五日。王素有哮疾，壬寅年（清康熙元年，明永曆十六年，1662）十一月十三日，中痰而薨，年才四十有五，以海有子六，皆庶出。第一子、三子在兗州陷清人之手，存亡未卜；次子卒於南京。第四子弘椮，五子弘樸、六子弘棟，俱在北蒙難。王薨時僅存次妃陳氏，遺腹八閱月，明年生遺腹子弘甲，由長陽王術桂（即寧靖王）收寄，棲於東寧（今臺灣）。女子三，長爲繼妃張氏所生，選閩安侯周瑞長男衍昌爲儀賓（按明制親王、郡主之婿，謂之儀賓）。餘二女俱陳氏出，次女後適鄭聰，爲成功次子。三女後適南安儒士鄭哲飛。

以上敘述，頗覺瑣碎，爲清眉目，利於閱覽，茲列魯王世系表如次：

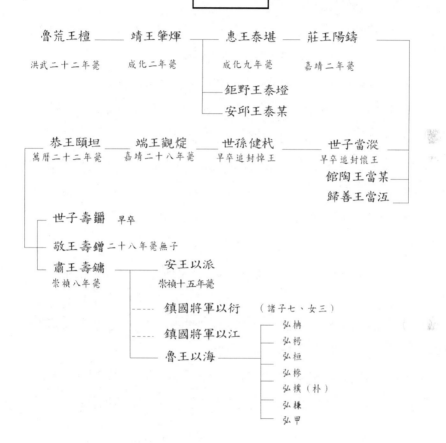

魯府世系表

魯荒王檀 —— 靖王肇煇 —— 惠王泰堪 —— 莊王陽鑄
洪武二十二年薨　　成化二年薨　　　成化九年薨　　嘉靖二年薨
　　　　　　　　　　　　　　　　 鉅野王泰墱
　　　　　　　　　　　　　　　　 安邱王泰某

恭王頤坦 —— 端王觀熰 —— 世孫健杙 —— 世子當潊
萬曆二十二年薨　嘉靖二十八年薨　早卒追封悼王　　早卒追封懷王
　　　　　　　　　　　　　　　　　　　　 館陶王當某
　　　　　　　　　　　　　　　　　　　　 歸善王當沍

世子壽鏻　早卒

敬王壽鐳二十八年薨無子

肅王壽鏞 —— 安王以派
崇禎八年薨　　崇禎十五年薨

鎮國將軍以衎　（諸子七、女三）

鎮國將軍以江　　弘柟
　　　　　　　　弘枵
魯王以海 —————— 弘桓
　　　　　　　　弘榕
　　　　　　　　弘模（朴）
　　　　　　　　弘棅
　　　　　　　　弘甲

第三節　魯王生平大事紀

　　魯王以海生平，可大略分為三期，（一）一歲至二十八歲（明萬曆四十六年—弘光元年、清順治二年，1618～1645），（二）前後監國八年之二十九歲至三十六歲（魯監國元年、唐王隆武二年、順治三年—監國八年、永曆七年、順治十年（1646～1653）），（三）駐蹕金門八年，三十七歲至四十五歲（永曆八年，順治十一年—永曆十六年、清康熙元年（1654～1662））。其事蹟，近人莊金德綜合各家之紀錄、筆記、碑銘、

年譜、傳記、實錄以及各種史乘、志書等史料數十種、加以綜合研考，寫成《明監國魯王以海紀事年表》[8]信實賅備。茲據該表，再簡化成魯王大事年表，以西元紀年爲主，下附干支與明清年朔，起自甲申，迄於王薨之壬寅，以略明其事蹟。

(1)一六四四年、甲申、王二十七歲（明崇禎 17 年、清順治元年）

△二月十五日、崇禎皇帝冊封王爲魯王。

△四月初四，王在山東兗州，正式受命即魯王位。

△同月初八，王甫封四日，而清師入兗州，王南奔。

△十一月，福王由崧命王移居浙江台州。

(2)一六四五年、乙酉、王二十八歲（明弘光元年、清順治 2 年）

△四月，王暫住台州。

△五月十四日，南都淪陷。

△六月十三日，清兵至杭州，潞王常淓出降。

△閏六月初七，張肯堂、吳春枝、黃道周、鄭芝龍等奉唐王聿鍵監國於福州。

△同月十四日，王在台州，與台紳陳函輝、吳凱等，殺清使，征兵措餉，共謀大舉，窮鄉僻壤，無不騷動。

△同月十八日，錢肅樂遣舉人張煌言奉箋赴台州迎請王監國。

△同月二十一日，兵部尚書張國維至台州，與陳函輝等共請王出監國。

△同月二十七日，唐王即皇帝位於福州，號稱隆武。

△七月十七日，王即監國位於台州。

△同月二十五日，王發台州，赴越。

△八月初三，王抵紹興，以分守衙署爲行營。

△同月，王行祭告禮，監國於紹興，明年爲監國魯元年，不奉唐朔。同月王分封起義諸臣，並視師江干，賞賚有差。時王正病脾痛。同月廷臣請上尊號，王不之許。

8　本節主要依據莊金德前引文改寫而成，茲爲省篇幅，不再一一分註。

△九月，閩隆武皇帝遣劉中藻頒詔浙東，議不奉詔，王不受，自是閩浙若水火矣。

△十一月，王勞軍於江上，駐蹕西興，進封諸臣。

△十二月，王回越城。同月，王令鑄大明通寶錢。同月，王正中進黃宗羲所造監國魯元年大統曆，詔優答之，宣付史館。

△同月十五日，王復至蕭山，二十四日浙東諸義旅會師圍攻杭州失敗，江上軍聲為之大沮。

(3)一六四六年、丙戌、王二十九歲（魯監國元年、隆武2年、清順治3年）

△正月元旦，王在紹興，改元頒曆，稱監國魯元年。江上諸藩鎮次第來朝。同月遣曹維才、柯夏卿為使，奉書閩中。

△三月初一，閩中遣陸清源犒師浙東，被方國安所殺。

△五月，閩中殺魯使陳謙。

△同月二十九日，王作親征六詔，飛遞江干，無奈士無鬥志，江上師潰。三十日，卯刻。王發宮眷，命保定伯毛有倫扈宮眷、王子由定海而出。方國安率殘卒挾王擬奔台州。

△六月初一，紹興棄守，大勢既去，浙之東西先後淪陷。

△同月十八日，王奔台州不得，次黃巖，幾為方國安、馬士英所挾出獻清軍。幸王由海門脫，登海舟，張名振來扈，航海至舟山，守將黃斌卿不納。

△同月，王之嬪妃宮眷及王子，被叛將張國柱所邀劫，北去投清，嬪妃王子終被殺。

△八月二十一日，隆武帝聞仙霞嶺不守，乃自延平出奔汀州。二十八日，清兵入汀州，隆武帝及后妃蒙難於汀州之府堂。

△九月初九，鄭彩、周瑞自閩迎王於舟山。黃斌卿素畏鄭氏，閉門不出，乃與王洽議入閩。

△十月十四日，丁魁楚、瞿氏耜奉桂王由榔監國於廣東肇慶。二十五日，鄭彩扈魯王發舟山。

△十一月十八日，桂王即皇帝位於肇慶，仍稱隆武二年，以明年為

永曆元年。二十四日，鄭彩奉王次中左所（今廈門），尋次長垣。

△十二月鄭成功舉義旗於海上，奉隆武舊朔，招兵南澳，以圖恢復。

(4)一六四七年、丁亥、王三十歲（魯監國 2 年、永曆元年、清順治 4 年）

△正月初一，王次中左所，晉封諸臣，禡牙出師，往來諸島，後雖連復諸地，終以兵餉不繼，將帥失和，清兵援至，復者旋失。

△七月，王親征，次長垣，會鄭彩、周瑞、周鶴芝、阮進之師攻福州，敗績。

△十月，鄭成功頒隆武四年戊子大統曆於海上，王則頒魯監國三年戊子大統曆於海上。時鄭成功對王修寅公之禮，而不稱臣。於是海上遂有二朝。

(5)一六四八年、戊子、王三十一歲（南明永曆 2 年，清順治 5 年）。

△正月初一，王在閩安鎮。未幾，鄭彩殺大學士熊汝霖，閣臣請罷朝諭祭。王畏彩，不果行。後再殺鄭遵謙，王聞之，為泣下，輟朝五日，不敢問。

(6)一六四九年，己丑、王三十二歲（南明永曆 3 年，清順治 6 年）。

△正月初一，王次福寧之沙埕。議躍福寧州，有不合者，遂不復及躍事。

△四月，清兵陷福安。鄭彩還三沙，王間走壺江、崑崎山等處。

△七月，時閩地盡失，鄭彩棄王他去。六月，張名振收復健跳所，表迎王來躍，七月初五，王次之健跳所。清兵來圍，阮進救之，清師解之。

△八月初五，世子生，母李氏。

△十月十二日，張名振、阮進、王朝先合兵討黃斌卿，誅之。二十日，王駐躍舟山，擢封諸臣。

△十一月，王遣阮美為使，乞師日本，未果而返。同月冬至日，王頒監國五年曆於廷臣，行朝賀禮。

(7)一六五〇年、庚寅、王三十三歲（南明永曆 4 年，清順治 7 年）。

△正月初一，王在舟山。

　　△八月，鄭成功襲取鄭彩、鄭聯據地，自是成功擁有金、廈二島，威震海上。

　　△十一月，冬至日，王頒監國六年曆，一如五年例，廷臣朝賀。

　　(8)一六五一年、辛卯、王三十四歲（南明永曆 5 年，清順治 8 年）。。

　　△正月初一，王在舟山。諜報誤傳清帝死，群臣入賀。

　　△二月王設醮於舟山。

　　△六月，舟山大旱，王布袍步禱，群臣咸草具以從。

　　△七月，清兵分道進犯舟山，張名振奉王攻吳淞，以牽制之。

　　△九月初二，舟山星隕如雨，是日城陷。王繼妃張氏，及諸臣皆死之。張名振遂奉王航於海，次三沙。張名振致書勸鄭成功會師迎勸，王亦與之書，盼其拯此同患。成功命兵科給事中徐孚遠前至王之行宮，面啓宜去監國號。王復書說明勉從監國意。乃使人迎王居金門。

　　△十二月二十九日，張名振、沈宸荃等奉王次中左。

　　(9)一六五二年、壬辰、王三十五歲（南明永曆 6 年，清順治 8 年）。。

　　△正月，王在中左所，尋躍金門。鄭成功贄千金，紬緞百匹，以宗人府府正之禮見之，並安插諸宗室從官，月給饌焉。尋奉王居金門，如寓公焉。

　　(10)一六五三年、癸巳、王三十六歲（魯監國 8 年、永曆 7 年、清順治 10 年）

　　△三月，王在金門，時有搆王於鄭成功者，成功禮儀漸疏。王乃自削其號，疏謝監國號，漂泊島嶼，賴舊臣王忠孝、郭員一、盧若騰、沈佺期、徐孚遠、紀石青、林復齊等調護之。

　　(11)一六五五年、乙未、王三十八歲（南明永曆 9 年，清順治 12 年）。

　　△正月，王在金門，同居者有盧溪王、寧靖王術桂，及避地遺臣王忠孝、盧若騰、沈佺期、辜朝薦、徐孚遠、紀許國等。鄭成功皆待以上賓，軍國大事悉以諮之。同月，永曆帝遣使持敕來自龍安，命王監國。

　　△十一月二十七日，張名振病卒於舟山。時王在金門，獲訃聞，極震悼，贈賻特厚。

(12)一六五六年、丙申、王三十九歲（南明永曆 10 年，清順治 13 年）。

△正月，王在金門。

△三月，王徙居南澳。

(13)一六五七年、丁酉、王四十歲（南明永曆 11 年，清順治 14 年）。

△正月，王在南澳。

(14)一六五八年、戊戌、王四十一歲（南明永曆 12 年，清順治 15 年）。

△正月，王在南澳。時張煌言遙奉桂朔，凡有大舉，必與延平合議，不敢顯通監國，用絕嫌疑，以固同愾。

△五月十五日，行營恭祝監國魯王千秋，張煌言賦詩感懷。

(15)一六五九年、己亥、王四十二歲（南明永曆 13 年，清順治 16 年）。

△夏，王以盜警由南澳奔還金門所。

△五月，鄭成功率軍北伐，八月敗退。

(16)一六六〇年、庚子、王四十三歲（南明永曆 14 年，清順治 17 年）。

△正月，王在金門。春，張煌言獲悉魯王移蹕金門，乃上疏報告北伐軍失敗情況。

(17)一六六一年、辛丑、王四十四歲（南明永曆 15 年，清順治 18 年）。

△正月，王在金門。

△同年初七，清世祖崩。初九，清聖祖即帝位，以明年為康熙元年。

△三月二十四日，鄭成功東征伐舟師抵澎湖。

△四月初一，鄭成功率軍東征，舟師登陸安平港。

△十二月，荷蘭台灣總督揆一向鄭成功投降，台灣收復。同月初三，緬酋執帝后及皇太子以獻清師，永曆帝蒙塵於緬甸。翌年四月二十五日，俱被害於雲南。

(18)一六六二年、壬寅、王四十五歲。（南明永曆 16 年，清康熙元

年）

　　△正月，王在金門。

　　△五月初八，鄭成功薨於東寧，享年三十有九。

　　△六月，閩南遺老以成功既卒，無人供奉魯王，貽書相商張煌言，煌言答書中有曰：「今不幸延平王薨逝，大喪未畢，費繁難支，即軍儲尚恐不給，何暇言及宗祿。……南北相距，動輒數千里，近來賊哨出沒，孤艇難行，安得時時供億。再四躊躇，倘國主能韜光斂跡，移寓海上或沙關之間，則不肖尚可稍將芹曝，而浯島亦免窺伺之虞。……然我輩所為何事，而至親藩流離瑣尾，飢餓於我土地，非特諸勳公之責，亦諸老先生之羞也。若新府肯敬承先志，敦厚天潢，哀王孫而進食，又何煩不肖之片芹寸曝哉！」之語。

　　△七月，張煌言上書魯王，勸其爭取閩海勳鎮，速正大號，以求正統。

　　△九月，張煌言在浙久候閩音，消息既杳，知鄭氏無擁立之意，甚憤慨，乃又上疏於王，並進膳銀。

　　△十一月十三日，王素有哮疾，是日中痰而薨。

　　△十二月二十二日，時島上風鶴，不敢停櫬，乃卜地於金城東門外之青山，穴坐西向卯，其地前有巨湖（今古崗湖），右有石峰（即大帽山，今獻台山）。

　　王生前屢遊其地，曾題勒「漢影雲根」四字於石，因而卜葬斯土。十二月辛酉安厝，按會典親藩禮營葬。寧靖王術桂率同島上文武親臨致祭，並撰壙誌，敘王本末及生薨年月，勒石藏諸壙中。

　　(19)一六六三年，癸卯（康熙 2 年）。

　　△正月，張煌言遣使祭告於王。

　　△二月，王之次妃陳氏生遺腹子，名弘甲，為寧靖王所收養。金廈陷清後，隨王棲於東寧。

　　△翌年七月，張煌言被執，不屈而死。至是南明抗清復國之業告終。

第四節　魯王在金門生活與真墓之發現

如上節所述，隆武二年（魯監國元年、清順治 3 年，1646）五月，清兵入浙東，紹興師潰敗，魯王浮海入舟山，而守將黃斌卿居然不納，幸有鄭彩、周瑞自閩來迎，奉王居中左所（今廈門）。嗣後往來諸島，克復福州、興化等二十七州縣，聲威大震，終以兵餉不繼，將帥失和，不

金門魯王墓

久清軍援至，所復州縣旋失。而閩地盡失的同時，「鄭彩棄王他去」、「乞師日本，未果而返」、「時鄭成功對王修寓公之禮，而不稱臣。」諸事不遂心願，魯王心情之鬱卒悲沈可想可知。永曆五年（順治 8 年，1651）清兵分道進犯舟山，九月初二城陷，魯王只得投靠鄭成功，而成功命徐孚遠「前至王之行宮、面啓宜去監國號」，在如此脅迫之下「乃使人迎王居金門」，鄭成功見面「以宗人府府正之禮見之」、「尋奉王居金門，如寓公焉。」如寓公者，蓋無所事事，既不得行其志，屈居人下，不免有所牢騷，是以翌年有人構陷打小報告給成功，「王乃自削其號，疏謝監國號，漂泊島嶼」，而張煌言等舊臣「凡有大舉，必與延平合議，不敢顯通監國，用絕嫌疑」，處境真是窘迫困頓之極，幸有一班忠貞舊臣如王忠孝、沈佺期、盧若騰等人安慰調護。

永曆十年（順治 14 年，1656），魯王正月還在金門，到了三月徙居南澳（今廣東汕頭外海島嶼），原因不詳，往不好方面去猜想，恐怕是受不了島居之窩囊氣，或與鄭成功又有牴牾衝突[9]。居南澳三年，因「盜警由南澳『奔還』金門所」，「奔還」兩字顯其狼狽狀，至此不能不徹底隱忍苟命於金門了。永曆十六年（康熙元年，1662）鄭成功不幸薨於台灣，成功既卒，竟然「無人供奉魯王」，諸遺老貽書相商於張煌言求助，張復書相拒，在信中不客氣盼望魯王「倘國主能韜光斂跡，移寓海上或沙關之間，則不肖尚可稍將芹曝」，並指責遺老「然我輩所為何事，而致親藩疏離瑣尾，飢餓於我土地」，對鄭經也隱喻諷刺「若新府肯敬承

9　盧若騰「魯王將入粵賜詩留別次韻奉和」詩中記「恥作池中物……身原關治亂，跡不礙行藏」。或可得其時境遇大概，而「恥作池中物」一句，自可想見魯王當時的處境。

先志，敦厚天潢，哀王孫而進食，又何煩不肖之片芹寸曝哉」。而成功既卒，海上諸臣又有議復奉王監國之舉，而張煌言在浙久候閩音，消息既杳，知鄭經無擁立之意，不僅憤慨，乃又上疏魯王，並進膳銀。凡此皆可見魯王顛沛落魄之困局，至十一月十三日，中痰而薨，享年四十有五，或許這是魯王最好的解脫！同年十二月二十二日，寧靖王朱術桂率同「島上」文武治喪，並撰壙志，安葬魯王於古崗畔之陽。[10]

　　總之，魯王以明朝宗室，間關海上十八年，其中居金門達八年之久，而惟鄭氏是依，又不以禮待，卒至埋骨浯島，榛莽為墟，黍飯無聞，實亦可憫。而魯王在金門八年，棲居金門城，平日喜遊古崗湖，在湖南巨石手書鐫刻〈漢影雲根〉四字，並與從亡諸臣有酬唱題咏之作，如金門

10　關於魯王壙誌全文，茲附錄於后：

監國魯王，諱以海，別號常石子，始封先王諱檀，為高皇帝第九子，分藩山東兗州府，王其十世孫也。世系詳玉牒。王之祖恭王，諱坦頤（按應是頤坦），父肅王，諱壽鏞。傳位第三庶子安王，諱以派，王兄也。崇禎十五年冬，虜陷兗州，安王及第一子、第四弟以衍，第五弟以江，俱同日殉難。山東撫臣奏聞。王以第六庶子，母王氏。始生時，授鎮國將軍，部覆應繼王位，于崇禎十七年四月初四日，冊封為魯王。方三月初旨，使臣持節甫出都，而京都旋告失陷矣。東省驛騷，王遂南遷。弘光帝登極南都，移封王于浙台州府。南中不守，虜騎薄錢塘，浙東諸臣豎義旗，扶王監國，都紹興，則弘光乙酉閏六月間事也。次年仲夏，浙事中潰，王浮瀚入舟山，會閩中諸師在北，迎王至中左所，覆移師琅琦。附省諸邑，屢有克復，虜援大至，復者盡失，王又再抵舟山，躬率水師入姑蘇洋迎截虜舟，而浙虜乘機搗登舟山，竟不可援矣。王集餘眾南來，聞永曆皇上正位粵西，喜甚，遂疏謝監國，栖蹤浯島金門城。至丙申徙南澳，居三年。己亥復至金門。計自魯而浙而閩而粵，首尾凡十八年，王間關瀚上，力圖光復，雖末路養晦，而志未嘗一日稍懈也。王素有嗽疾，壬寅十一月十三日中痰而薨。距生萬曆戊午五月十五日，年纔四十有五，痛哉！元妃張氏，兗濟寧州張有光長女，原浙之寧波人，兗陷殉節。繼妃張氏，亦寧波人，舟山破日投井而死，有子六皆庶出，第一子、第三子在兗陷虜，存亡未卜。次子卒於南中。第四子弘㭿、第五子弘樸、第六子弘樑，俱在北蒙難。僅存夫人，今晉封。次妃陳氏，遺腹八閏月。女子三，長為繼妃張氏所生，選閩安侯周瑞男衍昌為儀賓，未嬪。尚二女俱氏出，未字。島上風鶴，不敢停櫬，卜地于金門城東門外之青山，穴坐酉向卯。其地前有巨湖，又有石峰，王屢遊其地，題「漢影雲根」四字于石，卜葬茲地，王顧而樂可知也。以是月念二日辛酉安厝。謹按會典親藩營葬，

　　奉

旨翰林官撰壙誌，禮部議諡。今

聖天子遠在滇雲，道路阻梗，末繇上請，姑同島上諸文武敘王本

末及生薨年月勒石藏諸壙中。指日中興，

特旨賜諡改葬，此亦足備考訂云。

永曆十六年十二月念二日，遼藩寧靖王宗臣術桂同文武百官謹誌。

人盧若騰有詩〈即韻奉和魯王初伏喜雨詩四首誌后〉、〈魯王入粵賜詩留別次韻奉呈〉與幾首賀壽詩；皆是明證，可惜魯王詩作未見流傳，否則於其時的際遇與心境之了解有更大之幫助。除此外，金門民間有稱魯王為「蕃薯王」或「地瓜王」者，謂魯王喜食蕃薯，常以此果腹充飢。又相傳魯王次妃陳氏是金門下市村人。[11]此皆無可究實，姑誌之，作為閒話談片。

魯王既薨，因鄭氏不以禮待，至受沈王於海之誣。而魯王墓塚，歲久湮失，榛莽成墟。道光十一年（1833）金門人林樹梅，在金門城城東發現一古墳，鄉人稱其為「王墓」。林氏參稽古書，判定其為魯王墓，乃報知福建興泉永巡道周凱，周凱乃檄命金門縣丞清界址，加封植，禁樵蘇，樹碑以表之。碑題「明監國魯王墓」，左上鑴「大清道光十六年歲次丙申四月建」，右下鑴「福建興泉永道富陽周凱書」；碑陰刻有「明監國魯王墓碑陰記」、[12]碑文記魯王自舟山兵敗來金，及病歿事，並由金門西村舉人呂世宜書寫，相得益彰。後於民國二十四年（1935）夏，由金門人許維舟於塚墓右側倡建「魯亭」，翌年春完成。亭中央立碑乙座，正面由當時軍事委員長蔣中正先生頒題「民族英範」四字，碑陰有許維舟之「募建魯亭記」，亭中另有其時黨政要員諸多題聯，茲不贅述。及民國四十三年「九三」砲戰時，亭右上角被亂砲擊毀，旋予修復。但至民國四十七年「八二三」砲戰時，於八月廿四日下午，該碑「王」字右上方，被敵炮擊缺約一尺。九月八日下午，又被敵砲擊中，斷而倒塌。翌年一月七日下午，墓頂再被俄製一二二加農砲彈命中，雖未全毀，已飽受摧殘。後經砲兵六〇〇群劉祥齋上尉，將墓碑扶正修復，雖迄立如初，惟碑文部份已破壞。[13]

從道光十一年（1833）至民國四十八年（1959）八月二十二日，一百二十餘年來，眾人均認為此墓為魯王墓，不料魯王真塚，於民國四十

[11] 詳見郭堯齡〈魯王與金門之史蹟調查研究〉，《海山行客－金門國家公園八十六年度人文史蹟調查研究》（許維民計畫主持，金門國公園管理處，民國87年3月出版），頁18~19。

[12] 該事件與碑文，詳見周凱〈明監國魯王墓考〉、〈明監國魯王墓碑〉，收《內自訟齋文選》（台銀文叢第82種），頁15~17，頁43~44。

[13] 詳見周之道《金門峰火》（台北，新高地文化公司，民國87年8月初版），頁248~249。

八年八月二十二日下午四時發現。發現人乃金門構工部隊劉占炎中校，八月二十日時國軍在舊金城東炸山採石，意外發現深埋土下之石碑，繼向下掘挖。壙蓋畢露，其壙四周及蓋，係用三合土灰砌成，堅固異常。八月二十二日，劉中校慎重其事，為保持原狀，僅在碑後一公尺處鑿開一洞，命謝文瀾中尉派士官入內檢視，獲石碑一具，經清洗後，始發現〈皇明監國魯王壙誌〉八字及全文。[14]劉中校以事體重大，乃報上級處理。後奉司令官劉安祺上將之命令，由金防部、政委會、金門縣政府等組成監掘小組，並由金防部政治部副主任劉本欽上校主持其事，而郭堯齡先生以正氣中華報副總編輯身份參與其會。同月二十六日上午九時，經焚香祭拜後，派人開鑿壙蓋，發現壙底為火燒紅色方磚所鋪，縫隙灌有水銀，壙中尚存腐剩之棺材木三塊，餘已變成黑色渣滓。隨即派士官伍志強、郭世賢入內取出魯王骸骨，殘棺中另有永曆通寶銅錢三枚。總之，此次挖掘所得，有無字墓碑、墓案、壙誌、遺骸、瓷碗、紅方磚、銅錢、殘棺木等等。當時監掘完畢，劉上校囑郭堯齡草擬報告書，以司令官名義呈報國防部，並約定未奉上級指示前，不得發佈新聞。後國防部連同壙誌拓本及照片等呈報總統，旋交中央研究院院長胡適博士研考，並為壙誌作跋，於同年十一月二日發刊台灣中華日報南北兩版，引起海內外重視，一時報章雜誌皆有考證及評論紀載。而郭堯齡亦於十一月五日起，一連六天在正氣中華日報刊載「考正歷史，魯王重光」一文，備述發現魯王真塚經過，從此為鄭成功洗雪三百年不白之冤，亦使魯王真塚重現人間。[15]

　　民國四十八年冬，先總統蔣公巡視金門，親蒞魯王真塚地址視察，當即指示金門當局在太武山小徑建築新墓，歷時三年始告完成，並於五

---

[14] 關於魯王壙誌之發現，據金門舊金城人邵來猛先生言，是他於該年八月二十日上午九時許在附近撿拾枯草木時，碰巧以鋤頭入壙內隨意勾梳取出，最先發現。唯此事經過未載於正式文字記錄，而當事人劉占炎中校如今也不易尋得查訪對質，不過，另經實地向郭堯齡先生請益，郭先生之說與當時文字報導相符，有關細節與事實只有等訪查到劉占炎中校才能瞭解，姑誌於此，待後來者留意。

[15] 參見(1)劉占炎〈發現皇明監國魯王墓記〉，頁31～33。(2)郭堯齡《魯王與金門》（金門縣文獻委員會，民國67年1月再版），頁10~14。

十二年二月四日舉行安葬典禮，此即小徑魯王新墓的由來。

　　魯王真塚既已發現，並於小徑重新營葬，則原來舊墓終須一探，以探知真相。金門地方人士於民國七十一年十二月集合研討，此墓究爲何王之墓？或爲魯王之疑塚？抑或衣冠塚？或明鄭屬僚之墓？以是咸議挖掘，以明真象。案經縣政府層呈國防部轉行政院，由文建會推薦成功大學教授黃典權，暨師範大學教授王啓宗兩位專家，於七十二年十一月三日蒞金監臨發掘，出土銀鐲、纓絡、宋元豐銅錢、小瓷碗、古磚等等，而塚中碎骸，經土公蔡水源鑑定係屬女骨。黃、王二教授據此遺物並參詳歷史文獻；鑑定爲宋代士宦人家命婦之墓。乃以瓦棺拾骸，仍就原穴封葬，由縣政府刻豎碑曰「宋元豐命婦之墓」，另立碑墓旁，敍述發掘考證經過，並整修墓園，種植花木。而原有之魯亭、石碑，則仍予以保存維護。[16]

第五節　「漢影雲根」石刻之相關問題探討

　　魯王摩崖石刻「漢影雲根」原位在古崗湖獻台山上，不知何時墜落？古坑人謂被風雷刮毀，也有說是因古坑人取石毀壞，此說略謂於民國十年（1921）古崗僑商董春波等人，捐建古崗國小時，村民將墜石斷片擊碎，取去蓋建校舍，故該石僅存「漢影雲」三字，不見「根」字，故金門俗諺：「古坑（鼓崗）村人走到石龜（指魯王石泐處如龜形），就會青暝。」即譏笑鼓崗人不識真蹟寶貨之意。今觀巨石缺「根」字部份，極爲齊整，宛如刀切，不似自然缺損，此事實如何，已難追究？[17]民國五十九年（1970）十月，金門社教館館長王秉垣雇工重刻三字於山左摩崖，「根」字則由擅長書法之薛祖森補書，成「漢影雲根」四字，以供觀瞻，使魯王遺墨，重現原貌。

　　今考察該石刻，值得思索探討的問題有：

16　同註11郭堯齡前引文，頁8~9。
17　陳漢光、廖漢臣〈魯王史蹟考察記〉，頁116。

1、該石刻是否確爲魯王手書真蹟？

2、該石刻爲何無落款？

3、該石刻刻於何時？

4、「翰墨之寶」印作何解？是誰之手筆？

5、「漢影雲根」四字作何解？

漢影雲根石刻

今試一一作解：

「漢影雲根」爲魯王手書，應無疑義。明遺臣沈光文挽王詩序云：「墓前有大湖」，魯王壙誌記：「其地前有巨湖（按即鼓崗湖），右有石峰（即獻台山），王屢遊其地題『漢影雲根』四字于石。」，何況其旁又有從亡諸公諸葛倬等人之刻石題詠。此石刻現立於山腰，在魯王石刻倒置石頭之上，相距十來步，石上刻有七律四首，其前曰：「監國魯王遵瀚而南，揮翰勒石，爲『漢影雲根』四窩字，意念深矣！倬等瞻誦之餘，同賦詩誌慨。」是爲明證。而林焜熿《金門志》卷一〈分域略〉、「山川」亦記：「獻台山，左揖雞籠，右抱南磐，在太文山南，旁即鼓崗湖……又『漢影雲根』四字，明監國魯王寓島時，手書刻石。諸葛倬、吳兆煒、鄭纘祖、鄭纘緒各有詩鐫石室旁。」[18]周凱《內自訟齋文集》也載：「今墓前有鼓崗湖，廣四十餘丈，湖南多石，鐫王手書『漢影雲根』四字，並鐫從亡諸公題詠，其爲王嘗遊處，又似可信。」[19]林文湘〈鼓崗湖春禊序〉：「金門城東，巨石礧砢，重疊蜿蜒，中瀦爲湖。……湖之北，傍山瓦矗，湖之南，圓埠環拱。……湖西一箭地曰後浦，明監國魯王墓在焉。石上鐫『漢影雲根』四字，魯王書也，以外即汪洋大海矣。」[20]等等文獻皆可爲旁證。

另，值得注意者，諸臣謂此四字爲「四窩字」，按「窩」字之解，據《中文大辭典》「窩」字條解，有七義，其中或可解爲「物之下陷處

---

[18] 林焜熿《金門志》（台北，中華叢書委員會，民國45年7月印行），頁9。

[19] 林焜熿前引書，頁26~27。

[20] 林焜熿前引書，頁337。

也」，或可解為「別墅之獨處者也」，[21]此處自以「物之下陷處也」為正解，但若解為「別墅之獨處者也」亦未嘗不可，魯王喜愛此地風光，站在巨石上，神遊其間，領略江山之恢奇，俯仰古今變幻，中間一碧淵涵，魚繁肥美，誠一勝境，盧墓卜葬在此，有別墅建於此處也說不定。

該石既確定為魯王所書，則刻於何時應進一步考證。前引諸葛倬賦詩，後題「永曆歲次甲午秋仲朔恭題」，甲午為永曆八年（清順治 11 年，1654），考明末魯王兩居金門，一在永曆六年至十年，一是永曆十三年，至十六年病薨，因此在時間上是符合的，正是魯王駐蹕金門時。我們根據詩後所附年代，可以斷言此四字所刻年代之下限是永曆八年八月初一日之前，至於其上限應在永曆七年三月之後，此事又與「漢影雲根」石刻未勒落款有關，茲一併論之。

按野史訛傳「成功沈王於海」一語，事出有因。成功因奉桂王永曆正朔，對於監國以宗人府府正之禮相見，禮節頗疏。前引魯王大事紀，永曆七年（監國 8 年，清順治 10 年，1653）三月，王疏謝監國，自削其號，說明了此時期的魯王可謂處境窘困。試思手書「漢影雲根」，落款年代若題為「監國××年」自是不妥不安，若題「永曆××年」亦是不甘不願；而落款人名又如何寫之？是寫「監國」「魯王」，或直書自己名號，均頗費思量，乾脆都不提不寫，來個清靜不煩心，是則此四字未題落款，正突顯出魯王當時處境之艱難困窘與無奈，未落款正是一切盡在不言中。[22]總之，此四字石刻，應是在永曆七年三月至八年八月初一之間所勒，而以永曆八年上半年最有可能。復按，盧若騰詩（瞻魯王漢影雲根石刻）中有「峭壁新題氣象尊」句，若知此詩寫作年代日期，則可以推斷出更確切信實之年代日期，惜今存盧氏版本之輯注皆未附有是項資料，實為莫大遺憾！

---

[21] 林尹等《中文大辭典》（台北，中國文化大學出版部，民國 79 年 9 月八版）第六冊，頁 1751。

[22] 關於魯王未能落款之心境與處境，在此可引一旁證作說明，《惠安王忠孝公全集》卷四書奏類〈回啟魯王〉中記：「而刻下有極大典要……可昭垂千古分誼者，莫於年號一事。……今若削去隆武年號，直書監國，職心不安。若專書隆武，而不書監國，何言擁戴？」（頁 76）可見當年書寫「隆武」或是「監國」，臣下都已經感到困惑矛盾，何況此時魯王已削去「監國」年號，更是不方便，因此乾脆都不題寫，省得自找麻煩。

　　「漢影雲根」石刻四字之上在正中有一篆印「翰墨之寶」亦值得提出一探究竟。「翰墨」筆墨也，爲書寫所資，因以爲文章之代辭。[23]「翰墨之寶」，自然是稱許「漢影雲根」四字猶如筆墨文章之擅場，爲詞壇文苑之墨寶。但試問魯王怎會有如此自誇之舉，自吹自擂稱許自己筆墨文章之佳爲「翰墨之寶」，若謂是當時從遊諸臣之勒題，也未免逾越體制，僭越身份了。因此不可能是魯王親題，也不是從遊諸臣之勒題。有可能者，一是後代之人觀賞之餘予以勒印，而且此人必非一般文人雅士，否則當會落款題名，較有可能者或是清代官宦之流，礙於身在官場不便落款。第二種可能是與魯王同時者，論其身分不下魯王，才敢以平輩同儕口氣許之爲「翰墨之寶」。若論此人，再三思考，則恐怕以靖寧王朱術桂較有可能。按，朱術桂，字天球，號一元子，明太祖九世孫遼王之後，始授輔國將軍。家本荆州，流寇亂至，避難南京，繼入浙，後入閩，屢進至郡王。在浙時，依監國魯王，督方國安軍。浙江陷，乃偕監國南下，漂泊諸地，終依成功，遂居廈、金兩島。永曆十七年十月，兩島俱破，成功已薨於台灣，乃從嗣王鄭經，十八年春，渡台灣。三十七年六月，清軍破澎湖，鄭克塽議降，術桂自縊死。[24]術桂人品雄偉，美髯弘聲，善書翰，喜佩劍，沈潛寡言，爲鄭氏將帥及兵民咸尊仰之。朱術桂與魯王既同爲藩王，同時落難駐蹕金門，魯王遺腹子弘甲（即朱弘桓）爲術桂收養，「皇明監國魯王壙誌」碑誌題眉之小篆復爲術桂所題，壙誌內文亦是術桂所書，加上其本人善於書翰，種種關係湊泊之下，於公、於私，於交情、於身份、於體制諸項角度切入探討思慮，此「翰墨至寶」極有可能是寧靖王朱術桂所題。若鄙意推論無誤，此摩崖石刻則更添價值，更增輝煌矣！

　　而「漢影雲根」四字尤啓人深思。時人解者，有所費解，莫名所以，謂漢朝怎有影子？白雲焉有根柢？遂謂漢影是指漢室之華夏與滿清外夷之區分，蓋南明飄搖如同大漢華夏之分影，雲根爲深山高遠雲起之

[23] 《中文大辭典》第七冊，頁 814~815。

[24] 《台灣省通志》卷七〈人物志〉（台中，台灣省文獻委員會，民國59年6月出版）民族忠烈篇「朱術桂」，頁 216~217。

處，故「漢影雲根」寓寄明室之國運不絕，其分支必據守其根據地，再
造風雲。或另有一說，謂雲根如雲漂泊無根，故「漢影雲根」意指明室
之分支至此，飄搖零落，如雲之無根可繫。[25]此二說不能說解錯，卻未
能得魯王之心意與深意。

　　解此四字，一方面須從字義、字面去解，另一方面卻又須跳脫出字
義、字面，從其時之局勢、魯王之心境、與此地之地理形勢等各方面多
管齊下去解，方能較貼近事實，蓋諸葛悼等人已很明確指出「漢影雲根
四窩字，『意念深矣』！悼等瞻誦之餘，同賦時誌『慨』。」足可說明其
時魯王題字「意念」與「感慨」之深。

　　今試從字面先解「雲根」二字。據《中文大辭典》「雲根」條解其
義有三：一、謂山之高處也；二、山石也，雲觸石而出，故云，三、雲
也。[26]林文湘描述此地形勝，謂：「金門城東，巨石礧砢，重疊蜿蜒，中
瀦為湖。一澗由高瀉下，作曲水流解觴，可據湖漱飲之。湖之北，傍山
瓦矗，湖之南，圓埠環供。中間一碧淵涵，魚鼈肥美，蓋浯洲一勝區也。
湖西一箭地曰後浦，明監國魯王墓在焉。石上鐫『漢影雲根』四字，魯
王書也，以外即汪洋大海矣。」[27]其旁諸葛悼賦詩「匪石根維砥柱牢」，
吳兆煒詩「頂立雲根崇澥嶽」、鄭纘緒「雲根菁蒨擎秋空」、盧若騰〈恭
瞻魯王漢影雲根石刻〉詩「峭壁新題氣象尊，蛟龍活現跳天門」皆是描
述此地之高聳壁立，因此「雲根」斷解為此地巨石高聳應無不妥。但若
進一步思考此時期正是魯王依附鄭成功時，當年唐魯衝突，而鄭成功立
場則是先後奉唐王與桂王正朔，成功因之不以君臣之禮相見相待，且成
功曾賜姓「朱」，故民間敬稱「國姓爺」，是以宗人府府正之禮見之，乃
屬同輩之儀，奉之「如寓公焉」。而且永曆七年因有搆訟王於成功者，
成功禮儀漸疏，魯王被迫自削其號，不敢再稱「監國」，是以站在巨石
上，瀏覽四周景色，只見湖光山色，樹影濤聲，誠有漂零淪落亡國哀痛，

---

[25]　洪春柳《浯江詩話》（台北，設計家文化出版事業有限公司，民國 86 年 6 月出版），〈明
　　　鄭詩選〉盧若騰「躬瞻魯王漢影雲根石刻」，頁 86~87。

[26]　《中文大辭典》第九冊，頁 1439。

[27]　同註 20。

不免感到形影相弔，隻身漂泊，加上一向又有哮喘之宿疾，更是感嘆如雲之漂泊無根，今後何去何從？林文湘說得好：「夫魯王以兗州分封之裔，甫襲爵，而甲申之變乘之，崎嶇閩浙之交，艱辛踣躓，流離瑣尾，後乃依鄭氏於浯江島上。當時貞臣若王愧兩、盧牧洲諸公，其才學鬱而弗舒，所吟皆顛沛佗傺之辭，酸辛嗚咽之調，即欲強為逸豫之作，不能也。」[28]正因魯王有如許感慨，所以盧若騰詩才會從旁鼓舞道：「玉葉葳蕤自有根……懸知底定東歸後，南國甘棠一樣論」，諸葛倬亦安慰道：「十年潛見寄波濤，手斸虯螭紫爉高。……為彰影續扶桑炎，匪石根維砥柱牢，他日曰歸仍帶礪，從公倍憶舊鬚髦。」

再解「漢影」二字。「漢」字之義與本文有相關者有：

1、天河也；　　　　　　2、世稱男子曰漢；
3、日中，白日也；　　　4、朝代名；
5、國名；　　　　　　　6、種族名等等；[29]

「影」字之解有[30]：

1、人物因光而生之陰影也；　2、人物映現於水面或鏡面之影也；
3、自然風物之姿容也；　　　4、氛像也；
5、日影也；　　　　　　　　6、汙幻影物之假象也；
7、庇蔭也；　　　　　　　　8、江與景同等等。

因此光從字面解，便有多義，而且皆可通。如：

（一）盧若騰詩「銀潢蕩漾多分影」即指天漢雲河之義。

（二）而諸葛倬詩「為彰影續扶桑炎」涵蘊更深。按扶桑有三解：1、在碧海之中，地多林木，葉皆如桑，又有椹樹，樹兩兩同根偶生依倚，是以名扶桑。2、指扶桑為東海神木，日之所出。3、謂桑維翰著賦以見志之故事。[31]因此就詩解詩，諸葛倬之詩含意甚深，一方面謂魯王

28　同註 20。
29　《中文大辭典》第五冊，頁 1496。
30　《中文大辭典》第三冊，頁 1552~1553。
31　《中文大辭典》第四冊，頁 442。

棲依金門，盼能再起風雲，二則形容君臣相依如扶桑，表示忠貞，三則也可解為勸魯王莫再有意氣之爭，誠心誠意與桂王合作如扶桑之相依倚。4、則表彰魯王示志明心，是以吳兆煒詩「靜看漢影識高深，頂立雲根崇澥嶽。湖水近知日月心，波光時聆晴光皋。」此「日月心」即恢復明室之心，皆是此義。

（三）鄭纘緒詩「漢影昭回催澥曙，雲根菁蒨晴秋空……最是臣靈簪氣色，靜看一葉化江紅。」則是指其地理位置與四周風光。此巨石坐東朝西，西望故國，正是「漢影」所在，朝夕遊觀，「其所見雲垂海立，沙走雷犇，風檣馳驟，蜃蜃離合，陰火潛燃，可驚可愕之事，皆足以發其雄特瓌瑰之辭。其或雨霽天晴，霧斂煙銷，鷗鷺徵逐，草樹籠倉，碧疇簑笠，綠野牛羊，可歡可怵之景，皆足以生其靈雋窅眇之趣。」[32]但因「境因時變，而詩亦與之俱變也」，「即欲強為逸豫之作，不能也」，所以在艱辛踣躓，流離瑣尾之下，不免所吟皆顛沛佗傺之辭，酸辛嗚咽之調。

感慨良深，思慮遙渺，思故國，感身影，如雲根，似浮萍，亡國餘痛，百感交集之下，終於揮翰寫下震爍人心哀痛惋嘆的「漢影雲根」四字，悲乎！末路王孫，其景可嘆，其情可憫！總之，「漢影雲根」四字之解，不可光從字面去解，也不可拘泥於一說，或定於一說，方能接近魯王感慨之深！

另，該石旁又有一詩，字乃狂草，狂放奔逸，由於久經風化，兼又倒置，解讀起來，實在費心費力，今幸有金門人薛祖森、宋夢琪、李國俊、許維民等人，於民國八十五年六月二十三日勘察，初步得出詩句如下：「鯨箸賓虹擎浪開，石方如砥自天來，一絲涉道合東北，湖月星雲滿釣台。湖海翁狂」。不過經本人查看辨讀之下，略有出入，「擎」字或為「驚」，「自」字或為「與」，題刻之人狂翁或為某「易」姓者，當然也有可能是董颺先。總之，此首狂草詩句，實在難以辨識，遑論解讀，謹附於文末，尚乞方家共同努力解讀。

32　同註20。

第六節　小結

　　甲申之變，山東騷動，魯王南赴國難，移居浙江台州。等到南都淪亡，浙東義旅雲起，共擁魯王監國於紹興。當時文武臣工，鄉野縉紳，頗能共心協力，一時中興。卻不料唐王來詔，不奉不接，從此浙閩水火，不能敵愾同仇，清騎一薄錢塘，義師旋潰江上，魯王浮海出走，幸賴張名振扈之，暫碇舟山。適巧鄭彩來北，乃議奉魯王南抵廈門，尋處長垣，往來諸島間，尚能艱難舉事，連復浙省三府一州二十七縣。終以兵餉不繼，閩浙將帥失和，清軍後援又至，復者旋失。當時魯王退蹕沙埕，假舟楫爲宮殿，落日狂濤，臣主相對，艱難漂泊。不久張名振迎歸浙江健跳，敗黃斌卿於舟山，軍旅復振，據有一地。不意清師再進，舟山陷落，魯王君臣差幸脫險，南行依鄭成功於廈門。成功待王僅是宗人府府正之禮，安插諸臣從官，月致餼資。王居金門，如寓公，未得行其志，時局爲之，且奈之何哉！

　　永曆七年，當時有構王於成功者，成功禮儀漸疏，魯王顧全大局，自削監國號，賴舊臣王忠孝、郭員一、盧若騰、沈佺期、徐孚遠等調護。魯王流困伏處，徒望水天嘆息，真有人情弗堪之痛。金門城東，巨石疊砢，中有一湖，名爲鼓崗，爲浯江勝區。魯王喜游其地，穿蹬迂迴，登臨其上，頗有領略江山恢奇，俯仰古今變幻的感懷，雖有意爲逸豫之作，寸心實在不忍不願。遙望故國，形影相弔，感懷漂零身世，深有亡國哀痛之慨，於是揮翰題下「漢影雲根」四字以抒懷感世，只是將要落款題號，不免有悲不勝情之無奈與悵惘，是題「永曆」抑或題「監國」？遂不提也罷，正有「個中情事誰分明，聊將揮毫解內心」的幾許感慨。

　　永曆十年徙居南澳，十三年，還蹕金門。當時義旅，魯邸侍從，擁有軍旅只剩張名振、張煌言二人。張名振與鄭成功商借兵糧，前後數年，三入長江，進出江南，雖然孤軍凜凜，以單弱兵力，三起三躓，終究壯志難伸，含恨而逝。煌言繼領其軍，慘淡經營，後隨成功北伐，直入長江，還是功敗垂成，還歸浙海，待機而動。魯王雖末路養晦，而志未嘗稍有一日之懈。不期於永曆十六年壬寅十一月十三日丑時，忽然中痰薨

逝。

　　魯王自魯而浙而閩而粵，首尾共計十八年，間關海上、漂泊諸島，力圖光復，一旦違別，也代表明祚之告終。殘留天地之間的，也只是這「漢影雲根」四字的摩崖石刻，碧血丹青，永留海澨，徒供後人之憑弔惋嘆了，最後，謹錄清人黃家鼎「金門弔明監國魯王」詩句，以爲結尾：「大廈傾難獨木支，人心推戴見當時，中興一旅思龍種，遺老孤忠泣豹皮，跋扈將軍空寄命，崎嶇海島孰持危。殘棋已覆猶爭劫，宰樹蒼涼啓後疑。」[33]寫至此，驀然驚見一個落寞身影沒入蒼茫海天之中，遠遠地，悠悠地，傳來一聲廣遠的嘆息！

---

[33]　見黃家鼎《泉州府馬巷廳志》（光緒癸巳年刊本，台北市福建省同安縣同鄉會重印，民國 75 年 10 月），〈附錄卷中〉，頁 321。

附錄：卓克華學術著作

一、專書

1. 《清代台灣的商戰集團》，台北：台原出版社，民國 79 年 2 月，283 頁。

2. 《從寺廟發現歷史》，台北：揚智文化事業股份有限公司，民國 92 年 11 月，447 頁。（本書榮獲國科會全額補助出版）

3. 《從古蹟發現歷史—卷一：家族與人物》，台北：蘭臺出版社，民國 93 年 8 月，428 頁。

4. 《寺廟與台灣開發史》，台北：揚智文化事業股份有限公司，民國 95 年 3 月，470 頁。（本書榮獲國立編譯館補助出版，列為該館學術叢書）

5. 《清代台灣行郊研究》（簡體字版），福州：福建人民出版社，民國 95 年（2006 年）10 月，373 頁。

6. 《清代台灣行郊研究》（正體字版），台北：揚智文化事業股份有限公司，民國 96 年（2007 年）2 月，444 頁。（本書榮獲國立編譯館補助出版，列為該館學術叢書）

7. 《古蹟‧歷史‧金門人》，台北：蘭臺出版社，民國 97 年（2008）10 月初版，369 頁。

8. 《竹塹媽祖與寺廟》，台北，揚智文化事業股份有限公司，民國 99 年(2010)2 月，370 頁。

9. 《民間文書與媽祖廟之研究》，新北市，揚智文化事業股份有限公司，民國 101 年(2012)12 月，393 頁。

10. 《臺灣古道與交通研究——從古蹟發現歷史卷之二》，台北：蘭臺出版社，民國 104 年（2015）4 月初版，475 頁。

二、合著

1.《台北市志》卷六經濟志〈工業篇〉〔清代部分〕，台北：台北市文獻
　　委員會，民國 77 年 6 月，51 頁。

2.《澎湖台廈郊會館之研究與修護計劃》〔歷史部份〕，台北：漢光建築
　　師事務所，民國 80 年 2 月，31 頁。

3.《澎湖縣西嶼燈塔之研究與修護計劃》〔歷史部份〕，台北：漢光建築
　　師事務所，民國 81 年 10 月，15 頁。

4.《彰化二林仁和宮之研究與修護計劃》〔歷史部份〕，台北：漢光建築
　　師事務所，民國 82 年 6 月，20 頁。

5.《澎湖施公祠及萬軍井之研究與修護計劃》〔歷史部份〕，台北：漢光
　　建築師事務所，民國 82 年 6 月，16 頁。

6.《桃園縣壽山巖觀音寺之研究與修護計劃》〔歷史部份〕，台北：漢光
　　建築師事務所，民國 82 年 6 月，17 頁。

7.《南投縣藍田書院之研究與修護計劃》〔歷史部份〕，台北：漢光建築
　　師事務所，民國 82 年 7 月，24 頁。

8.《台灣府城隍廟研究與修護計劃》〔歷史部份〕，台北：陳信彰建築師
　　事務所，民國 82 年，29 頁。

9.《屏東縣新埤鄉建功庄東柵門之調查研究與修護計劃》〔歷史部份〕，
　　台北：中國工商專科學校建築工程科，民國 83 年 6 月，21 頁。

10.《金門縣三級古蹟金門鎮總兵署之調查研究》〔歷史部份〕，台北：
　　中國工商專科學校建築工程科，民國 83 年 6 月，25 頁。

11.《石頭營聖蹟亭之調查研究與修護計劃》〔歷史部份〕，台北：中國
　　工商專科學校建築工程科，民國 83 年 6 月，34 頁。

12.《桃園縣三級古蹟蘆竹五福宮之研究與修護計劃》〔歷史部份〕，台
　　北：漢光建築師事務所，民國 83 年 7 月，22 頁。

13.《澎湖縣一級古蹟西嶼東台之研究與修護計劃》〔歷史部份〕，台北：
　　漢光建築師事務所，民國 83 年 10 月，41 頁。

14.《嘉義市城隍廟研究與修護計劃》〔歷史部份〕台北：符宏仁建築師
　　事務所，民國 83 年 11 月， 23 頁。

15.《台北縣第三級古蹟金字碑之研究與修護計劃》〔歷史部份〕，台北：

漢光建築師事務所，民國 83 年 12 月，52 頁。

16. 《金門縣二級古蹟金門黃氏酉堂之調查研究》〔歷史部份〕，台北：中國工商專科學校建築工程科，民國 84 年 5 月，46 頁。

17. 《媽宮城隍廟調查研究與修護計劃》〔歷史部份〕，台北：漢光建築師事務所，民國 84 年 6 月，27 頁。

18. 《媽宮觀音亭調查研究與修護計劃》〔歷史部份〕，台北：漢光建築師事務所，民國 84 年 6 月， 31 頁。

19. 《金門縣第一級古蹟邱良功之母節孝坊之調查研究》〔歷史部份〕，台北：中國工商專科學校建築工程科，民國 84 年 9 月，17 頁。

20. 《第一級古蹟八通關古道系列之鹿谷聖蹟亭、碑碣調查研究》〔歷史部份〕，台北：中國工商專科學校建築工程科，民國 85 年 2 月，55 頁。

21. 《金門縣第三級古蹟邱良功墓園之調查研究》〔歷史部份〕，台北：青揚國際工程顧問有限公司，民國 85 年 3 月，22 頁。

22. 《金門朱子祠之調查研究》〔歷史部份〕，台北：漢光建築師事務所，民國 85 年 4 月，33 頁。

23. 《板橋林本源園邸三落大厝之調查研究》〔歷史部份〕，台北：中國工商專科學校建築工程科，民國 85 年 6 月，57 頁。

24. 《金門文台寶塔之調查研究》〔歷史部份〕，台北：漢光建築師事務所，民國 85 年 12 月，25 頁。

25. 《金門縣二級古蹟虛江嘯臥碣群之調查研究》〔歷史部份〕，台北：中國工商專科學校建築工程科，民國 85 年 10 月，23 頁。

26. 《新竹市三級古蹟長和宮修復計劃》〔歷史部份〕新竹：中華大學建築與都市計劃學系，民國 86 年 3 月，84 頁。

27. 《嘉義市三級古蹟吳鳳廟之調查研究與修護計劃》〔歷史部份〕，台北：符宏仁建築師事務所，民國 86 年 6 月，50 頁。

28. 《台南市第二級古蹟北極殿調查研究與修護計劃》〔歷史部份〕，台北：徐裕建建築師事務所，民國 86 年 9 月，40 頁。

29 《台北市三級古蹟水源地唧筒室之調查研究》〔歷史部份〕，台北：中

國工商專科學校建築工程科，民國 86 年 11 月，26 頁。

30.《彰化縣鹿港三山國王廟之研究與修護計劃》〔歷史部份〕，台北：
　　符宏仁建築師事務所，民國 86 年 12 月，29 頁。

31.《台北市第三級古蹟北投溫泉公共浴場之調查研究》〔歷史部份〕，
　　台北：中國工商專科學校建築工程科，民國 86 年 12 月，29 頁。

32.《金門縣第三級古蹟漢影雲根碣群調查研究》〔歷史部份〕，台北：
　　中國工商專科學校建築工程科，民國 87 年 12 月，38 頁。

33.《宜蘭縣黃纘緒舉人宅拆遷工程調查計劃與研究》〔歷史部份〕，台
　　北：漢光建築師事務所，民國 87 年 12 月，42 頁。

34.《宜蘭縣縣定古蹟碧霞宮調查研究》〔歷史部份〕，台北：中國工商
　　專科學校建築工程科，民國 88 年 3 月，24 頁。

35.《台北縣第三級古蹟淡水龍山寺調查研究及修護計劃》〔歷史部份〕，
　　台北：中國工商專科學校建築工程科，民國 88 年 3 月，31 頁。

36.《明寧靖王墓調查研究與修護計畫》〔歷史部份〕，台北，漢光建築
　　師事務所，民國 88 年 4 月，34 頁。

37.《景美集應廟調查研究》〔歷史部份〕，台北，李乾朗建築師事務所，
　　民國 88 年 7 月，12 頁。

38.《金門縣第三級古蹟一門三節坊調查研究》〔歷史部份〕，台北，中
　　國工商專科學校，民國 88 年 11 月，19 頁。

39.《花蓮縣第三級古蹟吉安慶修院調查研究》〔歷史部份〕，台北，中
　　國工商專科學校，民國 88 年 11 月，33 頁。

40.《國定古蹟行政院調查研究與修護計畫》〔歷史部份〕，台北，內政
　　部，民國 88 年 12 月，44 頁。

41.《理學堂大書院調查研究及修護計劃》〔歷史部份〕，台北，李乾朗
　　建築師事務所，民國 88 年 12 月，25 頁。

42.《淡水馬偕墓調查研究及修護計劃》〔歷史部份〕，台北，李乾朗建
　　築師事務所，民國 88 年 12 月，19 頁。

43.《關子嶺碧雲寺調查研究及修護計劃》，〔歷史部份〕，台北，徐裕健
　　建築師事務所，民國 89 年 2 月，17 頁。

44.《宜蘭縣傳統街屋保存與再利用——新長興樹記》，〔歷史部份〕，台北，中國工商專科學校，民國 89 年 3 月，23 頁。

45.《嘉義市市定古蹟阿里山鐵路北門驛調查研究規劃》，〔歷史部份〕，台北，符宏仁建築師事務所，民國 89 年 10 月，31 頁。

46.《台北市市定古蹟大稻埕辜宅之調查研究》，〔歷史部份〕，台北，中國技術學院，民國 89 年 12 月，11 頁。

47.《金門縣縣定古蹟將軍第之調查研究》，〔歷史部份〕，台北，中國技術學院，民國 89 年 12 月，36 頁。

48.《台北市市定古蹟建國中學紅樓之調查研究暨修護計畫》，〔歷史部份〕，台北，中國技術學院，民國 90 年 3 月，21 頁。

49.《前清淡水總務司官邸調查研究及修護計畫》，〔歷史部份〕，台北，漢光建築師事務所，民國 90 年 4 月，34 頁。

50.《金門縣縣定古蹟楊華故居調查研究暨修護計畫》，〔歷史部份〕，台北，符宏仁建築師事務所，民國 90 年 4 月，25 頁。

51.《彰化縣第三級古蹟懷忠祠研究計畫》，〔歷史部份〕，台北，符宏仁建築師事務所，民國 90 年 5 月，15 頁。

52.《嘉義縣第三級古蹟大興宮調查研究及修護計劃》，〔歷史部份〕，台北，徐裕健建築師事務所，民國 90 年 6 月，16 頁。

53.《縣定新竹縣湖口鄉三元宮調查研究及修護計劃》，〔歷史部份〕，台北，徐裕健建築師事務所，民國 90 年 8 月，32 頁。

54.《台南市第三級古蹟總趕宮調查研究及修護計劃》，〔歷史部份〕，台北，徐裕健建築師事務所，民國 90 年 10 月，18 頁。

55.《彰化縣第三級古蹟關帝廟調查研究》，〔歷史部份〕，台北，中國技術學院，民國 91 年 1 月，33 頁。

56.《彰化縣第二級古蹟和美道東書院調查研究暨修護計畫》，〔歷史部份〕，台北，符宏仁建築師事務所，民國 91 年 2 月，33 頁。

57.《第三級古蹟彰化縣南瑤宮調查研究暨修復計劃報告書》，〔歷史部份〕，台北，漢光建築師事務所，民國 91 年 4 月，35 頁。

58.《臺北市市定古蹟潘宮籌墓調查研究與修護計劃》，〔歷史部份〕，台

北，漢光建築師事務所，民國 91 年 11 月，80 頁。

59. 《臺北縣縣定古蹟永和網溪別墅調查研究》，〔歷史部份〕，臺北，
黃天浩建築師事務所，民國 92 年 1 月，32 頁。

60. 《彰化縣縣定古蹟鹿港鳳山寺調查研究暨修復計畫》，（歷史部份），
台中，曾文吉建築師事務所，民國 92 年 12 月，27 頁。

61. 《第三級古蹟台北水道水源地（量水室、觀音山蓄水池及渾水抽水
站）調查研究》，（歷史部份），台北，中國技術學院，民國 93 年 1
月，44 頁。

62. 《彰化縣縣定古蹟鹿港金門館調查研究報告書》，（歷史部份），台
北，徐裕健建築師事務所，民國 93 年 1 月，28 頁。

63. 《第三級古蹟台北郵局調查研究與修復計畫》，（歷史部份），台北，
漢光建築師事務所，民國 94 年 1 月， 13 頁。

64. 《宜蘭縣縣定古蹟員山鄉周振東武舉人宅遺址調查研究報告書》，
（歷史部份），台北，黃天浩建築師事務所，民國 94 年 8 月。

65. 《台中縣縣定古蹟梧棲真武宮調查研究暨修復計畫》，（歷史部份），
台北，中國科技大學、台中縣文化局，民國 94 年 10 月。

66. 《新竹市香山天后宮調查研究》，（歷史部份），台北，漢光建築師事
務所，民國 95 年 12 月，24 頁。

67. 《新竹市竹蓮寺調查研究》，（歷史部份），台北，漢光建築師事務所，
民國 95 年 12 月，50 頁。

68. 《台北市市定古蹟閻錫山故居修復及再利用計畫》(歷史部份)，韓興
興建築師事務所，民國 96 年 4 月，36 頁。

69. 《台北縣歷史建築深坑國小禮堂調查研究及修復計畫》，（歷史部
份），華梵大學文化資產研究中心，民國 96 年 12 月，26 頁。

70. 《新竹市內天后宮調查研究暨再利用計畫》（歷史部份），漢寅德建
築師事務所，民國 97 年 8 月，35 頁。

71. 《新竹市香山區朝山里官道文化暨頂寮土地公廟調查研究成果報告
書》（歷史部份），漢寅德建築師事務所，民國 98 年 1 月，42 頁。

72. 《嘉義市市定古蹟嘉義城隍廟調查研究》（歷史部份），中國科技大

學，民國 99 年 8 月，52 頁。

73. 《國定古蹟進士第暨其古蹟保存區域調查研究暨修復再利用計畫》
（歷史部份），中國科技大學，民國 99 年 12 月，24 頁。

74. 《台北市立中山女子高級中學逸仙樓古蹟調查研究報告書》（歷史部
份），黃天浩建築師事務所，民國 100 年 1 月，31 頁。

75. 《景美人權文化園區仁愛樓修後計畫案》（歷史部份），黃天浩建築
師事務所，民國 101 年 9 月，8 頁。

76. 《歷史建築戴炎輝寓所研究調查總結報告書》（歷史部份），華梵大
學文化資產研究中心，民國 101 年 12 月，19 頁。

77. 《桃園縣歷史建築「大溪簡氏古厝」調查研究暨修復再利用計畫》（歷
史部份），陳昶良建築師事務所，民國 102 年 2 月，22 頁。

78. 《淡水鎮志》上冊，第三篇〈社會志〉〈與張家麟教授合著〉，民國
102 年 6 月，108 頁。

79. 《苗栗縣歷史建築苑裡房裡順天宮調查研究暨修復計畫》（歷史部
份），漢寅德建築師事務所，民國 102 年 6 月，1~31 頁。

80. 《彰化縣歷史建築「北斗富美館」調查研究暨修復計畫報告書》（歷
史部份），彰化縣文化局，民國 103 年 2 月。

三、論文

1. 〈臺灣寺廟對地方的貢獻〉，《臺北文獻》，期 38〔民國 65 年 12 月〕，
11 頁。

2. 〈艋舺清代史蹟的研究〉，《華岡博物館館刊》，期 4〔民國 66 年 3 月〕，
8 頁。

3. 〈艋舺行郊初探〉，《臺灣文獻》，卷 29 期 1〔民國 67 年 3 月〕，5 頁。

4. 〈行郊考〉，《臺北文獻》，期 45、46 合刊〔民國 67 年 12 月〕，18 頁。

5. 〈金山小志〉，《臺北文獻》，期 55、56 合刊〔民國 70 年 6 月〕，34 頁。

6. 〈新竹行郊初探〉，《臺北文獻》，期 63、64 合刊〔民國 72 年 6 月〕，
30 頁。

7. 〈台灣行郊之組織功能及貢獻〉，《臺北文獻》，期 71〔民國 74 年 3 月〕，58 頁。

8. 〈試釋全臺首次發現艋舺北郊新訂抽分條約〉，《臺北文獻》，期 73〔民國 74 年 9 月〕，16 頁。

9. 〈新竹塹郊金長和劄記三則〉，《臺北文獻》，期 74〔民國 74 年 12 月〕，30 頁。

10. 〈清代澎湖台廈郊考〉，《臺灣文獻》，卷 37 期 2〔民國 75 年 6 月〕，33 頁。

11. 〈三級古蹟壽山巖的史蹟研究〉，《臺北文獻》，期 100〔民國 81 年 6 月〕，14 頁。

12. 〈南崁五福宮的歷史研究〉，《臺北文獻》，期 105〔民國 82 年 9 月〕，21 頁。

13. 〈全台首座燈塔西嶼燈塔的史蹟研究〉，《國立中央圖書館台灣分館館訊》，期 17〔民國 83 年 7 月〕，15 頁。

14. 〈淡蘭古道與金字碑之研究〉，《臺北文獻》，期 109〔民國 83 年 9 月〕，60 頁。

15. 〈南投藍田書院之史蹟研究〉（上），《國立中央圖書館台灣分館館訊》，卷一期 1〔民國 83 年 9 月〕,19 頁。

16. 〈南投藍田書院之史蹟研究〉（下），《國立中央圖書館台灣分館館訊》，卷一期 2〔民國 83 年 12 月〕，13 頁。

17. 〈石頭營聖蹟亭與南部古道之歷史研究〉，《高市文獻》，卷七期 3〔民國 84 年 3 月〕，54 頁。

18. 〈嘉義市城隍廟的史蹟研究〉，收入周宗賢主編，《臺灣史國際學術研討會：社會、經濟與墾拓論文集》，台北：淡江大學歷史學系〔民國 84 年 8 月〕，25 頁。

19. 〈澎湖媽宮城隍廟史蹟之研究〉，《咾咕石》，期 2〔民國 85 年 3 月〕，14 頁。

20. 〈澎湖台廈郊補闕〉，《咾咕石》，期 3〔民國 85 年 6 月〕，19 頁。

21. 〈新埤鄉建功庄東柵門建置考〉（上），《國立中央圖書館台灣分館館

訊》，卷二期 4〔民國 85

年 6 月〕，10 頁。

22. 〈新埔鄉建功庄東柵門建置考〉（下），《國立中央圖書館台灣分館館
　　訊》，卷三期 1〔民國 8 年 9 月〕，9 頁。

23. 〈板橋林家三遷暨舊三落大厝之研究〉，《臺北文獻》，期 118〔民國
　　85 年 12 月〕，50 頁。

24. 〈台南市北極殿創建沿革考〉，《臺灣文獻》，卷 47 期 4〔民國 85 年
　　12 月〕，2 頁。

25. 〈清代澎湖海防經營與西嶼東台的歷史研究〉（上），《咾咕石》，期 5
　　〔民國 85 年 12 月〕，19 頁。

26. 〈清代澎湖海防經營與西嶼東台的歷史研究〉（下），《咾咕石》，期 6
　　〔民國 86 年 3 月〕，19 頁。

27. 〈金門朱子祠(浯江書院)的歷史研究〉，《慶祝王恢教授九秩嵩壽論文
　　集》，〔民國 86 年 5 月〕，25 頁。

28. 〈澎湖觀音亭的歷史研究〉，《林衡道教授紀念文集》，（民國 87 年 5
　　月），20 頁。

29. 〈金門黃氏酉堂之歷史研究〉，《史聯雜誌》，期 32〔民國 87 年 6 月〕，
　　28 頁。

30. 〈清代宜蘭舉人黃纘緒生平考〉，《臺灣文獻》卷 50 期 1（民國 88 年
　　3 月），27 頁。

31. 〈金門魯王「漢影雲根」摩崖石刻新解〉，《中山大學共同科學報》
　　創刊號，（民國 88 年 6 月），26 頁。

32. 〈宜蘭碧霞宮史蹟研究〉，《史聯雜誌》，期 35，（民國 88 年 11 月），
　　22 頁。

33. 〈寺廟興修与地方變遷——以淡水龍山寺為例〉，《臺灣社會文化變
　　遷學術研討會論文集》，（民國 89 年 9 月），27 頁。

34. 〈金門縣一門三節坊古蹟之調查研究〉，《宋旭軒教授八十榮壽論文
　　集》，（民國 89 年 11 月）， 14 頁。

35. 〈北投開發史的特色與轉折〉，《北投溫泉博物館專刊》，期 1，（民

國 90 年 2 月），17 頁。

36.〈前清淡水總稅務司官邸之歷史研究──海關史的一個側面考察〉
《中國現代史專題研究報告》，第 22 輯（民國 90 年 11 月），50 頁。

37.〈士林市場歷史沿革考略〉，《台北文獻》，直字期 139，（民國 91 年
3 月），24 頁。

38.〈清代士林潘家之發展──兼及北台仕紳交往之網絡關係〉（上），《北
縣文化》，期 74，（民國 91 年 10 月），31 頁。

39.〈新竹市蔡氏宅第門楼與蔡氏家族之發展〉，《竹塹文献》25 期,〔民
國 91 年 10 月〕，13 頁。

40.〈清代士林潘家之發展兼及北臺仕紳交往之網絡關係〉〔下〕,《北縣
文化》，期 75，（民國 91 年 12 月），20 頁。

41.〈新港大興宮─笨港滄桑見証者〉,《新世紀宗教研究》1 卷 3 期,（2003
年 3 月），28 頁。

42.〈關仔嶺碧雲寺─雲深不知處〉,《新世紀宗教研究》1 卷 4 期,（民
國 92 年 6 月），25 頁。

43.〈金門將軍第的歷史研究─盧成金其人其事〉,新竹師院《社會教育
學報》期 6,（民國 92 年 7 月），24 頁。

44.〈永和網溪別墅與楊三郎伉儷的藝術創作〉,《北縣文化》期 78,（民
國 92 年 9 月），（與簡福鋆合著），19 頁。

45.〈台灣寺廟古蹟史發微〉,《台灣宗教研究通訊》期 6,（民國 92 年 9
月），47 頁。

46.〈鹿港鳳山寺──牧童化成神，信仰遍台閩〉,《新世紀宗教研究》,
2 卷 2 期,（民國 92 年 12 月）41 頁。

47.〈鹿港金門館───一座清代班兵伙館的新發現〉,《新世紀宗教研
究》,2 卷 3 期（民國 93 年 3 月）52 頁。

48.〈花蓮縣第三級古蹟吉安慶修院調查研究〉,《普門學報》,34 期,（民
國 95 年 7 月），64 頁。

49.〈彰化南瑤宮的歷史調查與研究〉《媽祖文化學術論文集》,（台北,
立得出版社），民國 95 年 9 月，26 頁。

50. 〈新竹市香山天后宮歷史調查與研究〉,《史學研究與中西文化——程光裕教授九秩壽慶論文集》,臺灣學生書局,民國 95 年 6 月,38 頁。

51. 〈新竹市竹蓮寺歷史調查與研究〉,《普門學報》,39 期,民國 96 年 5 月,66 頁。

52. 〈臺中縣梧棲鎮真武宮的歷史調查與研究〉,《中縣文獻》11,民國 96 年 9 月,32 頁。

53. 〈深坑國小講堂之歷史調查與研究〉,《北縣文化》,97 期,民國 97 年 6 月,22 頁。

54. 〈彰化關帝廟的歷史研究〉,《民間信仰與關公文化國際研討會》,礁溪協天廟,民國 97 年 12 月,15 頁。

55. 〈麥寮拱範宮的歷史調查與研究〉,《媽祖國際學術研討會—媽祖,民間信仰與文物論文集》,台中,逢甲大學歷史與文物研究所,民國 98 年 9 月,44 頁。

56. 〈清代宜蘭周振東家族與古宅的歷史研究〉,《台北文獻》直字 172 期,台北,台北市文獻委員會,民國 99 年 6 月 25 日,72 頁。

57. 〈新竹北門進士第、春官第、吉利第的歷史研究〉,《台北文獻》直字第 175 期,台北,台北市文獻委員會,民國 100 年 3 月 25 日,46 頁。

58. 〈台北市中山女高逸仙樓古蹟的調查與研究〉,《台北文獻》直字 177 期,台北,台北市文獻委員會,民國 100 年 9 月 25 日,50 頁。

59. 〈我與台灣行郊、寺廟與古蹟史研究〉,《閩台文化研究集刊》第二輯,廈門,廈門大學大學出版社,民國 102 年（2013）12 月,21 頁。

國家圖書館出版品預行編目資料

卓克華臺灣史研究名家論集/卓克華 著者. -- 初版. –
臺北市：蘭臺, 2016.8
面； 公分
ISBN 978-986-5633-44-8 (精裝)
1.臺灣史 2.文集

733.2107   105010490

卓克華臺灣史研究名家論集

著　　者：卓克華
主　　編：卓克華
編　　輯：高雅婷
封面設計：塗宇樵
出 版 者：蘭臺出版社
發　　行：蘭臺出版社
地　　址：台北市中正區重慶南路 1 段 121 號 8 樓之 14
電　　話：(02)2331-1675 或(02)2331-1691
傳　　真：(02)2382-6225
E—MAIL：books5w@gmail.com 或 books5w@yahoo.com.tw
網路書店：http://bookstv.com.tw/、http://store.pchome.com.tw/yesbooks/、
　　　　　http://www.5w.com.tw、華文網路書店、三民書局

經　　銷：成信文化事業有限公司
電　　話：(02)2219-2080　　　傳 真：(02)-2219-2180
地　　址：台北市中正區重慶南路 1 段 121 號 5 樓之 11 室
劃撥戶名：蘭臺出版社　帳號：18995335
網路書店：博客來網路書店 http://www.books.com.tw
香港代理：香港聯合零售有限公司
地　　址：香港新界大蒲汀麗路 36 號中華商務印刷大樓
　　　　　C&C Building, 36,Ting, Lai, Road, Tai,Po, New,Territories
電　　話：(852)2150-2100　　　傳 真：(852)2356-0735
總 經 銷：廈門外圖集團有限公司
地　　址：廈門市湖裡區悅華路 8 號 4 樓
電　　話：(592)2230177　　　傳 真：(592)-5365089
出版日期：2016 年 8 月初版
定　　價：新臺幣 2000 元整　　(全套新台幣 28000 元正，不零售)
ISBN：978-986-5633-44-8